ARBITRAGE DES PHOQUES A FOURRURE

PLAIDOYER

DES

ÉTATS-UNIS

DEVANT

LE TRIBUNAL D'ARBITRAGE

QUI DOIT SIÉGER A PARIS

CONFORMÉMENT

Aux dispositions du traité conclu le 29 Février 1892 entre les
États-Unis d'Amérique et la Grande-Bretagne.

PARIS

TYPOGRAPHIE CHAMEROT ET RENOUARD

19, RUE DES SAINTS-PÈRES, 19

1893

PLAIDOYER

DES

ÉTATS-UNIS

PLAIDOYER

DES

ÉTATS-UNIS

DEVANT

LE TRIBUNAL D'ARBITRAGE

QUI DOIT SIÉGER A PARIS

CONFORMÉMENT

Aux dispositions du traité conclu le 29 Février 1892 entre les
États-Unis d'Amérique et la Grande-Bretagne.

PARIS

TYPOGRAPHIE CHAMEROT ET RENOUARD

19, RUE DES SAINTS-PÈRES, 19

1893

TABLE DES MATIÈRES

CINQUIÈME PARTIE

SIXIÈME PARTIE

SEPTIÈME PARTIE

Washington, le 23 février 1893.

Monsieur,

Nous avons l'honneur de vous remettre, ci-joint, le Plaidoyer que nous avons préparé, en qualité de conseils des États-Unis, pour être, en exécution de l'article V du traité du 29 février 1892 entre les États-Unis et la Grande-Bretagne, présenté au Tribunal d'arbitrage institué en vertu de ce traité.

Nous sommes, avec un profond respect, vos obéissants serviteurs.

E. J. PHELPS.
J. C. CARTER.
H. M. BLODGETT.
F. R. COUDERT.

A l'honorable JOHN W. FOSTER.
Agent des États-Unis.

PLAIDOYER DES ÉTATS-UNIS

Les soussignés, avocats-conseils des États-Unis, avant de commencer le plaidoyer dont la rédaction leur a été confiée, tiennent à déclarer combien ils sont pénétrés de l'importance et de la solennité de la circonstance ainsi que de l'auguste caractère du Tribunal auquel ils vont s'adresser. Il existe déjà des exemples de nations ayant soumis leurs différends à un arbitrage pacifique; mais, dans la plupart des cas, il s'agissait uniquement de l'obtention d'une compensation pécuniaire pour des actes dont l'effet ne saurait être réparé. Aujourd'hui, deux puissantes nations décident de concilier et de régler leurs prétentions contraires à la souveraineté durable, sans avoir recours à ces méthodes de violence qui entraînent avec elles des souffrances et une destruction presque illimitées. On rend ainsi un juste hommage aux sentiments civilisés de l'humanité, qui proclament que la guerre est rarement, si jamais, nécessaire, et que le verdict de la raison doit remplacer l'usage de la force.

PREMIÈRE PARTIE

QUELS PRINCIPES DE DROIT
DOIVENT SERVIR DE BASE A LA DÉCISION?

Les soussignés croient qu'il est de la plus haute importance de s'entendre clairement, dès le début, sur les principes et les règles qui doivent guider les Arbitres dans la détermination de leurs considérants. Grâce à cette précaution, les débats ne courront aucun risque de s'égarer. Nous ne craignons pas, d'ailleurs, qu'une différence sérieuse d'opinion puisse s'élever à cet égard.

On peut en appeler avec confiance aux sentiments intimes et à la conviction spontanée de chacune des personnes qui prennent part à ces débats, — Arbitres et conseils : — elles répondront, sans nul doute, que la détermination des considérants doit être basée sur les principes de justice. Deux grandes nations ne sauraient volontairement avoir abandonné la conviction qu'elles ont du bien-fondé de leur cause, pour soumettre leurs prétentions rivales à une décision basée sur le caprice ou constituant simplement un expédient temporaire. Ce n'est pas à de si vains et si futiles subterfuges que l'orgueil et la puissance des nations ont rendu hommage. L'arbitrage de la *force* ne peut être remplacé dignement que par celui du *droit* (*right*). Ce serait ravir à ce Tribunal sa suprême dignité et dépouiller son verdict de toute valeur que de soumettre ses délibérations à des considérations étrangères à la justice. Il ne ferait plus alors acte de juge. La nation que les soussignés ont l'honneur de représenter est prête à accepter toute décision que ce Tribunal déclarera être la juste application de la loi aux faits qui sont établis par les preuves apportées, et à s'y conformer en tous points. Elle ne saurait se contenter d'aucune autre décision.

Mais quelle est la règle ou le principe du *droit* (*right*)? Comment le décrire et où le trouver? Tout en ne sautant pas aux yeux, la réponse ne saurait être douteuse. En disant que la règle doit être celle du droit, on veut dire et même on proclame qu'elle doit être *morale*, — une règle dictée par le sens moral; mais ce sens moral ne peut pas être celui qui se rencontre dans l'esprit de tel ou tel individu, ou qui ressort des sentiments unanimes des citoyens de telle ou telle nation. Il peut y avoir — il y a — des différences dans les convictions morales du peuple chez les différentes nations; on ne saurait affirmer que ce qui est spécial à une nation doive servir de règle pour contrôler la conduite d'une autre nation. Le différend à régler survient entre deux nations différentes et a été soumis au jugement d'un Tribunal composé des citoyens de plusieurs autres nations. Il est manifeste que ce différend doit être tranché d'après les principes et les règles que chacune des deux nations engagées dans ce litige et tous les Arbitres sont d'accord à reconnaître, c'est-à-dire ceux qui sont dictés par cette *idée générale de la justice* admise par toutes les nations civilisées : c'est là le *droit international*. De même que dans les sociétés d'une seule nation, le droit privé, en dehors des actes législatifs, est fondé sur l'idée générale de la justice reconnue par les membres de chaque état particulier, de même également dans la société plus vaste formée par les nations, le droit international se trouve fondé sur la règle générale de justice reconnue par les membres de cette société. En fait, il n'y a pas, à proprement parler, de *législation* pour la société internationale; il n'y en a pas non plus dans les sociétés municipales pour régir la plus grande partie des actes de la vie; et, cependant, dans ces dernières, il existe toujours une *loi* permanente pour régler toute contestation qui peut surgir. La seule différence qui distingue la grande société internationale est qu'elle ne possède pas un corps régulièrement constitué d'experts appelés juges, revêtus de l'autorité nécessaire pour proclamer la loi. Mais cette distinction disparaît dans le cas du différend actuel par suite de la constitution de ce Tribunal. Il ne pourrait guère être mis en question par personne, ni nulle part, qu'il existe un *droit international* d'après lequel tout conflit entre nations puisse être réglé et tranché; mais ici, en tout cas, aucun doute semblable ne saurait être permis. Les parties au litige sont, pour employer un terme qui leur est familier, non recevables (*estopped*) à soulever cette question de doute. Elles sont volontairement devenues parties intéressées à une procédure *judiciaire*. Dans quel but ces nations ont-elles soumis des prétentions rivales à une décision *judiciaire* s'il n'existe aucune règle pour les trancher? Pour quelle raison ont-elles choisi des Arbitres éminents par leurs connaissances juridiques, si ce n'est que leur intention a été de faire régler leurs prétentions rivales par la loi? Bien plus, quelle est la convenance ou l'utilité du plaidoyer qui nous occupe, si l'on n'admet l'existence d'une règle incontestée de justice à laquelle les conseils puissent en appeler et au moyen de laquelle ils puissent espérer convaincre les juges? Les soussignés sont d'avis qu'on ne saurait contester que cet arbitrage a été projeté et doit être conduit d'après l'hypothèse qu'il n'existe aucun lieu, ni aucune transaction entre hommes ou nations qui ne soit soumis à l'autorité de la loi.

Il ne saurait non plus y avoir aucune différence substantielle d'opinion à l'égard des sources où il nous faut puiser la règle internationale de justice à laquelle les soussignés ont fait allusion et qui n'est qu'une autre façon de désigner le droit des gens. Le droit privé et le droit des gens découlent l'un et l'autre de la même source. Toute loi, qu'elle régisse la conduite des nations ou celle des individus, n'est qu'une partie du grand domaine de la morale. Elle est fondée, dans chaque cas, sur la nature de l'homme et sur le milieu dans lequel il est placé. Les règles précises peuvent sans doute varier selon les différentes circonstances auxquelles elles se rapportent; mais l'esprit et l'essence en sont partout et toujours les mêmes. Sir James Mackintosh s'exprime ainsi :

La science qui enseigne les droits et les devoirs des hommes et des états a, dans les temps modernes, reçu le nom de droit naturel et des gens. Sous ce titre étendu sont comprises les règles de la morale en tant qu'elles prescrivent la conduite des personnes privées à l'égard l'une de l'autre dans les différentes relations de la vie humaine; en tant qu'elles règlementent et l'obéissance des citoyens aux lois, et l'autorité des magistrats dans la confection des lois, et l'administration du gouvernement; et en tant qu'elles déterminent les relations mutuelles des états en temps de paix, et prescrivent des bornes à leurs hostilités en temps de guerre. Cette science importante comprend seulement cette partie de la morale privée qui est susceptible d'être ramenée à des règles fixes et générales[1].

1. *Dissertation on the law of nature and nations.*

En termes souvent cités, lord Bacon a fait remarquer que la loi naturelle est la source de toute jurisprudence.

Car il existe dans la nature certaines sources de justice d'où dérivent toutes les lois civiles; mais, de même que les fleuves et les eaux prennent la couleur et le goût des terrains à travers lesquels ils passent, de même les lois civiles varient suivant les régions auxquelles elles s'appliquent et les gouvernements qui les adoptent, bien qu'elles procèdent toutes de la même source [1].

Cette source originelle et universelle de toute loi est désignée sous un nom différent par les différents écrivains : tantôt on l'appelle « la loi naturelle », tantôt « justice naturelle », quelquefois encore « préceptes de la droite raison »; mais, quelle que soit la façon de l'exprimer, on a la même chose en vue. L'expression « loi naturelle » est la plus approuvée et la plus largement employée. L'obligation universelle qu'elle impose est proclamée par Cicéron dans un passage d'une haute éloquence, qui a fait l'admiration des jurisconsultes à toutes les époques suivantes [2].

Et, dans un langage qui n'aurait pas été désavoué par le grand Romain lui-même, le fameux commentateur des lois anglaises a enseigné la même doctrine :

Cette loi de nature est aussi vieille que l'humanité, et, dictée par Dieu lui-même, elle oblige naturellement plus que toute autre. Elle est obligatoire dans le monde entier, dans tous les pays et dans tous les temps; aucune loi humaine n'a de valeur si elle lui est contraire; et toutes celles qui en possèdent tirent leur force et leur autorité directement ou indirectement de cette source originelle [3].

La dépendance de toute loi à l'égard de la loi naturelle est exprimée d'une façon fort heureuse par Cicéron dans un autre passage souvent cité : « *Lex est suprema ratio insita a natura quæ jubet*

---

1. *De Argumentis Scientiarum.*

2. « Est quidem vera lex recta ratio naturæ congruens, diffusa in omnes, constans, sempiterna, quæ vocet ad officium jubendo, vetando a fraude deterreat, quæ tamen neque probos frustra jubet aut vetat, nec improbos jubendo aut vetando movet. Huic legi nec abrogari fas est, neque derogari ex hac aliquid licet, neque tota abrogari potest, nec vero aut per senatum aut per populum solvi hac lege possumus, neque est quærendus explanator aut interpres ejus alius, nec erit alia lex Romæ, alia Athenis, alia nunc, alia posthac, sed et omnes gentes et omni tempore una lex et sempiterna et immutabilis continebit, unusque erit communis quasi magister et imperator omnium deus : ille legis hujus inventor, disceptator, lator, cui qui non parebit, ipse se fugiet, ac naturam hominis aspernatus hoc ipso luet maximas pœnas, etiam si cætera supplicia quæ putantur, effugerit. » (*De Republica*, lib. III, cap. 22, § 33.)

3. BLACKSTONE, *Com.*, liv. I, p. 41.

ea quæ facienda sunt, prohibetque contraria[1]. » Et elle est très clairement établie par le fait que les grands interprètes du droit romain, cherchant une formule concise pour exprimer ses principes originaux et fondamentaux, ont simplement emprunté ou rédigé un exposé des préceptes de la justice naturelle : « *Juris præcepta sunt hæc : honeste vivere, alterum non lædere, suum cuique tribuere*[2]. »

Quelques écrivains ont mis en doute l'exactitude de l'emploi du mot loi pour désigner le code de préceptes et de règles que l'on regarde comme obligeant les nations, par la raison qu'il n'existe au-dessus d'elles aucune puissance supérieure à laquelle on puisse s'adresser pour les faire exécuter. Mais c'est là une façon de voir superficielle qui n'a obtenu que peu de partisans. L'opinion publique du monde civilisé est une puissance à laquelle toutes les nations sont tenues de rendre hommage. Aucune nation ne peut soutenir une thèse condamnée par l'opinion publique. Un écrivain récent, d'une autorité incontestée, a fait justice de cette objection :

On dit quelquefois qu'il ne saurait exister aucune loi commune aux nations, parce qu'elles ne reconnaissent en commun aucune autorité supérieure, aucun pouvoir exécutif international capable de faire exécuter les préceptes du droit international. Cette objection comporte plusieurs réponses : d'abord c'est un fait que les états et les nations reconnaissent mutuellement leur propre existence et leur indépendance : or, de la société des nations, comme de celle des individus, la loi doit nécessairement surgir. Cette loi, ainsi qu'on l'a démontré, consiste dans les préceptes universels de droit [et de devoir] approuvés par les nations et réglant les relations qu'elles ont entre elles. Ensuite l'argument contraire confond deux choses distinctes : la sanction matérielle que confère à la loi son exécution par une autorité supérieure, et la sanction morale que lui assure le principe fondamental du droit (*right*) ; cette erreur ressemble à celle qui a entraîné les juristes à établir deux classes d'obligations morales, les obligations parfaites et les obligations imparfaites. Toutes les obligations morales sont également parfaites, bien que le moyen de les faire exécuter soit, humainement parlant, plus ou moins parfait, selon qu'elles relèvent plus ou moins de la loi humaine. De même la justice internationale ne mériterait pas moins ce nom si on était dans l'impossibilité complète d'appliquer ses sanctions.

. . . .

Mais, indépendamment de tous ces moyens d'exécution, la loi demeure. Dieu a voulu la société des états comme il a voulu la société des individus. Ils peuvent ici-bas ne tenir aucun compte de la voix de leur conscience; mais on peut appliquer à la conscience nationale comme à la conscience individuelle le langage d'un profond philosophe : «Si sa force égalait son droit,

1. Cic., *De Legibus*. lib. I, cap. 6, sec. 6.
2. *Inst.*, I, 1, 3.

et sa puissance l'autorité évidente qu'elle possède, elle régirait le monde. »

. . . .

En dernier lieu, on peut dire, à cet égard, que celui qui n'a pas remarqué que *Némésis* atteint infailliblement ceux qui ont transgressé les préceptes de la justice internationale a lu bien superficiellement et sans aucun profit l'histoire du monde et particulièrement celle des temps modernes; car, pour ne prendre qu'un exemple, quelle « Odyssée de malheurs » le précédent du partage de la Pologne n'a-t-il pas ouverte aux royaumes qui ont pris part à cette infâme infraction du droit international! La maxime suivante du droit romain exprime noblement une grande vérité morale : *Jurisjurandi contempta religio satis Deum habet ultorem...* Un sage et savant juriste français a commenté ces mots d'une façon remarquable, et il n'est peut-être pas hors de propos de terminer cette première partie de l'ouvrage en citant ses propres expressions : « Paroles qu'on peut appliquer également à toute infraction des lois naturelles. La justice de l'auteur de ces lois n'est pas moins armée contre ceux qui les transgressent que contre les violateurs du serment, lequel n'ajoute rien à l'obligation de les observer ni à la force de nos engagements, et ne sert qu'à nous rappeler le souvenir de cette justice inexorable. » (PHILLIMORES *International Law*, 3e édition, Londres, 1879, vol. Ier, paragraphe LX[1].)

Il est fort vrai qu'il existe à l'égard des préceptes de la loi naturelle, et conséquemment dans le droit international qui en découle, un certain degré d'incertitude. Cette incertitude se rencontre plus ou moins dans toutes les sciences morales. Elle se montre dans le droit privé comme dans le droit international, bien qu'à un degré moindre. La loi est matière d'opinion; elle

[1]. « Les devoirs des hommes, des sujets ou des princes, des législateurs, des magistrats et des états font tous partie d'un système conforme de morale universelle. Il existe un rapport entre les maximes les plus abstraites et les plus élémentaires de la philosophie morale et les controverses les plus compliquées du droit public et privé. Les principes de justice profondément enracinés dans la nature et les intérêts humains régnent dans tout le système et se révèlent dans toutes ses parties, voire même dans les plus petits détails d'une formalité légale, ou dans la rédaction d'un article de traité. » (Sir James MACKINTOSH, *Discourse on the law of nature, sub fine.*)

Le juge Story s'exprime ainsi : « Le véritable fondement sur lequel doit reposer l'application du droit international consiste en ce que les règles qui y doivent dominer sont celles qui proviennent de l'intérêt et de l'utilité mutuels, qui découlent du sentiment de l'inconvénient qui résulterait d'une doctrine contraire, et d'une sorte de nécessité morale de rendre justice (aux autres) afin que justice nous soit rendue à notre tour. » (*Conflict of Laws*, ch. 2, sec. 35.)

Puis, siégeant comme juge, il déclare : « Mais je crois permis d'affirmer, sans équivoque, que toute doctrine qu'un raisonnement exact peut naturellement déduire des droits et des devoirs des nations et de la nature des obligations morales, peut se dire en théorie exister dans la loi des nations; et, à moins qu'elle ne soit modifiée ou rejetée par le consentement de celles-ci, ce qui peut ressortir de leur pratique générale et de la coutume, elle peut être appliquée par tout tribunal toutes les fois qu'elle se présente dans un jugement. (« La Jeune Eugénie », 2 *Mason's Reports*, p. 449.)

diffère selon les pays et selon les époques, et même, à la vérité, selon les esprits d'un même pays et d'une même époque. Les plus hauts préceptes de la justice naturelle, enseignés par l'esprit le plus élevé et le plus raffiné d'une époque, peuvent ne pas être acceptés ou compris par la majorité des hommes. C'est ainsi que les règles appliquées par le droit privé tombent souvent bien au-dessous du modèle le plus élevé de la justice naturelle. Les tribunaux privés rendent fréquemment des sentences erronées. Cependant, quoique entachées d'erreur, ces sentences doivent nécessairement être acceptées comme déclaratives de la règle de justice. Elles représentent la plus haute *règle nationale de justice* admise et adoptée dans l'état où elles sont rendues. Par la suite, à mesure que l'on se rapprochera de la vérité, ce qu'elles ont d'erroné sera corrigé. De même, dans le droit international, l'usage des nations n'est pas toujours conforme aux préceptes élevés de la loi naturelle. Cependant, lorsque ce cas se présente, l'usage en vigueur doit être accepté comme règle. C'est ce dernier qui représente ce que l'on peut appeler la règle internationale de justice, c'est-à-dire celle au sujet de laquelle les nations sont d'accord.

De même que le droit privé comprend telle portion de la justice naturelle ou droit naturel que la société privée reconnaît et applique à ses membres, de même, d'un autre côté, le droit international comprend telle portion du même droit naturel que la société des nations reconnaît et applique à ses membres dans leurs relations mutuelles. La Cour suprême des États-Unis, parlant par la bouche de son *Chief Justice* le plus éminent, a été obligée de déclarer dans une cause célèbre que l'esclavage, bien que contraire au droit naturel, n'était pas contraire au droit des gens; et un juge anglais, non moins illustre, a été forcé de faire une déclaration semblable[1]. Peut-être que dans les temps plus humains où nous vivons cette question recevrait une solution différente.

Mais, bien que la pratique réelle et les usages des nations constituent le meilleur témoignage en faveur de ce qu'on est convenu d'appeler le droit des gens, ils n'en sont pas la seule preuve. Ils établissent *en fait* ce que les nations ont décidé de regarder comme loi obligatoire. Mais, en l'absence de témoignages con-

---

1. *The Antelope*, 10 Wheaton's Reports, p. 120; *The Louis*, 2 Dodds, p. 238.

traires, il faut supposer que les nations s'entendent à l'égard de ce que commande la justice naturelle et universelle. C'est sur cette hypothèse que les tribunaux judiciaires et les juristes, dont les décisions constituent la jurisprudence en matière de droit privé non écrit, se basent pour étendre et développer ce même droit privé. Les états souverains sont supposés avoir sanctionné comme lois les principes généraux de justice, et c'est de là que procède l'autorité des tribunaux pour déclarer la loi dans les cas où le législateur ne s'est pas prononcé. De ce que le législateur ne l'a pas énoncée positivement, ils ne doivent pas conclure que la loi n'existe pas dans un cas particulier. De même, en droit international, si un cas se présente au sujet duquel la pratique et les usages des nations n'ont établi aucune règle, un Tribunal international comme celui-ci ne doit pas en inférer qu'il n'existe aucune règle. Le consentement des nations doit être présumé en faveur des préceptes de la justice naturelle, et cette source ne manque jamais de fournir une règle.

Si les observations précédentes sont bien fondées, les principes qui doivent guider ce Tribunal sont ceux du droit des gens, et les sources auxquelles il doit puiser la loi à l'égard de toute question qui peut surgir sont les suivantes :

1° La pratique réelle et les usages des nations. On les tire de l'histoire et de l'étude de la façon dont sont réglées les relations et le commerce que les peuples entretiennent entre eux. La connaissance en procède également et des actes qu'une nation fait habituellement sans provoquer d'objection de la part des autres nations, et des traités que celles-ci font entre elles, bien que ces derniers doivent être examinés avec circonspection, en raison de ce qu'ils sont souvent basés sur des considérations d'expédients temporaires, et quelquefois imposés par un état plus puissant à des états plus faibles ; ils ressortent enfin de la correspondance diplomatique que les nations ont pu échanger, et dans laquelle elles ont invoqué ou reconnu certains principes supposés du droit des gens.

2° Les jugements des cours qui sont instituées pour déclarer et appliquer les principes du droit des gens, telles, par exemple, que les tribunaux des prises, et, dans quelque cas, les cours d'amirauté, fournissent un autre moyen de s'éclairer.

3° Lorsque les sources ci-dessus ne fournissent aucune règle, on doit s'adresser à la source suprême d'où découle toute loi, — les préceptes de la droite raison, la justice naturelle, ou, en d'autres termes, la loi naturelle.

4° Le droit privé des états, toutes les fois qu'il s'exprime d'une façon similaire, fournit un moyen capital de s'assurer des décisions du droit naturel sur un point donné. La raison en est que, de quelque façon qu'il s'exprime, ce droit comprend le droit naturel, et qu'il a été si assidûment cultivé par l'étude constante qu'en ont faite les générations passées, qu'on ne saurait rencontrer que peu de questions touchant le droit et la justice parmi les hommes ou les nations à l'égard desquelles il ne fournisse pas de solution.

5° Enfin, dans les cas où des juristes d'une réputation établie, et qui ont fait une étude spéciale du droit naturel et du droit des gens, émettent un avis unanime, leur autorité mérite tout notre respect.

Parlant devant la Cour suprême des États-Unis, le *Chief Justice* Marshall a exprimé ce qui nous semble être la règle exacte. Il dit :

Le droit des gens est la grande source d'où nous tirons, à l'égard des droits des belligérants et des neutres, les règles qui sont reconnues par tous les états civilisés et commerciaux d'Europe et d'Amérique. Ce droit est en partie non écrit et en partie conventionnel. Pour vérifier les préceptes non écrits, nous avons recours aux grands principes de raison et de justice ; mais, comme ces principes pourraient être interprétés d'une façon différente par les différentes nations dans différentes circonstances, nous les considérons comme étant devenus, en quelque sorte, fixes et immuables, à l'aide d'une série de décisions judiciaires. Les sentences des tribunaux de chaque pays, en tant qu'elles reposent sur la loi commune à chaque pays, seront reçues, non pas comme faisant autorité, mais avec respect. Les décisions des tribunaux de chaque pays indiquent, sur un point donné, de quelle façon on entend le droit des gens dans ce pays, et seront prises en considération lorsqu'il sera question de déterminer la règle qui doit prévaloir dans le jugement de cette cause [1].

JAMES C. CARTER.

---

1. *Sixty Hogsheads of Sugar v. Boyle*, 9 *Cranch*, pp. 191, 197.

Les vues exposées dans le texte à l'égard de la base du droit des gens et des sources d'où il découle sont, croyons-nous, établies par la voix unanime d'écrivains d'une autorité indiscutable. On rencontrera des différences dans le mode d'exposition ; mais il ne semble pas qu'il existe aucun désaccord substantiel. On trouvera, dans l'appendice ci-après de cette première partie du plaidoyer, une réunion d'extraits d'un grand nombre d'écrivains de différentes nations.

APPENDICE DE LA PREMIÈRE PARTIE

AU PLAIDOYER DE M. CARTER

CITATIONS D'AUTEURS AYANT ÉCRIT SUR LE DROIT DE NATURE ET SUR LE DROIT
DES GENS, OU SONT ÉTABLIS LE FONDEMENT DU DROIT INTERNATIONAL, SES
RAPPORTS A LA LOI DE NATURE, ET LES SOURCES OU L'ON PEUT EN PUISER
LA CONNAISSANCE.

Pomeroy, *Lectures on International Law*, éd. 1886, ch. I, §§ 29, 30,
31, 33, pp. 23-26.

§ 29. (2) Un grand nombre de règles qui gouvernent les relations
mutuelles des états en tant que corps sont proprement appelées droit
international, en raison de l'objet qu'elles se proposent et des droits et
des devoirs qu'elles créent. En même temps, elles sont proprement appelées *droit*, parce que des états particuliers les ont établies comme
une partie de leur législation civile, et qu'elles sont appliquées par le
pouvoir exécutif et judiciaire de ces états de la même façon que les
autres parties des codes locaux. En fait, elles sont des principes de la loi
de nature ou de la morale, sous forme de préceptes humains et revêtus
d'une sanction humaine.

(3) Je désignerais volontiers du nom de morale internationale ce
qu'on entend par droit international au sens général. C'est l'ensemble
de ces règles fondées sur la justice et l'équité et déduites par la droite
raison, d'après lesquelles les états indépendants ont accoutumé de gouverner leurs relations mutuelles, et auxquelles ils conforment leur conduite réciproque. Ces règles n'ont pas en elles-mêmes une force obligatoire comme lois; mais les états en sont de plus en plus obligés à les
observer par déférence à l'opinion générale de la chrétienté, par la conviction de leur justice intime, ou du moins de leur convenance, ou enfin
par crainte de provoquer la guerre. Cette sanction morale est si forte,
et sa puissance et ses effets augmentent d'une façon si constante, que
nous pouvons dire avec raison que ces règles créent des droits et des
devoirs correspondants pour les états indépendants dans leur rôle de
corps politique.

§ 30. Nous aboutissons ainsi à la conclusion que le droit international
est, en grande partie, une branche de la morale plutôt que d'une législa-

tion humaine positive. Ce n'est pourtant pas là une raison pour le juriste ou pour ceux qui étudient la jurisprudence de négliger cette science. Il y a, en effet, des avantages d'autant plus grands à l'étudier. Les règles en sont fondées sur la justice abstraite; elles sont en conformité avec les déductions de la droite raison; dépourvues de sanction humaine positive, elles en appellent à une sanction plus haute que ne le font les préceptes des codes civils. Tous ces traits les revêtent d'un caractère plus élevé que celui du droit civil ordinaire, au même degré que la loi divine est plus parfaite que la législation humaine.

§ 31. L'analyse précédente de la nature et des caractères du droit international nous permet de répondre à cette question générale : Quelles en sont les sources? Si nous nous bornons à considérer cette partie qui, dans chaque sens du mot, est strictement internationale, et qui, par suite, comme nous l'avons vu, est plutôt la morale que le droit, il est clair que les sources en doivent être : 1° la loi divine; 2° la raison éclairée agissant sur les principes abstraits de la morale; 3° enfin le consentement des nations à adopter les règles particulières, ainsi tirées des principes généraux de la loi morale avec le secours de la droite raison. C'est seulement de cette partie du droit international que nous avons actuellement à nous occuper. Cette autre partie que je viens de désigner comme internationale seulement dans son objet et comme purement nationale et civile dans sa création et dans sa sanction découle des mêmes sources que toutes les autres lois intérieures d'un État particulier, à savoir des actes législatifs et des décisions des tribunaux. Nous allons maintenant procéder à un bref examen de ces sources, ou, si je puis employer cette expression, de ces fontaines d'où coulent les fleuves du *jus inter gentes.*

§ 33. (2) *Raison.* Mais les préceptes de la loi morale, soit formulés dans des paroles écrites, soit imprimés dans la conscience de la race humaine, sont l'énoncé de principes larges et généraux; ce sont les germes, les puissances de production; ils ont besoin d'être développés, d'être coulés dans une forme plus pratique et plus dogmatique pour satisfaire aux innombrables exigences de chaque individu et des sociétés qu'on appelle nations. Pour cette fin, nous devons faire appel à la raison, et de là la seconde source que j'ai mentionnée, c'est-à-dire la raison éclairée agissant sur les principes abstraits de la morale. Je ne puis m'arrêter maintenant à démontrer cette proposition; nous rencontrerons au cours de nos recherches maints exemples qui lui serviront d'illustration. Mais je veux insister maintenant sur un fait de grande importance, un fait qui vous aidera à aplanir maintes difficultés, à concilier maintes contradictions, à résoudre maints problèmes. Ce fait est qu'une loi internationale repose essentiellement sur les principes généraux de la morale pure, et que, comme elle en tire principalement, ou a l'intention d'en tirer, ses règles particulières par l'office de la raison, elle constitue la science la plus capable de progrès de toutes les branches de la jurisprudence ou de la législation. Le développement chez les nations civilisées de la culture et de la délicatesse, l'intelligence plus complète des droits et des devoirs, l'appréciation progressive de cette vérité que le juste est aussi l'utile ont exercé et continuent d'exercer sur elle une action d'un effet soudain et surprenant.

Il en résulte que des doctrines universellement reçues il n'y a qu'une génération sont aujourd'hui universellement rejetées; que des précédents universellement regardés comme décisifs, il n'y a qu'un quart de siècle seraient aujourd'hui négligés comme sans force, comme des actes incapables de supporter la lumière de la recherche contemporaine. Cela est plus particulièrement vrai au regard des règles qui déterminent les droits des belligérants et des neutres. Les derniers ouvrages des juristes européens sont, comme nous le verrons, conçus dans un esprit totalement différent de celui qui a présidé à la rédaction des traités qui faisaient autorité parmi la génération précédente. C'est l'entière ignorance ou l'oubli absolu de ce fait évident et tout à fait heureux qui a ôté toute valeur au discours célèbre et travaillé prononcé il y a quelques années par M. le sénateur Sumner sur la politique internationale de l'Angleterre, l'exposa aux critiques des juristes européens, et ne le laissa subsister que comme un monument d'inutile labeur, consumé à rassembler dans l'histoire des précédents vieillis, que ne citerait aujourd'hui aucune nation civilisée, et sur lesquels nulle puissance n'appuierait ses prétentions.

Le droit romain, ce merveilleux produit de la raison agissant sur une base fournie par le droit abstrait, est fréquemment invoqué dans les discussions internationales, comme contenant des règles qui peuvent, au moins par analogie, servir à trancher les conflits internationaux. L'on ne saurait être un diplomate accompli, sans une connaissance familière d'une grande partie de cet admirable code.

Phillimore, *International Law,* 1871, ch. III, pp. 11-28.

XIX... Quelles sont en fait les sources de la jurisprudence internationale?...

XX. Grotius énumère ces sources ainsi qu'il suit : « *Ipsa natura, leges divinæ, mores, et pacta.* »

En 1753, le Gouvernement britannique fit à un mémoire du gouvernement prussien une réponse déclarée par Montesquieu « réponse sans réplique », et que l'on a généralement reconnue comme un des meilleurs exposés du droit international qui ait jamais été inséré dans un papier d'état. Ce mémorable document déclare le droit des gens fondé sur la justice, l'équité, la convenance, la raison de fait et confirmé par un long usage.

XXI. L'on peut dire que ces deux propositions comprennent la substance de tout ce que l'on peut dire sur ce sujet...

XXII. Les personnes morales sont gouvernées partie par la loi divine,... qui renferme la loi naturelle, partie par les lois humaines positives...

Les états, est-il dit, se reconnaissent réciproquement comme des personnes morales. Les états doivent donc être régis, dans leurs relations mutuelles, partie par la loi divine, partie par la loi positive. La loi divine est, ou bien : 1° celle qui est écrite par le doigt de Dieu dans le cœur de chaque homme, et c'est là ce qu'on appelle la loi naturelle; ou bien, 2° celle qui lui a été miraculeusement révélée...

XXIII. La source première de la jurisprudence internationale est donc la loi divine.

XXVI... Cicéron prétend que Dieu a donné à tous les hommes l'intelligence et la conscience; que l'existence en entraîne celle d'une loi dont tous les hommes sont les communs sujets. Où il y a une *loi commune*, dit-il, il y a aussi un *droit commun*, plus strictement et plus visiblement obligatoire pour les membres de chaque état séparé, mais qui lie assez l'univers, « *ut jam universus hic mundus una civitas sit communis deorum atque hominum existimanda* ».

Cette loi, dit le grand juriste, est immortelle et ne peut être changée ni par le prince ni par le peuple.

XXXI. La plupart des écrivains qui ont traité dans les dernières années de cette science voudraient que l'on appelât cette loi la *morale internationale*; ils restreindraient le sens du mot *droit* exclusivement et entièrement aux traités, aux coutumes, à la pratique des nations.

Si c'était une simple question d'arrangement théorique de ce qui fait l'objet du droit international, cela serait de bien mince importance... Mais c'est d'une grande importance pour la pratique, de marquer la subordination à la loi dérivée de Dieu de celle qui a sa source dans le consentement des états.

XXXII... Une autre conséquence pratique est que la loi qui a sa source dans le consentement des états chrétiens se trouve restreinte dans son action par la loi divine; et tout de même qu'un état individuel n'a moralement pas qualité pour faire des lois en désaccord avec la loi de Dieu, naturelle ou révélée, un assemblage d'états n'a pas non plus moralement qualité pour faire des conventions ou adopter des coutumes en contradiction avec cette loi.

La loi positive, nationale ou internationale, étant purement déclaratoire, peut ajouter aux prohibitions de la loi divine, mais non pas en rien retrancher. « *Civilis ratio civilia quidem jura corrumpere potest, naturalia non utique,* » tel est le langage de la loi romaine, et il se trouve en harmonie avec la voix de la jurisprudence internationale énoncée par Wolff : « *Absit vero, ut existimes, jus gentium voluntarium ab earum voluntate ita proficisci, ut libera sit earum in eodem condendo voluntas et stet pro ratione sola voluntas, nulla habita ratione juris naturalis.* »

XXXIII. Ce sera une heureuse conclusion à cette partie du sujet que l'invocation de quelques hautes autorités dans le domaine de la jurisprudence dans tous les pays à l'appui de l'opinion précédente.

Grotius dit non sans emphase : « *Nimirum humana jura* MULTA *constituere possunt* PRÆTER *naturam*, CONTRA *nihil.* »

Jean Voet parle dans le même sens avec une grande énergie : « *Quod si contra rectæ rationis dictamen gentes usu quædam introduxerint*, NON ea *jus gentium recte dixeris*, SED PESSIMAM POTIUS MORUM HUMANI GENERIS CORRUPTELAM. »

Suarez, qui a discuté la philosophie de la loi dans un chapitre où se trouve l'essence des pages écrites sur le sujet, dit : « *Leges autem ad jus gentium pertinentes veræ leges sunt, ut explicatum manet, propinquiores sunt legi naturali quam leges civiles, ideoque impossibile est esse contrarias æquitati naturali.* »

Wolff, parlant de son temps, dit : « *Omnium fere animos occupavit perversa illa opinio*, QUASI FONS JURIS GENTIUM SIT UTILITAS PROPRIA ; *unde contingit, id potentiæ coæquari. Damnamus hoc in privatis, damnamus in rectore civitatis; sed* ÆQUE IDEM DAMNANDUM EST IN GENTIBUS. »

Mackintosh résume avec noblesse cette grande thèse : « Les devoirs des hommes, des sujets ou des princes, des législateurs, des magistrats et des états font tous partie d'un système conforme de morale universelle. Il existe un rapport entre les maximes les plus abstraites et les plus élémentaires de la philosophie morale et les controverses les plus compliquées du droit public et privé. Les principes de justice profondément enracinés dans la nature et les intérêts humains règnent dans tout le système et se révèlent dans toutes ses parties, voire même dans les plus petits détails d'une formalité légale ou dans la rédaction d'un article de traité. »

Henry Sumner Maine, *International Law*, pp. 13-47. Traduct. franç. pp. 18-62.

Depuis les temps modernes, on réserve, à beaucoup près, le nom de droit international aux règles établies par un genre spécial d'écrivains. Nous pouvons dire qu'en somme ces derniers apparaissent dans la première moitié du XVIIᵉ siècle, et se succèdent pendant les trois quarts du XVIIIᵉ siècle. Les noms, que nous connaissons pour la plupart, sont tout d'abord celui du grand Hugo Grotius, puis ceux de Puffendorf, Leibnitz, Zouch, Selden, Wolff, Bynkershoek et Vattel. La liste ne commence pas absolument avec Grotius, non plus qu'elle s'arrête exactement à Vattel. Et même, en ce qui regarde la fin de la série, il est des gens qui prétendent, — mais je ne crois pas l'idée très heureuse, — que la race des juristes créateurs continue d'exister..... Leur système (celui de ces écrivains et de quelques autres) est celui que l'on connaît d'ordinaire sous le nom de droit international.

Une bonne partie du droit international n'est ainsi que du droit romain, répandu en Europe au moyen d'une opération tout à fait analogue à celle qui, peu de siècles auparavant, avait permis aux autres parties du droit romain de s'infiltrer dans les interstices des divers systèmes juridiques de l'Europe. L'élément romain du droit international appartenait cependant à un développement spécial du système romain, celui que les Romains appelaient le droit naturel, ou, pour prendre une désignation alternative, le *jus gentium*. Dans un livre publié, il y a quelques années, sur « l'Ancien Droit », je faisais cette remarque que, « si l'on excepte le droit conventionnel ou résultant des traités des nations, on est étonné de trouver la plus grande partie du droit international formée de droit romain pur. Chaque fois que les jurisconsultes romains ont affirmé qu'une doctrine était en harmonie avec le *jus gentium*, les publicistes modernes ont trouvé un motif pour l'adopter, lors même qu'elle portait distinctement la marque de son origine romaine...

A la lumière de la doctrine stoïcienne, le droit des gens finit par s'identifier avec le droit de nature, c'est-à-dire avec un certain nombre de règles de conduite hypothétiques auxquelles l'homme obéissait en société, simplement parce qu'il était homme. Ainsi, le droit de nature n'est que le droit des gens, vu à la lumière d'une doctrine spéciale. Un passage des Instituts romains témoigne que les deux expressions pouvaient se remplacer mutuellement en pratique. La plus haute fonction qu'ait accomplie le droit naturel a été de donner naissance au droit international moderne.

La conviction que le droit romain comportait, en tout cas, un système du genre que nous appellerions aujourd'hui international, et que ce système s'identifiait avec le droit de nature, eut sans doute une influence indéniable, considérable, en permettant de greffer les règles du droit que les Romains appelaient naturel sur le droit des gens moderne, (p. 28; de la traduction 36-38.)

Il suffit d'un coup d'œil sur les plus anciennes autorités du droit international, sur le *De jure belli et pacis* de Grotius, par exemple, pour constater que le droit des gens est essentiellement moral et jusqu'à un certain point religieux. Grotius fait presque aussi souvent appel à la morale et à la religion qu'aux précédents, et sans doute ce sont précisément les passages de son livre... qui lui valurent une grande partie de l'autorité qu'il acquit, en définitive, par la suite (p. 47; de la traduction, 62.)

Wheaton, *International Law*, 1re partie, ch. i, sect. 4, 14.

Les principes et les préceptes particuliers de la morale internationale, en opposition à la loi internationale, ne sauraient être obtenus en appliquant aux nations les règles qui doivent gouverner la conduite des individus, mais en déterminant les règles de conduite internationale les plus propres en somme à amener le bonheur général de l'humanité.

Une loi internationale, telle que peuvent la comprendre des nations

civilisées, peut être définie comme l'ensemble des règles de conduite
tirées par la raison, comme conformes à la justice, de la nature de l'association qui existe entre nations indépendantes, avec les définitions et
les modifications que peut établir le consentement général.

Kent, *Commentaries*, 1re partie, leç. 1, pp. 2-4.

... La partie la plus utile et la plus pratique du droit des gens est,
sans contredit, la loi établie ou loi positive, fondée sur l'usage, le consentement et la convention. Mais il serait inexact de séparer tout à fait
cette loi de la jurisprudence naturelle, et de méconnaître qu'elle tire
une grande partie de sa force et de sa dignité des mêmes principes de
la droite raison, des mêmes idées sur la nature et la constitution de
l'homme, de la même sanction que lui donne la révélation divine, qui
fondent la science de la morale. Il y a un droit des gens naturel et un
droit des gens positif. Le premier oblige tout état à régler sa conduite
envers les autres états par la justice, la bonne foi et la bienveillance, et
cette application du droit de nature a été appelée par Vattel le droit des
gens nécessaire, parce que le droit de nature oblige les nations à s'y
conformer; d'autres écrivains l'ont nommé le droit des gens interne,
parce que c'est la conscience qui en fonde le caractère obligatoire pour
les nations.

Nous ne devons donc pas séparer la science du droit public de celle
de la morale, ni encourager la dangereuse opinion, d'après laquelle les
gouvernements ne sont pas liés aussi strictement par les obligations de
la loyauté, de la justice et de l'humanité envers les autres puissances,
qu'ils le sont dans le gouvernement de leurs propres affaires locales.
Les états ou corps politiques doivent être considérés comme des personnes morales, douées d'une volonté publique, capables et libres de faire
le bien et le mal; car ils sont des réunions d'individus dont chacun
porte avec soi au service de la communauté la même loi obligatoire
de la morale et de la religion qui doit régler sa conduite dans la vie
privée. Le droit des gens est un système complexe, composé d'éléments
divers. Il comprend des principes généraux de droit et de justice, qui
trouvent également leur application dans le gouvernement d'individus
naturellement égaux et dans les relations et la conduite internationales;
un ensemble d'usages, de coutumes et d'opinions, produit de la civilisation et du commerce des peuples; enfin un code de lois convention-
nelles ou positives.

En l'absence de ces derniers règlements, les relations réciproques
et la conduite des nations doivent être gouvernées par des principes
qu'on peut déduire des droits et des devoirs des nations et de la nature
de l'obligation morale; et nous pouvons nous appuyer sur l'autorité des
légistes de l'antiquité et de quelques-uns des maîtres les plus considérables de l'école moderne du droit public, pour placer l'obligation

morale des nations sur le même fondement que celle des individus; et
pour considérer la morale individuelle et la morale nationale comme
des parties d'une seule et même science.

Le droit des gens, en tant qu'il a son fondement sur les principes
du droit naturel, est également obligatoire dans tous les temps et pour
toute l'humanité...

Halleck, *International Law*, ch. II, § 13, p. 50, et § 18, p. 51.

§ 13. Tout le monde admet qu'il n'y a pas un droit des gens
universel ou immuable, obligatoire pour toute la race humaine, qui
ait joui de la reconnaissance et de la soumission de l'humanité tout
entière, à toutes les époques et dans tous les pays. Néanmoins, il y a
des principes d'action certains, une distinction certaine entre le droit
et l'iniquité, la justice et l'injustice, une certaine loi divine ou naturelle,
ou une règle établie par la droite raison, qui, pour employer les termes
de Cicéron, « est conforme à la nature, commune à tous les hommes,
partout la même, éternelle; qui nous commande de faire notre devoir,
et nous interdit de le violer jamais; unique loi éternelle et immortelle,
sujette ni à l'abrogation ni aux dérogations; impérative chez tous les
peuples et dans tous les temps; qui tire son autorité du souverain
maître de tout l'univers; qui ne se réclame d'aucun autre législateur ou
interprète; qui met sa sanction dans le cœur de chacun de nous par
l'inévitable châtiment qu'elle inflige à quiconque la viole. »

C'est à ces principes ou règles du droit, de la raison, de la loi
naturelle, que doivent être rapportées toutes les autres lois, fondées sur
la coutume ou sur une convention, c'est par eux qu'en est déterminée
la force obligatoire. Si ces lois particulières sont en accord avec l'esprit
de cette loi naturelle, si elles sont bonnes en elles-mêmes, elles obligent
tous ceux qui les ont adoptées; mais si elles sont une violation de cette
loi, si elles sont injustes dans leur nature et leurs effets, elles sont sans
force. Les principes de la justice naturelle, appliqués au gouvernement
des états considérés comme des êtres moraux, doivent ainsi former les
fondements du temple majestueux et grandiose des coutumes, usages
et conventions des nations civilisées et chrétiennes. Le caractère et la
solidité de l'édifice dépendent nécessairement de l'habileté de l'archi-
tecte et de la nature des matériaux; mais les fondations ont toute
l'ampleur des principes de la justice, toute l'immutabilité de la loi de Dieu.

§ 18. La première source d'où sont déduites les règles de conduite
qui doivent être observées entre les nations est la loi divine ou le principe de justice que l'on a défini « une disposition constante et permanente à rendre à chacun son dû ». La nature spéciale de la société qui
existe entre les états indépendants rend l'application de ces principes
plus difficile aux états qu'aux membres individuels d'un même état;
et voilà pourquoi il y a moins d'uniformité dans les opinions qui ont

trait aux règles du droit international que l'on peut proprement déduire
de cette loi divine, que dans les règles de la loi morale qui régit les
relations individuelles. Il serait peut-être plus exact de dire que cette
loi divine est plutôt le criterium qui doit servir à juger les règles de la
loi internationale positive, que la source d'où découlent ces règles.
(JUSTINIEN, *Institutes*, liv. 1, tit. 1; PHILLIMORE, *On Int. Law*, vol. I, § 23;
DYMOND, *Princ. of morality, Essay* 1, *part.* 2, ch. IV; MANNING, *Law of Nations*, pp. 57-58; COTELLE, *Droit des gens*, 1re partie; HEINECCIUS, *Elementa
juris nat. et gentium*, lib. I, cap. I, § 12.)

Woolsey, *Introduction to International Law*, éd. 1892, § 15, p. 14.

§ 15. Mais quels sont les fondements rationnels et moraux du droit
international? Comme nous l'avons vu, ils sont identiques à ceux sur
lesquels reposent les droits et les obligations des individus dans l'état
et de l'état particulier envers les individus dont il se compose. Si nous
définissons le droit naturel la science qui, d'après la nature et la fin de
l'homme, détermine ses rapports extérieurs dans la société, les deux
questions de savoir quels doivent être les droits et les obligations de
l'individu dans l'état, et quels doivent être ceux d'un état parmi les autres états, tombent dans le domaine de cette branche de la science.
L'existence de ces droits et de ces obligations des états ne peut guère
être mise en doute par quiconque admet, dans certains cas, l'existence
de ces relations de justice naturelle. Il y a la même raison d'en faire
l'application au règlement des relations entre états qu'à celui des relations entre individus.

La fin naturelle des états et le dessein dans lequel Dieu les a établis
exigent que, dans une certaine sphère que des forces extérieures ne
sauraient envahir, ils exercent certaines fonctions et possèdent certaine
puissance d'action. Il serait étrange que l'état, puissance qui détermine
des droits et leur donne la réalité, qui crée des personnes morales ou
des associations pourvues de droits et sujettes à des obligations, ne pût
former lui-même des relations, qu'il fût un être physique et ne fût pas
un être moral. De fait, pour fonder l'opinion contraire, il faudrait prétendre qu'il n'y a ni juste ni injuste dans les relations entre les états, et
ne laisser d'autre règle à leur conduite que les injonctions du pur intérêt.

Wolff, cité par VATTEL, *Le Droit des gens*.

« Les nations ne reconnaissant entre elles d'autre droit que celui-là
même qui est établi par la nature, il paraîtra peut-être superflu de donner
un traité du droit des gens, distingué du droit naturel; mais ceux qui
pensent ainsi n'ont pas assez approfondi la matière. Les nations, il est
vrai, ne peuvent être considérées que comme autant de personnes particulières, vivant ensemble dans l'état de nature, et, par cette raison, on

doit leur appliquer tous les devoirs et tous les droits que la nature pros-
crit et attribue à tous les hommes, en tant qu'ils naissent libres naturellement, et qu'ils ne sont liés les uns aux autres que par les seuls nœuds
de cette même nature. Le droit qui naît de cette application et les obligations qui en résultent viennent de cette loi immuable fondée sur la
nature de l'homme; et de cette manière, le droit des gens appartient
certainement au droit de la nature : c'est pourquoi on l'appelle droit des
gens *naturel*, en égard à son origine, et *nécessaire*, par rapport à sa force
obligatoire. Ce droit est commun à toutes les nations, et celle qui ne le
respecte pas dans ses actions viole le droit commun de tous les peuples.

« Mais les nations et les états souverains étant des personnes morales
et les sujets des obligations et des droits résultant, en vertu du droit
naturel, de l'acte d'association qui a formé le corps politique, la nature
et l'essence de ces personnes morales diffèrent nécessairement, et à bien
des égards, de la nature et de l'essence des individus physiques, savoir
des hommes qui les composent. Lors donc que l'on veut appliquer aux
nations les devoirs que la loi naturelle prescrit à chaque homme en
particulier, et les droits qu'elle lui attribue afin qu'il puisse remplir
ses devoirs, ces droits et ces devoirs ne pouvant être autres que la nature des sujets ne le comporte, ils doivent nécessairement souffrir dans
l'application un changement convenable à la nature des nouveaux sujets
auxquels on les applique. On voit ainsi que le droit des gens ne demeure point en toutes choses le même que le droit naturel, en tant que
celui-ci régit les actions des particuliers. Pourquoi donc ne le traiterait-
on pas séparément comme un droit propre aux nations? » (Préface.)

Hautefeuille, L.-B. *Droits et Devoirs des nations neutres en temps de
guerre maritime* (1848, vol. I, pp. 16, 12 et suivantes.)

... Il a donné aux peuples et à ceux qui les gouvernent une loi qu'ils
doivent observer les uns envers les autres, loi non écrite, il est vrai,
mais qu'il a pris soin de graver en caractères ineffaçables dans le cœur
de chaque homme; loi qui fait que tout être humain distingue le vrai
du faux, le juste de l'injuste, le beau de ce qui ne l'est pas. C'est la loi
divine ou naturelle; elle constitue ce que j'appellerai le droit primitif.

Cette loi est la seule base et l'unique source du droit international.
C'est en remontant jusqu'à elle, c'est en l'étudiant avec soin que l'on
peut arriver à retracer exactement les droits des nations. Toute autre
voie conduit infailliblement à l'erreur, erreur grave, erreur déplorable,
puisque son résultat immédiat est d'aveugler les peuples et ceux qui
les commandent, de les porter à méconnaître leurs devoirs, à les violer,
et trop souvent à verser des flots de sang humain pour soutenir d'injustes prétentions. La loi divine n'est pas écrite, elle n'a jamais été
rédigée en aucune langue humaine, elle n'a jamais été promulguée
par aucun législateur, elle n'a même jamais pu l'être, puisque ce légis-

lateur étant homme, appartenant à une nation, était pour cela même sans aucune autorité sur les autres nations, et n'avait pas le pouvoir de leur dicter des lois.

Cette absence de texte positif a porté quelques publicistes à nier l'existence de la loi naturelle, à repousser son application. Ils se sont surtout fondés sur la manière différente dont chaque individu interprète cette loi, suivant que son organisation est plus ou moins parfaite, plus ou moins puissante, si je puis m'exprimer ainsi ; d'où il résulte que cette loi est différente pour chaque individu, pour chaque nation, c'est-à-dire qu'elle n'existe pas. L'un de ces auteurs, pour appuyer la négation de la loi naturelle, pose en principe que l'homme n'apporte avec lui dans ce monde que des sentiments de peine ou de plaisir, et des penchants à satisfaire, qui ne peuvent prendre le nom de lois, parce qu'ils varient suivant l'organisation de chaque individu, parce qu'ils sont loin d'être les mêmes chez tous les peuples, dans tous les climats[1].

Ces opinions auraient peut-être une apparence de raison si la loi naturelle était représentée comme une législation écrite, comme un code complet, semblable à ceux qui régissent les sociétés humaines et les membres qui les composent. Alors on pourrait dire avec Moser : « Quelle est donc cette loi dont on parle tant? Devons-nous en chercher les principes dans Grotius ou dans Hobbes[2]? On pourrait demander à voir le code destiné à prévenir toutes les guerres, en prévoyant et en condamnant à l'avance toutes les prétentions injustes. » Mais ce n'est pas ainsi que la loi naturelle est présentée par leurs auteurs qui se sont appuyés sur ses renseignements ; ils n'ont jamais cherché à lui donner un corps, à en faire une loi écrite. Ce qui est vrai, ce qui à mes yeux est incontestable, c'est qu'il existe chez tous les hommes des nations du juste et de l'injuste, c'est que tous les individus de la race humaine, jouissant de la raison, ont ces notions gravées dans le cœur, et qu'ils les apportent en naissant. Ces notions ne s'étendent pas à tous les détails du droit, comme les lois civiles, mais elles signalent toutes les sommités du droit, si je puis m'exprimer ainsi. On ne saurait nier que l'idée de la propriété est une idée naturelle, innée ; il en est de même de celle qui défend de s'enrichir aux dépens d'un autre ; qui impose l'obligation de réparer le tort causé à son semblable, d'exécuter la parole donnée, etc., etc. Ces notions premières, innées, que chaque homme apporte avec lui en naissant, sont les préceptes de la loi naturelle ; et les lois humaines sont d'autant plus parfaites qu'elles se rapprochent

---

1. « Ce qu'il y a de naturel chez l'homme, ce sont des sentiments, de peine ou de plaisir, des penchants ; mais appeler ces sentiments, ces penchants, des lois, c'est introduire une idée fausse et dangereuse, c'est mettre le langage en opposition avec lui-même, car il faut faire des lois précisément pour réprimer ces penchants. » (JÉRÉMIE BENTHAM, *Fausse manière de raisonner en matière de législation.*)

2. MOSER, *Essai sur le droit des gens le plus moderne des nations européennes en paix et en guerre*, 1778-1780.

davantage de ces préceptes divins. La loi naturelle ou divine est la seule qui puisse être appliquée entre les nations, entre des êtres dégagés de tout lien, de tout intérêt commun.

De ces règles générales du droit divin, il est facile de tirer les règles secondaires destinées à résoudre toutes les questions qui peuvent s'élever entre tous les peuples de l'univers. Pour ne citer qu'un seul exemple, il est évident que du principe du droit émané de Dieu, que toute nation est libre et indépendante de toute autre nation, principe reconnu de tous les hommes, découle cette conséquence, nécessaire, absolue comme le principe lui-même, que chaque nation peut librement échanger son superflu, commencer avec qui il lui plaît de choisir pour faire cet échange, ce commerce, sans avoir besoin de recourir à l'autorisation d'une troisième nation. La seule condition qu'elle doit remplir est le consentement de son cocontractant. Elle n'a pas à s'inquiéter du déplaisir que cet échange peut causer à la troisième nation, pourvu que ce commerce ne blesse pas ses droits positifs et naturels. Cette seconde règle en enfante plusieurs autres aussi claires, aussi absolues qu'elle l'est elle-même. En un mot, de la loi naturelle, du droit primitif est découlée tout entière la loi internationale. Comprise de cette manière, il me parait impossible de contester l'existence du droit primitif, elle est une sorte de vérité mathématique, et je ne craindrai pas de répondre à Moser : Les principes de cette loi ne sont pas seulement dans Grotius et dans Hobbes, ils sont dans le cœur de tous les hommes, ils sont dans votre propre cœur, à vous qui demandez où ils se trouvent.

La loi internationale a donc sa base dans la loi divine et primitive; c'est de cette source qu'elle découle tout entière. A l'aide de cette seule loi, je crois fermement qu'il est non seulement possible, mais même facile de régler tous les rapports, toutes les relations qui existent ou peuvent exister entre tous les peuples de l'univers. Cette loi commune et positive contient toutes les règles de la justice; elle existe indépendamment de toute législation, de toute institution humaine, elle est une pour tous les peuples. Elle régit la paix et la guerre, et trace à chaque position ses droits et ses devoirs. Les droits qu'elle donne sont clairs, positifs et absolus; ils sont de telle nature qu'ils se limitent réciproquement sans jamais se heurter, sans jamais se trouver en contradiction; ils sont corrélatifs les uns aux autres, se coordonnent et s'enchaînent avec une parfaite harmonie. Il ne peut en être autrement; celui qui a réglé d'une manière si admirable toutes les parties de l'univers, le Créateur du monde, ne pouvait tomber dans la contradiction.

. . . .

La loi naturelle est, par sa nature même, toujours obligatoire. Les traités qui rappellent ses dispositions et règlent leur application doivent nécessairement avoir la même perpétuité, puisque, dans ce cas même où ils cesseraient d'exister, les principes ne cesseraient pas d'être exécutoires de la même manière qu'ils étaient pendant le temps où les stipulations étaient en vigueur.

. . . .

Certains usages se sont établis entre les nations civilisées sans avoir jamais été écrits dans aucun traité, sans avoir jamais été l'objet d'aucune convention spéciale et expresse. Ces usages, peu nombreux, conformes au droit primitif, dont ils servent à régler l'application, forment une partie du droit international que l'on pourrait appeler droit coutumier; il me paraît préférable de les considérer comme une partie du droit secondaire.

Puffendorf, *Droit de la Nature et des Gens*, traduit du latin par Jean Barbeyrac. (5ᵉ édit., vol. I, livre 2, chap. III, § 23, pp. 243 et suiv.)

Enfin, il faut encore examiner ici s'il y a un droit des gens positif et distinct du droit naturel. Les savants ne s'accordent pas bien là-dessus. Plusieurs croient que le droit naturel et le droit des gens ne sont au fond qu'une seule et même chose, et qu'ils ne diffèrent que par une dénomination extérieure. C'est ainsi qu'Hobbes divise la loi naturelle en loi naturelle de l'homme et loi naturelle des états. Cette dernière, selon lui, est ce que l'on appelle droit des gens. « Les maximes, ajoute-t-il, de l'une et de l'autre de ces lois sont précisément les mêmes; mais comme les états, du moment qu'ils sont formés, acquièrent en quelque manière des propriétés personnelles, la même loi qui se nomme naturelle lorsqu'on parle des devoirs des particuliers, s'appelle droit des gens lorsqu'on l'applique au corps entier d'un état ou d'une nation. »

Je souscris absolument à cette pensée, et je ne reconnais aucune autre sorte de droit des gens volontaire ou positif, du moins qui ait force de loi proprement dite, et qui oblige les peuples comme émanant d'un supérieur. Il n'y a même dans le fond aucune contrariété entre notre opinion, et celle de quelques savants qui rapportent au droit naturel ce qui est conforme à une nature raisonnable, et, au droit des gens, ce qui est fondé sur nos besoins, auxquels on ne saurait mieux pourvoir que par les lois de la sociabilité. Car nous soutenons seulement qu'il n'y a point de droit des gens positif, qui dépende de la volonté d'un supérieur. Et ce qui est une suite des besoins de la nature humaine se doit rapporter, selon moi, au droit naturel. Que si nous n'avons pas jugé à propos de fonder ce droit sur la convenance des choses qui en font l'objet, avec une *nature raisonnable*, c'est pour ne pas établir dans la raison même la règle des maximes de la raison, et pour éviter le cercle où se réduit la démonstration des lois naturelles faite selon cette méthode.

Au reste, la plupart des choses que les jurisconsultes romains et le commun des savants rapportent au droit des gens, par exemple, les différentes sortes d'*acquisition*, les *contrats*, et autres choses semblables, ou sont de droit naturel, ou font partie du droit civil de chaque nation. Et quoiqu'en matière de ces sortes de choses qui ne sont pas fondées sur la constitution universelle du genre humain, les lois se trouvent les mêmes chez la plupart des peuples, il ne résulte point de là une espèce particulière de droit ; car ce n'est point en vertu de quelque convention ou de quelque obligation mutuelle que ces lois sont communes à plusieurs peuples, mais purement et simplement par un effet de la volonté particulière des législateurs de chaque état, qui se sont accordés par hasard à prescrire ou à défendre les mêmes choses. De là vient qu'un peuple seul peut changer ces lois de son propre chef, sans consulter les autres, comme on l'a vu arriver souvent.

Il ne faut pourtant pas rejeter absolument l'opinion d'un auteur moderne, qui prétend que les jurisconsultes romains entendent par *droit des gens* celui qui concerne les actes que les étrangers pouvaient exercer et les affaires qu'il leur était permis de négocier valablement dans les états du peuple romain, par opposition au droit civil, qui était particulier aux citoyens romains. De là vient qu'on rapportait au droit civil les testaments et les mariages, qui n'étaient valides qu'entre citoyens ; au lieu que les contrats passaient pour être du droit des gens, parce que les étrangers pouvaient en faire avec les citoyens, d'une manière qui eût son effet devant les tribunaux romains. Plusieurs donnent aussi le nom de *droit des gens* à certaines coutumes, surtout en matière de guerre, lesquelles se pratiquent ordinairement, par une espèce de consentement tacite, entre la plupart des peuples, du moins ceux qui se piquent de quelque politesse et de quelque humanité.

En effet, les nations civilisées ayant attaché le plus haut comble de la gloire à se distinguer par les armes, c'est-à-dire, à oser et savoir adroitement faire périr un grand nombre de gens, ce qui a produit de tout temps plusieurs guerres non nécessaires, ou même injustes, les conquérants, pour ne pas se rendre tout à fait odieux par leur ambition, ont jugé à propos, en même temps qu'ils s'attribuaient tout le droit qu'on a dans une guerre juste, d'adoucir l'horreur des armes et des expéditions militaires par quelque apparence d'humanité et de magnanimité. De là vient l'usage d'épargner certaines sortes de choses et certains ordres de personnes, de garder quelque mesure dans les actes d'hostilité, de traiter les prisonniers d'une certaine manière, et autres choses semblables. Mais, quoique ces sortes de coutumes paraissent renfermer quelque obligation, fondée du moins sur une convention tacite, si un prince, dans une guerre juste, manque de les observer, pourvu qu'en prenant le parti contraire il ne viole point le droit naturel, il ne pourra être accusé que d'une espèce d'impolitesse, en ce qu'il n'aura pas suivi l'usage reçu de ceux qui mettent la guerre au nombre des arts libéraux ; de même que, parmi les maîtres d'armes, on tient pour un ignorant celui qui n'a pas blessé son homme selon les règles de l'art.

Ainsi, tant qu'on ne fait que des guerres justes, on peut consulter uniquement les maximes du droit naturel, et mépriser toutes les coutumes des autres peuples; à moins qu'on n'ait intérêt de s'y conformer, pour engager l'ennemi à exercer contre nous, et contre les nôtres, des actes d'hostilité moins rigoureux. Mais ceux qui entreprennent une guerre mal fondée, font bien de suivre ces coutumes, pour garder du moins quelque mesure et quelque tempérament dans leur injustice. Cependant comme ce ne sont point ici des raisons qui aient lieu généralement, elles ne sauraient constituer aucun droit universel, qui oblige tous les peuples; d'autant plus que, dans toutes les choses qui ne sont fondées que sur un consentement tacite, chacun peut se dispenser de s'y astreindre, en déclarant expressément qu'il ne le veut point, et qu'il consent que les autres ne les observent pas non plus à son égard. Aussi voyons-nous que plusieurs de ces coutumes ont été abolies avec le temps, et que même quelquefois il s'est introduit des coutumes directement opposées.

C'est en vain que quelqu'un s'est déchaîné contre notre opinion, comme si elle renversait les fondements de la sûreté, des avantages, et du salut des peup'. · car tout cela ne dépend point des coutumes dont on vient de parl. ., mais de l'observation du droit naturel, principe beaucoup plus solide et plus respectable. Si on suit bien ses règles, le genre humain n'aura pas grand besoin de ces sortes de coutumes. D'ailleurs, en fondant une coutume sur les maximes du droit naturel, on lui donne une origine beaucoup plus noble et une autorité beaucoup plus grande, que si on la faisait dépendre d'une simple convention des peuples.

Ortolan, *Règles internationales et Diplomatie de la Mer*. (Paris, 1864, vol. I, livre I, ch. IV, page 64.)

On sent que les nations n'ayant pas au-dessus d'elles un législateur commun, elles n'ont souvent d'autre recours, pour la détermination de leurs droits respectifs, qu'en ce sentiment raisonnable du juste ou de l'injuste, qu'en ces vérités morales qui sont déjà mises en lumière, et à celles qu'il reste encore à démontrer. Voilà ce qu'on veut dire quand on dit que la loi naturelle est la première base du droit international. Voilà pourquoi il importe que les gouvernants, les diplomates, les publicistes, qui agissent, négocient ou écrivent sur de pareilles matières, aient profondément en eux-mêmes ce sentiment du juste et de l'injuste que nous venons de définir, ainsi que la connaissance du point de certitude où l'esprit humain est parvenu dans cet ordre de vérités.

Mais les nations n'en sont pas réduites, pour la fixation de leurs droits réciproques, aux seules lumières, trop souvent incertaines, de la raison humaine. L'expérience, imitation des précédents accomplis, un long usage pratique, habituellement et généralement observé, introduisent entre elles ce qu'on appelle une *coutume*, qui fait règle de conduite internationale, et d'où découlent de part ou d'autre des droits positifs. La force obligatoire de la coutume est fondée sur le consentement, sur l'accord tacite des nations. Les nations en sont ainsi tacitement convenues entre elles, et elles se sont liées par cet accord tacite, puisqu'elles l'ont si longtemps et si généralement pratiqué.

L'empire de la coutume est beaucoup plus fréquent, beaucoup plus étendu dans le droit international que dans le droit privé; précisément parce que pour le droit international il n'y a pas de législateur commun qui vienne restreindre cet empire en formulant par écrit la règle de conduite. La coutume est souvent conforme aux lumières de la raison sur ce qui est juste ou injuste, parce qu'elle émane des sociétés, ou collections d'êtres raisonnables; mais souvent aussi elle y est contraire, parce que la raison de l'homme, individuelle ou collective, est sujette à erreur; enfin elle tend, de plus en plus, à s'en rapprocher intimement parce que la voie de l'homme, être essentiellement perfectible, est une voie de perfectionnement et de progrès.

. . . .

Il faut remarquer que les traités, bien loin de justifier l'exclusion, qu'on en veut déduire, des vérités morales sur ce qui est juste ou injuste entre nations, ne tirent précisément leur force obligatoire que de l'une de ces vérités. C'est parce que le sentiment raisonnable du juste dit à tous qu'un accord régulier de libres volontés, entre personnes capables, sur des objets et pour des causes licites, lie entre elles les parties contractantes, c'est pour cela que les traités sont reconnus obligatoires. Ils ne puisent donc leur autorité fondamentale que dans le droit naturel, pour employer un moment ce terme dont nous avons expliqué le sens. Et c'est aussi du droit naturel que se déduit en général la notion des conditions nécessaires à la validité des traités, et celle des conséquences légitimes de leur violation.

J. G. Heineccius, *A methodical System of Universal Law* [traduction anglaise de Turnbull], vol. I, éd. 1763.

§ 12, p. 8. Le droit de nature, ou règle naturelle de droiture, est un système de droit que le Dieu éternel notifie à toute la race humaine par l'intermédiaire de la raison. Si vous préférez la considérer en tant que science, la morale naturelle sera justement définie l'habitude pratique de découvrir par la raison la volonté du législateur suprême et d'en tirer une règle pour chaque cas qui se présente. Dès lors, puisqu'elle consiste à déduire et à appliquer une règle qui vient de Dieu, elle peut être appelée justement *jurisprudence divine.*

§ 21, p. 11. " Puisque la loi de nature comprend toutes les lois dictées à l'humanité par la droite raison, puisque les hommes peuvent être considérés soit en tant qu'individus particuliers, soit en tant qu'ils font partie de certains corps ou sociétés politiques, nous appelons droit de nature le droit qui doit régir les actions des particuliers, et droit des gens celui qui détermine le juste et l'injuste dans la société ou dans les relations des sociétés entre elles. Et, par conséquent, les préceptes ou les lois de l'un et de l'autre sont les mêmes; ou mieux, le droit des gens est le droit de nature lui-même dans ses rapports ou son application à la vie sociale et aux affaires des sociétés et des états indépendants.

§ 22, p. 15. Nous en pouvons inférer que le droit de nature ne diffère du droit des gens ni par sa base et ses premiers principes, ni par ses règles, mais seulement par son objet. Il s'ensuit qu'il n'y a point de fondement à l'opinion de ceux qui parlent de je ne sais quel droit des gens distinct du droit de nature. Le droit des gens positif ou secondaire, imaginé par quelques anciens, n'est point, à proprement parler, une partie de ce droit des gens dont nous venons de traiter, car il n'est ni établi par Dieu, ni promulgué par la droite raison; il n'est ni commun à toute l'humanité, ni immuable.

Vattel. *Droit des Gens.*

Il est certainement un droit des gens naturel, puisque la loi de la nature n'oblige pas moins les états, les hommes unis en société politique, qu'elle n'oblige les particuliers. Mais pour connaître exactement ce droit, il ne suffit pas de savoir ce que la loi de nature prescrit aux individus humains. L'application d'une règle à des sujets divers ne peut se faire que d'une manière convenable à la nature de chaque sujet. D'où il résulte que le droit des gens naturel est une science particulière, laquelle consiste dans une application juste et raisonnée de la loi naturelle aux affaires et à la conduite des nations ou des souverains. (Préface.)

Les modernes s'accordent généralement à réserver le nom de droit des gens au droit qui doit régner entre les nations ou états souverains. (Préface.)

Le droit des gens *nécessaire* et le droit des gens *volontaire* sont donc établis l'un et l'autre par la nature, mais chacun à sa manière: le premier, comme une loi sacrée que les nations et les souverains doivent respecter et suivre dans toutes leurs actions; le second, comme une règle que le bien et le salut communs les obligent d'admettre dans les affaires qu'ils ont ensemble. Le droit *nécessaire* procède immédiatement de la nature; cette mère commune des hommes recommande l'observation du droit des gens *volontaire*, en considération de l'état où les nations se trouvent les unes avec les autres et pour le bien de leurs affaires. (Préface.)

Les hommes étant soumis aux lois de la nature, et leur union en société civile n'ayant pu les soustraire à l'obligation d'observer ces lois, puisque dans cette union ils ne cessent pas d'être hommes, la nation

entière, dont la volonté commune n'est que le résultat des volontés
réunies des citoyens, demeure soumise aux lois de la nature, obligée à
les respecter dans toutes ses démarches.

§ 5. Il faut donc appliquer aux nations les règles du droit naturel,
pour découvrir quelles sont leurs obligations et quels sont leurs droits ;
par conséquent le *droit des gens* n'est originairement autre chose que
le *droit de nature appliqué aux nations*. (§ 6.)

G. F. Martens, *Droit des Nations*, Introduction.

La deuxième espèce d'obligations comprend celles qui existent
entre nations. Chaque nation étant considérée comme un être moral,
vivant à l'état de nature, les obligations d'une nation envers une autre
ne sont qu'une transformation et une application aux nations des obligations des individus ; et c'est ce qu'on appelle le droit des gens naturel.
Il est universel et nécessaire, car il régit toutes les nations, même contre
leur volonté. Ce droit, suivant la distinction entre le parfait et l'imparfait, est parfait et extérieur (droit des gens au sens strict du mot), ou
imparfait et intérieur, et sous cette dénomination l'on comprend la
morale des nations.

G. F. Martens. *Du Droit positif des nations*, § 2.

Il n'est guère possible que le simple droit de nature soit indifférent
même entre individus, combien moins entre nations, quand s'établissent entre eux la fréquentation et le commerce. Leur intérêt commun
les oblige à faire fléchir la rigueur du droit naturel, à le rendre plus
précis, et à s'écarter de cette parfaite égalité des droits qui doit toujours, suivant le droit naturel, être considérée comme s'étendant même
au plus faible. Ces modifications s'établissent en vertu de conventions
expresses ou tacites, ou en vertu d'une simple coutume. L'ensemble
des droits et des obligations, ainsi établis entre deux nations, forme le
droit primitif des nations entre elles. On l'appelle positif, particulier ou
arbitraire, par opposition au droit naturel, universel et nécessaire.

Jan Helenus Ferguson, *Manual of International Law* [1884], vol. I,
    1re partie, ch. III, § 21, p. 66.

Le droit international, ayant sa base dans la morale internationale,
est subordonné à l'état des progrès de la civilisation. De là naît la difficulté de donner une définition compréhensible du droit international. Les idées qui doivent rester dans l'esprit des nations civilisées,
comme les principes et la base des rapports internationaux, forment
nous venons de le remarquer, le droit moral naturel. Mais nous avons

vu aussi que l'esprit du droit est le moyen pratique par lequel l'influence de ce droit général est exercée sur l'humanité, à toutes les étapes du progrès sur la route de la civilisation.

Cherchant donc attentivement cet esprit du droit, nous trouvons que la définition du droit international le fait consister dans « certaines règles de conduite déduites par la raison sous l'inspiration de la conscience comme conformes à la justice, avec telles restrictions et modifications que peut établir le consentement général pour satisfaire aux exigences de l'état présent de la société existante entre les nations, et que les états civilisés modernes regardent comme les obligeant dans leurs relations réciproques avec une force comparable en nature et en degré à celle qui oblige la personne douée de conscience à l'obéissance aux lois de son pays.

Carlós Testa. *Le Droit public international maritime*, traduit du portugais par H. Boutiron, 1886, 1re partie, chap. I, pages 46 et suiv.

La force peut constituer, dans l'ordre physique une supériorité d'individu à individu. Mais la raison et la conscience établissent, dans l'ordre moral, d'autres moyens dominés par la notion du *devoir* et du *droit*. C'est l'ensemble de ces préceptes justes, nécessaires, immuables pour tout être raisonnable et imprimés par Dieu dans la conscience humaine qui constitue *la loi naturelle ou primitive*.

Le but d'une loi régulatrice de la conduite des hommes est d'imposer des obligations morales ou d'autoriser certains actes d'où il puisse résulter des avantages.

Dans le premier cas, la loi établit le *devoir ;* dans le second, elle considère le *droit*. La loi naturelle ou primitive, quand elle désigne les *devoirs* qu'elle impose, établit de suite les droits corrélatifs qui en émanent et qui constituent les principes de *droit naturel ou primitif*.

La science du droit naturel se fonde donc sur les principes de cette loi intuitive qui, donnant la faculté de pratiquer ce qui est moralement juste, établit les principes à observer dans les rapports d'individu à individu pour les différentes hypothèses de la vie sociale.

Le *devoir* est de précepte, le *droit* est facultatif; mais droit et devoir sont essentiellement corrélatifs; et dans les relations réciproques d'individu à individu, ce qui constitue pour l'un un devoir établit pour l'autre un droit. Il en est de même pour les relations mutuelles des collectivités.

C'est un axiome qui résulte de l'étude de la nature morale de l'homme, que seul et isolé il ne pourrait parvenir à son bien-être et que la sociabilité est une condition naturellement nécessaire pour qu'il obtienne son plus grand avantage. Cette cause naturelle a produit la famille, élément social dont le groupement détermine la formation des nations.

Or, le droit naturel, essentiellement lié à la nature humaine et prescrivant certains principes qui doivent dominer les relations réciproques d'individu à individu, est aussi bien et pour la même raison applicable aux relations entre les collectivités d'individus, constituant autant d'entités morales. C'est donc aussi la loi commune des associations, c'est à-dire des nationalités.

Cette application des préceptes du droit naturel, qui oblige les nations à la pratique des mêmes devoirs qu'il dicte aux individus, constitue le *droit des gens*, qui, considéré d'après son origine fondée sur le droit naturel, est également nommé *droit des gens primitif ou nécessaire*.

Le respect pour le droit des gens est par conséquent aussi obligatoire entre nations que celui du droit naturel l'est entre individus.

De ce que les différentes sociétés civiles que forment des nations ou états sont indépendantes, il découle que les lois intérieures constituant le droit public des unes ne peuvent être étendues aux autres; c'est-à-dire, que le droit public intérieur de chaque nation ou état ne peut être regardé comme un droit externe, absolu, auquel les autres doivent se soumettre.

D'où il résulte que, pour fixer les limites auxquelles s'arrête le droit des gens, il est de toute nécessité de recourir aux divers éléments qui peuvent lui donner naissance.

Ces éléments sont :

1° Les principes généraux du *droit naturel*, constituant le droit primitif qui découle du consentement *présumable* des nations;

2° Le *droit coutumier*, constituant le droit secondaire qui émane du consentement *tacite*;

3° Le droit *conventionnel*, constituant également le droit secondaire, qui provient du consentement *exprès*.

Les origines du droit international sont donc au nombre de trois :

1° La raison et la conscience du juste et de l'injuste, indépendamment de toute prescription;

2° La coutume;

3° Les traités publics.

Les principes, les pratiques et les usages du droit des gens, d'accord avec ces éléments et dans ces limites, règlent la conduite des nations, et c'est pour cette raison que, dans leur généralité, ils constituent le droit international.

Le droit conventionnel peut abroger le droit coutumier; mais il perd son caractère de droit s'il établit des prescriptions contraires au droit naturel.

Quoique dans l'ordre philosophique le droit naturel ait la première place, dans l'ordre pratique des relations extérieures, lorsqu'il s'agit de trancher des questions ou de conduire des négociations, son rang n'est plus le même; dans ces cas l'on considère, en premier lieu, les obligations contractées au nom du droit conventionnel, en vertu de traités existants. Si ces traités manquent, le droit coutumier établit la règle;

et là où il n'y a ni traités à invoquer, ni coutumes à suivre, il est d'usage de procéder d'accord avec ce que la raison établit comme juste et avec les simples principes de droit naturel.

Quand le droit public externe puise ses origines dans le droit conventionnel et coutumier, il constitue ce que les publicistes désignent sous le nom de *droit international positif ou secondaire;* lorsqu'il dérive seulement des principes du droit naturel, on le nomme *droit des gens primitif.*

Burlamaqui, *Principes du droit naturel,* partie II, ch. vi, § 4, 5, 6, 9, 10.

Toute société se forme par le concours ou la réunion des volontés de plusieurs personnes, et cela dans la vue de se procurer quelque avantage. De là vient que l'on considère les sociétés comme des corps, et qu'on leur donne le nom de personnes morales...

Cela posé, l'établissement des états introduit entre eux une espèce de société semblable à celle qu'il y a naturellement entre les hommes; et les mêmes raisons qui portent les hommes à entretenir l'union entre eux doivent aussi engager les peuples ou leurs souverains à vivre en bonne intelligence les uns avec les autres.

Il est donc nécessaire qu'il y ait entre les nations quelque loi qui serve de règle au commerce qu'elles ont ensemble. Or cette loi ne peut être que la loi naturelle elle-même, que l'on appelle alors *droit des gens,* ou *loi des nations.* La loi naturelle, dit fort bien Hobbes [1], se divise en loi naturelle de l'homme et loi naturelle des états, et cette dernière est ce que l'on nomme *droit des gens.* Ainsi le droit naturel et le droit des gens ne sont au fond qu'une seule et même chose, et ils ne diffèrent que par une dénomination extérieure. Il faut donc dire que le droit des gens, proprement ainsi nommé, et considéré comme une loi qui émane d'un supérieur, n'est autre chose que le droit naturel lui-même appliqué non aux hommes envisagés simplement comme tels, mais aux peuples, aux nations, aux états ou à leurs chefs, dans les relations qu'ils ont ensemble, et dans les intérêts qu'ils ont à ménager entre eux.

On ne saurait révoquer en doute la réalité et la certitude d'un tel droit des gens, obligatoire par lui-même, et auquel les peuples ou les souverains qui les gouvernent doivent être soumis. Car si Dieu, par le moyen de la droite raison, impose aux particuliers certains devoirs les uns envers les autres, il est bien évident qu'il veut aussi que les nations, qui ne sont que des sociétés d'hommes, observent entre elles les mêmes devoirs.

. . . .

... Il y a certainement un droit des gens universel, de nécessité, obligatoire par lui-même, qui ne diffère en rien du droit naturel, qui est par conséquent immuable, et dont les peuples ou leurs souverains ne

____

1. *De Cive,* cap. XIV, § 4.

sauraient se dispenser, même d'un commun accord, sans manquer à leur devoir. Il y aura ensuite un autre droit des gens que l'on pourra nommer arbitraire et de liberté, comme n'étant fondé que sur quelque convention ou expresse, ou tacite, dont l'effet n'est pas par lui-même universel, et qui n'oblige que ceux qui s'y sont volontairement soumis, et seulement pour aussi longtemps qu'ils le veulent, puisqu'il dépend toujours d'eux de le changer ou de le révoquer. A quoi il faut ajouter encore que toute la force de cette espèce de droit des gens dépend en dernier ressort de la loi naturelle, qui ordonne que l'on soit fidèle à ses engagements. Tout ce qui appartient véritablement au droit des gens peut se rapporter à l'une ou à l'autre de ces deux espèces; et l'on reconnaîtra aisément l'usage de cette distinction, en l'appliquant aux questions particulières qui concernent ou la guerre, par exemple, ou les ambassadeurs, ou les traités publics, et à la décision des différends qui s'élèvent quelquefois sur ces matières entre les souverains.

Il est important de faire attention à l'origine et à la nature du droit des gens, telles que nous venons de les représenter; car, outre qu'il est toujours avantageux de se faire de justes idées des choses, cela est encore plus nécessaire en matière de pratique et de morale. C'est peut-être pour avoir voulu distinguer le droit des gens du droit naturel que l'on s'est insensiblement accoutumé à juger tout autrement des actions des particuliers. Rien n'est plus ordinaire que de voir condamner dans les hommes du commun des choses qu'on loue, ou que l'on excuse du moins, dans la personne des princes. Cependant il est certain, comme nous l'avons montré, que les maximes du droit des gens n'ont pas moins d'autorité que celles des lois naturelles elles-mêmes, et qu'elles ne sont ni moins respectables, ni moins sacrées, puisqu'elles ont également Dieu pour auteur. En un mot, il n'y a qu'une seule et même règle de justice pour tous les hommes. Les princes qui violent le droit des gens ne commettent pas un moindre crime que les particuliers qui violent la loi naturelle; et s'il y a quelque différence d'un cas à l'autre, elle est toute à la charge des princes, dont les mauvaises actions ont toujours des suites bien plus funestes que celles des particuliers.

On pourrait ajouter un nombre de citations presque indéfini. On peut ajouter les références suivantes :

F. DE MARTENS, *Droit des gens*, Paris, 1883, tome I, pages 19, 20; Le R. P. TUPARELLI D'AZEGLIO, de la Compagnie de Jésus, traduit de l'italien, 2me édition, tome II, ch. II: GROTIUS, *de Jure Belli ac Pacis*, Proleg.; HEFFTER, *Le Droit international public de l'Europe*, page 2: BLUNTSCHLI, *Le Droit international codifié*, pages 1, 2; PASQUALE FIORE, livre I, ch. I: AHRENS, *Course of Natural Law and the Philosophy of Law*, tome II, livre III, ch. I; M. G. MASSE, *Droit commercial dans ses rapports avec le droit des gens*, etc., Paris, 1874, vol. I, liv. II, ch. I, page 33; LOUIS RENAULT, *Introduction à l'étude du droit international*, Paris, 1879, pages 13, 14.

DEUXIÈME PARTIE

ACQUISITION PAR LA RUSSIE
DE DROITS DE JURIDICTION OU AUTRES
SUR LA MER DE BEHRING
ET LEUR CESSION AUX ÉTATS-UNIS

Les quatre premières questions soumises à ce Tribunal suprême par le traité sont les suivantes :

1. Quels étaient, antérieurement et jusqu'au moment de la cession de l'Alaska aux États-Unis, la juridiction exclusive sur la mer actuellement connue sous le nom de mer de Behring et les droits à la chasse du phoque dans la dite mer revendiqués et exercés par la Russie ?

2. Dans quelle mesure ces prétentions de juridiction à l'égard des pêcheries de phoques ont-elles été reconnues et admises par la Grande-Bretagne ?

3. L'étendue d'eau actuellement connue sous le nom de mer de Behring était-elle comprise dans la dénomination d' « Océan Pacifique », employée dans le traité de 1825 entre la Grande-Bretagne et la Russie; et quels droits sur la mer de Behring, en admettant qu'elle en possédât, avaient été conférés à la Russie par le dit traité et étaient exercés d'une façon exclusive en vertu de ses dispositions ?

4. Le traité du 30 mars 1867, entre les États-Unis et la Russie, n'a-t-il pas transmis aux États-Unis, dans toute leur intégrité, tous les droits appartenant à la Russie à l'est de la limite établie dans la mer de Behring par le dit traité, en ce qui concerne et la juridiction et la chasse du phoque ?

Les Arbitres éclairés peuvent avoir eu occasion de remarquer, — et, dans le cas contraire, cela deviendra évident pour eux, presque au début de cette discussion — que dans l'appréciation, formulée par des écrivains de droit international et par des juges éclairés appliquant celui-ci, du pouvoir que des nations peuvent exercer sur les hautes mers, deux choses essentiellement distinctes ont été confondues d'ordinaire et n'ont pas encore été jusqu'à ce jour nettement séparées et nettement définies. L'un d'eux est l'exercice du droit souverain de faire des lois applicables sur les hautes mers et liant les étrangers aussi bien que les nationaux, droit qui doit nécessairement être limité par une ligne de démarcation bien définie. L'autre est la protection apportée par une nation à ses droits de propriété et autres, au moyen d'actes d'autorité raisonnables et indispensables contre les citoyens des autres nations, partout où ils peuvent devenir nécessaires sur les hautes mers, sans égard à aucune ligne de démarcation. Cette confusion a été causée et entretenue, en grande partie, par le manque de précision dans la signification des mots. Le terme *juridiction* a, dès le début, été employé indifféremment pour exprimer les deux choses. Son sens est ainsi devenu ambigu.

Ces deux choses peuvent sembler avoir été confondues ou mêlées jusqu'à un certain point dans l'esprit des négociateurs du traité, car les quatre questions sur le point d'être examinées à présent semblent, à première vue, les embrasser toutes les deux. Le Tribunal est appelé à déterminer, d'une part, quelle est *la juridiction exclusive sur la mer de Behring* que la Russie a revendiquée et exercée; il ne serait pas déraisonnable de considérer cette question comme relative à l'exercice du pouvoir souverain de législation sur cette mer, équivalant à une extension de souveraineté territoriale. Il est également appelé à déterminer quel est le droit exclusif sur les « pêcheries de phoques » de la mer de Behring que la Russie a revendiqué et exercé avant la cession aux États-Unis — question absolument différente — bien qu'une décision reconnaissant sur ce point le droit exclusif, puisse entraîner comme conséquence le droit de protéger ces pêcheries par un exercice raisonnable de la puissance nationale sur les mers, partout où cet exercice pourrait être nécessaire.

Encore n'est-il pas probable que les négociateurs, même s'ils avaient les deux questions distinctement en vue, aient eu réellement l'intention de donner à la *première* une importance distincte et séparée. La *véritable contestation* portait sur la *seconde*, et on n'avait l'intention d'y comprendre la première qu'en tant qu'elle pouvait se rapporter à la seconde. Cela résulte tout à fait de ce que, dans aucune des quatre questions, le premier des deux droits ou revendications n'est formulé seul et séparé de l'autre, et plus encore des termes de la deuxième question, qui impliquent clairement que la revendication d'un droit pour l'exercice de l'autorité souveraine sur mer, en vue de la défense d'un droit de propriété, est celle qu'on se proposait principalement de soumettre à l'examen. Ces termes sont les suivants : « Jusqu'à quel point ces revendications de juridiction *sur les pêcheries de phoques* étaient-elles reconnues et admises par la Grande-Bretagne? » Ce langage montre clairement que les revendications russes concernant une juridiction exclusive qu'on avait l'intention de soumettre au Tribunal étaient uniquement celles qui affirmaient un droit de protéger les intérêts de la Russie sur les phoques au moyen d'une action dans la mer de Behring. Dans la correspondance diplomatique qui aboutit au traité, il n'existe aucune trace d'une affirmation faite par les États-Unis que la Russie ait jamais obtenu un droit de législation exclusive sur cette mer. Bien au contraire, cela a été énergiquement nié.

Nous n'avons nullement eu l'intention, dans ce qui vient d'être dit précédemment, de déclarer sans importance la question de savoir quelle autorité sur la mer de Behring ou, pour employer le mot ambigu, quelle « juridiction » sur la mer de Behring la Russie avait revendiquée et exercée relativement à ses intérêts sur les phoques. Quoique cette question ne soit nullement capitale, elle a une portée réelle et on avait l'intention de la faire examiner dans l'arbitrage. La question de savoir s'il existe des droits de propriété est une chose; la question de savoir ce que la nation à laquelle ils appartiennent peut faire, sans avoir recours, pour les protéger, à un exercice du souverain pouvoir de législation exclusive, est une autre chose, et toutes les deux sont soumises au Tribunal par le traité. S'il devenait manifeste que la Russie, pendant près d'un siècle, a réellement revendiqué et exercé une autorité sur la mer de Behring, pour protéger ses intérêts sur les phoques, et que la Grande-Bretagne ne s'y est jamais opposé ou ne l'a point contestée, il serait maintenant beaucoup trop tard pour elle pour en contester la validité.

On s'est efforcé dans le Mémoire de la Grande-Bretagne de faire ressortir que les États-Unis ont changé de terrain de temps en temps à l'égard de l'objet de ce litige, en affirmant d'abord que la mer de Behring était *mare clausum*, puis en prétendant à une juridiction exclusive sur une zone d'un rayon de 100 milles autour des îles Pribilof, enfin, en renonçant à ces deux prétentions et en revendiquant un droit de propriété sur les troupeaux de phoques. Cela résulte de la déclaration expresse qui termine le septième chapitre du Mémoire de la Grande-Bretagne et qui est ainsi conçue :

> Les faits exposés dans ce chapitre montrent que :
>
> La raison première pour laquelle les navires saisis en 1886 et en 1887 furent condamnés consistait en ce que la mer de Behring était *mare clausum*, une mer intérieure, et avait été cédée comme telle en partie par la Russie aux États-Unis.
>
> Cette prétention fut ultérieurement entièrement abandonnée, mais alors on revendiqua une juridiction exclusive sur 100 milles, à partir de la côte du territoire des États-Unis.
>
> Subséquemment une autre prétention a été mise en avant, celle que les États-Unis ont la propriété des phoques à fourrure dans des eaux non territoriales et un droit de protection sur eux.

Il sera nécessaire, pour montrer l'inexactitude de cette déclaration, de passer rapidement en revue les diverses phases de la contestation et d'attirer l'attention sur les motifs qui ont servi de base aux prétentions du Gouvernement des États-Unis.

C'est en septembre 1886 que l'attention de ce Gouvernement fut appelée pour la première fois par sir L. S. Sackville-West, Ministre de Sa Majesté à Washington, sur la saisie dans la mer de Behring par un croiseur des États-Unis de trois navires britanniques chassant le phoque. On se borna d'abord à demander des renseignements sur cette affaire et un laps de temps considérable s'écoula pour procéder à cette enquête; mais, antérieurement au mois de septembre 1887, des copies des registres de la Cour des États-Unis du district d'Alaska, mentionnant la saisie et la condamnation de ces navires, furent fournies au Gouvernement britannique. Il résultait de ces documents que les saisies avaient été faites dans la mer de Behring, à plus de trois milles de la terre. Là-dessus lord Salisbury, qui paraissait supposer que les lois des États-Unis autorisant les saisies étaient basées sur quelque prétendue juridiction acquise de la Russie sur la mer de Behring, adressa une note à sir L. S. Sackville-West dans laquelle il appelait l'attention sur l'ukase russe de 1821 qui affirmait un droit particulier sur cette mer, sur les protestations des États-Unis et de la Grande-Bretagne contre cette prétention et sur les traités de 1824 et 1825 entre ces deux nations respectivement et la Russie, et dans laquelle il soutenait que ces documents fournissaient une preuve péremptoire de l'illégalité des saisies[1].

Le Gouvernement des États-Unis ne répondit pas pour le moment à la question ainsi soulevée, mais sa première attitude en cette affaire fut de rappeler, dans des notes adressées aux diverses nations maritimes, qu'il s'agissait *d'une propriété particulière* pouvant justifier l'exercice par le Gouvernement des États-Unis d'*une juridiction maritime exceptionnelle*, mais que, en raison de la grande importance de l'espèce du phoque à fourrure pour le commerce et pour l'humanité en général, il lui semblait sage, de la part des nations, d'examiner si des mesures ne pourraient pas être adoptées en commun pour protéger les phoques et faire disparaître en même temps la cause de conflits possibles[2]. La *première* attitude prise par les États-Unis fut donc d'exciper d'un *droit de propriété* et d'un droit maritime exceptionnel destiné à le protéger en empêchant la destruction des phoques, mais en ajoutant que toutes les nations devraient s'accorder sur l'adoption de mesures destinées à les préserver et à éviter ainsi des contestations touchant ce droit maritime.

Le 22 janvier 1890, M. Blaine, qui avait succédé à M. Bayard comme secrétaire d'État, eut l'occasion de répondre, dans une note à sir Julian Pauncefote, à de nouvelles plaintes du Gouvernement britannique au sujet de la saisie, par des croiseurs des États-Unis, de navires canadiens qui se livraient à la chasse du phoque à fourrure dans les eaux de la mer de Behring. Au commencement de sa communication, M. Blaine expose qu'il est inutile de discuter toute question de juridiction exclusive des États-Unis sur les eaux de cette mer, parce qu'il y a d'autres motifs justifiant pleinement, à son avis, les procédés des États-Unis. Il s'exprime ainsi :

Dans l'opinion du Président, les navires canadiens saisis et détenus dans la mer de Behring se livraient à une chasse *contra bonos mores*, chasse qui constitue nécessairement une atteinte sérieuse et permanente aux droits du Gouvernement et du peuple des États-Unis. Pour établir ce principe, il n'est pas nécessaire de discuter la question de l'étendue et de la nature de la souverai-

1. Appendice du Mémoire des États-Unis, Vol. 1, p. 162.
2. *Ibid.*, p. 168.

neté de ce Gouvernement sur les eaux de la mer de Behring, il n'est pas nécessaire d'expliquer, encore moins de définir les pouvoirs et privilèges concédés par Sa Majesté impériale l'empereur de Russie dans le traité qui a cédé aux États-Unis le territoire d'Alaska. Les faits importants résultant de l'acquisition de ce territoire et de tous les droits sur terre et sur mer qui lui sont inséparablement liés peuvent sans risque être laissés de côté, tandis que les principes sur lesquels ce Gouvernement base la légitimité de l'action dont se plaint le Gouvernement de Sa Majesté seront mis en avant.

M. Blaine continue alors en exposant que, longtemps avant l'acquisition de l'Alaska par les États-Unis, l'industrie du phoque à fourrure avait été établie par la Russie aux îles Pribilof et que, tant qu'elle exerça une autorité sur ces îles, sa possession et sa jouissance n'y furent en aucune manière troublées par d'autres nations. Il ajoute que les États-Unis, depuis la cession de 1867, avaient continué à exercer cette industrie en soignant le troupeau de phoques des îles Pribilof et en jouissant des avantages qu'il donnait, mais que, en 1886, des navires, canadiens pour la plupart, furent armés pour la capture des phoques en pleine mer et que, depuis, le nombre des navires s'adonnant à cette chasse avait continuellement augmenté, qu'ils se livraient à un massacre aveugle de ces animaux, massacre fort préjudiciable à l'industrie exercée par les États-Unis et menaçant véritablement d'exterminer l'espèce. M. Blaine soutenait que le motif pour lequel le Gouvernement de Sa Majesté était disposé à prendre la défense des navires canadiens — à savoir, que leurs actes de déprédation étaient commis à une distance de plus de trois milles du rivage — était complètement insuffisant ; que l'extermination d'un animal utile à l'humanité est par lui-même un acte contraire à la morale à un haut degré, outre qu'il est préjudiciable aux intérêts des États-Unis; que « la loi qui régit les mers ne peut être l'absence de lois », et que la liberté qu'elle consacre ne peut être « dénaturée pour justifier des actes illégitimes en eux-mêmes et qui tendent inévitablement à des résultats contraires aux intérêts et au bien de l'humanité ».

Il est donc absolument manifeste que M. Blaine saisit la première occasion qui lui était offerte de traiter le sujet pour placer les revendications des États-Unis nettement sur le terrain d'un *droit de propriété* auquel d'autres nations ne pouvaient porter atteinte sur les hautes mers au moyen d'actes essentiellement opposés à la loi morale et contraires à la loi naturelle [1].

Cette correspondance fut suivie par d'autres communications diplomatiques visant l'établissement de règlements destinés à restreindre la chasse pélagique, et, le 22 mai 1890, le marquis de Salisbury adressa une note à sir Julian Pauncefote, sous forme de réponse à la dernière note de M. Blaine mentionnée ci-dessus. De cette note il résulte très clairement que lord Salisbury ne s'était pas mépris sur le sens de l'attitude prise par M. Blaine. Il s'exprime ainsi :

La note de M. Blaine se fonde sur les raisons suivantes pour défendre les actes dont se plaint le Gouvernement de Sa Majesté :

1. Les navires canadiens arrêtés et détenus dans la mer de Behring se livraient à une chasse qui est, en elle-même, *contra bonos mores*, — qui porte nécessairement une atteinte sérieuse et permanente aux droits du Gouvernement et du peuple des États-Unis.

2. Les pêcheries ont été en la possession paisible et sous l'autorité exclusive de la Russie à partir de leur découverte jusqu'à la cession de l'Alaska aux États-Unis en 1867, et, depuis cette date jusqu'en 1886, elles demeurèrent également en la paisible possession du Gouvernement des États-Unis.

3. C'est un fait qu'on ne saurait maintenant nier ou mettre en doute que la capture des phoques en pleine mer amènera rapidement l'extinction de l'espèce et, conséquemment, les nations, qui ne possèdent pas le territoire sur lequel ces animaux peuvent accroître leur nombre, par la reproduction naturelle, devraient s'abstenir de ce massacre en pleine mer.

Lord Salisbury, dans cette note, soutient que, quelle que soit la valeur de l'industrie pour les États-Unis, ils n'ont pas le droit d'empêcher par la force la pratique de la chasse pélagique, mais il ne veut pas entamer de discussion sur la question de savoir si le massacre aveugle des phoques, qui tend manifestement à l'extermination de l'espèce, pourrait être justifié. Sa Seigneurie, cependant, en réponse à l'allégation du monopole exclusif de la Russie dans l'industrie du phoque à fourrure, rappela l'ukase russe de 1821, comme si M. Blaine avait soutenu des prétentions semblables à celles mises en avant dans ce document, et cita quelques passages d'une communication de M. John Quincy Adams, alors qu'il était secrétaire d'État, au ministre des États-Unis en Russie, combattant la prétention formulée dans l'ukase [2].

1. M. Blaine à sir Julian Pauncefote. Mémoire des États-Unis, Appendice, Vol. I, p. 200.

2. Mémoire des États-Unis, Appendice, Vol. I, p. 207.

Dans l'intervalle, d'autres communications diplomatiques furent échangées, touchant l'établissement de restrictions à apporter à la pratique de la chasse pélagique, et pour empêcher, dans une certaine mesure au moins, ses effets destructifs ; et il semblait que ces efforts étaient sur le point d'être couronnés de succès, et que le but poursuivi allait être complètement atteint, quand le Canada[1] souleva des difficultés.

Le 30 juin 1890, M. Blaine adressa à sir Julian Pauncefote une note dans laquelle il visait celle de lord Salisbury, mentionnée ci-dessus, en date du 22 mai, et surtout le passage qu'elle reproduit de la communication de M. John Quincy Adams au ministre des États-Unis en Russie, dans lequel les prétentions mises en avant par la Russie, dans l'ukase de 1821, étaient contestées. M. Blaine, dans une discussion assez longue, s'efforça de montrer que la revendication formulée par la Russie, en 1821, d'une juridiction particulière, n'avait pas été abandonnée par les traités de 1824 et 1825, conclus respectivement avec les États-Unis et la Grande-Bretagne, en tant qu'il s'agissait de la mer de Behring, et qu'il n'y avait pas été renoncé autrement. Il soutint que l'ukase de 1821, tout en n'étant pas destiné à déclarer la mer de Behring *mare clausum*, prétendait exclure, dans un dessein déterminé, du moins, les autres nations d'une zone de cent milles du rivage, sur les hautes mers, et que cette prétention de la part de la Russie n'avait jamais été abandonnée, ni fait l'objet d'une renonciation, et avait été, en substance, admise par d'autres nations, et notamment par la Grande-Bretagne[2].

Les idées exprimées ainsi par M. Blaine — qui, en fait, n'étaient pas essentielles pour la contestation principale, et que fit naître la mention faite par lord Salisbury de l'ukase russe de 1821, des protestations, négociations et traités ultérieurs entre la Russie et les États-Unis et la Grande-Bretagne, respectivement, — furent, le 2 août 1890, l'objet d'une réponse, dans une note de lord Salisbury à sir Julian Pauncefote[3].

Dans cette note, Sa Seigneurie examinait longuement la question et soutenait que, d'après les principes généraux du droit

1. Mémoire des États-Unis. Appendice, Vol. I, pp. 212-224.
2. *Ibid.*, p. 224.
3. *Ibid.*, p. 212.

international, aucune nation ne peut avec juste raison prétendre à la juridiction sur mer au delà d'une lieue marine de la côte. Ce principal général, si c'en est un, n'a jamais été contesté par M. Blaine, son idée étant qu'il peut y avoir, et qu'il y a dans certaines circonstances des cas comportant des exceptions à la règle générale, au moins pour donner à une nation le droit d'exclure, dans un dessein déterminé, les navires étrangers d'une zone marine ayant beaucoup plus de trois milles de large.

Le 17 septembre 1890, M. Blaine, dans une note à Sir Julian Pauncefote [1], répondit à la dernière note de lord Salisbury et défendit à nouveau la position prise par lui à l'égard des revendications de la Russie. A partir de ce moment, la question fut de savoir si, dans les traités de 1824 et de 1825 avec les États-Unis et la Grande-Bretagne respectivement, le terme *Océan Pacifique*, tel qu'il était employé dans les traités, était destiné à comprendre l'étendue d'eau connue à présent sous le nom de mer de Behring. S'il était vrai, comme le soutenait lord Salisbury, que la mer de Behring y était comprise, il s'ensuivrait alors que les prétentions émises par la Russie dans l'ukase de 1821 étaient abandonnées par les traités ci-dessus mentionnés, aussi bien sur la mer de Behring que sur la partie de l'Océan Pacifique au sud de cette mer. Si, d'autre part, comme le soutenait M. Blaine, on n'avait pas eu l'intention de comprendre la mer de Behring dans l'expression *Océan Pacifique*, il s'ensuivrait que les réclamations de juridiction sur la mer de Behring formulées par l'ukase de 1821 avaient été admises dans une très large mesure à la fois par la Grande-Bretagne et par les États-Unis.

Mais dans l'opinion des soussignés, cette question, quoiqu'elle ne soit pas totalement étrangère au litige actuel, est, relativement parlant, sans importance. Elle n'avait jamais été mise en avant par les États-Unis comme le seul ou principal fondement sur lequel ce Gouvernement basait ses revendications. Malgré la place considérable qui lui a été consacrée dans les discussions diplomatiques, elle ne s'est présentée qu'incidemment. Il est assez vraisemblable que lord Salisbury préférât entraîner autant que possible la discussion loin de la question du droit de propriété

<hr>

1. Mémoire des États-Unis. Appendice, Vol. I, p. 263.

et de l'allégation que la chasse pélagique est une pratique qui menace d'exterminer une race d'animaux utiles et qui n'est justifiée par aucun motif raisonnable. Il est peut-être vrai aussi que M. Blaine grossit quelque peu la conséquence pouvant découler, en tant qu'elles furent admises, par la Grande-Bretagne et les États-Unis, de la reconnaissance des prétentions formulées par la Russie dans l'ukase de 1821.

Mais ce qui est absolument certain, c'est que l'attitude prise primitivement par les États-Unis, ainsi que cela a été déjà dit, observée et reprise dans plus d'une communication diplomatique, ne fut jamais, à aucune époque, abandonnée ou modifiée le moins du monde, et cela est prouvé d'une façon péremptoire par la dernière communication de M. Blaine, déjà citée. Presque à la fin de cette note [1] il dit :

Dans l'opinion du Président, il n'y aurait aucune importance à prouver que la Grande-Bretagne ne reconnut aucune juridiction à la Russie sur les pêcheries de phoques de la mer de Behring. On pourrait tout aussi bien prouver que la Russie ne reconnut aucune juridiction à l'Angleterre sur la Tamise. Dans l'un et l'autre cas, point n'est besoin de la reconnaissance explicite de la juridiction, elle va de soi. Ni dans l'un, ni dans l'autre cas, l'une des parties n'exige quelque chose de l'autre. Le mot *concession* tel qu'il est employé ici signifie simplement *reconnaissance* de la légitimité du titre, et c'est la seule forme de concession que la Russie ait demandée à la Grande-Bretagne ou que la Grande-Bretagne ait accordée à la Russie.

La seconde proposition de lord Salisbury à examiner par les Arbitres consiste simplement dans la question de savoir si un pays a le droit d'étendre sa juridiction au delà d'une lieue marine de la côte. Personne ne conteste cela en règle générale; mais le point est de savoir s'il ne peut pas y avoir d'exceptions dont l'application n'entrave pas ces grandes voies de commerce, que les besoins et les coutumes du monde ont établies...

Les affirmations répétées que le Gouvernement des États-Unis exige que la mer de Behring soit déclarée *mare clausum* sont sans fondement. Ce Gouvernement ne l'a jamais réclamé ni désiré. Il le nie expressément. D'un autre côté, de nombreuses autorités, appartenant aux commentateurs les plus éminents du droit international, ne manquent pas aux États-Unis pour appuyer leur prétention à occuper une petite portion de la mer de Behring en vue de la protection des phoques à fourrure. Exercer sa surveillance sur une étendue d'eau relativement restreinte dans ce but spécial n'équivaut nullement à déclarer la mer ou une partie de celle-ci *mare clausum*. Ce n'est pas non plus, tant s'en faut, pour les autres une gêne aussi sérieuse que celle que la Grande-Bretagne prétendit mettre dans l'Atlantique méridional, ni une atteinte aussi injustifiable portée au droit commun des mers que celle qui y est apportée aujourd'hui par les autorités britanniques dans l'Océan Indien. Le Président

1. Mémoire des États-Unis. Appendice, Vol. I, p. 285.

ne désire pas toutefois le long ajournement de la solution qu'entraînerait l'examen des autorités juridiques depuis Ulpien jusqu'à Phillimore et Kent. Il estime que ses vues ont été bien exprimées par M. Phelps, notre dernier ministre en Angleterre, quand, après avoir échoué dans ses efforts pour obtenir un arrangement équitable avec la Grande-Bretagne touchant les pêcheries de phoques, il s'exprima ainsi dans sa dernière dépêche à son Gouvernement, le 12 septembre 1888 :

« On a dépensé beaucoup de savoir dans la discussion de la question abstraite du droit de la *mare clausum*. Je ne la crois pas applicable dans l'espèce.

« Voici une pêcherie précieuse et une industrie importante et permanente, si elle est bien administrée, qui sont la propriété du pays sur les côtes duquel elles sont exploitées. Il est proposé par une colonie d'une nation étrangère, malgré les remontrances réunies de tous les pays intéressés, de détruire cette source de commerce par un massacre et une extermination aveugles des animaux en question dans la mer ouverte voisine, pendant la période de gestation, quand les préceptes communs de l'humanité devraient être de les protéger s'il n'y avait pas d'intérêts engagés du tout. Et on prétend que nous n'avons pas le droit de nous protéger contre de semblables ravages parce que la mer est libre à une certaine distance de la côte.

« Le même système d'argumentation soutiendrait la piraterie et le commerce des esclaves, quand ils ont lieu en pleine mer, ou justifierait la destruction par une nation du commerce d'une autre, en plaçant des obstacles dangereux dans la haute mer, près de ses côtes. Il y a beaucoup de choses qu'on ne peut permettre impunément en pleine mer et contre lesquelles toute mer est *mare clausum*. Et le droit de défendre sa personne et sa propriété prévaut ici tout autant qu'ailleurs. Si la pêche sur les côtes du Canada pouvait être ruinée en répandant du poison dans la mer ouverte contiguë, avec quelque faible profit pour ceux qui se livreraient à une telle pratique, le Canada, en vertu des justes principes du droit international, serait-il considéré comme dépourvu de défense en pareil cas ? Cependant cette action ne serait pas plus destructive, pas plus inhumaine et pas plus dévastatrice que celle en question.

« Si les précédents font défaut pour une défense si nécessaire et si convenable, c'est parce que les précédents d'une semblable ligne de conduite sont aussi inconnus. Le meilleur droit international est résulté des précédents qui ont été créés quand la juste occasion en est survenue, sans être arrêté par la discussion de règles abstraites et hors de propos. »

Le but du résumé précédent des points principaux soulevés dans les discussions diplomatiques antérieures au traité aux termes duquel ce Tribunal a été constitué est de montrer que les raisons principales sur lesquelles, dès le début, les États-Unis ont appuyé leurs prétentions, étaient les droits de propriété et les droits industriels de cette nation. Il est également destiné à montrer que l'intention de M. Blaine, en acceptant la discussion proposée par lord Salisbury relativement à l'ukase de 1821 et aux traités subséquents de 1824 et 1825, était simplement de faire ressortir que la revendication par la Russie d'une autorité exceptionnelle sur certaines parties des hautes mers, ne fut, en ce qui concerne la mer de Behring, non seulement jamais abandonnée par cette puissance, mais reconnue et admise en fait par la Grande-Bretagne. Il en résulte que les États-Unis pourraient affirmer contre la Grande-Bretagne le droit de protéger leurs intérêts sur les phoques, non seulement d'après les principes généraux du droit international, mais, en outre, d'après le puissant et nouveau motif que la Russie, dans le but de défendre les mêmes intérêts, avait affirmé et exercé une autorité exceptionnelle sur la mer de Behring, pendant près d'un demi-siècle, avec le consentement de la Grande-Bretagne, et que tout droit ainsi acquis avait passé aux États-Unis par la cession de l'Alaska.

Dans l'opinion des soussignés, M. Blaine réussit complètement à établir le bien fondé du point contesté, à savoir que la prétention de la Russie à une juridiction exceptionnelle sur les mers, comportant l'interdiction pour tout navire étranger d'approcher à moins de cent milles de certains rivages désignés, quoique abandonnée dans son traité de 1825 avec la Grande-Bretagne, relativement à toute la côte nord-ouest au sud du 60e degré de latitude nord, ne fut, en ce qui concerne la mer de Behring, jamais abandonnée par elle, et fut admise par la Grande-Bretagne. Et si les soussignés étaient d'avis que la question est une de celles dont dépend réellement l'une quelconque des revendications des États-Unis, ils estimeraient de leur devoir de présenter de nouveau le plaidoyer de M. Blaine avec d'autres arguments qui lui donneraient une nouvelle force. Mais ils préfèrent de beaucoup placer la cause des États-Unis sur sa base réelle et primitive qui, leur semble-t-il, ne souffre aucune contestation, et ne pas s'en tenir à des arguments qui, si forts qu'ils puissent être en vue de leur but avoué, doivent peut-être néanmoins être considérés comme éloignés de la question principale. Ils préfèrent exposer au Tribunal que la Russie avait, pendant près d'un siècle, antérieurement à la cession de l'Alaska, établi et maintenu une industrie importante sur les îles Pribilof, industrie reposant sur un droit de propriété évident et indiscutable sur les phoques à fourrure qui choisissent ces îles comme lieu de reproduction, industrie profitable non seulement à la Russie, mais dans une large mesure à l'humanité. Ils préfèrent exposer également

que les États-Unis, depuis la cession, se basant sur le même droit
de propriété, ont soigneusement conservé et fait prospérer cette
industrie et qu'aucune nation, aucun homme, n'a le droit de la détruire ou d'y porter atteinte, en se livrant à une guerre inhumaine
et destructive contre les phoques, en violation flagrante du droit
naturel. Enfin ils préfèrent exposer que les États-Unis ont un droit
complet et absolu, d'après le droit des gens, d'empêcher cette guerre
destructive par un recours raisonnable à la force nécessaire sur les
mers, partout où ce recours est indispensable à la protection de leur
propriété et de leur industrie. Les soussignés soumettent donc
à l'examen des Arbitres la question relative aux prétentions d'une
juridiction maritime formulées par la Russie et la question relative à la reconnaissance de celles-ci par la Grande-Bretagne, en
s'appuyant sur l'argumentation de M. Blaine contenue dans ses
notes à sir Julian Pauncefote en date des 30 juin 1890[1] et 17 décembre 1890[2].

Il importe toutefois de ne pas se méprendre sur la nature véritable de ces prétentions. Les mots « juridiction exclusive dans la
mer de Behring » sont employés dans les questions posées par le
traité pour indiquer les revendications de la Russie, et on trouve
les mêmes termes ou des termes semblables dans divers passages
de l'argumentation diplomatique, employés dans un sens analogue. On pourrait en conclure que ce que la Russie était censée
avoir revendiqué, et ce que les États-Unis ont réclamé comme un
droit qui leur vient de celle-ci, était une juridiction souveraine sur
une partie de la mer de Behring, faisant de cette partie une portion de leur territoire soumise à leurs lois. Ce serait entièrement
inexact. La Russie n'a jamais formulé pareille prétention. Ses
réclamations consistaient en ce que certaines îles de la côte nord-
ouest, de l'Océan Pacifique et de la mer de Behring, sur lesquelles
elle avait des colonies et où elle avait établi l'industrie de la pêche
et celle de la chasse du phoque, faisaient partie de son territoire,
ayant été acquises par la découverte et par l'occupation. Elle trouva
bon, suivant la politique d'alors, de se réserver exclusivement le
droit de commercer avec ces colonies et de se livrer à l'industrie de
la pêche et de la recherche des fourrures se rattachant à ces pos-

1. Mémoire des États-Unis. Appendice, Vol. I, p. 224.
2. *Ibid.*, p. 263.

sessions territoriales. Il n'y eut jamais et il ne pouvait y avoir de contestation touchant son droit d'agir ainsi. Quant à ses prétentions à exercer une autorité maritime exceptionnelle, elles étaient limitées à la faculté de prendre les mesures qu'elle jugeait nécessaires à la protection de ses droits admis. Elle ne revendiquait pas le droit de faire la loi sur mer. L'affirmation spéciale d'autorité, qui constituait le point intéressant de la discussion entre M. Blaine et lord Salisbury, était l'interdiction aux navires étrangers de s'approcher des rivages et iles en question à moins de cent milles.

Ce n'était pas là assurément une revendication de juridiction exclusive ni même de juridiction au sens rigoureux du mot. C'était la revendication du droit de protéger des intérêts attachés au rivage contre des menaces et le danger d'une violation. Elle ne différait aucunement, *dans son caractère*, d'une foule de revendications du droit d'exercer l'autorité nationale sur certaines parties de la mer, formulées par diverses nations avant et depuis, mais par aucune plus fréquemment et plus largement que la Grande-Bretagne. C'était une revendication d'autorité à peu près semblable à celle dont les *hovering laws* nous fournissent l'exemple. L'étendue de l'interdiction d'approcher du rivage à moins de 100 milles aurait pu être excessive, quoique cela ne soit nullement certain. Une distance qui serait excessive dans le cas d'une côte fréquentée, route d'un vaste commerce, pourrait être absolument raisonnable pour une partie du globe éloignée et presque inhabitée, où les navires ont peu d'occasions de se rendre, si ce n'est pour se livrer à un commerce prohibé. On doit se souvenir que l'interdiction ne fut pas prononcée pour empêcher ou restreindre la chasse pélagique du phoque. On ne pensait même pas à cette chasse à l'époque. Si ce danger avait menacé alors les intérêts de la Russie à l'égard des phoques, une restriction beaucoup plus étendue aurait pu, avec juste raison, être édictée.

Comme on l'a déjà fait remarquer, les soussignés n'ont pas l'intention de nier l'importance, dans la contestation présente, de la question de savoir quelle autorité la Russie a réclamé le droit d'exercer sur la mer de Behring et dans quelles limites cette réclamation a été admise par la Grande-Bretagne, mais de mettre en lumière la nature de cette réclamation et d'indiquer la place qui lui convient dans le présent débat. La portée spéciale en est de

montrer que les prétentions de la Russie au droit de défendre et
de protéger son commerce colonial et ses industries locales, en
faisant un usage raisonnable de la force dans la mer de Behring,
furent admises par la Grande-Bretagne pendant toute la durée de
l'occupation de l'Alaska par la Russie et, par conséquent, que les
plaintes actuelles de la Grande-Bretagne contre un exercice semblable d'autorité par les États-Unis sont totalement incompatibles
avec sa première attitude et son acceptation antérieure.

Pour en revenir à la grande différence existant entre l'exercice
par une nation de la juridiction souveraine sur des eaux non territoriales, qui consiste à édicter des lois spéciales destinées à être
appliquées sur ces eaux contre les citoyens des autres nations, et
l'exercice de l'autorité et du pouvoir sur ces eaux, limités à la
défense nécessaire de sa propriété et de ses intérêts locaux, les soussignés soutiennent que le premier point n'occupe aucune place
importante dans ce débat. La Russie ne l'a jamais exigé, en ce qui
concerne les régions sur lesquelles notre attention est appelée,
ou l'industrie de la chasse du phoque, qui est l'objet du présent
litige. Les États-Unis ne l'ont jamais réclamé et ne le réclament
pas en ce moment. Étant eux-mêmes une nation maritime, ils
réclament, comme ils l'ont toujours fait, la liberté des mers. Mais
ils pensent qu'il est absolument certain que la doctrine de la
liberté des mers n'a jamais été considérée par les nations civilisées comme la licence de commettre des actes illégitimes ou
répréhensibles, ou incompatibles d'une manière quelconque avec
le droit général et nécessaire de se défendre dont il a été question
ci-dessus, lequel permet à une nation de protéger sa propriété et
ses intérêts locaux contre ceux qui y portent atteinte, à quelque
endroit de la mer que ceux-ci se trouvent. Ce droit et les motifs et
raisons pour lesquels, dans le cas présent, on en réclamait l'application sont directement compris dans la cinquième question soumise au Tribunal et sont, dans la pensée des soussignés, les véritables sujets qui méritent une attention spéciale, et ils leur consa-
creront ailleurs, à l'endroit convenable, l'examen mûr et complet
qui convient à leur importance.

Nous ferons toutefois observer brièvement que, d'après les
meilleures autorités en matière de droit international, l'*occupation*
d'une nouvelle région, qui suffit à donner à la nation occupante un

droit sur celle-ci, dépend grandement de la nature de la région et des profits qu'on peut en tirer. Dans le cas d'une région fertile, capable de nourrir une nombreuse population, il pourrait ne pas être permis à la nation qui l'a découverte la première de prétendre un droit sur de vastes étendues qu'elle n'occuperait pas réellement et qu'elle n'essaierait pas d'améliorer; mais quand une région éloignée et déserte a été découverte, ne donnant qu'un seul ou que peu de produits, susceptibles tous d'être mis à profit par la nation qui a fait la découverte, un droit revendiqué et réellement exercé sur ces produits constitue toute l'occupation dont la région est susceptible et suffit à conférer le droit de propriété; et on a juste motif de revendiquer tout pouvoir, quel qu'il soit, qu'il peut être raisonnablement nécessaire d'exercer sur les mers voisines pour protéger ces intérêts contre toute atteinte. Phillimore, qui semble avoir compris le territoire de l'Orégon comme embrassant toute la côte nord-ouest de l'Amérique du Nord, dit :

Un établissement semblable fut fondé par les compagnies britanniques et russes de fourrures dans l'Amérique du Nord.

La partie principale du territoire de l'Orégon n'a de valeur que par les animaux à fourrure qu'il contient. Divers établissements dans différentes parties de ce territoire organisèrent un système assurant la conservation de ces animaux et exercèrent dans ce but une surveillance sur la population indigène. C'est avec raison qu'on soutint que c'était là le seul exercice *du droit de propriété* dont ces régions spéciales fussent susceptibles à cette époque, et le seul nécessaire à indiquer qu'un *usage productif* était fait de tout le territoire par les occupants[1].

Les quatre premières questions soumises au Tribunal par le traité devraient, suivant les soussignés, recevoir les réponses suivantes :

Premièrement. La Russie n'a jamais, à aucune époque, antérieurement à la cession de l'Alaska aux États-Unis, réclamé de juridiction exclusive sur la mer connue actuellement sous le nom de mer de Behring, au delà de ce qu'on appelle communément les eaux territoriales. Mais en tout temps, depuis 1821, elle revendiqua et exerça rigoureusement un droit exclusif sur les « pêcheries de phoques » dans la dite mer, comme aussi elle revendiqua et exerça rigoureusement le droit de protéger ses industries dans les dites

1. *Droit international*, vol. I, pp. 259-260.

« pêcheries » et ses intérêts exclusifs dans d'autres industries établies et conservées par elle sur les îles et rivages de la dite mer, ainsi que la jouissance exclusive du commerce avec ses établissements coloniaux dans les îles et rivages susdits, en édictant des règlements prohibitifs interdisant à tous les navires étrangers, sauf dans certains cas spécifiés, de s'approcher des îles et rivages susdits à moins de 100 milles.

Deuxièmement. Les revendications sus-mentionnées de la Russie sur les « pêcheries de phoques » de la mer de Behring furent en tout temps, depuis la première réclamation faite par la Russie à cet égard jusqu'à la cession aux États-Unis, reconnues et admises par la Grande-Bretagne.

Troisièmement. L'étendue d'eau actuellement connue sous le nom de mer de Behring n'était pas comprise dans la dénonciation d' « Océan Pacifique » employée dans le traité de 1825 entre la Grande-Bretagne et la Russie, et, après ce traité, la Russie continua de posséder et d'exercer exclusivement un droit de propriété sur les phoques à fourrure fréquentant les îles Pribilof, sur l'industrie de la chasse de cet animal et autres industries établies par elle sur les rivages et îles ci-dessus mentionnés, sur tout le commerce avec ses établissements coloniaux des dits rivages et îles, en même temps que le droit de protéger, par l'emploi de la force dans les limites nécessaires et raisonnables sur la mer de Behring, les phoques, industries et commerce colonial susdits contre toute incursion de la part des citoyens d'autres nations en vue de les détruire ou de leur porter préjudice.

Quatrièmement. Tous les droits de la Russie, quant à la juridiction et aux pêcheries de phoques dans la mer de Behring à l'est de la limite maritime fixée dans le traité du 30 mars 1867 entre les États-Unis et la Russie, ont été transférés dans leur intégrité aux États-Unis par ce traité.

JAMES C. CARTER.

TROISIÈME PARTIE

DE LA PROPRIÉTÉ DES ÉTATS-UNIS
SUR LE TROUPEAU DE PHOQUES D'ALASKA
ET DE LEUR DROIT A PROTÉGER LEURS INTÉRÊTS
RELATIFS A L'INDUSTRIE QUI S'Y RATTACHE

I. — PROPRIÉTÉ DES ÉTATS-UNIS SUR LE TROUPEAU DE PHOQUES D'ALASKA.

La question que, d'après l'ordre adopté par le traité, nous avons maintenant à examiner, est celle de l'affirmation, par les États-Unis, d'un droit de propriété sur les phoques d'Alaska. Cette question en comprend deux autres qui, bien que pouvant à beaucoup d'égards, donner lieu à des considérations identiques offrent cependant, sous certains rapports, des différences suffisantes pour qu'il devienne nécessaire, ou tout au moins utile, de les discuter séparément. La première de ces questions est de savoir si les États-Unis ont un droit de propriété sur les phoques eux-mêmes, non seulement quand ils se trouvent sur des îles de reproduction, mais aussi quand ils sont en pleine mer. La seconde question est la suivante : si les États-Unis n'ont pas la propriété proprement dite des phoques eux-mêmes, possèdent-ils, en ce qui concerne l'*industrie*, exploitée depuis longtemps et sans interruption aux îles Pribilof, laquelle consiste à veiller à la conservation et à l'augmentation du troupeau et à s'en approprier le croît dans le but d'en tirer un profit commercial, un droit de propriété assez étendu pour les autoriser à protéger ce troupeau en empêchant la capture des phoques en pleine mer, et à exiger, de la part des autres nations, la reconnaissance et l'observation de règlements destinés à assurer cette protection dans une mesure raisonnable?

La différence essentielle qui existe entre ces deux questions sera perçue aisément par l'examen des conséquences qu'entraînerait la solution de chacune d'elles, prise séparément, en faveur des États-Unis.

Si l'on décidait que les États-Unis possèdent le droit de propriété qu'ils affirment, seulement sur l'*industrie* exploitée à terre, on pourrait, avec quelque apparence de raison, soutenir que, si l'industrie n'était pas réellement exploitée, ils n'auraient aucun droit d'empêcher la capture des phoques en pleine mer; mais, si l'on reconnaissait que les États-Unis possèdent le droit de propriété qu'ils affirment, sur les phoques eux-mêmes, il s'ensuivrait qu'ils auraient, à toute époque, la faculté de prendre les dispositions nécessaires pour créer cette industrie et empêcher toute intervention étrangère ayant pour effet de rendre sa création impossible ou difficile.

Le point que les soussignés examineront en premier lieu et s'efforceront d'établir est que les États-Unis ont, en raison de la nature et des mœurs des phoques et de la possession des terrains de reproduction fréquentés par le troupeau, abstraction faite de l'exploitation de l'industrie ci-dessus mentionnée, un droit de propriété sur ce troupeau aussi bien quand il est en pleine mer que lorsqu'il se trouve à terre.

Il convient d'abord de remarquer que, quoique les principes reconnus du droit privé puissent être justement invoqués pour jeter quelque lumière sur certains côtés de la question, celle-ci ne doit pas être résolue à l'aide de ces seuls principes. Les contestations relatives à la propriété sur des immeubles, ou sur des meubles qui ont une situation (*situs*) fixe, en dedans des limites territoriales d'un pays, doivent, il est vrai, être réglées exclusivement par le droit privé de ce pays; mais ce droit ne peut décider si des meubles tels que des animaux sont, quand ils se trouvent en pleine mer, la propriété d'une nation à l'encontre de toutes les autres. Si, à la vérité, il est établi que ces animaux ont un habitat (*situs*) à terre, nonobstant leurs excursions et leurs migrations en mer, on peut laisser à la puissance à laquelle appartient le territoire en question le soin de déterminer si ces animaux constituent un objet de propriété; mais le point de savoir s'ils ont réellement cet habitat doit être tranché à l'aide des règles du droit des gens.

Le principe posé par la Grande-Bretagne est, non pas que les phoques lui appartiennent, mais qu'ils n'appartiennent à aucune nation ou à aucun individu que ce soit, qu'ils sont *res communes* ou *res nullius*, en d'autres termes, qu'ils ne constituent pas *un objet de propriété* et peuvent être, par suite, chassés et capturés dans les hautes mers par les citoyens de toute nation. Ce principe est basé sur l'assertion qu'ils appartiennent à la catégorie des animaux sauvages, des animaux *feræ naturæ*, et que ces animaux ne peuvent être un objet de propriété. D'un autre côté, les États-Unis soutiennent que les expressions *sauvage* et *domestique, feræ* et *domitæ naturæ*, ne sont pas suffisamment précises pour permettre d'établir une classification légale des animaux, en ce qui concerne la question de propriété; ils soutiennent que, dans bien des cas, on ne peut décider avec certitude si un animal doit être désigné comme sauvage ou comme domestique, et que l'attribution d'un animal à une catégorie plutôt qu'à l'autre ne saurait en rien résoudre la question de savoir s'il doit être regardé comme un objet de propriété. Dans la pensée des États-Unis, tandis que les mots *sauvage* et *domestique* indiquent, d'une manière suffisante pour les besoins du langage courant, la nature et les mœurs des animaux, et déterminent, *d'une façon générale*, s'ils sont ou non des objets de propriété, il y a cependant un grand nombre d'animaux qui se trouvent sur la limite imparfaitement tracée par ces termes, et à l'égard desquels la question de propriété ne peut être réglée que par une enquête plus approfondie sur leur nature et leurs mœurs, et par un sérieux examen des principes sur lesquels repose l'institution même de la propriété. Si l'on demandait pourquoi un animal domestique ou apprivoisé, et non un animal sauvage, peut être un objet de propriété, l'on verrait que ces expressions, en elles-mêmes, sont dépourvues de toute portée juridique. Le motif de cette différence, répondrait-on, est que les animaux domestiques présentent certains caractères, et que les animaux sauvages en présentent d'autres tout différents; et on montrerait par là que la question de propriété est subordonnée à la

caractéristique de l'animal. Cette solution semble, à première
vue, d'une justesse parfaite, et c'est, du reste, celle qui a été admise et préconisée par les jurisconsultes les plus autorisés, qui ont
écrit sur la question de la propriété. Il suffira, pour l'instant, de
citer les paroles de Kent, dont l'opinion, à cet égard, n'a pas rencontré de contradicteur. Il s'exprime ainsi :

Les animaux *feræ naturæ*, aussi longtemps que l'ingéniosité (*art*) de l'homme
les assujettit au pouvoir de ce dernier, constituent aussi un objet de propriété
spéciale ; mais quand ils sont abandonnés ou qu'ils s'échappent, et retournent
à leur état naturel de liberté et de sauvagerie, sans esprit de retour (*animus
revertendi*), le droit de propriété s'éteint. Tant que cette propriété spéciale
subsiste, elle est sous la protection de la loi au même titre que toute autre
propriété, et toute atteinte qui lui est portée donne ouverture aux mêmes
actions. Les difficultés qui peuvent se présenter à l'égard de l'application
exacte de la loi ont pour cause *l'absence d'une règle précise ou d'un signe certain*
permettant de déterminer quand un animal est de nature sauvage ou domestique (*feræ vel domitæ naturæ*). Si un animal appartient à la catégorie des
animaux domestiques, par exemple à celle des chevaux, des moutons ou du
bétail, il est alors incontestablement un objet de propriété pleine et entière ;
mais s'il appartient à la catégorie des animaux qui sont naturellement sauvages et ne doivent qu'à l'intervention de l'homme leur sujétion momentanée,
comme les cerfs, les poissons et plusieurs espèces d'oiseaux, l'animal est alors
un objet de propriété spéciale et demeure tel aussi longtemps seulement
qu'il reste apprivoisé et sous la dépendance de son maître. Quelques naturalistes prétendent que tous les animaux ont été sauvages à l'origine, et que
les espèces maintenant domestiques doivent uniquement à l'action de l'homme
leur douceur et leur dégénération actuelles. Cette opinion semble avoir été
celle de Buffon, qui prétend que le chien, le mouton et le chameau ont perdu
de leur vigueur, de leur énergie et de leur beauté primitives, et que la principale cause de la déchéance qu'ils ont subie se trouve dans l'influence per-
nicieuse exercée sur eux par la suprématie de l'homme. Grotius, d'autre part,
avance que les animaux sauvages ne tirent pas ce caractère de leurs dispositions naturelles et que seule la peur de l'homme les a rendus sauvages. Mais
le droit commun a sagement écarté toutes ces questions ardues et ces subtili-
tés philosophiques ; il a adopté le moyen recommandé par Puffendorf[1], lequel
consiste à résoudre la question de savoir si l'animal est sauvage ou domestique *à l'aide de la connaissance que nous possédons de ses mœurs*, connaissance
basée sur l'observation et l'expérience[2].

Outre cette citation, nous pouvons invoquer l'autorité, qui ne
sera pas contestée dans ce débat, de deux arrêts rendus par la
cour des *Common Pleas* de la Grande-Bretagne. Dans le procès de

1. *Droit naturel et des gens*, liv. 4, chap. VI, sect. 5.
2. *Commentaires de Kent*, vol. II, p. 318.

Davis contre Powell[1], il s'agissait de savoir si des cerfs conservés dans un enclos pouvaient être l'objet d'une saisie-gagerie. La cour prit en considération la *nature* et les *habitudes* de ces animaux 'en tant qu'elles sont modifiées par les *soins* et l'*ingéniosité* de l'homme, ainsi que par les *usages auxquels on les destine*; et elle fit observer que tandis qu'autrefois on gardait les cerfs principalement pour servir au plaisir de l'homme, et non à cause des profits qu'on en pouvait tirer, on avait plus tard pris l'habitude de les soigner, de les élever et de les vendre, et, devant ce fait, la cour déclara que les cerfs étaient devenus « objets d'élevage tout aussi bien que les chevaux, les vaches, les moutons et toute autre espèce de bétail ».

Plus récemment encore, dans le procès de Morgan contre le comte d'Abergavenny[2], la question se présenta de savoir si des cerfs ainsi conservés peuvent, à la mort de leur propriétaire, passer à son héritier ou à son exécuteur testamentaire, en d'autres termes, s'ils constituent des objets de *personal property* (meubles) ou de *chattels real* (immeubles par destination). Au cours du procès, des témoignages furent reçus sur la nature et les habitudes de ces animaux, établissant que ceux-ci étaient l'objet de soins tout particuliers, et que, de temps en temps, on en choisissait quelques-uns pour la boucherie; le jury eut à décider, d'après ces témoignages, si oui ou non, ces cerfs constituaient une propriété *distincte*. Sa décision fut en faveur de l'affirmative; et la cour, après en avoir mûrement délibéré, estimant que la question dépendait en toute justice des témoignages, donna son approbation au verdict.

Par la raison que le différend actuel sur ce point est un litige pendant entre nations, il ne saurait être tranché au moyen des règles du droit privé de l'une ou de l'autre, ou même de n'importe quelle nation. C'est dans le droit international que nous devons chercher la règle qui servira à décider ce point; et si, comme nous l'avons déjà démontré, il n'existe, parmi les nations, aucune pratique ni aucun usage ayant particulièrement trait à cette question — or, il n'en existe aucun, — il nous faut avoir recours aux principes sur lesquels repose le droit international, c'est-à-dire,

1. Willes, 46.
2. 8, C. B., 768.

au droit naturel. Mais la question de savoir si une chose spéciale est un objet de propriété entre nations, est au fond la même que celle de savoir si la même chose est un objet de propriété entre les individus d'une nation quelconque. Il se trouve, néanmoins, que, toutes les fois qu'elle s'est présentée, cette dernière question a été réglée non par un exercice quelconque du pouvoir législatif, mais par l'adoption des préceptes du droit naturel. Or, la jurisprudence privée de toutes les nations, agissant d'après les règles du droit naturel, est partout en harmonie parfaite toutes les fois qu'il s'agit de déterminer quelles choses sont objets de propriété. Cette jurisprudence, en tant qu'elle est unanime, peut donc être invoquée à l'occasion de ce litige, comme preuve tirée directement du droit naturel, et, par conséquent, du droit des gens.

Si nous passons à l'examen des principes de cette jurisprudence, il appert, de prime abord, que, dans aucun cas, elle n'a décidé qu'aucun animal sauvage ne serait un objet de propriété. Nous remarquons au contraire que, dès le début, le droit romain a examiné d'une façon spéciale quels animaux, vulgairement appelés sauvages, sont des objets de propriété, et dans quelle mesure. Quant au principe établi par ce droit, et adopté, nous le croyons, partout où ce droit a été accepté comme la base du droit privé, il est aussi entré dans la législation anglaise à l'origine de son développement, et a toujours depuis été admis et pratiqué par toutes les nations de langue anglaise. Ce principe est fort bien exposé dans les commentaires de Blackstone [1] :

Quant aux animaux qui ne sont pas d'un naturel domestique et privé, ou ils ne sont en aucune manière des objets de propriété, ou ils tombent dans la seconde partie de notre division, celle de la propriété *limitée* ou dépendante de circonstances particulières, propriété qui n'est pas permanente de sa nature, qui peut subsister dans un temps, et ne pas subsister dans un autre. En discutant ce sujet, j'exposerai d'abord comment cette espèce de propriété peut subsister sur des animaux sauvages ou *feræ naturæ*. Nous verrons ensuite comment elle peut exister sur d'autres objets, dans des circonstances particulières.

Nous disons donc d'abord qu'un homme peut avoir une propriété, non pas absolue, mais limitée par de certaines circonstances, sur les animaux *feræ naturæ*. Il peut l'acquérir, ou *per industriam*, ou *propter impotentiam*, ou *propter privilegium*.

Cette sorte de propriété s'acquiert et subsiste *per industriam hominis*, quand

1. Livre II, p. 391.

un homme dompte et apprivoise des animaux sauvages, en les élevant à
force d'art et d'industrie, ou s'il les renferme de manière à les retenir sous
son pouvoir immédiat et à les empêcher de s'échapper et d'user de leur
liberté naturelle. Quelques écrivains ont rangé dans cette classe toutes les
espèces d'animaux dont nous avons parlé précédemment, parce qu'ils pensent
qu'aucun de ces animaux n'est privé, de sa nature ni d'origine; par exemple,
les chevaux, les porcs et les bestiaux, qui, s'ils avaient été abandonnés à
eux-mêmes dans l'origine, auraient sans doute préféré errer en liberté, et
chercher leur nourriture au loin : en sorte qu'ils ne sont devenus domestiques,
que par l'habitude et par les soins familiers de l'homme ; d'où leur vient l'épi-
thète de *mansueta, quasi manui assueta*. Mais quelque fondée que puisse être
cette opinion, prise abstractivement, nos lois adoptent la distinction qui se
présente d'elle-même, entre les animaux qu'elles appellent *domitæ naturæ*,
que nous voyons être généralement privés, et rarement ou jamais ne s'écartant à de grandes distances, et les animaux qui ordinairement sont en liberté
et qu'on suppose par cette raison d'un naturel plus essentiellement sauvage,
feræ naturæ, quoiqu'il puisse arriver quelquefois qu'ils soient apprivoisés ou
retenus par l'art et l'industrie de l'homme comme sont les bêtes fauves dans
un parc, les lièvres ou les lapins dans une garenne close, les pigeons dans
un colombier, les faisans ou les perdrix dans une volière, les éperviers nourris et élevés pour la chasse, les poissons dans un vivier ou dans un réservoir.
Ces animaux ne sont la propriété d'un homme qu'autant qu'il continue de
fait à les avoir en sa possession : mais si, dans un temps quelconque, ils
recouvrent leur liberté naturelle, sa propriété cesse à l'instant, à moins qu'ils
n'aient *animum revertendi*, ce qu'on ne peut connaître que par leur retour
habituel, suivant cette phrase du droit romain : « *revertendi animum videntur
desinere habere tunc, cum revertendi consuetudinem deseruerint* ». C'est pourquoi
la loi étend cette possession au delà de la pure possession manuelle. En effet,
lorsque mon faucon privé poursuit sa proie en ma présence, quoiqu'il soit
libre d'aller où il lui plait, il n'en est pas moins ma propriété, car il a *animum revertendi*. Il en est de même de mes pigeons, qui, dans leur vol,
s'éloignent du colombier (particulièrement l'espèce des pigeons voyageurs),
et du cerf chassé hors de mon parc ou de ma forêt, et poursuivi à l'instant
par mon garde-chasse : tous ces animaux restent en ma possession, et je
conserve encore sur eux ma propriété spéciale : mais s'ils s'écartent à mon
insu, et qu'ils ne reviennent pas comme à l'ordinaire, un autre homme quelconque peut légitimement s'en emparer. Cependant, si un cerf, ou autre animal sauvage apprivoisé, porte un collier ou une autre marque distinctive, et
qu'il aille et revienne à son gré, ou qu'un cygne sauvage soit pris, marqué,
et remis en liberté dans la rivière, la propriété sur l'animal continue
d'exister, et aucun autre que le propriétaire ne peut s'en emparer légalement :
mais il n'en est pas de même si le cerf est longtemps sans revenir, ou si le
cygne abandonne le voisinage. Les abeilles sont aussi *feræ naturæ;* mais, quand
l'essaim est mis dans une ruche, et privé, un homme peut avoir sur elles une
propriété spéciale ou de circonstance, par la loi de la nature, ainsi que d'après
la loi romaine; et Bracton dit dans le même sens que cette dernière, si ce
n'est dans les mêmes termes, que l'occupation, c'est-à-dire l'acte de recueillir et de renfermer l'essaim dans une ruche, donne la propriété sur les
abeilles. Car, quoiqu'un essaim se pose sur mon arbre, je n'ai pas plus de

propriété sur cet essaim, jusqu'à ce que je l'aie logé dans une ruche, que je n'en ai sur les oiseaux qui font leurs nids sur cet arbre : et, par conséquent, si un autre recueille cet essaim dans une ruche, il doit en avoir la propriété. Mais un essaim qui sort de ma ruche et qui s'envole, ne cesse pas de m'appartenir tant que je ne le perds pas de vue, et qu'il est en mon pouvoir de le poursuivre; et, jusque là, personne n'a le droit de s'en emparer à mon préjudice. Cependant il a été aussi maintenu que la propriété du terrain constitue seule la propriété des abeilles, *ratione soli.* On a cité à cet égard un statut : et la chute des forêts qui autorise tout homme libre à s'approprier le miel qu'il trouve dans ses propres bois, appuie fortement la doctrine qui attribue une propriété spéciale sur les abeilles au propriétaire du terrain où elles sont trouvées.

La propriété n'est pas absolue sur tous ces êtres qu'on parvient à apprivoiser, à dépouiller de leur naturel sauvage; elle peut cesser, elle peut être détruite s'ils reprennent ce naturel, si on les trouve au loin en pleine liberté. Si les faisans s'échappent de leur volière, ou les poissons du réservoir, qu'on les voie parcourant en liberté l'élément qui leur est propre, ils sont redevenus *feræ naturæ*, et ils appartiendront sans cesse au premier qui aura l'adresse de les prendre; mais tant qu'ils sont ma propriété spéciale, cette propriété, quoique non assurée, m'est autant garantie par la loi que si elle était absolue et résidant en moi pour toujours; et j'ai droit de poursuivre en justice quiconque les retient hors de mon pouvoir, ou les détruit sans cause légitime : et même, en loi commune, le vol de ceux de ces animaux qui servent à la nourriture, est considéré comme un crime de félonie, tout autant que le vol d'un animal domestique. Mais il n'en est pas ainsi, quand il ne s'agit que d'animaux entretenus par amusement, curiosité ou fantaisie, tels que les chiens, les chats, les singes, les ours, les perroquets et les oiseaux à ramage, parce qu'ils n'ont pas une valeur réelle, mais seulement la valeur que leur attribue le caprice du propriétaire. Cependant, c'est toujours, dans ce cas, une violation du droit de propriété, une injure civile, et contre laquelle on peut se pourvoir par une action civile. Voler un faucon privé est un crime de félonie, tant par la loi commune que par statut; ce qui semble être un reste de l'ancienne tyrannie du droit de chasse. Nos premiers ancêtres, les anciens Bretons, regardaient les chats, autre espèce d'animaux privés, comme des êtres utiles et d'une valeur réelle : tuer un chat ou le voler était un crime grave, et le coupable était condamné à une amende, surtout si le chat appartenait à la maison du roi, s'il était le *custos horrei regii;* dans ce cas, l'amende était déterminée d'une manière fort singulière. C'est en dire assez quant à la propriété spéciale ou dépendante de certaines circonstances, sur les animaux sauvages, privés *per industriam.*

Le principe général dont on vient de lire l'énoncé n'a jamais, croit-on, soulevé aucune critique. Il a été confirmé, à maintes reprises, par la jurisprudence, aussi bien en Angleterre qu'aux États-Unis. On appelle particulièrement l'attention du Tribunal sur les décisions rendues sur cette question tant par l'autorité judiciaire que par les jurisconsultes autorisés, et l'on trouvera à l'Appendice (ci-dessous pp. 132-161) un nombre assez considérable de ces décisions.

Il convient de remarquer que les *faits essentiels* qui, d'après ce principe, donnent aux animaux vulgairement désignés sous le nom de sauvages le caractère d'objets de propriété, non seulement quand ils sont sous la garde immédiate de leurs maîtres, mais encore quand ils s'en éloignent momentanément, résident en ce que *les soins et l'industrie de l'homme*, développant une *disposition naturelle* des animaux à revenir en un lieu ordinairement fréquenté par eux, assurent leur retour *volontaire* et *habituel* sous sa garde et son pouvoir, de façon à lui permettre de *les traiter de la même manière* et d'en tirer *des profits de même nature* que s'ils étaient des animaux *domestiques*. Ils sont ainsi, en ce qui concerne tous les effets de la propriété, assimilés à ces derniers animaux. Ce sont *la nature et les mœurs* de l'animal qui permettent à l'homme, grâce à son ingéniosité, ses soins et son travail, d'en retirer ces *avantages* qui constituent les raisons sur lesquelles la loi se base pour accorder la propriété et étendre à ce résultat de l'industrie humaine la protection dont elle couvre le propriétaire. Ce mode de propriété est bien défini par le terme de propriété par exploitation de la chose (*per industriam*).

Les phoques à fourrure d'Alaska offrent un exemple typique pour l'application de ce principe. Un instinct impérieux et invincible les pousse à revenir *au même lieu* après leurs migrations; ils sont sans défense contre l'homme, et, en retournant au même endroit, se soumettent volontairement à son pouvoir et lui permettent de les traiter de la même manière et de tirer d'eux les mêmes profits que s'il s'agissait d'animaux domestiques. Ils deviennent ainsi l'objet d'une exploitation ordinaire au même titre que les moutons ou tout autre bétail. Tout ce qui est nécessaire pour assurer leur retour se résume en certains soins et certaines précautions à prendre par le propriétaire du terrain qu'ils fréquentent. Il doit s'abstenir de les tuer ou de les repousser lorsqu'ils cherchent à y revenir, et doit, au contraire, employer tous ses efforts à leur faciliter ce retour. Il doit les défendre contre tous ennemis sur terre ou sur mer, et, en exerçant parmi eux son choix en vue de l'abatage, il doit les déranger le moins possible et ne prendre que des *mâles*. Toutes ces conditions sont parfaitement remplies par les États-Unis dont les droits se trouvent de ce chef pleinement établis.

Quelle différence peut-on, à l'égard de la question qui nous occupe, prétendre exister entre ces phoques et les autres animaux, tels que les cerfs, les abeilles, les oies et les cygnes sauvages, qui semblent, à en croire les autorités que nous avons citées, être unanimement regardés comme des objets de propriété aussi longtemps qu'ils conservent l'esprit de retour? Dira-t-on que cet esprit de retour, dans le cas de ces animaux, est créé par l'homme, tandis que chez les phoques c'est un instinct inné? En supposant le bien-fondé de cette objection, elle n'aurait aucune importance. Le point essentiel est que le profit retiré soit dû à l'ingéniosité, aux soins et au travail de l'homme, et ces facteurs sont aussi nécessaires et aussi efficaces pour l'obtention de ce résultat dans un cas que dans l'autre. S'il ne *plaisait* pas à l'homme d'apporter ces soins et ce travail à l'égard des phoques, s'il ne les soumettait pas à une exploitation *méthodique*, mais les traitait comme des animaux sauvages, les poursuivant et les tuant lorsqu'ils se disposent à atterrir, ils iraient chercher d'autres repaires ou seraient bientôt exterminés. Mais il n'est pas vrai que l'esprit de retour soit créé par l'homme; c'est une habitude née d'un instinct naturel, aussi bien chez les phoques que chez les autres animaux que nous avons cités. Plusieurs espèces d'animaux ont ce qu'on peut appeler des domiciles *(homes)*. C'est un instinct inné qui les pousse à retourner au lieu où ils élèvent leurs petits, ou bien où ils peuvent trouver leur nourriture ou se reposer en toute sécurité. Ce que l'homme peut faire dans chacun de ces cas, et aussi bien dans l'un que dans l'autre, est de *développer cet instinct* et de le faire servir à rendre le retour certain.

Si les phoques reviennent au même lieu et se soumettent volontairement au pouvoir de l'homme sans qu'il ait à déployer autant d'efforts que lorsqu'il s'agit d'autres animaux, cette circonstance montre seulement qu'ils sont naturellement moins sauvages et moins enclins à fuir la présence de l'homme. Dans le cas des abeilles, par exemple, il est incontestable que leur nature n'est pas plus modifiée pour l'homme que celle des phoques. Elles sont aussi sauvages quand elles habitent une ruche artificielle que lorsqu'elles sont dans les bois; ce n'est pas non plus l'homme qui leur procure leur nourriture : elles tirent celles-ci de fleurs qui, pour la plupart, appartiennent à d'autres personnes que leurs maîtres. Dira-t-on que les excursions des phoques sont très lointaines ? De quelle importance peut être ce fait du moment que leur retour est certain ? Les abeilles parcourent aussi de très longues distances. Soutiendra-t-on que la question de propriété doit être envisagée d'une façon différente si la femelle du phoque fait cinq milles ou si elle fait cent milles en mer pour chercher la nourriture qui lui permettra de sustenter le petit qu'elle a laissé à terre ? Sans doute la longue durée de la migration vers les latitudes méridionales pendant l'hiver sera présentée comme une différence frappante qui distingue les phoques des autres animaux cités comme exemple ; mais quelle est la portée de cette distinction si l'esprit de retour persiste, ce qui est hors de doute, et si les profits retirés n'en restent pas moins les mêmes ?

On excipera peut-être de la difficulté que pourrait présenter l'identification des phoques ; mais cette difficulté n'existe pas ; il n'y a aucun mélange avec le troupeau russe. Tout phoque à fourrure trouvé sur la côte nord-ouest appartient indubitablement au troupeau d'Alaska. Mais, en supposant qu'il existât quelque difficulté de ce genre, cela ne tirerait pas à conséquence. Si un homme, sans aucun droit, tue des bestiaux errant à l'aventure dans les plaines sans limites de l'intérieur des États-Unis, il commet un véritable délit. Il pourrait être difficile à quelque propriétaire que ce soit de soutenir contre lui une action en dommages-intérêts, mais son délit n'en subsisterait pas moins. Si un homme tue une oie ou un cygne apprivoisé sans intention délictueuse et le croyant sauvage, il est, à la vérité, excusable, et s'il existait différents troupeaux de phoques à fourrure, dont les uns seraient un objet de propriété à l'exclusion des autres, il pourrait être difficile de démontrer que celui qui tue des phoques en mer savait qu'ils constituaient une propriété ; mais il n'existe pas dans le Pacifique septentrional de troupeaux de phoques qui ne soient pas dans les mêmes conditions que le troupeau d'Alaska.

Il ne semble donc pas que les différences que l'on peut relever entre les phoques à fourrure et les autres animaux désignés vulgairement sous le nom de sauvages, que le droit privé de toutes les nations considère comme des objets de propriété, soient de *nature essentielle*, et l'on peut en conclure en toute assurance que si les uns sont susceptibles de propriété, les autres ne le sont pas moins.

Mais il existe un autre champ plus vaste d'investigations qui permet de dissiper tout doute à cet égard. Quels sont les bases et les fondements sur lesquels repose l'institution de la propriété? Pour quel motif la société décide-t-elle d'accorder, par l'intermédiaire de la loi, un droit de propriété sur un objet quelconque? Pourquoi établit-elle à cet égard une distinction quelconque entre les animaux sauvages et les animaux domestiques? Et pourquoi encore, à l'égard des animaux vulgairement qualifiés de sauvages, déclare-t-elle que certains d'entre eux peuvent devenir objets de propriété, alors qu'elle refuse cette qualité aux autres? Ces importantes et différentes classifications ne sauraient sûrement pas reposer sur des raisons arbitraires. Quant à l'instinct désigné sous le nom d'esprit de retour et attribué à certains de ces animaux, il n'explique absolument rien par lui-même, pas plus que le fait qu'ils ont l'habitude de revenir aux mêmes endroits, habitude démontrant qu'ils possèdent cet esprit de retour. Cet instinct et cette habitude n'auraient l'un et l'autre aucune espèce d'importance, à moins d'admettre qu'ils ont comme corrélatifs de puissantes considérations sociales et économiques provenant d'impérieuses nécessités sociales. Si les raisons dont il s'agit nous étaient connues, nous n'aurions plus même l'ombre d'un doute quant au point de savoir si les phoques d'Alaska sont des objets de propriété. Si, après enquête, il semblait que toute raison sur laquelle on se fonde pour tenir les abeilles, les cerfs, les pigeons ou les oies sauvages et les cygnes comme objets de propriété doit être établie de la même façon pour les phoques d'Alaska, les différences que l'on remarque entre ces diverses espèces d'animaux doivent être écartées comme n'offrant aucune importance, et l'on doit décider sans la moindre hésitation que les phoques à fourrure constituent des objets de propriété.

En conséquence, l'attention du Tribunal est appelée sur la nécessité d'examiner avec un certain soin les causes primordiales de l'institution de la propriété et des principes sur lesquels elle repose; et les conseils des États-Unis seraient grandement déçus si le résultat de cette enquête ne parvenait pas à convaincre le Tribunal que cette institution a pour base un principe fondamental qui doit régler la principale question actuellement débattue. Ce principe est, selon eux, que *toutes les fois que des animaux sauvages utiles, se soumettent au contrôle d'une personne déterminée de manière à lui permettre de les exploiter d'une façon exclusive, d'en prendre le croît annuel pour satisfaire aux besoins de l'homme, et, en même temps, de conserver l'espèce, ces animaux deviennent sa propriété*, ou, en d'autres termes, tout ce qui peut être justement considéré comme le produit de l'ingéniosité, du travail et du sacrifice de l'homme doit être attribué, comme juste récompense de leurs efforts à ceux qui ont contribué à l'amélioration et à l'exploitation de la chose.

L'enquête ainsi provoquée n'est en aucune façon une spéculation abstraite; elle n'est pas non plus nouvelle. Elle a pour base certaine ce que nous savons de la nature de l'homme, du milieu dans lequel il est placé, ainsi que des nécessités sociales qui déterminent ses actions; et un grand nombre d'autorités reconnues éclairent de leurs lumières la marche de cette enquête. Les écrivains qui ont traité du droit naturel et du droit des gens, à commencer par Grotius[1], ont justement pensé qu'aucun système de morale pratique ne pouvait être complet à moins d'examiner minutieusement l'institution de la propriété, non seulement à l'égard des nations, mais aussi à l'égard des individus. Pénétrés de ce fait qu'une nation ne saurait défendre ses possessions contre les autres nations en en appelant simplement à un droit privé quelconque, ils ont cherché à découvrir dans la loi naturelle, qui doit partout être reconnue, des motifs pour la défense de ces possessions. C'est sur ces grands principes généraux, à l'égard desquels il n'existe aucune divergence d'opinion parmi ces autorités, que nous allons nous efforcer d'établir la proposition ci-dessus énoncée.

On sent le sens du mot *propriété* mieux qu'on ne saurait le définir d'une façon précise; mais, comme ce sentiment est essentiellement le même dans tous les esprits, il y a moins besoin d'es-

---

1. GROTIUS, *de Jure Belli ac Pacis*, livre II, chapitre II; PUFFENDORF, *Droit naturel et droit des gens*, livre IV, chap. V. Voir aussi le remarquable chapitre de BLACKSTONE sur la propriété en général (*Commentaries*, livre II, pp. 1 et suivantes), ainsi que LOCKE sur l'Administration civile (*Civil Government*), ch. V.

sayer d'en donner une définition exacte. On en parle habituellement comme constituant un droit à la possession exclusive, à
l'usage et à la libre disposition de la chose qui en est l'objet; mais
ceci définit plutôt le droit sur lequel repose la propriété que la
propriété elle-même. La définition quelque peu abstraite de Savigny indique d'une façon encore plus précise ce qu'est la propriété :
« La propriété, dit-il, dans sa véritable essence, est une extension
de la personnalité[1]. » C'est, à l'égard des choses tangibles, une
extension de la personnalité à une portion quelconque du monde
matériel, lequel se trouve ainsi modifié par l'individu[2].

Mais d'où vient le *droit* de l'individu d'étendre ainsi son action
sur le monde matériel, et quelles sont les conditions et les limites
de ce droit? Il ne saurait être ici question que de droits moraux,
les seuls d'ailleurs — si toutefois il en existe d'autres — que la loi
reconnaisse. Il n'existe aucun droit naturel immuable n'ayant que
lui-même pour raison d'être. Si des droits existent, ils ne sont pas
leur propre raison d'être, il faut la chercher dans le concours qu'ils
apportent au bonheur du genre humain et au but pour lequel
l'homme a été placé sur terre. Le droit de vivre, si évident en
général, n'est lui-même ni naturel ni immuable. Il est soumis aux
besoins de l'humanité, et la société peut, dans un grand nombre
de cas, le prendre légitimement. Afin de déterminer la source et le
fondement du droit de propriété, nous devons, à l'instar des moralistes et des juristes, examiner la nature de l'homme et le milieu
qui l'entoure. Nous voyons que le désir d'une possession exclusive
constitue l'un des appétits principaux et primordiaux de la nature
humaine, un appétit qui doit absolument être assouvi, même
alors que cette possession ne peut être obtenue qu'à l'aide de la
force. Nous savons aussi que l'homme est un animal sociable et destiné à vivre en société, et que l'ordre et la paix sont indispensables

1. *Jurid. Relations* (Lond., 1831 : Ratteguin's Trans.), p. 178.
2. Locke exprime la même idée : « Le fruit ou le gibier dont se nourrit l'Indien sauvage... doivent lui appartenir et devenir en quelque sorte *une partie de lui-même*, de
façon qu'aucune autre personne ne puisse prétendre à leur propriété, etc. » (*Civil Government*, ch. V, § 25.)

« En faisant un objet mien, je l'ai marqué au sceau de ma propre personne, quiconque y porte atteinte me nuit; le coup qui lui est porté me frappe également.
cet objet est une partie intégrante de moi-même. La propriété n'est que la périphérie
de ma personne s'étendant aux choses. » (IHERING, cité par George B. Newcomb, *Pol.
Science Quarterly*, vol. I, p. 601.)

au maintien de toute société. Même chez les sauvages, il est nécessaire que le chasseur ait la propriété exclusive de la bête qu'il a tuée pour s'en nourrir, ainsi que de l'arme qu'il a fabriquée pour la chasse. Car sans cela la vie lui deviendrait impossible. Sa grossière société elle-même ne saurait exister à moins de lui garantir d'une façon quelconque la possession de ces objets. Dans le cas contraire, il entre en guerre avec ses semblables, et la société disparaît. L'existence de la propriété est, au moins sous ce rapport, contemporaine de celle de l'homme. Elle repose sur la base impérieuse et indiscutable de la *nécessité*. « La nécessité a engendré la propriété[1]. » Ni l'histoire, ni la tradition ne font mention d'aucun peuple chez lequel le droit de propriété n'ait été reconnu et appliqué au moins dans ces conditions. Et le fait que les grossières législations primitives ont toutes édicté des peines pour punir le vol confirme d'une façon intéressante ce qui vient d'être dit.

Le fait qu'au début de la marche de la société de l'état sauvage vers l'état industriel, beaucoup de choses, principalement la terre et ses produits, étaient possédées en commun, au lieu d'être l'objet d'une propriété individuelle, n'enlève rien à la justesse des opinions qui viennent d'être exposées. L'institution de la propriété n'en existe pas moins que la société elle-même — personne fictive — prétende à la possession, ou qu'elle laisse à ses membres l'exercice de ce privilège. Partout où l'ordre et la paix, ces deux nécessités suprêmes de la société, semblent le mieux assurés par une forme de possession plutôt que par l'autre, la première de ces formes sera adoptée. A l'enfance des sociétés, le communisme parut offrir des garanties suffisantes, et c'est la croyance, ou plutôt le rêve, de plus d'un esprit ingénieux que, lorsque la société sera plus cultivée, la nécessité de recourir de nouveau à cet expédient se fera encore sentir.

Mais le désir qu'éprouve la nature humaine pour la possession exclusive des choses ne se borne pas, comme dans la société sauvage, aux armes et au produit de la chasse, ou simplement à une part proportionnelle, comme dans les premières sociétés industrielles. L'homme désire davantage, il lui faut le bien-être, la puissance et la considération que rapporte l'opulence. Il lui faut

---

1. BLACKSTONE's, *Com.*, livre II, p. 8.

améliorer sa condition, et cela n'est possible que par l'augmentation de ce qu'il possède. On a remarqué que le seul moyen efficace de perfectionner la société est d'améliorer la condition individuelle de ses membres. Ce désir qu'éprouve l'individu d'améliorer sa condition est absolument impérieux et demande à être satisfait : or, comme la satisfaction de ce désir tend au bonheur général et à l'amélioration universelle, elle nous fournit une base morale pour justifier l'extension de l'institution de la propriété individuelle. De même que l'ordre et la paix, ces premières conditions de l'état social nécessitent l'existence de la propriété, tout au moins dans les limites restreintes requises par les conditions de la vie sauvage, de même également les secondes conditions de l'état social, son progrès et son développement — c'est-à-dire, la civilisation, — exigent que les efforts individuels soient encouragés, en leur offrant comme récompense la propriété exclusive de tout ce qu'ils peuvent produire. L'institution de la propriété repose sur ces deux nécessités de la condition humaine, la paix de la société ainsi que son progrès et son développement en richesses et en nombre, fondés l'un et l'autre sur les plus forts appétits de la nature humaine.

Cette institution offre différents caractères qu'il est important de bien comprendre et de ne pas perdre de vue au cours de ce débat. Le premier de ces caractères comprend l'étendue de son opération. Cette dernière doit évidemment égaler les appétits et les besoins qui donnent naissance à la propriété. Toutes les fois que se présente un objet de désir existant en quantité insuffisante pour satisfaire pleinement la convoitise générale, un conflit menaçant pour la paix sociale ne saurait manquer de surgir pour sa possession. La société a reconnu que le meilleur moyen d'assurer son ordre et sa sécurité était d'étendre le privilège de la propriété à *tout ce qui est susceptible d'être possédé.* Comme dans les sociétés primitives et barbares, l'état ou la communauté peuvent être propriétaires; puis, à mesure que la civilisation s'étend, les individus le deviennent à leur tour; mais, dans l'un et l'autre cas, on a soin d'écarter tout sujet de différend. Les motifs et les raisons que, dès l'introduction de la propriété individuelle, la société a pu considérer comme suffisants pour conférer la possession à l'un plutôt qu'à l'autre, sont de différents ordres; ils reposent tous, néanmoins, sur des considérations de la valeur et du mérite supérieur [du candidat à la propriété]. Si, par son travail et son habileté, un homme a fabriqué une arme ou un instrument, cela est de suite reconnu comme un motif suffisant pour établir son titre à la propriété de ces objets. Et s'il prend simplement possession de différents objets n'appartenant antérieurement à aucune autre personne, ou s'empare d'un bien que personne ne réclame, son droit, bien que moindre, est encore supérieur à celui de tout autre. Nous arrivons donc facilement à cette conclusion, que les raisons qui réclament l'institution de la propriété exigent également qu'elle soit étendue à tout objet de désir au sujet de la possession duquel un différend pourrait surgir.

Mais ce n'est pas seulement la nécessité de l'ordre et de la paix sociale qui exige qu'on étende ainsi, d'une façon universelle, l'institution de la propriété. Le perfectionnement de la société et de l'individu, ce grand tout moral auquel il a déjà été fait allusion comme constituant en partie la base de l'institution, réclame aussi l'extension de cette dernière. Ce perfectionnement, comme on vient de le voir, ne peut être obtenu qu'au moyen du développement des arts industriels, qui permettent de tirer de la nature une plus grande abondance de produits pour subvenir aux besoins de l'homme. Ces arts ne sauraient être exercés à moins que les fruits du labeur de chacun, que ce soit les récoltes des champs, les produits de l'atelier ou le croît des animaux qui fassent l'objet de ses soins, ne puissent devenir sa propriété incontestée. On voit donc que l'institution de la propriété est tellement enracinée dans la nature humaine, que son existence est une conséquence nécessaire de causes dont l'activité se fait sentir partout où se trouve l'homme ou partout où son pouvoir s'étend, et que la formule fondamentale au moyen de laquelle il est permis d'exprimer l'institution de la propriété est que tout objet de désir *dont l'offre est limitée* doit avoir un propriétaire. C'est avec cette proposition que Blackstone termine son chapitre sur la « propriété en général » :

De plus, il y a des objets qui, non seulement quant à l'usage, mais encore en eux-mêmes, peuvent constituer une propriété permanente, et qui, néanmoins, se trouveraient souvent sans propriétaire, s'il n'y eût été pourvu par la sagesse de la loi. Telles sont les forêts et autres terrains sans culture, non compris parmi les propriétés dans la distribution générale des terres.

Tels sont encore les débris des naufrages, les épaves, les bêtes fauves et autres espèces d'animaux sauvages, que les règlements arbitraires des lois positives ont distinguées des autres espèces par le nom bien connu de gibier. Comme il s'élèverait fréquemment des contestations, des querelles entre les individus qui se disputeraient la possession première de ces sortes de propriétés et autres dans le même cas, la loi a prudemment coupé court à ces dissensions en donnant ces objets au souverain de l'État, ou à ses représentants désignés et autorisés par lui, lesquels sont ordinairement les seigneurs des lieux. C'est ainsi que la législation anglaise s'est partout occupée des grandes fins de la société civile, la paix et la sécurité des individus, en suivant avec constance cette maxime d'ordre et de sagesse, d'assigner à toute chose susceptible d'être tenue en propriété un propriétaire légal et déterminé (Traduction de Chompré, tome II, liv. II, ch. I, pp. 320, 321)[1].

Les choses qui ne sont pas un objet de désir pour l'homme —

1. Sir Henry Maine, après avoir retracé avec sa finesse habituelle l'histoire du développement de l'idée de propriété, est également d'avis que cette idée résulte, en somme, de la proposition que chaque chose doit avoir un possesseur:

« Ce fut seulement lorsque les droits de propriété eurent, par suite d'une longue période d'inviolabilité absolue, obtenu une sorte de sanction et que la grande majorité des objets de jouissance eût été soumise à la possession privée, qu'il fut admis que la simple possession était de nature à concéder au premier possesseur venu un droit sur les nécessités à l'égard desquelles aucun droit de propriété antérieure n'avait été revendiqué. Le sentiment qui a donné naissance à ce principe est absolument inconciliable avec la rareté et l'incertitude des droits de propriété, lesquelles distinguent les débuts de la civilisation. Il procède, en réalité, non d'un préjugé instinctif en faveur de l'institution de la propriété, mais de la présomption — provenant de la longue durée de l'institution — que *chaque chose doit avoir un possesseur*. Lorsque quelqu'un s'empare d'une *res nullius*, c'est-à-dire d'une chose qui n'est et n'a jamais été l'objet d'aucune propriété, la société lui permet d'en devenir propriétaire en raison de ce sentiment que tout ce qui présente une valeur quelconque est naturellement sujet à une jouissance exclusive, et que, dans le cas donné, à l'exception de l'occupant, il n'existe personne à qui conférer le droit de propriété. En somme, l'occupant devient propriétaire, parce que toutes choses sont censées être la propriété de quelqu'un, et parce qu'on ne saurait désigner personne ayant un meilleur titre que lui à la propriété de cette chose spéciale. » (*Ancient Law*, ch. VIII, p. 249.) Le lord chancelier Chelmsford, dans l'affaire Blades contre Higgs, basa son arrêt sur cette proposition que toute chose doit avoir un propriétaire. (*Law Journal Reports*, n. s. 286-288.)

Extrait des *Commentaries on the Constitutional Law of England*, par GEORGE BOWYER, docteur en droit, 2e édition, Londres, 1845, p. 127 :

« III. Le troisième droit fondamental du citoyen est celui de propriété, qui consiste dans le libre usage, la jouissance et la disposition de tout ce qui lui appartient, sans aucun contrôle ni aucune restriction, si ce n'est ceux qui sont prévus par la loi de son pays. L'institution de la propriété — c'est-à-dire, l'appropriation par différentes personnes à différents usages des choses données par Dieu au genre humain — est de droit naturel. La raison n'en est pas difficile à découvrir, car la multiplication de la race humaine a dû bientôt rendre la communauté de biens extrêmement incommode ou impossible à concilier avec la tranquillité de la société; et, à vrai dire, la plus grande partie des choses ne peuvent pas être, tant s'en faut, absolument accommodées à l'usage de l'espèce humaine de la façon la plus profitable, à moins d'être régies par les lois de l'appropriation exclusive, c'est-à-dire celles qui n'ont pas une utilité reconnue — ne sont pas susceptibles de propriété, car leur possession ne peut donner lieu à aucune compétition. Il ne saurait donc être question de propriété en ce qui concerne les reptiles, les insectes et les plantes nuisibles, sauf dans des circonstances spéciales, par exemple quand on les conserve dans un but scientifique ou de curiosité. Dans ce cas, sans doute, la quantité des objets est limitée; mais l'élément d'utilité, d'où naissent les compétitions que la propriété est destinée à concilier et réfréner, fait défaut. La propriété ne peut non plus s'appliquer aux choses qui, bien que d'une utilité primordiale, existent en inépuisable abondance et sont à la disposition de tous. Ni l'air, ni la lumière, ni l'eau courante ne sont des objets de propriété. Ici, la quantité est illimitée, si bien que, tous les désirs se trouvant satisfaits, il ne peut se produire aucune compétition.

Il existe encore une autre modification de l'étendue que peut prendre l'institution de la propriété. Pour qu'une chose puisse être possédée, elle doit être évidemment *susceptible de possession*, c'est-à-dire d'une appropriation exclusive à la puissance d'un individu quelconque. Il y a des choses auxquelles cette condition ne peut s'appliquer, et les animaux sauvages utiles en fournissent un exemple souvent cité. Quoique objets des désirs de l'homme et limités à l'égard de la quantité, ils ne sont pas, en thèse générale, susceptibles d'appropriation exclusive. A moins d'être capturés et enfermés, ils ne peuvent être à la disposition constante de l'homme et soumis à son bon plaisir. Nous ne saurions les avoir en notre possession qu'en les gardant en captivité, et il ne nous est possible d'employer ce moyen qu'à l'égard d'un nombre insignifiant de ces animaux. *Quels sont, aux yeux de la loi, les caractères permettant de reconnaître si un objet est susceptible d'appropriation exclusive?* C'est là une intéressante et importante question, qui sera discutée ci-après en même temps que la question de savoir quels animaux doivent être à proprement parler désignés sous le nom de sauvages.

L'importance de la conclusion à laquelle nous a amenés le raisonnement précédent, nécessite un examen plus approfondi. L'institution de la propriété embrasse toutes les choses tangibles pourvu qu'elles remplissent strictement ces trois conditions:

1° Elles doivent présenter ce caractère d'utilité qui en fait des objets de désir pour l'homme;

2° Elles doivent être limitées quant à la quantité;

3° Elles doivent être susceptibles d'appropriation exclusive.

Cette conclusion découle du droit basé sur les tendances naturelles de l'homme et le milieu dans lequel il vit; en d'autres termes, c'est une conclusion fondée sur le droit naturel. Mais ce dernier, comme on l'a déjà montré, n'est autre que le droit des gens, sauf dans les cas où ce dernier peut sembler, dans la pratique courante et l'usage des nations, s'être écarté du droit naturel ou, à proprement parler, ne pas s'être élevé à sa hauteur.

Si nous considérons la pratique courante des nations, c'est-à-dire la réalité des faits, nous trouvons qu'elle est en parfaite concordance avec la conclusion ci-dessus déduite. On ne saurait citer aucune chose tangible, remplissant les conditions précédemment établies, qui ne soit pas regardée comme un objet de propriété par les lois de toutes les nations civilisées, et couverte comme telle de leur protection. Cette proposition semble tellement évidente qu'elle ne peut, on n'hésite pas à l'affirmer, donner lieu à aucune contestation.

Dans le précédent raisonnement, on n'a pas établi de distinction entre la propriété qui est aux mains de particuliers et est régie par le droit privé, et celle qui est aux mains des nations et est régie par le droit des gens. Une telle distinction n'aurait pas de raison d'être. Les nations ne sont que des réunions d'individus. Elles ont les mêmes appétits, sont exposées aux mêmes dangers et doivent recourir aux mêmes moyens pour garantir leur tranquillité et leur sécurité. De même qu'il est nécessaire à la paix, au bon ordre et au progrès des sociétés constituées par les nations que tout objet présentant les trois caractères ci-dessus indiqués soit la propriété de quelqu'un, de même il est nécessaire à la paix, au bon ordre et au progrès de la société plus vaste que forme l'ensemble des nations réunies que tout objet remplissant ces conditions, mais n'étant pas, par suite de son importance, susceptible d'une propriété individuelle, soit la propriété de l'une quelconque de ces nations. Cette vérité est bien mise en lumière par l'usage, universellement adopté depuis quatre siècles, de reconnaître comme valables des titres à de vastes étendues de la surface terrestre, justifiés uniquement par la priorité de la découverte. Naguère, la totalité du continent américain a été partagée entre les nations européennes sur la reconnaissance de titres qui n'avaient pas d'autre fondement[1]. Et, pour la plupart, les vastes territoires acquis de cette manière n'avaient pas même été aperçus : les côtes seules avaient été explorées, et cette découverte partielle constitua un titre pour réclamer la possession de tout l'intérieur du pays, d'un océan à l'autre, ou au moins jusqu'aux sources des fleuves débouchant sur les côtes explorées. Certaines restrictions furent apportées à ces revendications visant de si vastes territoires à la suite de conflits nés de prétentions relatives à la priorité de la découverte; mais, en principe, on reconnut cette priorité comme constituant un titre suffisant à la possession d'immenses étendues

1. La pratique et le principe admis à cet égard par les nations européennes son clairement énoncées par le *Chief Justice* Marshall, en prononçant la décision de la Cour suprême des États-Unis dans l'affaire Johnson contre Mc Intosh (8 Wheat., 543, 572). Il ne sera pas inutile d'en donner ici un court extrait.

« Comme le droit de la société d'édicter les règles qui régissent l'acquisition et la conservation de la propriété n'est pas et ne peut être mis en question; comme, particulièrement, les titres à la propriété du sol doivent, sans conteste, être uniquement déterminés d'après la législation du pays dont ce sol fait partie, il sera nécessaire, au cours de cette enquête, d'examiner non-seulement ces principes de justice absolue que le Créateur de toutes choses a imprimés au cœur de l'homme, sa créature, et que l'on considère unanimement comme la règle principale des droits des nations civilisées, dont l'indépendance complète a été reconnue, mais aussi les principes que notre propre Gouvernement a adoptés en ce cas particulier et édictés pour servir de base à la décision.

« Après la découverte de cet immense continent, les grandes nations européennes s'empressèrent de s'en approprier la portion la plus considérable qu'elles pouvaient respectivement acquérir. Sa vaste étendue offrait un champ presque illimité à toutes les ambitions et toutes les entreprises; d'autre part, la nature et les croyances religieuses de ses habitants fournissaient un prétexte pour les considérer comme un peuple sur lequel le génie supérieur de l'Europe pouvait prétendre exercer une domination absolue. Les souverains de l'ancien monde n'avaient pas de peine à se convaincre qu'ils accordaient une ample compensation aux indigènes du nouveau, en leur apportant, en échange de leur indépendance, les bienfaits de la civilisation et du christianisme. Mais, comme ils poursuivaient tous à peu près le même but, il devint nécessaire, pour éviter des conflits et, par suite, des guerres de nation à nation, d'établir un principe qui fût reconnu par tous comme la règle devant régir, dans leurs rapports réciproques, le droit d'occupation qu'ils réclamaient tous. Ce principe était que la découverte conférait un titre aux gouvernements par les sujets ou par l'ordre duquel elle avait été faite, à l'encontre de tous les autres gouvernements, titre qui donnait droit à la possession. L'exclusion des autres Européens donnait nécessairement à la nation qui faisait la découverte le seul droit d'acquérir le sol des indigènes et d'y fonder des établissements. C'était un droit que tous les Européens devaient respecter, un droit que tous affirmaient pour eux-mêmes, en même temps que tous s'inclinaient devant son affirmation par les autres. »

de pays qui n'avaient même pas été explorées. Si un simple acte de volonté, de la part de l'auteur de la première découverte, tendant à ce que des choses susceptibles d'appropriation devinssent sa propriété, a été tenu comme suffisant pour les rendre telles, il faut uniquement en chercher la cause dans la conviction unanime que toute partie de la surface terrestre doit appartenir à quelque nation, et l'on regardait cette condition comme si essentielle pour le maintien de la paix et de l'ordre dans le monde, qu'on jugea à propos de donner toute la valeur d'un titre à la plus légère présomption morale de propriété. Le même principe a été étendu à de vastes territoires qui ne sont même pas susceptibles d'être occupés par l'homme. C'est ainsi que les titres de la Grande-Bretagne à son territoire de l'Amérique septentrionale, qui s'étend jusqu'à la zone polaire, et ceux que les États-Unis ont acquis de la Russie à l'égard de tout le territoire de l'Alaska, n'ont jamais été mis en question.

Forme de l'Institution. — Communisme et Propriété individuelle.

S'il est vrai que l'existence de la société humaine implique et nécessite l'institution de la propriété, ce fait n'exerce aucune influence sur la *forme* que revêt cette institution. Il est nécessaire, d'une part, que tous les objets susceptibles de propriété aient un propriétaire; mais quel sera ce propriétaire? C'est là un autre point tout différent. Comme on l'a déjà montré, dans une société grossière, l'attribution à la société elle-même de la propriété de tous les biens peut suffire à la satisfaction complète de tous les besoins : c'est la condition dans laquelle se trouvent encore de nos jours quelques peuplades demeurées à l'état primitif; mais la propriété individuelle est une des conditions que présentent les sociétés qui sont parvenues à quelque degré de civilisation. Cette matière de la forme de l'institution est naturellement, dans la société que forme une nation, régie par ses lois, et celles-ci sont, à leur tour, régies par sa *moralité*. L'attribution de la propriété est faite selon le sentiment du droit et de la convenance qui prévaut parmi les membres de la société. C'est ce sentiment qui détermine la volonté de cette dernière, et sa volonté constitue sa loi.

Si nous cherchons les raisons morales sur lesquelles la société doit se baser pour faire l'attribution des droits de propriété individuelle, nous trouvons que la première, celle universellement adoptée, est ce qu'on peut appeler le *mérite*. « Rendre à chacun ce qui lui est dû » (*suum cuique tribuere*) est un principe primordial qui sert de base à toute législation. A l'égard du *sol*, il est vrai, on peut exiger une concession primitive accordée par la communauté ou le souverain; mais tout ce que l'homme produit par son *travail* ou conserve par la pratique de l'*abstinence* est attribué, à juste titre, à son usage et son profit exclusifs. Tel est le principe sur lequel la grande majorité des jurisconsultes asseoient le droit de propriété individuelle, et l'on en fait souvent, un peu à tort peut-être, le fondement de l'institution même de la propriété. Selon nous, une distinction doit être établie entre l'institution même et la forme qu'elle revêt. La première découle de la nécessité d'assurer l'ordre et la paix, indispensables à l'existence de la société; mais quand la propriété individuelle, qui est aussi le résultat d'une autre nécessité, à savoir les exigences de la vie civilisée, devient la forme revêtue par l'institution, le principe du *mérite* entre alors en jeu pour en régler l'attribution.

La Propriété n'est pas absolue.

Mais quelle est l'étendue du pouvoir ainsi conféré au propriétaire par le droit naturel ? Cette question a une grande importance dans le présent débat et mérite qu'on s'y arrête.

Dans la croyance vulgaire, le titre du propriétaire confère à celui-ci un droit illimité, lui permettant de faire de sa chose ce qui lui plaît, et même, s'il le veut, de la détruire. Cette opinion, d'une exactitude suffisante en ce qui touche la pratique courante de la vie et les différends qui s'élèvent d'homme à homme, s'écarte néanmoins sensiblement de la vérité. Aucun homme, assurément, n'oserait affirmer que les règles de la morale lui donnent le droit de détruire ou d'anéantir une chose utile; mais cette restriction de pouvoir est, semble-t-il, considérée d'ordinaire comme un principe purement moral et religieux, de la violation duquel l'homme n'est responsable qu'envers son Créateur, et dont la loi humaine ne

tient aucun compte. La vérité est bien différente. Ce principe constitue la base de la législation d'un grand nombre de nations, et il
est d'une large application dans le droit des gens. A cette partie de
notre étude se rattachent deux propositions, étroitement liées l'une
à l'autre, sur lesquelles on appelle particulièrement l'attention des
Arbitres. On verra qu'elles ont une importance considérable, si ce
n'est absolument décisive, dans le présent débat.

1° Aucun propriétaire, que ce soit un individu ou une nation,
ne possède un droit absolu. Il est en même temps dépositaire pour
le compte de l'humanité.

2° Son titre est encore limité d'un autre côté. Ce ne sont pas les
choses elles-mêmes qu'on lui donne, mais seulement l'*usufruit* ou
le *produit*. Il n'est que le gardien du fonds ou de la chose principale, qu'il tient en dépôt pour les générations humaines présentes
et futures.

La première de ces propositions ressort d'une façon presque
évidente du langage dont s'est servi une des plus hautes autorités en matière de droit naturel et des gens. « Dieu, dit Puffendorf,
a donné le monde non à cet homme ou à cet autre, mais à l'humanité en général [1]. » Les biens naturels sont donnés non pas tant
à ceux que leur situation met à même de les recueillir qu'à ceux
qui en ont besoin pour *leur usage*. Et Locke s'exprime ainsi : « Dieu
a donné le monde à tous les hommes en commun [2]. » Si l'on
demande comment ce don en commun peut se concilier avec la
possession exclusive que l'institution de la propriété accorde aux
nations et aux hommes individuellement, nous répondrons que
c'est au moyen du commerce qui apparaît dans le monde, dès
l'origine de la civilisation, comme une partie intégrante de l'ordre
naturel. C'est en effet uniquement au moyen du commerce que le
patrimoine commun primitif a pu être approprié à son but. Chaque
bien naturel, peu importe de quelle manière il soit recueilli par tel
ou tel homme, ne saurait manquer, grâce au commerce, de parvenir aux mains de ceux qui en ont besoin pour ses qualités propres.
C'est à ceux-ci, où qu'ils puissent être, qu'il est destiné. Si cela
n'était pas, ce bien offrirait peu d'utilité, même pour ceux que leur
situation rend capables de le surveiller et de le recueillir. Sans le

1. *Droit naturel et des gens*, liv. IX, ch. v, sect. 9.
2. *Civil Government*, chap. V, § 34.

commerce et les échanges qui en résultent, la majeure partie des biens de la terre seraient détruits ou demeureraient improductifs[1]. Les phoques d'Alaska, par exemple, n'auraient, pour ainsi dire, aucune valeur. Quelques centaines, quelques milliers au plus, suffiraient pour pourvoir à tous les besoins de la population peu nombreuse vivant sur les îles où on les trouve ou le long des rivages des mers qu'ils traversent au cours de leurs migrations. En fait, les îles Pribilof n'auraient été jamais habitées ni même visitées par l'homme, si celui-ci n'y avait été poussé par le désir de capturer des phoques dans le but de pourvoir aux besoins des pays éloignés. Les grands avantages que cet animal est susceptible de procurer à l'humanité tout entière auraient été complètement perdus. La seule condition sur laquelle repose la valeur du phoque, même pour ceux qui le chassent et le capturent, est la faculté qu'ont ces derniers, en l'échangeant contre les produits des autres nations éloignées, de se procurer beaucoup d'avantages qui sont pour eux un objet de vif désir.

Il est donc constant que la nature destine ses biens à ceux qui en ont besoin, où qu'ils puissent se trouver, et cette vérité sera mise en lumière et rendue plus évidente encore quand nous aurons examiné sur qui tomberait la perte au cas où la chose elle-même viendrait à disparaître. Prenons, par exemple, un article d'un usage très répandu et presque nécessaire, le caoutchouc. Sa production est limitée à certains points du globe, très restreints quant au nombre et à l'étendue, et il nous est loisible de supposer, sans invraisemblance, que cette production puisse, par suite de quelque accident ou de quelque méfait de l'homme, se trouver arrêtée. Il en résulterait, évidemment, une perte pour ceux qui s'occupent de le récolter et de l'échanger contre d'autres produits, et une plus considérable encore pour ceux, en beaucoup plus grand nombre, qui appli-

---

1. « Cette opinion concorde avec celle de Libanius : « Dieu, dit-il, n'a pas fait de quelque partie du monde le grenier de tous ses bienfaits ; mais il les a sagement distribués à toutes les nations, pour que, chacune ayant besoin du secours de l'autre, les hommes fussent amenés à se former en société ; c'est dans ce but qu'il leur a appris l'art du commerce, de façon que les produits quelconques de telle ou telle autre nation pussent passer aux mains des autres. »

... Ainsi Thésée dit avec la plus grande justesse : « Ce que la nature refuse à une nation, elle le lui donne par l'entremise des autres, au moyen de la mer. » (GROTIUS, *De Jure belli ac pacis*, livre II, chap. II, § 13.) Voir aussi PHILLIMORE, *International Law*, vol. I, p. 261-262.

quent leur travail à le changer en les divers objets sous la forme desquels on l'emploie ; mais la perte subie par ces deux catégories de personnes ne serait que temporaire. Ceux qui récoltent le caoutchouc pourraient se livrer à d'autres cultures, et ceux qui le mettent en œuvre pourraient appliquer leur activité d'une autre façon. Les occasions qu'offre la nature d'utiliser le travail sont innombrables et illimitées, et le seul effet que puisse avoir la ruine d'une industrie est de diriger vers d'autres voies le travail qui y était appliqué. Mais la perte, pour les consommateurs de cet article, pour ceux qui ont besoin de cette chose spéciale, serait absolue et irrémédiable.

Si ce point de vue est juste, il s'ensuit que, d'après le droit naturel, toute nation, en tant qu'elle possède les fruits de la terre dans une mesure plus que suffisante pour satisfaire ses propres besoins, est, à proprement parler, *dépositaire* du superflu pour le compte de celles qui, dans d'autres parties du globe, ont besoin de ces fruits et désirent les échanger contre les produits de leur propre travail ; la justesse de cette conclusion et du point de vue d'où elle découle se trouve pleinement confirmée par un rapide examen des usages admis par l'universalité des nations. C'est le propre du dépôt (*trust*) d'engendrer des *obligations*, et si le dépositaire refuse ou néglige de les remplir, il peut y être contraint, ou bien il peut être remplacé par un autre dépositaire plus digne. C'est un principe reconnu du droit naturel que le commerce est une obligation imposée à toutes les nations, et qu'il n'est permis à aucune d'elles de s'isoler du reste de l'humanité et de s'interdire tout commerce avec les nations étrangères. Des interdictions temporaires de cette espèce sont admises, il est vrai, dans des cas spéciaux où cette nécessité s'impose ; mais elles ne doivent jamais prendre un caractère permanent[1].

Une garantie certaine de l'exécution des obligations résultant

---

1. Le rôle du commerce comme facteur de l'ordre universel, rôle qui consiste à assurer à l'humanité entière la jouissance des différents biens dont la nature lui fait don, en quelque point du globe qu'ils se trouvent, a été mis en lumière par un grand nombre de jurisconsultes qui ont écrit sur le droit naturel et des gens. Quelques citations suffiront à cet égard, l'opinion de tous étant unanime. Celles que nous donnons ici établissent, comme on le verra, les points suivants :

1° L'homme ne commence à désirer la jouissance des biens qui se trouvent dans d'autres pays et à une part desquels il a droit, qu'à dater du moment où il a fait quelques

de ce dépôt (*trust obligation*) se trouve dans ce sentiment impérieux et universellement répandu qui a nom l'intérêt personnel. Le désir de l'homme civilisé de satisfaire ses nombreux besoins et d'améliorer sa condition le pousse si impérieusement à commencer avec les autres nations, qu'il n'a besoin en général d'aucun autre aiguillon. On trouve dans l'histoire peu d'exemples de nations qui aient montré du mauvais vouloir à entrer en relations commerciales avec les autres; mais le fait peut se présenter dans certains cas particuliers et s'est, en réalité, produit quelquefois. On croit généralement qu'un refus de cette nature a été la cause réelle,

pas vers la civilisation; de sorte que le commerce peut être considéré comme le résultat de la civilisation.

2º Mais, par contre-coup, il exerce une influence très active sur la cause dont il procède, si bien que la civilisation peut être, de son côté, regardée comme le résultat du commerce.

3º Dans ses rapports avec la civilisation, il représente, en quelque sorte, la division du travail, et on l'a quelquefois appelé « la division *territoriale* du travail ».

4º Sans doute, chaque nation est, dans une large mesure, libre d'apprécier les conditions qui doivent présider à ses relations commerciales avec les autres peuples. Mais une abstention absolue et non motivée constituerait une violation manifeste du droit naturel. Ce serait, de la part de la nation qui se tiendrait ainsi à l'écart, la négation de cette vérité fondamentale, à savoir que les biens naturels sont le patrimoine commun de l'humanité.

HAUTEFEUILLE, *Droits et Devoirs des nations neutres en temps de guerre maritime*, vol. I, tit. II, pp. 73-74 :

« Le souverain Maître de la nature ne s'était pas borné à donner à chaque homme un génie particulier, il avait également diversifié les climats et la nature du sol. A chaque contrée, à chaque région, il avait assigné des fruits différents, des productions spéciales, tous ou presque tous susceptibles d'être employés par l'homme à la satisfaction ou de ses besoins ou de ses plaisirs. Presque toutes les régions produisaient, sans doute, les denrées indispensables à la nourriture de ses habitants, mais aucune ne réunissait les divers objets nécessaires pour répondre à tous les besoins réels, et surtout à tous les besoins conventionnels. Il fallait donc recourir aux autres nations, étendre le commerce. L'homme, poussé par son instinct de perfectibilité, se créa de nouveaux besoins à mesure qu'il fit de nouvelles découvertes. Il s'assimila tous les produits de la terre et de l'industrie. Le coton, le sucre, le café, le tabac du Nouveau-Monde sont devenus pour l'Européen des objets de première nécessité, les matières d'un commerce immense. L'Américain, de son côté, ne saurait désormais se priver des produits si variés des manufactures européennes. Le développement du commerce, c'est-à-dire la satisfaction des instincts de sociabilité et de perfectibilité de l'homme, a puissamment contribué à lier entre elles toutes les nations de l'univers, il a servi de véhicule, pour ainsi dire, à l'accomplissement des devoirs de l'humanité. Le commerce est donc réellement une institution du droit primitif; il a sa source et son origine dans la loi divine elle-même. »

VATTEL, *Droit des gens*, etc., vol. I, ch. II, § 21; pp. 609, 610 :

« Tous les hommes doivent trouver sur la terre les choses dont ils ont besoin. Ils les prenaient, tant qu'a duré la communion primitive, partout où ils les rencontraient, pourvu qu'un autre ne s'en fût pas déjà emparé pour son usage. L'introduction du domaine et de la propriété n'a pu priver les hommes d'un droit essentiel, et par consé-

bien qu'inavouée, de la guerre que l'Angleterre entreprit contre la Chine en 1840.

Pour mieux élucider ce point, on peut imaginer une hypothèse plus frappante qu'aucun des faits précités. Supposons qu'une contrée particulière, qui peut seule fournir un produit nécessaire à l'homme partout où il se trouve, comme cela a lieu pour le quinquina, soit placée sous la souveraineté exclusive d'une puissance, et que celle-ci interdise d'une manière absolue l'exportation de ce produit : pourrait-on raisonnablement soutenir que le droit naturel ne légitimerait pas l'intervention armée des autres nations

quent elle ne peut avoir lieu qu'en leur laissant, en général, quelque moyen de se procurer ce qui leur est utile ou nécessaire. Ce moyen est le commerce : par là, tout homme peut encore pourvoir à ses besoins. Les choses étant passées sous la propriété, on ne peut plus s'en rendre maître sans le consentement du propriétaire, ni ordinairement les avoir pour rien ; mais on peut les acheter, ou les échanger contre d'autres choses équivalentes. *Les hommes sont donc obligés d'exercer entre eux ce commerce, pour ne pas s'écarter des vues de la nature*, et cette obligation regarde aussi les *Nations entières, ou États*. La nature ne produit guère en un même lieu tout ce qui est à l'usage des hommes : un pays abonde en blés ; un autre, en pâturages et en bestiaux ; un troisième, en bois et en métaux, etc. Si tous ces pays commercent ensemble, comme il convient à l'humanité, aucun ne manquera des choses utiles et nécessaires, et les vues de la nature, mère commune des hommes, seront remplies. Ajoutons qu'un pays est plus propre à un genre de production qu'à un autre, plus, par exemple, aux vignes qu'au labourage : si le commerce et les échanges sont établis, chaque peuple, assuré de se procurer ce qui lui manque, emploie son terrain et son industrie de la manière la plus avantageuse, et le genre humain y gagne. Tels sont les fondements de l'obligation générale où se trouvent les nations, de cultiver entre elles un commerce réciproque. »

FÉLICE, *Leçons de Droit de la nature et des gens*, vol. II, p. 293 :

« La nécessité de cet échange est fondée sur les lois de la nature et sur le sage arrangement que l'Être suprême a établi dans le monde, dont chaque région, chaque partie, fournit à la vérité une grande variété de productions, mais manque aussi de certaines choses, soit pour l'agrément, soit pour le nécessaire ; ce qui oblige les hommes à communiquer les uns avec les autres et à former des liaisons d'amitié entre eux, tandis que leurs passions les porteraient sans cela à se haïr et à s'entredétruire...

« Le droit de commerce est donc fondé sur l'obligation où les nations se trouvent entre elles de s'assister mutuellement et de contribuer de tout leur pouvoir à leur perfectionnement, à leur bonheur réciproque. »

LÉVI, *Droit commercial international*, 2ᵉ édition, 1863, vol. I, préface, pp. 39, 40 :

... « Le commerce est une loi de la nature, et le droit de commerce est un droit naturel. (VATTEL, liv. I, ch. VIII, § 88.) Mais ce n'est qu'un droit imparfait, en ce sens que chaque peuple est seul juge d'apprécier ce qui lui est avantageux ou nuisible, et s'il doit ou non cultiver telle branche de commerce, ou entrer en rapports commerciaux avec tel pays. Il en résulte qu'aucune nation ne peut obliger une autre nation à entrer en relations commerciales avec elle ou d'édicter des lois en faveur du commerce et des commerçants. Cependant le refus d'user de ce droit naturel, soit à l'égard d'une seule nation, soit à l'égard de toutes, constituerait une infraction au droit des gens, et ce fut ce refus de faire du commerce, et l'exclusion des négociants anglais des villes et des marchés chinois, qui amenèrent la guerre avec la Chine. »

pour contraindre cette puissance à permettre le libre commerce de
ce produit?

D'autre part, le dépôt dont nous parlons n'est pas limité à
l'excédent de production qu'une nation ne peut utiliser pour ses
propres besoins, mais il s'étend aussi aux moyens et aux sources
de production qu'elle possède. Aucune nation, en effet, de par le
droit naturel, n'a la faculté de détruire ou même de ne pas améliorer des choses susceptibles de fournir des produits; aucune n'a le
droit de convertir en désert une partie quelconque de la terre ou
d'en laisser en friche quelque partie que la culture peut rendre

HALLECK, *Droit des gens*, édition 1861, ch. xi, sect. 13, p. 280 :

« Sect. 13. — A ce droit de commerce correspond un devoir de commerce mutuel,
fondé sur les prescriptions générales du droit naturel; car, comme dit Vattel, « un
pays abonde en blés, un autre en pâturages et en bestiaux, un troisième en bois et
en métaux, etc. Si tous ces pays commercent ensemble, comme il convient à l'humanité, aucun d'eux ne sera privé des choses utiles et nécessaires, et les vues de la
nature, mère commune des hommes, seront remplies. Ajoutons qu'un pays est plus
propre à un genre de production qu'à un autre, plus par exemple aux vignes qu'au
labourage. Si le commerce et l'échange sont établis, chaque peuple assuré de se procurer ce qui lui manque emploie son terrain et son industrie de la manière la plus
avantageuse, et le genre humain y gagne. Tels sont les fondements de l'obligation générale où se trouvent les nations de cultiver entre elles un commerce réciproque. Par
suite, chacune d'elles doit non seulement se joindre, autant qu'elle le peut raisonnablement, au mouvement commercial, mais encore le favoriser et le provoquer. »

REDDIE, *Inquiries into International Law*, 2ᵉ éd., 1851, ch. v, part. II, sous la section II, art. ii, p. 207 :

« Mais la cause principale d'où naissent les relations des nations entre elles se
trouve dans l'échange de leurs produits, soit naturels, soit manufacturiers. Le territoire d'un état produit rarement tout ce qui est nécessaire pour les besoins, l'usage et
la jouissance de ses habitants. Jusqu'à un certain point, un état produit généralement
en excès ce dont un autre manque. Un échange mutuel des produits superflus est
ainsi avantageux à l'une et à l'autre nation. Et, de même que l'individu a le devoir
moral de favoriser le bien-être de son voisin, semble-t-il, de même une nation a le
devoir moral de ne pas refuser de faire du commerce avec les autres, quand ce commerce ne lui est pas désavantageux. »

KENT, *Commentaries on American Law : The Law of Nations*, part. I, éd. 1866,
ch. II, p. 117 :

« Comme le but du droit des gens est le bonheur et le perfectionnement de la
société humaine en général, il prescrit à chaque nation de montrer, à l'égard de ses
voisines, des sentiments de bienveillance et de bon vouloir aussi bien que de justice.
C'est, du reste, l'intérêt en même temps que le devoir des nations. Elles doivent
avoir entre elles les relations commerciales les plus étroites, afin de pourvoir à leurs
besoins réciproques et de favoriser leur mutuelle prospérité. La variété des climats et
des productions à la surface du globe et la facilité des communications au moyen des
rivières, des lacs et de l'océan, engagent à la pratique du commerce le plus étendu
comme conforme aux lois de la nature et contribuant, dans une longue mesure, à la
paix, à la richesse et au bonheur des peuples. Les nombreux besoins de la vie civilisée ne peuvent trouver leur satisfaction que dans l'échange mutuel entre les nations
des produits particuliers de chacune d'elles. »

fertile. Détruire la source d'où découle quelque bienfait pour l'humanité constitue non seulement une faute, mais un *crime*. Le préjudice ainsi causé n'est pas circonscrit par les frontières que les nations ont placées entre elles, mais atteint tous ceux qui, en quelque lieu que ce soit, auraient pu jouir du bienfait, et ceux qui se trouvent ainsi lésés ont droit à une réparation.

Prenons encore le caoutchouc comme exemple, et supposons que la nation qui détient les territoires d'où le monde tire la majeure partie de son approvisionnement en ce qui concerne ce produit, supposons que cette nation détruise ses plantations et refuse d'en continuer la culture : les autres nations ne seraient-elles pas, dans ce cas, pleinement autorisées par le droit naturel à s'emparer par la force du territoire de la nation qui aurait manqué à ses devoirs et à y établir un gouvernement qui assurerait la continuation de la culture? Et ne serait-ce pas là en somme la révocation du dépositaire (*trustee*) infidèle et son remplacement par un autre qui exécuterait les conditions du dépôt (*trust*)[1]?

C'est assurément cette raison, et cette raison seule, qui a justifié, ou peut justifier, la conquête, par des nations civilisées, de pays occupés par des sauvages. Les grandes puissances européennes se sont emparées, par la force, de vastes territoires dans l'Amérique du Nord et du Sud et se les sont partagés entre elles. La Grande-Bretagne a réuni à son immense empire, par la force et contre le gré de leurs habitants primitifs, des territoires étendus situés dans l'Inde et l'Australie. Maintenant elle s'efforce, en compétition avec la France et l'Allemagne, d'établir et d'étendre sa

---

1. Les cas où les nations se sont crues en droit d'*intervenir* sur le territoire et dans les affaires d'autres peuples sont nombreux dans l'histoire. Celle de la Grèce nous en offre, dans la guerre connue sous le nom de « première guerre sacrée », un des plus anciens et en même temps des plus remarquables, qui eut pour cause le sentiment religieux. Le temple d'Apollon à Delphes était le sanctuaire le plus vénéré de toute la Grèce. Il se trouvait sur le territoire de l'état de Crissa, dont les habitants avaient profané, par la culture, les environs du lieu où il était situé, et avaient, par l'établissement de droits de péage et autres taxes, mis des entraves aux pèlerinages que les adorateurs du dieu étaient dans l'usage d'accomplir. Une grande partie de la Grèce se leva en armes pour punir cette violation du droit de tous, et, après une guerre qui dura dix ans, détruisit la ville de Crissa et consacra au dieu toute la plaine environnant le temple, en décrétant que, désormais, elle resterait inculte. (GROTE, *Histoire de la Grèce*, Londres, 1847, vol. IV, p. 84.) Dans les temps modernes, la Chine a fourni un des rares exemples d'une nation ayant montré du mauvais vouloir à entrer en rapports commerciaux avec les autres. Ce fut, sinon la cause avouée, du moins une des causes effectives de la guerre entreprise contre ce pays par la Grande-Bretagne en 1840.

souveraineté sur les contrées barbares de l'Afrique. Le Gouvernement des État-Unis, de temps à autre, chasse de leurs demeures des tribus d'Indiens indigènes, pour faire place à ses propres citoyens. Ces actes, accomplis par les nations chrétiennes les plus civilisées, constituent de monstrueuses spoliations, si on ne peut les justifier, d'après le droit naturel, par cette raison que ces contrées barbares étaient des présents faits à l'homme par la nature et que les habitants refusaient ou étaient incapables d'exécuter les conditions du grand dépôt (*trust*) confié à toutes les nations, conditions qui leur imposent le devoir d'exploiter les ressources des pays qu'elles détiennent et de les faire servir aux besoins de l'homme. Et cette raison constitue une suffisante justification, non pas des mille excès qui ont entaché ces conquêtes, mais des conquêtes elles-mêmes.

La seconde proposition avancée ci-dessus, à savoir que le titre que la nature confère à l'homme sur ses biens ne constitue qu'un droit d'*usufruit*, n'est, en vérité, que le corollaire de celle qui vient d'être discutée, ou plutôt en est une partie, car, en disant que le fruit n'appartient pas à cette nation ou à celle-là, mais à l'humanité, on a en vue toutes les générations, présentes aussi bien que futures. Depuis des générations innombrables, la terre a été destinée à servir de résidence à l'homme. Chaque génération, au fur et à mesure qu'elle succède à la précédente, n'a que le droit de jouir honnêtement du patrimoine dont elle a hérité. Il est contre la loi naturelle de commettre un abus quelconque qui puisse porter préjudice aux tenanciers subséquents[1].

En termes familiers aux hommes de loi anglais, on peut désigner sous le nom de propriété à vie (*estate for life*) le titre de chaque génération; ou on peut encore dire que ce dernier con-

---

[1]. Étant donné que le pouvoir que l'homme possède sur les choses ne s'étend pas au delà de leur usage, en tant qu'elles sont utilisables, la loi ne tient compte que de l'usage de ces choses ou de l'utilité quelconque qu'on peut en retirer. En conséquence, on ne saurait avoir sur les choses d'autre droit que celui d'en user selon le but auquel la nature les destine : or, ce droit, c'est la propriété. Sans nul doute, quelqu'un peut malicieusement détruire un objet de propriété, ou le traiter de certaine façon constituant plutôt un abus qu'un usage de la chose; mais un tel abus est nuisible et répréhensible, et s'il n'est pas en même temps illégal, c'est simplement parce qu'il existe de nombreuses obligations morales auxquelles il serait impossible, désavantageux ou même inutile d'appliquer la sanction du droit positif. En conséquence, je crois devoir définir la propriété le droit à l'*usage* exclusif d'une chose.

« A ceci on m'objectera peut-être que, si le fait de récolter des glands, ou tout

stitue un fidéicommis (*trust*) obligeant chaque génération à transmettre l'héritage à celle qui lui succède en aussi bonne condition au moins qu'elle l'a trouvé, exception faite de tout usage raisonnable. On ne saurait prétendre qu'une génération peut non seulement consommer ou détruire la récolte annuelle des produits de la terre, mais encore entamer le fonds lui-même, laissant ainsi à la multitude de successeurs auxquels elle donne le jour une provision insuffisante pour subvenir à leurs besoins; c'est une notion tellement contraire à la raison qu'il est à peine besoin de la réfuter pour la forme. Les grands écrivains, qui ont traité du droit naturel et du droit des gens, se sont contentés avec raison d'affirmer simplement ces vérités évidentes par elles-mêmes, sans s'attacher à les démontrer.

L'obligation de ne pas entamer le fond d'approvisionnement que la nature tient en réserve pour le maintien de l'existence humaine, est spécialement imposée aux sociétés *civilisées;* car le danger provient presque entièrement d'elles. C'est le commerce, fruit de la civilisation, avancée à son tour et étendue par lui, qui soumet la production de chaque partie du globe à la demande de chaque autre partie, et menace ainsi, à moins qu'une exploitation ou un élevage intelligent et bien compris n'en contrecarre les effets, d'empiéter sur les sources d'approvisionnement. Les hommes à l'état barbare dont le nombre restreint se trouve dispersé à la surface du globe, qui n'ont presque pas de besoins, et ne se livrent pas au commerce, ne consomment qu'une partie insignifiante des biens de la nature. Ils ne font courir aucun danger à l'existence du fonds, et ne possèdent point cette prévoyance intelligente qui leur permettrait de s'approvisionner pour l'avenir; ils n'en ont d'ailleurs aucun besoin. Mais, avec les progrès de la civilisation, l'augmentation de la population et la multiplication

autre fruit de la terre, confère des droits sur eux, n'importe qui peut les accaparer à sa guise. A ceci, je réponds : Non. La même loi naturelle qui, par ce moyen, nous confère la propriété, la limite également. « Dieu nous a donné toutes choses en abondance. » (1 Tim. VI, 17.) C'est la voix de la raison confirmée par l'inspiration qui parle ainsi. Mais dans quelles limites nous en a-t-il accordé la propriété? Pour en jouir. N'importe qui a le loisir, avant qu'il ne se gâte, de faire servir quoi que ce soit à un usage quelconque de la vie, peut, par son travail, le convertir en propriété. Tout ce qui va au delà est plus que sa part, et appartient aux autres. Dieu n'a rien créé que l'homme puisse abîmer ou détruire. » (L. MARTIN LEAKE, *Jurid. Loc. Papers*, vol. I, p. 532.)

des besoins, le danger d'une consommation excessive se présente, lequel entraîne et développe cette sage prudence qui s'applique à écarter le danger.

Le grand et principal moyen auquel on a songé pour contre-carrer cette tendance menaçante est l'institution de la *propriété individuelle privée*, laquelle, en promettant à chaque homme la possession exclusive et la jouissance de tout fruit ou croît des biens de la nature obtenu par ses soins, son travail et son abstinence met en jeu le puissant mobile de l'intérêt personnel, stimule l'énergie de toutes les facultés humaines physiques et morales dans toutes les directions, et amène ainsi une augmentation prodigieuse dans la production des fruits de la terre.

Il est certaines mesures en vue de cet objet qu'il n'est pas au pouvoir des particuliers de prendre, ou, lorsqu'elles sont possibles, les avantages qu'ils en retireraient ne sont pas suffisants pour les engager à le faire, en tant que ces avantages ne leur profiteraient pas exclusivement; et, dans ce cas, l'intérêt personnel des nations vient encore s'ajouter à celui des particuliers. Une grande partie de la législation des états civilisés a pour objet d'assurer des moyens de subsistance aux générations futures. On s'applique à limiter l'impôt au revenu annuel de la société. Des instituts scien-tifiques permanents sont établis en vue d'étendre les connaissances humaines à l'égard des lois naturelles, pour permettre à l'homme de restreindre l'usage abusif des fruits de la terre, rendre cette dernière plus fertile, et augmenter le nombre des animaux dont les espèces lui sont utiles. On prévient la destruction des espèces utiles d'animaux sauvages au moyen de lois sur la chasse, et l'on s'efforce même de repeupler d'animaux utiles à l'homme les pro-fondeurs sans limites des mers.

Le même principe se retrouve dans le droit commun des différents états. Chaque fois que celui qui possède est incapable de gérer convenablement sa chose, et que cette mauvaise gestion est de nature à entraîner l'usage abusif ou le mauvais emploi de la portion du patrimoine social qui lui est confiée, on lui en retire la garde, et on lui substitue un dépositaire plus digne. Les mineurs, les idiots et les déments sont privés de l'administration de leurs biens, et l'état se charge de leur gestion. Ce principe est appliqué non pas seulement en vue de sauvegarder les intérêts du présent propriétaire, mais aussi afin d'atteindre le but constant de la société en protégeant les intérêts des générations futures.

Il existe quelques exceptions, plutôt apparentes que réelles, à la loi qui ne confère à chaque génération que le surplus ou l'usufruit des biens de la terre. La nature renferme dans ses greniers des réserves lentement accumulées au cours des âges précédents, auxquelles, en cas de destruction, le génie de l'homme ne saurait suppléer. Les produits du règne minéral, s'ils venaient à manquer à la consommation, ne sauraient être remplacés par l'industrie. Mais ici l'effet de l'institution de la propriété privée se fait encore sentir et a pour résultat de borner, au moyen de l'augmentation du prix exigé pour la chose, la consommation du moment à la plus petite quantité dont on puisse se servir utilement. D'un autre côté, il n'est pas possible de limiter la consommation des oiseaux sauvages utiles à leur croît annuel; car ils ne sauraient constituer une propriété exclusive, et conséquemment leur nombre ne saurait être augmenté par le fait de chaque homme en particulier et par la consommation restreinte qu'il en pourrait faire. Dans ce dernier cas, on ne saurait invoquer le mobile de l'intérêt personnel. Néanmoins, la société met en œuvre le seul effort qui soit en son pouvoir en limitant la consommation au moyen des lois sur la chasse.

Il en va ainsi des poissons qui habitent les mers et s'y reproduisent. Il est impossible d'indiquer dans quelle proportion on peut s'en emparer; mais, dans leur cas, la nature, comme si elle était consciente de l'incapacité où se trouve l'homme de subvenir à ses besoins futurs, lui en enlève presque toujours le souci, grâce aux moyens de reproduction dont elle dispose. Cependant ce souci ou la sagesse qu'il y aurait à augmenter le rendement naturel, ont déjà préoccupé l'homme, et il s'efforce, dès à présent, de prévenir la destruction imminente de l'espèce. Les gouvernements se sont, depuis longtemps, inquiétés de la préservation des poissons qui, à l'époque du frai, remontent les cours d'eau, et ils ont réussi, dans une certaine mesure, à mettre le croît annuel en rapport avec les besoins de l'homme.

Résumé des principes énoncés.

On reconnaîtra, pensons-nous, que la discussion précédente sur l'origine, le fondement, l'étendue, la forme et les restrictions apportées à l'institution de la propriété fournit, en dehors des principes du droit privé, un critérium décisif pour trancher la question principale, à savoir si les États-Unis ont un droit de propriété dans les troupeaux de phoques d'Alaska; mais, avant d'appliquer les conclusions auxquelles nous sommes arrivés, il peut être utile d'en présenter un résumé succinct.

Premièrement. L'institution de la propriété a pour origine et pour base deux nécessités primordiales de la race humaine :

1. L'établissement de l'ordre et de la paix nécessaires à l'existence de toute forme de société.

2. La conservation et l'augmentation des produits utiles de la terre, en vue de faire face à la demande sans cesse croissante du monde civilisé.

Secondement. Ces raisons sur lesquelles repose l'institution de la propriété, exigent que toute chose *utile*, dont l'offre est *limitée*, et qui est susceptible de propriété, soit attribuée à un possesseur légal et déterminé.

Troisièmement. L'étendue de la souveraineté, que le droit naturel confère aux diverses nations sur les biens de la terre, est limitée de deux façons :

1. Ces nations ne possèdent pas un droit absolu sur ces biens. Leur titre est doublé d'un dépôt pour le compte du genre humain, ce dernier ayant le droit de participer à la *jouissance* de ces biens.

2. C'est un corollaire de la dernière proposition précédente, ou plutôt c'en est une partie intégrante, que les choses elles-mêmes ne sont pas données, mais seulement leur *croît* ou leur *usufruit*[1].

---

1. Dans la discussion précédente, qui comprend seulement les principes les plus généraux, et à l'égard desquels l'opinion des auteurs est presque unanime, nous avons évité des références fréquentes aux autorités afin de ne pas détourner l'attention. Mais on ne doit néanmoins pas négliger de les consulter. Afin de faciliter cette tâche, des citations assez nombreuses ont été réunies et classées à l'appendice de la présente section.

Application des principes précédents à la question de propriété sur les troupeaux de phoques d'Alaska.

En ouvrant la discussion spéciale sur la question de savoir si, d'après les principes établis ci-dessus, les États-Unis possèdent un intérêt de propriété sur les troupeaux de phoques, il est évident que nous devons avoir en vue un ensemble de faits qui, jusqu'ici, n'ont pas été pleinement indiqués.

En démontrant que les phoques doivent être regardés, d'après les règles connues et arrêtées du droit privé, comme des objets de propriété, nous étions obligés d'indiquer succinctement que la question de savoir si, d'après ce droit, ils constituent des objets de propriété dépend de leur nature et de leurs habitudes, et non pas de la question de savoir s'ils doivent être classés sous l'une ou l'autre des catégories comprises sous les termes vagues et incertains d'animaux *sauvages* ou *domestiques;* et en outre qu'ils offrent dans leur nature et leurs habitudes, toutes les qualités essentielles en raison desquelles ce droit reconnaît comme objets de propriété plusieurs autres espèces d'animaux vulgairement qualifiés de sauvages. Mais cette brève démonstration est insuffisante pour servir aux besoins du point de vue plus large qui nous occupe en ce moment. Il est indispensable que nous ayons une connaissance absolue de tout fait matériel s'appliquant à ces animaux.

Notre premier soin dans la suite de ce plaidoyer doit donc être de coordonner d'une façon plus précise et plus complète nos renseignements touchant l'utilité de ces animaux, leur nature et leurs habitudes, leur mode de poursuite et de capture, le danger d'extermination auquel ils sont exposés, les genres de capture qui y donnent lieu, la possibilité et les moyens de l'éviter. Nous allons donc avoir l'honneur de soumettre aux savants Arbitres un exposé succinct des faits qui se rapportent à ces différents points.

Et d'abord, en ce qui concerne leur *utilité.* Personne, à la vérité, ne contestera ce fait, qu'ils font partie de la catégorie des animaux utiles; mais, nonobstant cet aveu général, l'étendue de leur utilité et l'importance des avantages que l'homme en retire, peuvent ne pas être suffisamment appréciées. Ils sont utiles comme nourriture, et constituent, sous ce rapport, une portion considérable des approvisionnements dont peuvent disposer un grand nombre de tribus indigènes d'Indiens, lesquelles habitent les côtes situées sur le parcours des migrations de ces animaux. A ce point de vue, ils sont absolument indispensables à la petite population indigène des îles Pribilof. Celle-ci ne pourrait subsister si cette ressource venait à lui manquer. L'huile qu'on retire des phoques est également une source d'utilité; mais la principale est constituée par les peaux qui non seulement fournissent des vêtements aux tribus indigènes sus-mentionnées, mais qui, préparées avec l'habileté qu'on y apporte aujourd'hui, constituent des articles d'habillement presque uniques comme durée, confort et beauté. Il n'est pas, à la vérité, une seule partie de ces animaux qui ne réponde à quelque besoin humain. L'empressement avec lequel on les recherche, et le prix élevé que leurs peaux obtiennent dans les différents marchés du monde, sont de nouvelles preuves de l'énorme utilité de ces animaux. Leur nombre prodigieux, même après les ravages causés par la guerre impitoyable que l'homme leur a faite, démontre la valeur considérable de l'espèce; et si, comme il est légitime de le faire, nous ajoutons à ce nombre l'augmentation qui s'ensuivrait si les anciens repaires, dépeuplés à la suite de la poursuite acharnée dont ces animaux ont été l'objet, venaient à être repeuplés au moyen d'une gestion intelligente et d'un abatage limité, le chiffre annuel de l'augmentation qui s'ensuivrait décuplerait peut-être le rendement actuel.

Sans tenir compte ici du caractère illégal du fait lui-même, nous pouvons dire que l'emploi du labeur de l'homme, pour la chasse et la capture de l'animal, ainsi que pour la préparation des peaux, est une nouvelle preuve de l'utilité du phoque. Deux mille personnes se livrent probablement une grande partie de l'année à la prise du phoque en mer, et un nombre également élevé d'individus sont occupés à la construction des navires et à la fabrication des différents engins requis pour cette industrie. Un nombre encore plus considérable de personnes, principalement habitants de la Grande-Bretagne, sont constamment employées à la préparation des peaux pour le marché. La valeur annuelle du produit ainsi manufacturé ne saurait à peine être inférieure à cinq ou six millions de dollars.

Mais cette dernière utilité, à savoir l'occupation fournie à l'industrie, n'est ni absolue ni permanente. Si, par suite de l'extermination totale du phoque, cette industrie venait à disparaître, on éprouverait sans doute un certain inconvénient avant de pouvoir utiliser d'une autre façon les services des individus qui s'y livrent. On pourrait néanmoins les utiliser autrement, et certainement on y parviendrait, ce qui remédierait à cette disparition. Mais, ainsi qu'on l'a déjà fait observer, il n'en serait plus de même de la perte subie par les gens qui font usage des peaux. Rien ne saurait la réparer, et il ne se présenterait aucun gain correspondant. Dans le cas de quelques espèces utiles d'animaux sauvages tels que le bison d'Amérique, par exemple, qui occupent la terre et en tirent leur pâture, et qui sont nécessairement exterminés par suite de l'occupation des régions sauvages à travers lesquelles ils errent, les troupeaux bien plus nombreux d'animaux domestiques, qui peuvent subsister sur les mêmes pâturages, constituent un avantage plus que compensateur. Quant au phoque, il occupe un sol qu'on ne saurait affecter à l'élevage d'autres animaux. Sa nourriture provient des ressources inépuisables de la mer, et ces ressources ne sauraient être autrement utilisées.

Il nous faut ensuite examiner d'une façon encore plus minutieuse *la nature et les habitudes* du phoque, ainsi que les autres circonstances précitées qui nous permettent de mesurer les dangers auxquels l'existence de l'espèce se trouve exposée, ainsi que les meilleurs moyens de les éviter. C'est ici que, pour la première fois, nous rencontrons quelque contradiction matérielle et la contestation des témoignages; or, comme il est de la plus haute importance que nous nous rendions compte de la stricte exactitude de ces différents points, il est indispensable de bien s'entendre au sujet des témoignages qui sont réellement soumis aux Arbitres, et d'établir quel crédit et quel poids il convient d'accorder aux différentes catégories de témoignages. Si on avait joint à l'ensemble du plaidoyer une discussion critique et détaillée de ces derniers, on aurait pu courir le risque d'interrompre trop longtemps le fil des idées; pour éviter cet inconvénient, ces témoignages font l'objet d'une discussion séparée contenue dans la sixième partie de ce plaidoyer; il est bon, néanmoins, que, dès le début, on puisse se faire une idée générale de l'importance relative des différents éléments de témoignage.

Premièrement. Il est un ensemble assez étendu de connaissances générales ayant trait à l'histoire naturelle des animaux et aux divers phénomènes de la vie animale, que tout esprit éclairé et bien cultivé est censé posséder. En l'absence des facilités que les tribunaux ordinaires fournissent pour la citation et l'interrogatoire des témoins, les soussignés pensent qu'il est permis de supposer, avec toute latitude, que les savants Arbitres possèdent déjà ces connaissances générales et qu'ils pourront les utiliser dans la discussion et le règlement de ce différend.

Deuxièmement. D'un autre côté, pour étendre ces connaissances, on peut s'en rapporter aux écrits des autorités scientifiques et des savants, ainsi qu'aux récits des historiens dignes de foi et aux renseignements fournis par les gens qui ont observé personnellement les faits qu'ils rapportent.

Troisièmement. Les rapports collectifs et séparés des Commissaires nommés conformément à l'article IX du traité, sont, aux termes de ce dernier, transformés en véritables *dépositions*, et ont, sans aucun doute, été prescrits comme devant probablement apporter des renseignements d'une haute importance et absolument dignes de foi.

Quatrièmement. Les dépositions des témoins ordinaires, qui rapportent des faits qui sont le résultat de leurs observations personnelles. Ces derniers témoignages se trouvent dans des dépositions; reçues en dehors de l'audience, néanmoins, on doit les tenir comme recevables. Le traité n'ayant prévu aucun mode spécial pour le contre-interrogatoire des témoins, leurs dépositions doivent être acceptées comme étant au nombre des meilleures preuves qu'il ait été donné d'obtenir. Il est manifeste qu'on ne saurait, cependant, les utiliser qu'avec prudence et en ayant soin de les contrôler minutieusement; néanmoins, selon que ces dépositions se confirment mutuellement, et selon le degré d'intelligence et d'impartialité dont elles témoignent, elles peuvent présenter une très grande valeur.

Il convient de placer ici quelques observations relatives aux Rapports des Commissaires. Leurs attributions ont été définies en termes clairs et concis par l'article IX du traité, lequel est ainsi libellé :

Chaque gouvernement désignera deux Commissaires pour étudier, de concert avec les Commissaires de l'autre Gouvernement, tous les faits qui se rapportent à la vie et aux habitudes du phoque dans la mer de Behring, ainsi que les mesures les plus propres à assurer sa protection efficace et sa conservation.

Les quatre Commissaires adresseront à chacun des deux Gouvernements un rapport collectif sur les questions au sujet desquelles ils seront tombés d'accord; ils adresseront également à chaque Gouvernement un rapport collectif ou séparé au sujet de toute question à propos de laquelle ils ne seraient pas parvenus à s'entendre.

Le fait est qu'ils ne s'entendirent que sur fort peu de points, dont les plus importants sont exprimés de la façon suivante :

5. Nous sommes entièrement d'avis que, pour des raisons commerciales et autres absolument évidentes, le soin d'aviser à la protection et à la conservation du phoque à fourrure incombe à toutes les nations, particulièrement à celles qui sont directement intéressées dans l'industrie de cet animal...

7. Nous reconnaissons que, depuis l'achat de l'Alaska, il s'est produit une diminution marquée dans le nombre des phoques fréquentant ou résidant habituellement aux îles Pribilof ; que ses effets ont été cumulatifs [1], et qu'elle a eu pour cause l'abatage excessif par l'homme [2].

Ces Commissaires étaient, en partie, des savants éminents, et des experts réputés en la matière soumise à leur examen. Aux termes du traité, ils étaient simplement appelés à donner leur avis et leurs conseils sur une question d'essence principalement scientifique. Quelle est la raison qui a pu les empêcher de se mettre d'accord? La question qui leur était soumise était-elle si douteuse et si compliquée que des hommes de science pussent être fondés à l'envisager différemment? Il n'en paraît pas ainsi. Cette raison est ainsi désignée dans le rapport collectif «écart considérable d'appréciation à l'égard de certaines propositions fondamentales ». Mais la véritable raison ressort du rapport séparé des Commissaires des États-Unis [3]. Ils ont estimé, ainsi que d'ailleurs ils le déclarent dans ce rapport, que le seul point soumis à leur examen concernait les faits se rapportant aux conditions biologiques du phoque dans la mer de Behring, et la question des mesures à prendre pour assurer la conservation de l'animal. C'était à d'autres de déterminer la question de propriété, de droit international, ou de convenance politique, s'il y en avait d'impliquées. Quant à eux, ils n'avaient aucune qualité pour ce faire, et n'en avaient d'ailleurs

1. En ce sens que la destruction des femelles en entraîne celle des petits qu'elles portent lorsque celles-ci sont pleines et celles des petits qu'elles pourraient plus tard avoir eus lorsqu'elles viennent de mettre bas, ainsi que d'ailleurs on l'a démontré dans le Mémoire des États-Unis. (Traducteur.)

2. Mémoire des États-Unis (en anglais), p. 309.

3. *Ibid.*, pp. 366-318.

pas été chargés. Mais les Commissaires de la Grande-Bretagne envisagèrent leur mission sous un autre point de vue. A leur avis, la question des droits respectifs de la Grande-Bretagne et des États-Unis comme nations, avait une « importance fondamentale », et aucune mesure qui refusait d'admettre ou ne tenait aucune espèce de compte des prétendus droits des sujets de la Grande-Bretagne à l'exercice de la chasse pélagique, ne méritait d'être prise en considération. La façon dont ils comprenaient la question sur laquelle ils étaient appelés à donner un avis ne consistait pas simplement à déterminer quelles étaient les mesures nécessaires pour préserver les phoques de l'extermination, mais quelles étaient, à cet effet, les mesures les plus efficaces qu'on pouvait imaginer, tout en maintenant pour les nations en général le droit supposé de se livrer à la chasse pélagique. Il n'y a donc pas lieu de s'étonner qu'on ne soit pas parvenu à s'entendre. En somme, les Commissaires comprenaient leurs fonctions d'une façon radicalement opposée. Ceux des États-Unis étaient d'avis qu'une question principalement scientifique leur était posée; quant à leurs collègues de la Grande-Bretagne, ils pensaient que cette question entraînait également l'examen de points légaux et politiques, et que ces derniers étaient soumis à leur appréciation, ou tout au moins, qu'ils étaient tenus d'agir comme si la portée de leur enquête scientifique était limitée par les hypothèses qu'ils étaient requis de faire au sujet des droits internationaux; en d'autres termes, que leurs fonctions n'étaient pas celles de savants à la recherche de la vérité, mais d'agents diplomatiques, chargés d'intérêts nationaux et auxquels était confié le soin de faire la meilleure convention possible conformément à ces intérêts.

Il semble fort clair que cette façon d'envisager leurs pouvoirs et leurs fonctions était entièrement erronée. Des différences de vues existaient entre la Grande-Bretagne et les États-Unis au sujet de la chasse pélagique du phoque; néanmoins l'une et l'autre nations étaient d'accord pour reconnaître qu'il est extrêmement désirable que la capture des phoques soit réglée de façon à prévenir l'extermination de l'espèce. Il est également extrêmement désirable pour l'une et l'autre parties de savoir s'il existe des moyens *indispensables* à prendre pour prévenir cette extermination, et, si oui, quels ils sont. C'était là une question principalement scientifique ; mais c'était une tout autre question de savoir si les mesures qui pourraient ainsi paraître nécessaires recevraient l'assentiment des deux parties au différend, et cette dernière ne devait être tranchée que par les représentants politiques des Gouvernements respectifs. Si ces derniers étaient disposés à les accepter, toute difficulté se trouverait écartée. Si, au contraire, ils ne tombaient pas d'accord, on désignerait un tribunal avec pleins pouvoirs de décider la question, et on lui soumettrait les rapports des Commissaires, afin de l'aider à l'élucider.

Étant donnée la façon dont les Commissaires de la Grande-Bretagne envisagèrent leurs fonctions, leur rapport doit être regardé comme imbu du même préjugé, et il suffit de le parcourir pour se convaincre qu'il en est ainsi. Dans aucune des parties de ce rapport il n'existe de traces de leur intention de découvrir et de révéler la véritable cause qui a pour effet de diminuer le nombre des phoques à fourrure, et d'indiquer le remède scientifique à cet état de choses, si toutefois il en existe un. Il ressort pleinement de tout le rapport que ses auteurs se sont considérés comme *chargés de la défense* des intérêts canadiens dans la chasse pélagique du phoque, et, en conséquence, il offre ouvertement tous les caractères d'une excuse laborieuse de ces intérêts, dans le but spécial d'en réduire au minimum la tendance destructive, et de soutenir des prétentions à la continuation de son exercice. Comme c'est là son caractère distinctif, nous avons l'honneur d'exposer fort respectueusement que tout poids qu'on lui accordera comme preuve à l'appui doit se borner aux seuls *points de fait* constatés personnellement par ses auteurs ; que ces points de fait doivent être regardés comme constituant les déclarations de témoins absolument dignes de foi et du caractère le plus élevé, dont les dépositions sont cependant entachées de préventions très prononcées ; et que les *arguments* et opinions qui sont avancés doivent être reçus avec l'attention que l'on accorde habituellement au plaidoyer d'un conseil ; mais comme ne possédant aucune espèce de valeur *probante*.

En appelant ainsi l'attention sur le caractère général du rapport des Commissaires de la Grande-Bretagne, nous ne nous proposons en aucune façon d'en blâmer les auteurs. Les mêmes remarques pourraient s'appliquer au rapport des Commissaires des États-

Unis, s'ils avaient envisagé leurs fonctions de la même façon. Ils se sont, néanmoins, formé une tout autre idée des devoirs qui leur étaient imposés. Ils se sont considérés comme simplement appelés à s'assurer de la vérité, de quelque nature qu'elle puisse être, concernant « les conditions biologiques du phoque dans la mer de Behring et les mesures nécessaires pour le protéger et le préserver d'une manière efficace ». L'enquête qu'ils ont été chargés de faire leur a paru essentiellement scientifique, et ne pas comprendre l'examen quelconque de droits nationaux ou de la liberté des mers, toutes questions qu'ils se seraient probablement crus peu aptes à résoudre. Il ne faudrait pourtant pas en conclure qu'ils doivent être tenus comme moins zélés à l'égard des intérêts de leur propre nation que leurs collègues de la Grande-Bretagne; mais, ne se croyant pas chargés de la protection d'un intérêt national, ils ont pu se rappeler que la science n'a pas de pays, et qu'ils ne sauraient se disculper à leurs propres yeux, ou devant leurs confrères du monde scientifique, s'ils avaient permis que des considérations patriotiques les fissent négliger l'intérêt de la vérité. Leur rapport est instamment recommandé à l'attention du Tribunal comme contenant un exposé de tous les faits essentiels ayant trait aux conditions biologiques du phoque, sans aucune exagération dictée par l'intérêt national, et présentant clairement la solution scientifique imposée par ces faits.

Nous allons maintenant choisir, parmi les témoignages classés ci-dessus et qui peuvent être considérés comme soumis au Tribunal, les principaux faits qui se rapportent aux conditions biologiques du phoque et aux méthodes employées pour la chasse et la capture de cet animal, en tant que ces faits sont essentiels pour l'enquête faite dans le but d'établir si les États-Unis possèdent vraiment l'intérêt de propriété réclamé par eux. En ce qui concerne les principaux faits qui ont trait aux conditions biologiques du phoque, nous empruntons les déclarations contenues dans le rapport des Commissaires des États-Unis.

PRINCIPALES PARTICULARITÉS DE LA VIE DU PHOQUE A FOURRURE.

1. Le phoque à fourrure du nord (*Callorhinus ursinus*) habite la mer de Behring et la mer d'Okhotsk, où il se reproduit sur des îles rocheuses. On ne

connaît que quatre colonies de reproduction, savoir : 1° sur les îles Pribilof, appartenant aux États-Unis; 2° sur les îles du Commandant, appartenant à la Russie; 3° sur le récif de Robben, appartenant aussi à la Russie, et 4° sur les îles Kouriles, appartenant au Japon. Les îles Pribilof et du Commandant sont situées dans la mer de Behring; le récif de Robben est dans la mer d'Okhotsk, près de l'île de Saghalien, et les îles Kouriles se trouvent entre Yézo et le Kamchatka. On ne connaît aucun autre point du globe où l'espèce se reproduise. Les phoques à fourrure des îles Lobos et des mers australes, de même que ceux des îles Galapagos et des îles situées au large de la Basse-Californie, appartiennent à d'autres espèces et même à d'autres genres que les phoques à fourrure du nord.

2. Pendant l'hiver, les phoques à fourrure émigrent dans l'Océan Pacifique septentrional. Les troupeaux des îles du Commandant, du récif de Robben et des îles Kouriles se dirigent vers le sud le long des côtes du Japon, tandis que le troupeau appartenant aux îles Pribilof quitte la mer de Behring par les passes orientales de l'archipel Aléoutien.

3. Les phoques à fourrure des îles Pribilof ne se mêlent à ceux des îles du Commandant et des îles Kouriles à aucune époque de l'année. En été, les deux troupeaux restent entièrement distincts, séparés par une étendue d'eau de plusieurs centaines de milles; et, au cours de leurs migrations hivernales, celui des îles Pribilof suit le littoral américain en se dirigeant vers le sud-est, pendant que celui des îles du Commandant et des Kouriles suit les côtes de Sibérie et du Japon en se dirigeant vers le sud-ouest, les deux troupeaux étant séparés, en hiver, par une étendue d'eau de plusieurs milliers de milles.

La régularité qui préside aux mouvements des différents troupeaux est une conséquence de cette loi bien connue, à savoir que *les animaux migrateurs suivent des routes déterminées au cours de leurs migrations, et retournent chaque année aux mêmes endroits pour y accomplir l'acte de la reproduction.* Sans l'existence de cette loi, la stabilité de l'espèce ne serait pas possible, car si les conditions biologiques sous l'influence desquelles l'animal vit et se reproduit n'étaient pas toujours identiques, ses caractères spécifiques auraient bientôt disparu[1].

La peau du phoque à fourrure des îles Pribilof diffère de façon si marquée de celle du phoque à fourrure des îles du Commandant, que les experts les distinguent aisément l'une de l'autre et qu'elles ont une valeur très différente, la première atteignant un prix plus élevé que la seconde aux ventes régulières qui ont lieu à Londres.

4. Les vieux mâles reproducteurs du troupeau des îles Pribilof, à ce qu'on sait du moins, dépassent rarement les îles Aléoutiennes, mais les femelles et les jeunes s'aventurent vers le sud le long du littoral américain jusqu'à la Californie septentrionale. Au retour, les troupeaux de femelles se

1. L'habitat d'une espèce est l'espace sur lequel elle se reproduit. C'est un fait bien connu des naturalistes que les animaux migrateurs, mammifères, oiseaux, poissons ou autres, abandonnent leurs habitats pendant une partie de l'année en raison des conditions climatériques, ou de l'impossibilité de trouver sur place une nourriture suffisante, et que, partout où l'habitat d'une espèce est situé de façon à offrir un climat approprié et des ressources alimentaires pendant toute l'année, cette espèce n'émigre pas. Ceci explique pourquoi les phoques à fourrure du nord sont des animaux migrateurs, tandis que ceux des contrées tropicales ou tempérées sont des animaux sédentaires.

dirigent vers le nord le long des côtes des états d'Orégon et de Washington et de celles de la Colombie britannique, en janvier, février et mars, se tenant à diverses distances de terre. Longeant la côte du territoire d'Alaska en suivant une direction nord-occidentale, ils quittent l'Océan Pacifique septentrional au mois de juin, traversent les passes orientales des îles Aléoutiennes, et rallient aussitôt les îles Pribilof.

5. Les vieux mâles reproducteurs gagnent les îles beaucoup plus tôt, le premier abordant dans la dernière semaine d'avril ou au commencement de mai. Dès qu'ils ont pris terre, ils s'établissent sur les *rookeries*, où ils attendent l'arrivée des femelles. Chaque mâle (appelé *bull*) choisit un gros rocher, sur lequel ou près duquel il se tient jusqu'au mois d'août, à moins qu'il n'en soit chassé par des *bulls* plus vigoureux, ne s'éloignant pas un instant de jour ou de nuit, et restant sans manger ni boire. Avant l'arrivée des femelles (nommées *vaches*), et pendant les premiers jours qui suivent cette arrivée, les mâles se livrent entre eux de furieux combats pour la possession des places sur les *rookeries* et pour la possession des femelles, et beaucoup sont grièvement blessés. Tous les *bulls* occupent leur place définitive vers le 20 juin.

6. Les mâles célibataires (*holluschickie*) commencent à arriver dans les premiers jours de mai, et on les trouve en grande quantité sur les *hauling grounds* vers la fin de ce mois ou dans la première semaine de juin. Ils commencent à quitter les îles en novembre, mais beaucoup restent jusqu'en décembre ou janvier, et quelquefois jusqu'en février.

7. Les vaches commencent à arriver au début du mois de juin; elles se mo·· ·ut bientôt en troupes considérables, et chaque jour elles prennent pl· · en grand nombre sur les *rookeries*, entre le milieu et la fin du mois, la date ·· ·ise variant avec la température. Elles se rassemblent autour des vieux mâles en groupes compacts, appelés harems. Les harems sont complètement constitués au commencement de juillet, époque à laquelle les *rookeries* atteignent leur maximum d'importance et sont le plus compactes.

8. Les vaches donnent naissance à leurs petits aussitôt après avoir pris place dans les harems, à la fin de juin ou en juillet, rarement en août. La période de gestation est comprise entre onze et douze mois.

9. Chaque femelle ne met bas qu'un seul petit. Les sexes, à la naissance, sont partagés en nombre à peu près égal.

10. L'allaitement se fait à terre, jamais dans l'eau. Il est donc nécessaire que les vaches demeurent sur les îles jusqu'à ce que les petits soient sevrés, ce qui n'a lieu que lorsqu'ils ont quatre ou cinq mois. Chaque mère reconnaît son petit, et ne permet à aucun autre de la téter. C'est la raison pour laquelle tant de milliers de jeunes phoques meurent de faim sur les *rookeries*, quand leurs mères sont tuées au large. Nous avons, à maintes reprises, vu des vaches nourricières sortir de l'eau et chercher leur petit, parcourant de grandes distances, et examinant les veaux groupe par groupe avant de trouver le leur. Lorsque la vache parvient à un groupe de petits, dont les uns sont éveillés et les autres endormis, elle tourne rapidement autour d'eux, flairant chacun, et courant ensuite au voisin. Ceux qui sont éveillés s'avancent vers elle, dans le but évident de téter, mais elle les repousse en grognant et passe outre. Quand elle trouve son petit, elle le caresse un instant, puis se tourne un peu de côté, de façon à lui présenter ses tétines, qu'il s'empresse de saisir. Dans

un cas, nous avons vu une mère emporter son petit à une distance de 15 mètres (50 pieds) avant de le laisser téter. On prétend que quelquefois les vaches reconnaissent leur veau à son cri, qui est une sorte de bêlement.

11. Bientôt après leur naissance, les veaux s'éloignent des harems et se rassemblent en petits groupes, nommés *pods*, sur les limites des *rookeries* et à quelque distance de la mer. Ces petits groupes se réunissent peu à peu pour former des groupes plus considérables qui s'avancent lentement vers le bord de l'eau. Quand ils ont de six à huit semaines, les veaux commencent à apprendre à nager. Non seulement ils ne sont pas nés en mer, mais si, peu de temps après leur naissance, on les jette à l'eau, ils périssent noyés.

12. Les phoques à fourrure sont polygames, et le mâle est au moins cinq fois plus gros que la femelle. En règle générale, chaque mâle sert environ à quinze ou vingt femelles, mais dans certains cas jusqu'à cinquante et plus.

13. L'acte de la copulation a lieu à terre, et prend de cinq à dix minutes. La plupart des femelles sont couvertes vers le milieu de juillet, ou peu de temps après la naissance de leurs petits. Elles prennent alors la mer, et vont et viennent pour chercher leur nourriture pendant qu'elles nourrissent.

14. Beaucoup de jeunes *bulls* réussissent à s'emparer de quelques vaches en arrière ou loin des harems de reproduction, surtout lorsque la saison est avancée (dans la seconde moitié de juillet, époque où les harems réguliers commencent à se disloquer). Il est presque certain que beaucoup, sinon la plupart des jeunes vaches sont couvertes pour la première fois par ces jeunes *bulls*, soit sur les *hauling grounds*, soit le long de la grève.

Ces *bulls* peuvent se distinguer d'un coup d'œil de ceux des harems réguliers par leur aspect extérieur, car ils sont gras et en excellente condition, tandis que ceux qui ont jeûné pendant trois mois sur les *rookeries* de reproduction sont absolument émaciés et épuisés. Les jeunes mâles, même quand ils ont réussi à s'emparer de plusieurs vaches, peuvent être chassés des lieux qu'ils occupent sans grande difficulté, tandis que les vieux *bulls* des harems (c'est un fait bien connu) se font tuer sur la place plutôt que de l'abandonner.

15. On croit que les vaches prennent le mâle pour la première fois quand elles ont deux ans, et qu'elles mettent bas leur premier veau à l'âge de trois ans.

16. Les *bulls* prennent place pour la première fois sur les *rookeries* de reproduction quand ils ont six ou sept ans. Avant cet âge, ils ne sont pas assez vigoureux pour défendre contre les mâles plus âgés leurs places dans les harems.

17. Les vaches, quand elles allaitent, s'aventurent couramment à de grandes distances, en quête de nourriture. On les trouve souvent à cent ou cent cinquante milles des îles, et quelquefois à des distances plus considérables.

18. La nourriture du phoque à fourrure consiste en poissons, calmars, crustacés, et sans doute aussi en d'autres espèces d'animaux marins. (Voir l'Appendice E.)

19. La grande majorité des vaches, des veaux, et de ceux des *bulls* reproducteurs qui ne sont pas déjà partis, quittent les îles vers le milieu de novembre, la date variant beaucoup avec les circonstances atmosphériques.

20. Une partie des mâles non-reproducteurs (*holluschickie*), ainsi que quelques vieux *bulls*, restent jusqu'à janvier, et dans certains cas jusqu'à février, ou même plus tard.

21. Le phoque à fourrure, en tant qu'espèce, séjourne aux îles Pribilof huit ou neuf mois de l'année, c'est-à-dire des deux tiers aux trois quarts du temps, et quelquefois pendant l'année entière lorsque l'hiver est doux. Les mâles reproducteurs arrivent les premiers et restent constamment sur les îles pendant environ quatre mois; les femelles reproductrices y demeurent environ six mois, et une partie des mâles non-reproducteurs environ huit ou neuf mois, quelquefois l'année entière.

22. Comme on l'a établi, quand, lors de leur migration, les phoques à fourrure retournent vers le nord, l'arrière-garde du troupeau laisse le Pacifique septentrional et pénètre dans la mer de Behring vers la fin de juin. Pendant l'été, toutefois, on trouve quelques individus isolés en divers points le long de la côte Nord-Ouest : ce sont probablement des phoques qui ont été si gravement blessés par les chasseurs pélagiques qu'ils n'ont pu suivre le reste du troupeau aux îles Pribilof. On a assuré que de jeunes phoques à fourrure avaient été quelquefois rencontrés, au commencement de l'été, le long des côtes de la Colombie britannique et de la partie sud-orientale d'Alaska. Bien qu'aucun exemple authentique de ce fait ne soit parvenu à notre connaissance, il pourrait s'expliquer par le grand nombre de vaches qui, chaque été et chaque printemps, sont blessées le long de ces côtes et qui, devenues ainsi incapables de gagner les *rookeries* de reproduction, sont obligées de mettre bas leur petit — peut-être prématurément, — en quelque lieu qu'elles se trouvent à l'époque de la délivrance.

23. La raison pour laquelle le phoque à fourrure du nord habite les îles Pribilof, à l'exclusion de toutes autres îles et côtes, est qu'il y trouve les conditions climatériques et biologiques nécessaires à son existence. Cet animal exige une température basse et d'une uniformité constante, en même temps qu'un ciel couvert et une atmosphère brumeuse capables d'empêcher les rayons du soleil de l'incommoder pendant la longue saison estivale qu'il passe sur les *rookeries*. Il lui faut aussi des plages rocheuses pour pouvoir y mettre bas ses petits. On ne connaît, au nord ou au sud des îles Pribilof, sauf peut-être quelques espaces restreints sur l'archipel Aléoutien, aucune île qui réunisse toutes les conditions exigées, en ce qui concerne à la fois le climat et la nature du sol.

Toutes les allégations tendant à établir que jadis des phoques à fourrure de cette espèce se reproduisaient sur les côtes et les îles de la Californie et du Mexique ne reposent sur aucun fondement, les phoques qui habitent ces parages appartenant à des espèces entièrement différentes.

Dans la discussion générale de la question soumise à la Commission, il conviendra d'envisager le sujet sous les trois points de vue suivants :

Conditions d'existence du phoque dans le pays dont nous nous occupons en ce moment.

Causes qui ont amené les conditions actuelles.

Remèdes dont l'application ramènerait l'existence du phoque à son état normal, et assurerait le maintien de cet état.

Nous n'avons pas à nous défendre d'avoir, en ce qui concerne ces déclarations, emprunté le langage même des Commissaires des États-Unis. Il serait difficile d'exposer les faits d'une façon plus

7

précise, et nous avons lieu de croire que chacune de ces assertions sera acceptée par le Tribunal comme l'expression de la vérité. Il est certain que, même dans le Rapport des Commissaires de la Grande-Bretagne, on ne trouverait que peu de points qui viennent les contredire ouvertement. Cependant, dans le but de faciliter aux Arbitres la vérification des faits sur lesquels ils pourraient avoir des doutes, on a inséré dans la sixième partie de ce plaidoyer (pp. 281 à 382) un résumé succinct des points au sujet desquels le Rapport des Commissaires britanniques a soulevé quelque objection.

Il y a certains points de fait qui ne sont pas traités d'une façon complète dans l'extrait précité du Rapport des Commissaires des États-Unis, bien qu'ils y soient compris en substance, et qui réclament une désignation précise et distincte.

Premièrement. Aux conditions relatives au climat et à la nature du sol déjà indiquées comme nécessaires à une localité pour que les phoques puissent s'y établir et y accomplir l'acte de la reproduction, il faut ajouter l'exemption de toute attaque ou molestation de la part de l'homme ou autres ennemis terrestres. Ce point est d'autant plus important qu'à terre ces animaux se trouvent sans défense. S'il n'existait, à la surface du globe, aucun lieu présentant les conditions requises de climat et de constitution géologique ci-dessus mentionnées, et qui ne fût pas, en même temps, à l'abri des massacres sans règle ni discernement effectués par l'homme, l'espèce disparaîtrait bientôt.

Deuxièmement. La simple présence de l'homme sur les terrains de reproduction n'éloigne pas les phoques et n'a aucune influence défavorable sur l'œuvre de la reproduction. Bien au contraire, sa présence et la protection qu'il est seul capable d'exercer, en écartant les braconniers, sont absolument nécessaires à la conservation d'un nombre suffisant de ces animaux.

Troisièmement. Si l'homme encourage les phoques à venir sur les habitats qu'ils ont choisis, s'abstient de les abattre dès qu'ils arrivent et soigne les animaux reproducteurs pendant leur séjour, ils se soumettront à son pouvoir avec autant de confiance que les animaux domestiques ont coutume de le faire. Il devient alors tout à fait possible de choisir et de séparer des autres, en vue de l'abatage, un nombre d'animaux non-reproducteurs tel qu'il puisse être pris sûrement sans réduire la quotité normale du troupeau.

Quatrièmement. Si le troupeau n'avait pas à souffrir des ravages exercés par l'homme, il s'établirait à l'égard de sa quotité, par suite du manque de nourriture ou d'autres causes permanentes, un certain équilibre qui empêcherait tout accroissement ultérieur. Quand cet équilibre se trouve obtenu, comme l'animal est polygame, un prélèvement annuel de 100 000 mâles non-reproducteurs — voire même davantage — peut être opéré par l'homme sans causer au troupeau une diminution sensible de quelque durée.

Cinquièmement. En laissant de côté, comme sans importance, la chasse faite par les Indiens, le long des côtes, dans des canots de faible dimension, il existe actuellement deux modes d'abatage du phoque : l'un pratiqué aux îles Pribilof, sous le contrôle des États-Unis ; l'autre en mer, par des navires, à l'aide d'embarcations et engins divers.

Sixièmement. L'abatage aux îles Pribilof, si on le limite, ce qui ne présente aucune difficulté, à un nombre suffisamment restreint de mâles non-reproducteurs, et si la chasse pélagique est interdite, n'entraîne, pour le troupeau, aucun danger d'extermination ou de diminution appréciable de sa quotité. Il est bien moins coûteux qu'aucun autre mode d'abatage et fournit, à la consommation générale, les peaux dans les meilleures conditions possibles. L'abatage sur ces îles, depuis leur occupation par les États-Unis, a été limité de la façon ci-dessus indiquée. Les États-Unis se sont toujours appliqués à soigner les phoques avec sollicitude et à s'abstenir de tout prélèvement dépassant le croît normal et régulier du troupeau. Si cette intention n'a pas toujours été remplie, c'est uniquement parce que l'on a négligé d'exécuter les instructions données, ou par suite de l'ignorance des conditions d'existence du troupeau. Les États-Unis sont poussés par le motif le plus puissant, et que rien ne vient contrarier, l'intérêt personnel, à veiller à ce que la quotité du troupeau se maintienne toujours à son maximum. Le prélèvement annuel fait aux îles, depuis leur occupation par les États-Unis, a été, jusqu'en ces derniers temps, d'environ 100 000 têtes. Ce prélèvement ne serait en rien excessif s'il était le seul opéré par l'homme sur le troupeau.

Septièmement. La chasse pélagique entraîne trois conséquences inévitables :

1° L'abatage ne peut être limité aux mâles, et celui des femelles présente des facilités tellement plus grandes qu'elles forment les trois quarts de la prise totale.

2° Beaucoup de phoques tués, ou mortellement blessés, échappent aux chasseurs. Cette perte doit être évaluée au moins au quart du nombre des animaux capturés.

3° Une grande partie des femelles tuées sont pleines, ou bien allaitent des petits à terre. On trouvera dans l'Appendice de nombreux témoignages sur ces divers points.

Huitièmement. La chasse pélagique est donc, par sa nature même, une cause de destruction pour *l'espèce*. Dans quelque mesure qu'elle soit pratiquée, elle diminue d'autant la quotité normale du troupeau, et, si elle prend une certaine extension, elle arrivera à la réduire à des proportions telles que le phoque cessera d'être d'aucune utilité pour l'homme.

Revenons maintenant à l'importante proposition précédemment établie, à savoir qu'un propriétaire légitime et déterminé doit être attribué à toutes les choses tangibles, qui sont : 1° des objets de désir; 2° limitées quant à la quantité, et 3° susceptibles de propriété, et examinons si les phoques à fourrure d'Alaska remplissent ces trois conditions essentielles. À l'égard des deux premières, toute discussion serait superflue. Tout le monde reconnaît que cet animal est utile à l'homme dans une large mesure et un objet de convoitise pour lui : ce débat lui-même en est une preuve convaincante. Les deux parties admettent également qu'en ce qui le concerne, la quantité est limitée et en danger d'être réduite à néant par le fait des déprédations de l'homme[1]. Il ne doit exister, et il n'existe en effet, de contestation que sur le point de savoir si l'animal est *susceptible de propriété*. Ici, des doutes et des divergences d'opinion sont en effet possibles, et, pour élucider la question, il convient tout d'abord de se bien pénétrer du sens exact de l'expression *susceptible de propriété*. La première définition qui, naturellement, se présentera à l'esprit est : susceptible d'appropriation par le propriétaire à son usage particulier, à l'exclusion de tous autres individus. Mais cette définition est insuffisante pour faire comprendre toute la valeur du terme. Il nous faut encore savoir comment l'homme peut approprier ainsi une chose à son usage

---

1. Rapport collectif des Commissaires, Mémoire des États-Unis, p. 309.

exclusif. Quels sont les actes qui sont requis pour établir cette appropriation? La chose doit-elle, à cet effet, se trouver réellement au pouvoir du propriétaire (*in manu*), c'est-à-dire en contact matériel avec sa personne ou du moins à sa portée immédiate et sous ses yeux mêmes, de façon qu'il puisse sur-le-champ la revendiquer comme sienne et la défendre contre toute usurpation?

C'est ici qu'intervient la notion de la *propriété*, considérée en tant que distincte de la simple *possession;* et, comme cette notion présente une importance considérable au point de vue de notre sujet, nous allons l'étudier avec toute l'attention qu'elle mérite.

Aux époques barbares, l'homme n'avait que peu d'occasions d'affirmer un droit de propriété, en dehors des quelques objets indispensables à son existence, et ceux-ci, pour la plupart, se trouvaient en sa possession immédiate, de sorte qu'il pouvait lui-même facilement les défendre contre toute attaque. Il portait ses vêtements sur son corps, et les armes pour la chasse, de même que les quelques instruments aratoires dont il disposait, étaient à sa portée immédiate. Les troupeaux et l'excédent non employé des produits alimentaires étaient la propriété commune de la peuplade ou de la tribu. Mais lorsque ces biens furent devenus des objets de propriété privée, les individus, sous l'influence d'un désir bien naturel, cherchèrent à se pourvoir d'une quantité plus considérable de bétail et de produits du sol, afin de s'assurer des ressources pour l'avenir. En cette circonstance, et en beaucoup d'autres encore, le besoin se fit sentir d'entourer d'une protection ces approvisionnements quand ils se trouvaient hors de la possession immédiate du producteur. En cas de vol, il eût fallu, pour les reprendre, avoir recours à la force, et les difficultés et les dangers d'une telle entreprise auraient découragé ceux qui étaient disposés à produire et à conserver leurs produits. Les mêmes nécessités qui ont donné naissance à la propriété, c'est-à-dire l'ordre, la paix et le progrès de la société, développèrent la notion de ce droit, et firent concevoir l'idée de *propriété* comme distincte et indépendante de celle de *possession* matérielle. La société vint en aide à l'individu, et se chargea de lui garantir la tranquille jouissance de ce qu'il avait produit en le marquant au coin de sa personnalité.

Nous voyons par là que l'idée de *propriété*, en tant que distincte de celle de *possession*, n'est pas une conception primitive. Elle est le résultat d'une évolution intellectuelle qui a marché de pair avec les progrès de l'humanité. Un écrivain anglais distingué, au cours d'une intéressante étude sur les différentes phases de ce développement, s'exprime ainsi :

Le fait ou l'institution de la propriété est une condition tellement inhérente à tout progrès matériel ou social, que, même pendant les siècles où l'attention du législateur est concentrée sur la propriété de la famille et du village, la propriété individuelle des choses indispensables à l'entretien de l'existence est peu à peu reconnue comme possible ou même nécessaire. L'humanité a franchi une des étapes les plus décisives dans sa marche de la barbarie vers la civilisation le jour où on a fait reposer la libre jouissance des biens sur des bases plus larges que le simple fait de la possession.

L'emploi des produits de la terre et, plus encore, leur transformation en de nouvelles substances, se fait généralement par une série de manipulations réclamant un temps déterminé, pendant lequel l'attention particulière de l'ouvrier ne peut se fixer que par intervalles sur tous les différents points et les diverses phases de l'opération. Les méthodes agricoles et celles d'élevage du bétail, aussi bien que les plus simples applications de la division du travail, présupposent également que le fermier ou l'artisan s'éloigne à diverses reprises d'une partie de son ouvrage, tandis qu'il donne toute son attention à une autre partie, ou bien qu'il s'occupe entièrement d'une sorte de travail, tout en ayant l'assurance qu'une autre besogne, d'égale importance pour lui, est l'objet d'un soin égal de la part de ses collaborateurs.

Dans tous ces cas, le simple fait de la détention matérielle ou *possession*, au sens le plus étroit du mot, ne constitue aucune preuve quelconque en faveur des droits que ces personnes pourraient prétendre avoir sur les choses qui les entourent [1].

1. *The Science of the Law*, par Sheldon Amos; Londres, 1881, pp. 148 et suiv. — Un jurisconsulte français éminent retrace comme suit le développement de l'idée de *propriété* en tant que distincte de la possession :

« (§ 64) Si les droits attachés à la propriété et ceux qui en sont dérivés sont maintenant fort étendus, il n'en était pas ainsi dans le principe. La propriété était confondue avec la possession et se perdait avec elle.

« Avant l'établissement de l'état civil, la terre n'était à personne, les fruits étaient au premier occupant. Les hommes répandus sur le globe vivaient dans un état que les auteurs qui ont écrit sur le droit naturel ont appelé communauté *négative*, à la différence de la communauté *positive*, dans laquelle plusieurs associés ont en commun la propriété d'une chose indivise, qui leur appartient à chacun pour une certaine portion.

« La communauté négative, au contraire, consistait en ce que les choses communes à tous n'appartenaient pas plus à chacun d'eux en particulier qu'aux autres, et en ce qu'aucun ne pouvait empêcher un autre d'y prendre ce qu'il jugeait à propos, pour s'en servir dans ses besoins.

« Ainsi, cette expression doctrinale de communauté *négative* ne signifie pas autre chose que le droit primitif et déterminé qu'avaient originairement tous les hommes de se servir des biens que la terre leur présente, tant que personne ne s'en était encore emparé.

« (§ 65) C'est ce qu'on appelle le droit du premier occupant. Celui qui s'emparait le premier d'une chose acquérait sur elle une sorte de propriété passagère, ou, pour parler plus exactement, un droit de préférence que les autres devaient respecter. Ils

La conception qui limite les droits attachés à la propriété à une possession strictement matérielle est le propre des siècles barbares. L'humanité n'a pu s'acheminer vers une condition supérieure que de l'instant où elle a commencé à entrevoir l'idée de *propriété*

devaient lui laisser cette chose pendant qu'il la possédait; mais après qu'il avait cessé de s'en servir ou de l'occuper à son tour, un autre pouvait s'en servir ou l'occuper à son tour.

« Si l'ancien possesseur avait invoqué sa possession passée comme un droit de préférence encore existant, le nouveau eût pu répondre par sa possession présente; et lorsque, d'ailleurs, les droits sont égaux de part et d'autre, il est juste et naturel que le possesseur actuel soit préféré; car, pour lui ôter sa possession, il faudrait un droit plus fort que le sien.

« Ainsi, le droit d'occupation est un titre de préférence légitime et fondé sur la nature.

« (§ 66) L'existence de cet état primitif de communauté *négative* est incontestable; on en trouve les preuves dans la Genèse (liv. I, chap. 28 et 29), le plus ancien de tous les livres et le plus vénérable, eu ne le considérant même que sous le point de vue historique. Les poëtes nous en ont laissé, dans leurs descriptions de l'âge d'or, des tableaux embellis mais infidèles. Les anciens historiens nous en ont transmis la tradition; enfin, on en retrouva des exemples dans les mœurs des peuplades sauvages de l'Amérique, lorsqu'on en fit la découverte.

« (§ 67) Ainsi, suivant une comparaison de Cicéron, le monde était comme un grand théâtre appartenant au public, et dont chaque place devient la propriété du premier occupant, pendant qu'il juge à propos d'y rester, sans qu'il puisse empêcher un autre de l'occuper après qu'il l'a quittée.

« (§ 68) Mais comment cette préférence acquise par l'occupation put-elle devenir une propriété stable et permanente, qui continuât de subsister, et qui pût être réclamée après que le premier occupant avait cessé de posséder?

« Ce fut l'agriculture qui fit naître l'idée et sentir la nécessité d'une propriété permanente. A mesure que le nombre des hommes se multipliait, il devenait plus difficile de trouver de nouvelles terres non habitées; et, d'un autre côté, l'habitation continuée du même lieu occasionnait une consommation trop rapide des fruits naturels de la terre pour qu'ils pussent suffire à la subsistance de tous les habitants et de leurs troupeaux, sans changer de lieu ou sans y pourvoir par la culture d'une manière constante et régulière.

« Ainsi, l'agriculture fut une suite naturelle de la multiplication du genre humain; et l'agriculture, à son tour, favorisa la population, et rendit nécessaire l'établissement d'une propriété permanente. Car qui voudrait se donner la peine de labourer et de semer, s'il n'avait la certitude de recueillir?

« Le champ que j'ai défriché, ensemencé, doit m'appartenir, au moins jusqu'à ce que j'aie recueilli les fruits que mon travail a fait naître. J'ai le droit d'employer la force pour repousser l'homme injuste qui voudrait m'en déposséder, et pour en chasser celui qui s'en serait emparé pendant mon absence. Je suis réputé continuer d'occuper ce champ depuis le premier labour jusqu'à la récolte, quoique, dans l'intervalle, je ne fasse pas à chaque instant des actes extérieurs d'occupation ou de possession, parce qu'on ne peut pas supposer que j'ai défriché, cultivé et semé sans l'intention de recueillir.

« (§ 69) Cette occupation habituelle, qui résulte de la culture, conserve donc le droit de préférence que j'avais acquis par l'occupation première. C'est cette occupation habituelle que le droit civil étendit et consacra comme un moyen de conserver la possession, en établissant que la possession se conserve par la seule intention, *nudo animo.*

comme distincte de celle de *possession*, et le parfait développement de cette idée est la condition indispensable et la caractéristique des âges avancés de la civilisation. Son expression ultime se trouve

« La culture forme un lien plus fort et plus durable que la simple occupation; elle donne un droit parfait à la récolte. Mais comment maintenir un droit autrement que par un combat douteux, avant l'établissement de l'état civil?

« (§ 70) D'ailleurs, le droit que donne la culture, et les effets de l'occupation habituelle qui en dérive, finissaient avec la récolte, s'il n'y avait pas de nouveaux actes de culture : car rien n'indiquait plus l'intention d'occuper. Le champ qui cessait d'être cultivé redevenait vacant et soumis au droit du premier occupant.

« L'agriculture ne fut donc pas seule suffisante pour établir la propriété permanente; et depuis, comme avant l'invention et l'usage de l'agriculture, la propriété s'acquérait par l'occupation, se conservait par la possession continuée ou habituelle, et se perdait avec la possession. Ce principe est encore suivi à l'égard des choses qui sont restées dans l'état primitif de communauté *négative*, telles que les animaux sauvages.

« (§ 71) Pour donner à la propriété le caractère de stabilité que nous lui voyons aujourd'hui, il fallut des lois positives, des magistrats pour les faire exécuter; en en un mot, il fallut l'état civil.

« La multiplication du genre humain avait rendu l'agriculture nécessaire : le besoin d'assurer au cultivateur les fruits de son travail fit sentir la nécessité d'une propriété permanente et de lois pour la protéger. Ainsi, c'est à la propriété que nous devons l'établissement de l'état civil. Sans le lien de propriété, jamais il n'eût été possible de soumettre les hommes au joug salutaire de la loi; et, sans la propriété permanente, la terre eût continué d'être une vaste forêt.

« Disons donc, avec les auteurs les plus exacts, que, si la propriété passagère, ou le droit de préférence que donne l'occupation, est antérieur à l'établissement de la société civile, la propriété permanente, telle que nous la connaissons aujourd'hui, est l'ouvrage du droit civil.'

« C'est le droit civil qui a établi pour maxime que, une fois acquise, la propriété ne se perd point sans le fait du propriétaire, et qu'elle se conserve même après que le propriétaire a perdu la possession ou la détention de la chose, et qu'elle se trouve dans la main d'un tiers.

« Ainsi, la propriété et la possession, qui, dans l'état primitif, étaient confondues, devinrent, par le droit civil, deux choses distinctes et indépendantes, deux choses qui, suivant le langage des lois, n'ont plus rien de commun entre elles. La propriété est un droit, une faculté légale; la possession est un fait.

« On voit par là quel prodigieux changement s'est opéré dans la propriété, et combien les lois civiles en ont changé la nature.

« (§ 72) Ce changement se fit au moyen de l'action réelle que les lois donnèrent contre le possesseur, quel qu'il fût, pour le contraindre à rendre la chose au propriétaire qui en avait perdu la possession. Cette action fut donnée au propriétaire, non seulement contre le possesseur de mauvaise foi, mais encore contre le possesseur de bonne foi à qui l chose était parvenue sans fraude ou sans violence, sans qu'il connût les droits du propriétaire, et même quoiqu'il l'eût acquise d'un tiers, en vertu d'un titre légal.

« (§ 73) La propriété fut donc considérée comme une qualité morale inhérente à la chose, comme un lien réel qui l'attache au propriétaire, et qui ne peut être rompu sans son fait.

« Ce droit de revendiquer la chose en quelques mains qu'on la trouve est ce qui forme le caractère principal et distinctif de la propriété dans l'état civil. » (TOULLIER, Droit civil français, tome III, titre II, chap. I, §§ 64, 65, 66, 67, 68, 69, 70, 71, 72 et 73, pp. 41, 42, 43, 44, 45, 46, 47.)

dans la proposition principale qui forme la base de notre argument et que nous avons formulée au début, à savoir que toute chose utile, limitée en ce qui concerne la quantité, doit appartenir à un propriétaire déterminé, pourvu qu'elle soit susceptible d'appropriation exclusive. Aucune difficulté ne peut s'élever à propos de choses qui sont susceptibles, à toute époque, de possession effective. Le droit de propriété, une fois établi par la possession, continue à subsister, mais lorsqu'il s'agit de choses qui ne présentent pas ce caractère, la loi ne prête son concours pour rendre efficace la possession imparfaite, que si les intérêts généraux de la société humaine le réclament.

Une preuve qu'elle prête ce concours dans la plus large mesure, lorsqu'elle cherche à accomplir ses propres desseins, se trouve dans la tendance de plus en plus marquée de notre civilisation à reconnaître un droit de propriété sur les produits du travail intellectuel, bien qu'ils soient de nature essentiellement incorporelle et qu'ils ne puissent faire l'objet d'aucune espèce de possession, et à ne pas limiter les effets de ce droit au territoire particulier de chaque état, régi par ses lois propres, mais à l'étendre au delà des frontières politiques, par le moyen de traités internationaux. Ce droit, entièrement conforme aux principes de la loi naturelle, est depuis longtemps admis à l'égard des découvertes industrielles utiles; aujourd'hui, on s'accorde à reconnaître la nécessité de l'appliquer à toutes les productions de l'esprit et chez toutes les nations. Par le seul pouvoir moral qui lui est inhérent, il a réussi à se faire respecter, dans une certaine mesure, en dehors de l'action des pouvoirs judiciaires, et tout le monde réclame avec instance que des conventions internationales viennent définitivement l'établir, en réglementant d'une façon formelle la protection de la propriété littéraire.

Ces considérations nous amènent au problème spécial qui nous occupe en ce moment, à savoir, que veut dire *être susceptible de propriété (capability of ownership)*, c'est-à-dire, dans quelles circonstances, et jusqu'à quel point, la société intervient-elle pour *suppléer à l'impuissance de l'individu*, en marquant du sceau de la *propriété* les choses qui ne sont pas dans sa possession et qui ne sont plus à sa disposition immédiate? La réponse, pour la majorité des cas, ne saurait faire de doute; la société intervient toujours chaque fois que des nécessités sociales l'exigent, et ce, dans les limites où elles l'exigent. Et la meilleure justification que l'on puisse fournir de cette réponse consiste à indiquer le rôle que joue partout la société par l'organe de la loi. Nous pouvons d'abord prendre l'exemple de la *propriété foncière*.

A l'égard du sol, la société ne reconnaît aucun titre qui ne soit directement ou indirectement acquis d'elle. Elle ne permet à aucun particulier de prétendre à un titre privé à l'égard des pays inoccupés ou de ceux qui ne sont habités que par des sauvages. Cependant, des nations peuvent émettre des prétentions à l'égard de ces pays, bien que cette assertion soit sujette à certaines restrictions. En effet, aucune nation ne saurait émettre de prétentions à l'égard de contrées d'une étendue telle qu'elle ne puisse raisonnablement les occuper et en tirer parti. Cette restriction provient de ce principe de droit naturel qui proclame que la terre a été faite pour le genre humain, et afin de permettre à la race humaine d'accomplir sa destinée, et que c'est dans ce but que les nations civilisées peuvent supplanter les nations barbares, mais que, néanmoins, chaque nation, en s'appropriant des territoires vacants, doit s'abstenir de prendre le bien dont elle ne saurait tirer parti elle-même et faire servir au but ultime dans lequel ce bien a été donné selon l'ordre de la nature.

A l'égard de la propriété individuelle des terres, l'état reconnaît et protège les titres privés sur celles qu'il lui plaît de donner. Parfois, ainsi que nous l'avons déjà démontré, dans les sociétés primitives et grossières, il préfère ne rien donner et se réserver la propriété. Pourtant, les sociétés civilisées autorisent en général et encouragent l'acquisition des terres par les particuliers et n'imposent aucune limite à l'importance de l'acquisition. En ceci, la société agit sur la présomption, sans aucun doute fondée dans la plupart des cas, que, placés sous la propriété individuelle, ces territoires seront mieux entretenus et appliqués au but prévu par la nature. Le fait que le motif secret qui pousse la société à agir ainsi est son intention de voir employer le sol aux usages auxquels il a été destiné, ressort parfaitement de cette circonstance que, lorsque l'action des propriétaires particuliers tend à contrecarrer cette politique, l'état se décide souvent à reprendre ce qu'il a donné, et à disposer à nouveau de ses terres conformément à la loi naturelle.

Cette tendance se constate partout où les grands propriétaires fonciers transforment de vastes étendues de terrains en réserves de chasses, pour servir uniquement à leur plaisir, ou les afferment dans des conditions défavorables à l'agriculture, et qui s'opposent à la satisfaction des besoins d'une population croissante. La récente législation de la Grande-Bretagne à l'égard de l'Irlande est un exemple frappant de l'affirmation par l'état de cette souveraineté suprême qu'une nation conserve toujours sur son territoire, à l'effet d'en disposer selon le but pour lequel la terre a été créée.

Il ressort de ce qui vient d'être dit que, bien que personne ne puisse en réalité approprier à son usage exclusif qu'une très faible portion du sol, ce dernier n'en est pas moins regardé en droit comme *susceptible d'appropriation exclusive*. L'État permet à ses citoyens d'affirmer leur titre à la propriété du sol dans une mesure illimitée, et cette affirmation peut avoir lieu même en dehors de tout acte extérieur de possession. Il n'est point même besoin de haies ou de clôture. La rédaction d'un document écrit est par elle-même suffisante. La loi intervient pour prêter son aide à l'individu et lui assure la jouissance de ses droits sur une province, sans plus de formalités que s'il s'agissait de son droit sur les récoltes qu'il a lui-même retirées de son champ.

La raison en est fort claire. C'est seulement grâce à l'attribution de la propriété que la terre peut être cultivée. Aucun homme ne sème pour qu'un autre récolte, mais si la loi prête son concours à l'homme en protégeant la jouissance exclusive du propriétaire du sol, ce dernier pourra, à force de soins et de labeur, en tirer le produit annuel sans diminuer sa productivité, et en l'étendant même. C'est là le seul moyen de subvenir à l'existence d'un excès de population. Les nécessités sociales veulent donc que l'on puisse considérer la terre comme susceptible d'appropriation exclusive, toutes les constructions élevées sur le sol en deviennent partie intégrante [1] et constituent avec lui l'objet de la propriété.

A l'égard des *biens meubles,* tels que les fruits de la terre ou les produits de l'industrie, il n'existe aucune limite à l'affirmation du droit de propriété, et le seul fait de la possession n'a aucune espèce de signification. Les fruits que rapporte la culture de la terre

1. *Superficies solo cedit* (Gaius, II, § 73) (Traducteur).

doivent, naturellement, être la propriété du cultivateur, car, dans le cas contraire, son titre de propriétaire du sol ne lui servirait à rien; il en va de même de tous les autres produits de l'industrie, ils sont l'objet d'une protection semblable en vertu des mêmes nécessités sociales. En l'absence de cette protection, le travailleur ne se livrerait à leur production que pour son usage personnel. On peut dire que les différentes industries sont les auxiliaires de l'amélioration de la culture, puisque, sans elles, les cultivateurs ne sauraient donner leurs soins exclusifs à la terre.

Tous les *animaux domestiques utiles* sont considérés comme objets de propriété exclusive, à quelque distance qu'ils s'éloignent de leurs maîtres. Un homme peut affirmer aussi facilement son droit à la propriété de nombreux troupeaux, errant à travers de vastes solitudes, demeurant même, pendant de longs mois, éloignés de sa présence, qu'à celle des bestiaux qui rentrent tous les soirs sous son toit. Il n'a pas d'autre *possession* à leur égard que celle que la loi fournit au moyen du droit de propriété qu'elle lui confère sur eux. Et la raison évidente en est que, grâce à leur *caractère* et à leurs *habitudes*, il exerce sur eux un *contrôle* suffisant pour lui permettre, si la loi lui accorde son aide, de les *élever* (*breed*), de favoriser leur reproduction, de fournir leur croît annuel à la satisfaction des besoins du genre humain, et en même temps d'en conserver l'espèce. Ce but ne saurait être atteint différemment. N'était la protection accordée par la sauvegarde de la propriété, la race des animaux domestiques n'existerait pas.

Les conditions sont différentes en ce qui concerne les animaux *sauvages à tous égards* et néanmoins *utiles*, tels que les poissons de mer, les canards sauvages, et la plupart des autres espèces de gibier. L'homme ne possède aucun contrôle sur ces animaux. Vu leur caractère et leurs habitudes, ils ne se soumettent généralement pas à son contrôle. Il ne saurait, en aucun cas, supputer l'importance de leur croît annuel. Il ne saurait en *séparer* le croît superflu des individus destinés à la reproduction de l'espèce et limiter ses prélèvements au premier, s'abstenant de toucher aux derniers. Dans la plupart des cas, ces animaux ne sont pas *polygames*, mais *s'accouplent*, et ils ne sont pas plus *superflus* les uns que les autres. Tous les animaux prélevés sur l'espèce entraînent une perte égale, puisqu'ils sont tous reproducteurs. On ne saurait procéder, en ce qui les concerne, à la sélection des individus bons pour l'abatage. Bref, l'homme ne saurait en *accroître* le nombre, quels que soient les moyens dont il se serve. Ils ne sauraient devenir les objets d'un véritable élevage (*husbandry*). Et cependant l'homme doit ou être autorisé à s'en emparer pour son usage, ou se résigner à se passer complètement des avantages qu'ils peuvent procurer. L'attribution d'un droit de propriété sur ces animaux à un individu, ou à une réunion d'individus quelconques, ne saurait faciliter l'application du croît annuel à la satisfaction des besoins humains, ni, en même temps, préserver l'espèce. La loi ne saurait donner aux hommes individuellement ce contrôle sur ces animaux, que leur caractère et leurs habitudes lui refusent ; et la loi n'essaye pas de le faire. Les poissons de la mer ou les oiseaux des airs sont et restent toujours sauvages, dans toute l'acception du mot. Ils ne sauraient donc constituer des objets de propriété.

Et ici la nature, comme si elle était consciente de l'incapacité où se trouve l'homme de protéger ces espèces sauvages contre la chasse destructive dont ils sont l'objet, en les entourant des mêmes soins que l'institution de la propriété lui permet d'étendre aux animaux domestiques, s'est elle-même chargée de parer à cet inconvénient. En resserrant dans des limites étroites le *contrôle* de l'homme sur ces animaux, elle borne son pouvoir de destruction. Elle accorde à ces espèces le moyen d'éluder la capture. En outre, dans le cas des animaux sauvages d'une grande utilité, elle rend leur destruction presque impossible en leur permettant de se reproduire en nombre prodigieux. Les grandes familles de poissons utiles ne sauraient être exterminées. C'est là un fait qui n'est pas uniforme et qui s'applique plutôt à certaines espèces qu'à d'autres. La chasse que fait l'homme à certaines espèces de poissons, d'oiseaux et autres animaux sauvages est si acharnée qu'elle met en danger l'existence de l'espèce : dans ces cas, la société, incapable de mettre un terme à leur destruction, au moyen de l'attribution d'un droit de propriété sur eux, a recours aux mesures les plus effectives qui soient en son pouvoir pour atteindre ce but. Elle limite et restreint la destruction à certaines saisons et à certains lieux, au moyen de dispositions et de règlements dont les lois sur la chasse sont le type.

Nous arrivons à cette classe vague et indéterminée d'animaux qui forme le lien de transition entre les espèces dites *sauvages* et les espèces dites *domestiques*, c'est-à-dire aux animaux qui présentent quelques-uns des caractères de chaque classe, et nous donnerons des exemples au sujet de ceux de ces animaux qui ont déjà été l'objet d'une discussion lorsque nous avons borné notre enquête aux principes établis du droit privé. Les exemples cités étaient : l'*abeille*, le *cerf*, le *pigeon*, l'*oie sauvage* et le *cygne*. On se rappelle que tous ces animaux sont considérés en droit privé comme des objets de propriété toutes les fois qu'ils possèdent l'esprit de retour, établi par leur habitude constante de revenir à un endroit déterminé. Ces animaux présentent de grandes différences de caractère; il existe, cependant, certaines particularités communes à tous. Chacun d'eux se soumet, habituellement et volontairement, au contrôle de l'homme dans une mesure suffisante pour lui permettre, à l'aide de certains moyens, de s'emparer, pour les besoins de l'humanité, de leur croît annuel, sans nuire à la reproduction de l'espèce, en d'autres termes, de les faire multiplier, et d'en faire l'objet d'*une sorte d'exploitation*, et, dans chacun des cas, à moins que la loi n'attribue un droit de propriété sur ces animaux, c'est-à-dire à moins que la loi ne vienne en aide à l'impuissance de l'homme et, nonobstant l'absence réelle de possession, ne déclare ces animaux *susceptibles de propriété*, ils cesseraient d'exister et seraient perdus pour l'humanité.

Le cas des *abeilles* est un exemple typique. Elles sont sauvages par nature. L'homme ne saurait les apprivoiser et les plier à ses exigences. Elles voyagent librement à travers les airs et recueillent leur miel de fleurs situées en différents lieux. Néanmoins, elles possèdent un instinct qui les porte à élire domicile dans un endroit convenable, et l'homme peut tirer parti de cet instinct pour les attirer sur son fonds et les amener à y établir leur demeure; une fois là, il peut les protéger contre leurs ennemis et s'emparer d'une partie des provisions qu'elles amassent. Il peut ainsi mettre également la main sur les nouveaux essaims produits, en les suivant lorsqu'ils prennent leur vol. De cette façon, l'ingéniosité et le travail de l'homme peuvent propager l'espèce de ces insectes et augmenter ainsi la quantité du précieux aliment qu'ils produisent : c'est pourquoi le droit privé de toutes les nations proclame que les abeilles soumises à cette surveillance constituent un objet de propriété. Quiconque les détruit, même lorsqu'elles ne sont plus sur le fonds du propriétaire, se rend coupable d'une infraction réprimée par la loi; et le droit de propriété demeure intact même à l'égard de l'essaim qui prend son vol et s'éloigne du fonds de la personne à qui il appartient, tant que ce dernier peut l'identifier et le poursuivre. Il serait évidemment impossible d'aller plus loin dans la protection de ce droit. Cette action de l'homme ne modifie en rien la nature des abeilles. Elles sont aussi sauvages dans leurs ruches que leurs congénères le sont dans la forêt. L'homme ne fait que profiter de l'instinct qui les porte à accepter un endroit convenable pour y habiter et y emmagasiner leurs provisions.

Les *pigeons* possèdent un instinct semblable qui les pousse, eux et leurs petits, à élire domicile dans les endroits que l'homme leur a préparés. Au début, ils peuvent y être habitués au moyen de la séquestration, ou attirés par la nourriture; mais, lorsqu'ils ont adopté ces demeures, leur nombre peut être grandement multiplié. si l'on prend garde de les protéger contre leurs ennemis et de les entourer de soins, et, à l'aide de prélèvements judicieux, on peut se procurer une nourriture délicate en quantité considérable. Les propriétaires de ces animaux éprouvent une certaine difficulté à faire valoir les droits que la loi leur accorde pour faire respecter leur propriété; cette difficulté provient de la tendance qu'ont ces volatiles à se mêler les uns aux autres, et de la difficulté de les reconnaître et de les distinguer. En dépit de cette particularité, un grand nombre de juristes les regardent comme objets de propriété. La raison évidente de cette opinion réside dans les avantages sociaux qu'il y a à assurer, en ce cas, à l'ingéniosité et au travail de l'homme leur récompense naturelle, et à en encourager ainsi la pratique. N'était cet encouragement, la société perdrait les avantages qu'elle retire de ces animaux.

Les *oies sauvages* et les *cygnes* fournissent la même occasion de tirer profit des instincts des animaux sauvages, et d'obtenir ainsi sur eux un contrôle qui les fasse servir aux besoins de l'homme. On peut aussi les accoutumer à un endroit particulier, d'où ils se répandront au loin, errant à l'aventure sur les pièces d'eau de différents propriétaires ou de l'État, mais retournant habituellement à leur demeure et y élevant leurs petits. Ils se soumettent ainsi volontairement au contrôle de l'homme, et le mettent à même d'exercer sur eux une surveillance qui lui permet en même temps de soigner ces animaux et de s'emparer de leur croît. Pour ces raisons, la loi concède au propriétaire du lieu où ils se sont établis un droit de propriété sur eux, qui ne disparaît pas parce qu'ils s'en éloignent momentanément. La destruction ou la capture de ces animaux, par une personne au courant de leurs habitudes, constitue une infraction au droit de propriété réprimée par la loi.

Il en va de même des *cerfs* gardés habituellement dans un enclos, nourris par la main de l'homme, et dont on fait un choix pour les abattre. Pourtant, dans leur cas, l'habitude du retour n'existe qu'à l'état rudimentaire. Ces animaux peuvent reprendre leur caractère sauvage ; cependant, les usages économiques auxquels ils servent sont suffisants pour établir un droit de propriété sur eux, d'autant plus que, pour emprunter le langage employé à leur égard par la cour anglaise des *Common Pleas*, ils deviennent l'objet « d'une sorte d'élevage (*husbandry*) ressemblant à celui du cheval, de la vache, du mouton, ou de tout autre bétail[1] ».

Il est à remarquer que ces principes relatifs à la propriété, si fréquents dans la législation privée des nations civilisées, et qui ont pour objets les différentes catégories d'animaux précitées, ne sont pas le résultat d'une législation spéciale, mais l'application de la loi non-écrite. Ils sont le fruit d'une action inconsciente de la société se manifestant dans l'existence d'usages que la loi est, à la longue, tenue de sanctionner. Cela signifie que ces principes prennent leur source dans la loi naturelle, laquelle est le fondement de toute loi non-écrite. Ils constituent les préceptes de la morale universelle, établis, constatés et formulés par l'action juridique à travers la longue période des âges. C'est cette action qui leur imprime ce caractère de vérité reconnue, établie depuis longtemps et immuable, qui les impose à l'aréopage des nations comme représentant la voix indéniable du droit universel et naturel.

L'examen auquel nous venons de nous livrer à l'égard des fondements et des raisons sur lesquels repose l'institution de la propriété corrobore complètement, à notre avis, la proposition principale énoncée au début, à savoir que, *toutes les fois que des ani-*

---

1. Affaire Davies contre Powell, WILLES, 46.

*maux sauvages utiles se soumettent au contrôle d'une personne dé-
terminée, de manière à lui permettre de les exploiter d'une façon
exclusive, d'en prendre le croît annuel pour satisfaire aux besoins
de l'homme et, en même temps, de conserver l'espèce, ces animaux
deviennent sa propriété.* Cette conclusion, que l'on déduit des principes généraux du droit naturel, se trouve confirmée par les faits
eux-mêmes, ainsi qu'ils découlent des usages et des lois de tous
les états civilisés. Toutes les fois que la nature et les habitudes
d'un animal utile présentent ce caractère, on doit le désigner et
le traiter comme un objet de propriété; cette règle s'applique
aux nations aussi bien qu'aux individus. C'est là le véritable
motif pour lequel le droit privé déclare que les différentes catégories d'animaux sauvages spécialement désignées ci-dessus sont
susceptibles de propriété. C'est la raison pour laquelle on fait dépendre la question de propriété de l'existence de l'*animus revertendi*.

En présence du jour nouveau jeté par cette étude sur la question des fondements de l'institution de la propriété, le cas du
phoque à fourrure ne saurait plus longtemps faire de doute, si
jamais il y a donné lieu. C'est un exemple typique. Polygame par
nature, forcé de se reproduire sur terre, où il réside la moitié de
l'année, d'un caractère doux et confiant, presque sans défense, il
semble implorer la protection de l'homme, et lui offrir en échange
la portion de son croît qui n'est pas indispensable à la perpétuation
de l'espèce. Ses propres habitudes contribuent puissamment à faciliter la séparation des animaux superflus, et ne laissent à l'homme
que fort peu de choses à faire sous ce rapport. Les sélections en vue
de l'abatage sont facilement opérées sans effaroucher le troupeau
ou lui causer aucun dommage. Le retour du troupeau au même
endroit — ce qui permet à l'homme de prélever sur lui un contingent annuel — se trouve assuré par les instincts les plus impérieux
et par les conditions d'existence de l'animal. Pendant toute la
durée de son éloignement des îles, l'*animus revertendi* est chez lui
toujours aussi vivace. On ne saurait, comme le remarque un éminent naturaliste, le professeur Huxley, souhaiter un ensemble de
circonstances plus favorables (*ideal*)[1]. Il suffit, d'un côté, du soin,

_____

1. Mémoire des États-Unis, Appendice, Vol. I, p. 112.

du sacrifice et de l'activité de l'homme là où cet animal se reproduit, et, d'un autre côté, de soustraire ce dernier à toute chasse destructive en mer, pour permettre à l'humanité de tirer tout le profit possible de ce bienfait de la nature. La première de ces conditions se trouve remplie. Une précieuse récompense est offerte à l'exercice de l'ingéniosité et de l'industrie humaines, et elle ne saurait manquer de le provoquer. Tout ce que l'on demande à la loi, c'est cette protection contre les effets destructeurs de la chasse en mer, qui sera assurée par l'attribution d'un droit de propriété.

Nous ne devons pas non plus omettre d'appeler l'attention sur un aspect de la question que présente l'étendue du droit de propriété et de contrôle conféré aux États-Unis sur le phoque en vertu de leur droit de souveraineté sur les terres qu'il fréquente. Cette souveraineté entraîne le *pouvoir de détruire* l'espèce, pour ainsi dire, d'un seul coup. Elle entraîne également, si l'on écarte l'hypothèse de l'intervention des autres nations, le pouvoir de la conserver indéfiniment. Les autres nations participent au pouvoir de détruire le phoque. Au contraire, le pouvoir d'en user, et, en même temps, de le préserver, appartient aux États-Unis seuls. Ce pouvoir comporte la plus haute obligation de l'appliquer pour servir au but dans lequel il a été conféré. Il constitue, dans le sens le plus élevé et le plus vrai, un dépôt (*trust*) pour le compte du genre humain. Les États-Unis reconnaissent ce dépôt et se sont jusqu'ici acquittés des obligations qu'il leur impose. Quelle obligation morale, et, d'après le droit naturel, légale, peut être plus évidente que le devoir des autres nations de s'abstenir de toute action qui pourrait empêcher l'exécution des clauses de ce dépôt ou y mettre obstacle? Le seul rôle des autres nations, en l'espèce, est de s'assurer que les conditions de ce dépôt sont dûment exécutées. Le monde entier est directement intéressé à ce qu'elles le soient. Dans quelque mesure qu'on réprouve l'intervention d'une nation dans les affaires et la conduite d'une autre, on ne saurait nier que certaines exigences peuvent se présenter, comme d'ailleurs cela a eu lieu, exigences en face desquelles une telle intervention puisse être justifiable[1].

---

1. Nous avons maintes fois fait allusion à l'*ingéniosité*, au *travail* et au *sacrifice personnel* (*art, industry and self-denial*), appliqués utilement par l'homme dans le but d'accroître le produit annuel de la terre, comme constituant, aux yeux de la société, la base principale sur laquelle elle se fonde pour régler l'attribution de la propriété. L'exercice

Il semble impossible d'imaginer une raison sur laquelle on puisse se baser pour repousser cette demande des États-Unis; il de ces facultés ou de ces vertus est prescrit par le droit naturel, et la nature réserve toujours à ceux qui observent fidèlement ses lois une récompense appropriée. La récompense ainsi accordée à l'ingéniosité et au travail n'a rien qui doive étonner, mais l'on comprend moins quel droit peut y avoir le *sacrifice* ou l'*abstinence*. On verra cependant, après réflexion, qu'il possède un mérite égal.

Dans le cas des phoques, par exemple, on serait tenté, tout d'abord, de tirer un profit immédiat de la totalité de ces animaux. Si l'on eût agi de cette manière, les troupeaux seraient depuis longtemps à peu près exterminés. Leur existence *actuelle* est le résultat d'une règle de conduite consistant à sacrifier la jouissance présente dans l'espoir d'un bénéfice plus étendu et plus durable. Il est tout à fait superflu de s'appesantir sur l'énorme importance qu'une telle règle de conduite présente pour l'humanité. Sans elle, assurément, la race humaine n'aurait pu sortir de la barbarie. Les phoques à fourrure ainsi conservés sont le fruit du travail et des efforts de l'homme, aussi bien que les produits fabriqués par l'artisan.

Ce mérite de l'*abstinence* est le seul fondement sur lequel les économistes et les moralistes basent le droit au capital et à l'intérêt exigé de celui qui l'emploie. Le capital est uniquement le fruit de l'abstinence. Les citations suivantes viennent à l'appui de cette assertion :

N. W. Senior, *Political Economy*, 6ᵉ éd., Londres, 1872, pages 58 et suiv. :

« Mais, quoique le travail de l'homme et, indépendamment de l'intervention de ce dernier, l'action des forces de la nature soient les premiers facteurs de la production, ils ont besoin, pour posséder leur complète efficacité, du concours d'un troisième principe. Les populations les plus laborieuses, habitant la contrée la plus fertile, si elles appliquaient tous leurs soins aux cultures qui doivent donner des résultats immédiats et consommaient les produits de leur sol au fur et à mesure qu'ils croissent, verraient bientôt leurs efforts les plus énergiques devenir insuffisants pour se procurer même les choses strictement nécessaires à la vie.

« Au troisième principe ou instrument de production, sans lequel les deux autres sont inefficaces, nous donnerons le nom d'*abstinence*, terme que nous appliquons à la conduite d'une personne qui s'abstient de l'usage improductif de ce qui est à sa disposition, ou bien préfère, de propos délibéré, la production des choses qui ne doivent donner que des bénéfices éloignés à la production de celles dont il pourrait tirer un profit immédiat. »

Après avoir défini le capital « un élément de richesse, le résultat des efforts de l'homme appliqués à la production ou la distribution de la richesse », il continue : « Il est évident que le capital ainsi défini n'est pas un simple instrument de production. Il est, dans la plupart des cas, le résultat de la combinaison des trois facteurs de la production. Quelque agent naturel doit avoir fourni la chose; un ajournement de la jouissance doit l'avoir, en principe, réservée et mise à l'abri d'un usage improductif, et une certaine somme de travail doit généralement avoir été employée à la mettre en œuvre et à la conserver. *Par le mot d'abstinence, nous voulons désigner cet agent, distinct du travail et des forces naturelles, dont le concours est nécessaire à l'existence du capital et qui se trouve, à l'égard du profit retiré, dans le même rapport que le travail à l'égard du salaire.* Nous n'ignorons pas que nous donnons ici au mot abstinence un sens plus large que celui qu'il a dans le langage courant. L'attention n'est d'ordinaire appelée sur l'abstinence que lorsqu'elle est jointe au travail. On la reconnaît sans hésitation dans la conduite d'un homme qui laisse un arbre ou un animal domestique atteindre son plein développement, mais elle est moins apparente lorsqu'il plante un rejeton ou sème du blé. L'observateur concentre toute son attention sur le travail, et il néglige de prendre en considération le sacrifice qui vient s'y ajouter quand ce travail ne doit porter ses fruits que dans un temps éloigné. C'est ce sacrifice, complément

paraît même difficile à comprendre qu'on ait pu en proposer le rejet. S'il existait même un semblant de motif *moral* sur lequel on pût ap-

du travail, que nous comprenons sous le nom d'abstinence... De tous les moyens par lesquels l'homme peut s'élever dans l'échelle des êtres, l'abstinence, qui est peut-être le plus sûr, est aussi celui dont l'emploi se répand le plus lentement et qui est, en général, adopté le plus tardivement. Les moins policées parmi les nations et, dans une même nation, les classes les plus grossières, sont, on peut le dire, celles qui sont les plus imprévoyantes et, par conséquent, celles qui pratiquent le moins l'abstinence. »

(Page 69) : « Le sauvage passe rarement, à fabriquer ses arcs et ses flèches, un temps qu'il pourrait employer à se procurer quelque objet dont il aurait la faculté de jouir immédiatement. Nous trouvons donc là un exemple de travail et de prévoyance, mais non d'abstinence. La première étape sur la route du progrès, le passage de l'état primitif, où l'homme vit uniquement de chasse et de pêche, à l'état pastoral, implique l'exercice de l'abstinence. Le passage de la vie pastorale à la vie agricole demande une somme plus considérable d'abstinence, ou, en d'autres termes, un usage plus étendu du capital; et une proportion non seulement plus grande encore, mais de jour en jour croissante, est nécessaire à la prospérité de l'industrie et du commerce. »

Paul Leroy-Beaulieu, *Essai sur la répartition des richesses*, 2ᵉ édit. Paris, 1883 :

« La première raison de l'intérêt est dans le service rendu à l'emprunteur, l'accroissement de productivité fourni à son travail, à son industrie, à son commerce. La deuxième raison de l'intérêt, c'est la peine prise par le prêteur, le sacrifice qu'il fait par l'abstinence en se privant d'une consommation immédiate pour un profit différé. »

Francis Bowen, *American Political Economy*, p. 204, ch. xi.

« Le capital étant amassé, comme nous l'avons vu, grâce à la frugalité ou à l'abstinence, l'intérêt est la récompense de l'abstinence, de même que le salaire est la rémunération du travail, et le loyer l'indemnité due pour l'usage du sol. »

J.-E. Cairnes, *Some leading principles of Political Economy newly expounded.* New-York, 1874, p. 80 :

« Le terme d'abstinence est le nom donné au sacrifice qui résulte de l'avance du capital. Quant au caractère du sacrifice, il est surtout négatif, en ce sens qu'il consiste principalement dans la privation et l'ajournement de la jouissance qu'implique le fait d'abandonner notre richesse, tout au moins en ce qui concerne la faculté présente que nous avons d'en disposer à notre guise. »

Alfred Marshall, professeur à l'Université de Cambridge, *Principles of Economics*, Londres, 1870, vol. I, livre VII. chap. vii, § 2, p. 612 :

« Un homme qui travaille à son propre compte et fabrique un objet pour lui-même en a l'usage comme récompense de son labeur. La somme de travail qu'il fournit peut être déterminée, dans une large mesure, par l'habitude; mais, en tant que son action est irréfléchie, il cessera de travailler lorsque les profits d'une besogne ultérieure ne lui paraîtront pas valoir la peine de les obtenir. Mais la naissance d'un nouveau désir l'engagera à répandre le travail. Il peut appliquer les fruits de ce travail supplémentaire à la satisfaction immédiate et passagère d'une jouissance quelconque, ou à des profits durables, mais éloignés..., ou encore à l'achat d'outils qui lui faciliteront sa besogne..., ou bien enfin à l'acquisition d'objets qu'il pourra louer ou placer de telle façon qu'il en obtienne un revenu. L'homme, étant impatient de sa nature, ne peut que difficilement supporter l'attente ; il ne choisira donc, *en règle générale*, aucun des trois derniers placements, à moins que le bénéfice total qu'il envisage finalement ne lui semble, après avoir fait la part de tous les risques qu'il peut courir, établir un excédent sur les bénéfices qu'il retirerait en appliquant le fruit de son labeur à une jouissance immédiate. Cet excédent, qu'il prenne la forme d'un intérêt du capital ou d'une jouissance supplémentaire provenant de l'usage direct des signes permanents

puyer cette opposition, il y aurait place au doute et à la discussion;
si l'on pouvait prétendre le moindre *droit* à la capture des phoques

de la richesse, est la récompense qui lui est réservée pour avoir attendu les fruits de
son travail. »

W. BLISSARD, *Ethics of Usury and Interest*, Londres, pp. 26 et suiv.

« En supposant que tous soient également à même de contribuer au progrès social,
les destructeurs de la richesse publique sont répréhensibles, tandis que ceux qui ont
servi la cause du progrès, en épargnant, sur leur consommation personnelle, une portion des produits de la terre, et en appliquant cette portion au perfectionnement de la
machine sociale, ont des droits à une récompense proportionnée à leur service et aux
efforts qu'ils ont faits pour le rendre. Telles sont les conditions du progrès de la civilisation dans les arts et dans les sciences, en littérature et en morale. Le contrôle que
l'homme civilisé exerce sur la nature le distingue, en effet, du sauvage... On voit par là la
justesse de l'expression d' « épargne » que l'on emploie communément pour désigner
cette conservation des produits. Les économistes préfèrent des mots différents comme
« abstinence », « profit différé » et autres; mais « épargner » exprime bien l'idée première d'une chose qui a été sauvée de la destruction à laquelle la condamnaient les
tendances purement instinctives de l'homme. C'est cette sorte de sauvetage qui est la
base des progrès de l'humanité et qui lui a permis de sortir de la barbarie pour se rapprocher de la divinité. C'est grâce au grand nombre de choses ainsi sauvées que le
salut matériel, intellectuel et moral de l'espèce humaine a été opéré. »

FRANCIS A. WALKER, *Political Economy*, New-York, 1883, p. 67, § 78 :

« *La loi du capital.* — Il n'est pas nécessaire de nous appesantir plus longtemps
sur les progrès du capital. A chaque étape de son développement, le capital suit une
loi; il provient uniquement de l'épargne; il subsiste par le sacrifice et l'abstinence. »

(Page 232) : « Le capital est, comme nous l'avons vu, le résultat de l'épargne.
L'intérêt est donc la récompense de l'abstinence. Une forte part de tous les produits
doit être consommée sur-le-champ pour pourvoir aux besoins de l'existence de
l'homme; mais la portion restante peut être consommée ou bien mise en réserve, à la
volonté du propriétaire. La puissance des motifs qui le pousseront à ce dernier parti
variera avec la récompense accordée à l'abstinence. Si celle-ci est élevée, la tendance
à l'épargne sera accrue, et le capital augmentera rapidement; si elle est peu importante, cette tendance sera relativement faible et l'accumulation du capital se fera lentement, et il est même à craindre qu'il ne soit dissipé tout entier pour satisfaire aux
exigences des appétits. »

BONAMY PRICE, *Chapters on Practical Political Economy*, 2e édition, Londres, 1882,
pp. 127, 128, en parlant du profit, s'exprime comme suit : « Quelle est la nature, quel
est le principe de ce gain? C'est la rémunération due à la création et, en même temps, à
l'emploi du capital. Les économistes ont parfaitement expliqué la nécessité et la raison
de cette rémunération en ce qui concerne la création du capital, en disant qu'elle est
une compensation de l'abstinence. Le détenteur de la richesse aurait pu la faire servir
à sa propre jouissance; il a préféré la conserver ou la transformer en un instrument
capable de produire de nouvelles richesses. C'est par un acte de sa propre volonté
qu'il s'est privé de quelque objet de luxe; il trouve un dédommagement dans les revenus plus considérables que lui procure l'augmentation de ses biens. Son but a été le
profit, mais un profit qui, bien qu'il concoure à l'enrichir, ne présente pas un caractère égoïste : le véritable égoïsme eût consisté à se livrer à des dépenses de luxe. En
recherchant le profit, il agit dans l'intérêt de la société. Son épargne constitue un
avantage pour les autres aussi bien que pour lui-même... Le profit est la dernière
chose que l'on devrait critiquer, car il est le créateur du capital, et le capital est l'élément vital de la civilisation et du progrès commercial. »

HENRY FAWCETT, *Manual of Political Economy*, Londres, 1877, livre II, ch. v, p. 157 :

en mer, il serait nécessaire de s'arrêter pour discuter. On peut, en effet, soutenir qu'il n'y a pas de *pouvoir* aux États-Unis pour s'opposer à la chasse du phoque en pleine mer; mais c'est là poser la question. Si cette puissance possède un intérêt de propriété sur les phoques, elle ne saurait manquer des moyens de le protéger. Mais

« Comme le capital est le résultat de l'épargne, le propriétaire du capital fait preuve d'abstinence quand il conserve son bien au lieu de le dépenser. Les profits sont donc la récompense de l'abstinence de la même façon que les salaires sont la récompense des efforts physiques. »

Amasa Walker, *The Science of Wealth*, Boston, 1877, ch. vi, p. 228 :

« L'intérêt trouve sa justification dans le droit de propriété. Si un homme est légitimement propriétaire d'une somme quelconque de richesse, il possède en même temps la propriété de tout ce qu'elle produit... Quiconque, par son travail, produit de la richesse, ou la conserve par le sacrifice, doit avoir tous les avantages qu'on peut tirer de son produit futur. »

A. L. Perry, *Introduction to Political Economy*, New-York, 1877, p. 115 :

« L'origine de tout capital se trouve dans l'abstinence, et le profit est la récompense de cette abstinence. »

J. L. Shadwell, *A System of Political Economy*, Londres, 1877, p. 159 :

« Ils (les capitalistes) désirent l'obtenir (le profit) parce que l'épargne du capital implique l'exercice de l'abstinence, puisqu'ils auraient pu l'échanger contre d'autres commodités destinées à leur propre consommation immédiate; mais, s'ils renoncent à leur jouissance présente en vue de produire des commodités, ils exigent un dédommagement pour compenser le sacrifice auquel ils se soumettent. »

John Stuart Mill, *Principes of Political Économy*, Boston, 1848, vol. II, p. 481:

« De même que les salaires du travailleur sont la rémunération du travail, ainsi les profits du capitaliste sont, à proprement parler, la rémunération de l'abstinence. C'est le gain qu'il se procure en s'interdisant d'appliquer son capital à ses besoins personnels et en laissant les travailleurs, c'est-à-dire les producteurs, l'employer pour leurs besoins; il est juste qu'il réclame le prix de ce sacrifice. »

Il dit encore, page 553 : « Le capital... étant le résultat de l'abstinence, les bénéfices qu'il produit doivent être suffisants pour rémunérer non seulement tout le travail exigé, mais encore l'abstinence de toutes les personnes par lesquelles les salaires des différentes classes de travailleurs ont été avancés. La rémunération de l'abstinence constitue le profit. »

M. H. Baudrillard, *Manuel d'Économie politique*, 4e éd., Paris, 1878, ch. iii, p. 382 :

« Le premier élément de l'intérêt est la privation que s'impose le prêteur qui se dessaisit de son capital en faveur d'un autre. »

Ibid., p. 52 :

« Fondée en droit, la propriété ne se justifie pas moins par les raisons les plus fortes tirées de l'utilité sociale. Il est utile que le travailleur qui a fécondé le sol garde le fonds aussi bien que la surface; autrement il usera du sol comme un possesseur pressé de jouir. Là où manque une pensée d'avenir, point d'amélioration sérieuse, point de population nombreuse et suffisamment entretenue, point de civilisation ayant des racines profondes soit morales, soit matérielles. Tous ces avantages ne peuvent venir que de la propriété durable. C'est par la même raison qu'il est utile que la propriété soit individuelle et non collective; on en a la preuve dans les communautés religieuses du moyen âge, et, de nos jours, dans l'état fort imparfait des propriétés des communes. La propriété collective a pour inconvénient de ne pas stimuler suffisamment l'activité du propriétaire... »

ne nous occupons pas de cette question à présent; elle fera l'objet d'un débat ultérieur. Concédons, à titre d'argument, que les États-Unis n'ont pas le pouvoir de protéger et de punir : soutiendra-t-on devant ce Tribunal, tenu de proclamer et d'appliquer le droit naturel et le droit des gens — constituant en somme une sorte de *morale*, — que cela établit un *droit ?* Quelle serait d'ailleurs la nature du droit réclamé, sinon purement et simplement de *détruire* un des dons que la nature a faits à l'homme? Cela voudrait dire, non aux États-Unis seuls, mais au monde entier : « Vous ne jouirez plus à l'avenir de ce bienfait qui vous avait été originairement conféré; vous ne profiterez pas de cette occasion que vous offre la nature d'assurer la conservation de la source d'un bienfait et d'en tirer un avantage durable; et si vous nous demandez une raison, nous ne vous en fournirons aucune, si ce n'est qu'il nous plaît et qu'il est en notre pouvoir de faire nous-mêmes des bénéfices, pendant au moins quelques années, en poursuivant l'œuvre de destruction : la mer est libre ! »

Ahrens dit[1] : « La définition du droit de propriété fournie par les lois positives concède généralement au propriétaire le pouvoir de disposer de sa chose d'une manière presque absolue, d'en user et d'en abuser, et même, si le caprice lui en prend, de la détruire[2]; mais ce pouvoir arbitraire n'est pas d'accord avec la loi naturelle, et la loi positive, obéissant à la voix du bon sens et de la raison dans l'intérêt de la société, a été obligée d'y apporter de nombreuses restrictions, qui, examinées au point de vue de la philosophie du droit, sont l'application de principes rationnels auxquels l'exercice du droit de propriété et ce droit lui-même sont assujettis. »

Les principes qui, dans l'état social, régissent le droit de propriété ont trait à la nature et à la forme de ce droit.

Premièrement. En ce qui concerne sa nature, on peut établir les règles suivantes :

1. AHRENS. *Cours de droit naturel*, Leipzig, 1876, vol. II, livre I, 1ʳᵉ partie, § 64.

2. La loi romaine lui conférait le *jus utendi et abutendi;* d'après le code autrichien (II, 2, § 362), le propriétaire a le droit de détruire arbitrairement ce qui lui appartient. Le Code Napoléon, qui définit la propriété « le droit de jouir et de disposer des choses de la façon la plus absolue, pourvu qu'on n'en fasse pas un usage prohibé par les lois ou les règlements », a interposé l'intérêt social au moyen de cette restriction.

1° *La propriété existe dans un but et pour un usage rationnels;* elle est destinée à satisfaire les différents besoins de la vie; conséquemment, *tout usage ou toute destruction arbitraires sont contraires au droit et doivent être interdits par la loi.* Mais, en vue d'éviter une fausse application de ce principe, il est important de rappeler que, d'après les droits individuels, l'action commise dans le domaine de la vie privée ou dans celui de la famille ne tombe pas sous l'application du droit privé. Il est donc indispensable que l'abus soit public pour que la loi puisse sévir. Il appartient aux législations qui régissent les différentes formes de la propriété agricole, industrielle et commerciale, ainsi qu'à la législation pénale, de fixer les abus qu'il importe de prévenir, et, en fait, les lois, ainsi que les règlements de police, ont toujours spécifié un certain nombre d'abus[1]. En outre, tout usage abusif nuit à la société, parce qu'il est de l'intérêt public qu'une chose rapporte à son propriétaire les avantages ou les services dont elle est susceptible[2].

Dans tout le cours de leur Rapport, les Commissaires britanniques soutiennent que la chasse pélagique du phoque n'est pas nécessairement destructive, et que, si elle était soumise à certains *règlements*, son exercice n'entraînerait pas nécessairement l'extermination des troupeaux. Cette assertion, ainsi que les témoignages qui s'y rapportent, feront l'objet d'un examen spécial, lorsque nous traiterons de la question des règlements. On verra alors que ce mode de chasse n'est pas seulement destructif dans ses tendances, mais que, si on l'autorise, il amènera, en fait, à très bref délai, l'extermination de l'espèce. Mais quant à la prétention qu'une réglementation apportant des restrictions à la chasse pélagique du phoque est en harmonie avec les lois de la morale naturelle et doit être autorisée, c'est une thèse qui porte sur les revendications prétendues par les

---

1. A propos de la discussion de l'article 544, qui définit la propriété, Napoléon exprima en termes énergiques la nécessité de supprimer les abus. « L'abus de la propriété, dit-il, doit être réprimé chaque fois qu'il est nuisible à la société. Ainsi, il n'est permis à qui que ce soit de couper du blé vert, ou d'arracher un vignoble renommé. Je ne souffrirais pas qu'un individu frappât de stérilité vingt lieues de terrain dans un département à céréales, afin de s'en faire un parc. Le droit d'abus ne va pas jusqu'à priver un peuple de sa subsistance. »

2. A cet égard, le droit romain s'exprime ainsi, § 2, I, *De patr. pot.*, 1, 8 : « Expedit enim reipublicæ ne sua re quis male utatur. » Leibnitz étend encore ce principe de droit romain lorsqu'il dit (*De notionibus juris*, etc.) : « Cum nos nostraque Deo debeamus, ut reipublicæ, ita multo magis universi interest ne quis re sua male utatur. »

États-Unis à un droit de propriété, et ce doit être ici l'objet d'un examen succinct. Il nous faut donc clairement nous entendre sur la nature propre de la chasse pélagique, *quels que soient les règlements ou les restrictions dont elle soit l'objet*. Nous allons par suite la décrire à l'aide de ceux de ses caractères qui ne sont ni contestables ni contestés.

Nous ne nous arrêterons pas à sa cruauté révoltante ni à son inhumanité; nous n'insisterons pas davantage sur ses détails écœurants, le bêlement et les cris plaintifs des petits roulant sur le pont du sein de leurs mères, l'éventrement de ces dernières, et les flots de lait mêlés de sang inondant le navire. Ces monstruosités, qui, si elles se produisaient sur le territoire d'un état civilisé, entraîneraient promptement contre leurs auteurs une répression légale, n'ont avec le débat de la simple question de propriété que peu ou point de rapport.

On ne prétend pas : 1° qu'une *sélection* quelconque puisse présider à l'abatage pratiqué dans la chasse pélagique du phoque; 2° que le nombre des femelles tuées ne dépasse de beaucoup celui des mâles; 3° qu'un grand nombre de ces animaux ne périssent de leurs blessures, sans qu'il soit possible de s'en emparer; 4° que, dans la plupart des cas, les femelles tuées ne soient pleines ou n'allaitent; 5° enfin que toutes ces circonstances considérées dans leur ensemble ou séparément ne puissent être évitées grâce à l'abatage par *sélection*, ainsi qu'il est pratiqué aux îles de reproduction. Nous ne nous arrêterons pas à discuter les questions oiseuses de savoir si cette forme d'abatage aura réellement pour résultat l'*extermination* des troupeaux, ou combien de temps elle prendra pour la consommer. Il nous suffit, quant à présent, de dire qu'elle est une *pure et simple destruction*. Elle est destructive, parce qu'elle ne s'attache pas à tirer ses prises du *croît*, consistant dans l'excédent des *mâles*, et qu'en prenant des femelles, elle frappe directement l'espèce, et cela de la façon la plus nuisible, puisqu'elle détruit avec leurs mères les veaux nouvellement nés ou à naître. Quiconque entreprend d'établir un droit *moral* à l'exercice de ce mode d'abatage, sous le prétexte qu'il n'aura pas nécessairement pour résultat la destruction complète de ces animaux, doit soutenir qu'alors qu'il peut être contraire au droit naturel de causer une destruction complète, il est néanmoins licite de *détruire !* Or, le droit n'autori-

interdit toute destruction, à moins qu'elle ne soit nécessaire. Détruire *peu* ou détruire *beaucoup* constitue le même crime.

Si cette chasse reposait seulement sur un semblant de *droit*, ou plutôt sur un droit d'un *ordre moins élevé* — car ici on ne saurait tenir compte que du *droit* seul, — sur un simple *motif d'utilité* (*convenience*), ce droit ou ce motif pourraient être dignes d'examen ; mais il n'en existe aucun. On ne saurait même dire que la chasse pélagique du phoque puisse fournir au monde une seule peau à un prix inférieur. Il saute aux yeux que c'est là le moyen le plus coûteux de capturer le phoque. Il nécessite l'emploi de sommes importantes en navires, embarcations, engins divers et personnel, toutes dépenses inutiles, puisqu'on peut, sans elles, s'emparer de la totalité du croît. C'est le consommateur qui supporte ces dépenses, car elles grèvent d'autant le prix d'achat. La chasse pélagique ne saurait en aucune façon abaisser le prix du produit, à moins qu'on ne suppose que le nombre des phoques soit illimité, et que le montant des prises pélagiques vienne s'ajouter aux prises totales qui pourraient être faites sur terre, si la capture du phoque n'était tolérée qu'aux îles ; ce dont tout le monde s'accorde à reconnaître l'inexactitude, voire même les Commissaires britanniques.

Si le fait de limiter aux seules plages de reproduction la capture du phoque était de nature à permettre d'appréhender un danger ou un désavantage quelconques, on pourrait s'y arrêter un instant ; mais il n'entraîne ni l'un ni l'autre. Le Rapport des Commissaires de la Grande-Bretagne s'appesantit beaucoup sur un *monopole* supposé que les concessionnaires des îles obtiendraient en ce cas, ainsi qu'on le prétend, et qui leur permettrait d'exiger un prix excessif pour les peaux de phoques ; mais c'est là une opinion tout à fait erronée.

Les phoques que l'on prélève chaque année aux îles sur le croît des troupeaux ne sont pas prélevés pour le compte des États-Unis : ils ne sauraient être ni accaparés, ni appropriés par eux. Ils sont destinés au genre humain tout entier, et parviennent à ceux qui en ont besoin et qui sont à même de se les procurer, quel que soit l'endroit où ils résident. Pour les propriétaires de ces îles, quels qu'ils puissent être, ils n'ont aucune valeur intrinsèque, à l'exception du nombre insignifiant employé comme vêtement et comme nourriture. La seule valeur qu'ils aient pour eux est de constituer un article de commerce, au moyen duquel ils peuvent obtenir les objets nécessaires pour les commodités de la vie, commodités d'autres pays qui peuvent souhaiter de jouir des avantages que rapportent ces animaux. Ils sont fournis, par l'intermédiaire du commerce, à ceux qui en ont besoin, aux mêmes conditions qu'aux citoyens des États-Unis. La race humaine en retire donc tous les bénéfices que la nature a eus en vue. Les États-Unis ne sauraient non plus exiger des autres nations le prix qu'il leur plairait de fixer à ces dernières pour les produits de ces animaux. Ils ne peuvent demander un sou de plus qu'elles ne sont disposées à en donner; elles fixent comme pour les autres commodités de la vie le taux de leur juste valeur. Le coût de la production, ainsi que l'opération de l'offre et de la demande, déterminent le prix des peaux de phoques, comme celui de toute autre chose. Tout le monde est d'accord pour reconnaître ouvertement que tout autre mode de capture de l'animal pour le marché est plus coûteux, et doit nécessairement, en supposant que les autres frais soient les mêmes, entraîner une augmentation de prix, et imposer simplement une taxe supplémentaire au consommateur.

Il y a, certainement, des exemples de commodités dont l'offre dépasse les besoins du monde, et qui en arriveraient presque à ne plus posséder aucune valeur si leur totalité se trouvait sur le marché, et qui rapporteraient une somme bien inférieure à celle qui aurait été produite si l'on n'en avait offert qu'une petite partie. Dans ces cas-là, si les sources de l'offre constituent un monopole exclusif, on peut quelquefois réaliser un bénéfice considérable au moyen d'une limitation artificielle de l'offre. On prétend que jadis les Hollandais trouvèrent un avantage analogue en détruisant une grande partie des produits des îles Moluques. Mais le cas des concessionnaires des îles Pribilof est contraire au leur. Il ne pourra jamais leur venir même la simple tentation de limiter l'offre. La nature elle-même a pris soin de la limiter avec beaucoup trop de parcimonie. On peut retirer un bénéfice considérable de tout phoque dont la prudence permet de s'emparer. Ici, la tentation est de prendre trop. L'*abstinence*, et non le *gaspillage*, est la seule bonne ligne de conduite à suivre en la matière. Le vérité est que le principal grief que le Rapport des Commissaires de la Grande-Bretagne signale contre la gestion des concessionnaires est le prétendu fait que leurs prélèvements sur les troupeaux sont trop forts au lieu de trop faibles. Or, nous savons que, lorsque le produit entier des sources de l'offre est mis sur le marché, le prix en est régi par la demande. Le monde le paiera une certaine somme et pas davantage; quant à la circonstance que la produc- tion de cette commodité est l'objet d'un monopole, elle est sans importance [1].

Le Rapport des Commissaires britanniques contient diverses ac- cusations de négligence et de mauvaise gestion contre les conces- sionnaires des îles au sujet des soins à donner aux phoques et des précautions à prendre pour fixer le prélèvement annuel sur les troupeaux. Ces accusations sont, à quelques exceptions insigni- fiantes près, entièrement repoussées, et nous montrerons plus loin, au cours de ce plaidoyer, combien elles sont peu fondées. Mais si le but de ces accusations est de montrer que le principal objet de la loi naturelle, c'est-à-dire l'emploi du croît des animaux par l'homme, et, en même temps, la conservation de l'espèce, n'est pas absolument rempli dans le cas d'un animal comme le phoque, en déclarant que les gens qui ont le pouvoir de s'en emparer pos- sèdent sur lui un droit de propriété, il n'est pas hors de propos de faire ici quelques observations à l'égard de ces accusations. Ces accusations s'appuient sur l'hypothèse qu'un projet de protection fondé sur le soin, l'ingéniosité et la sélection dans l'abatage est nécessaire. S'il en est ainsi, quand et comment peut-il être adopté et exécuté, si ce n'est par la reconnaissance d'un droit de propriété? On ne saurait mettre en question que ce soin et cette prudence ne soient le mieux assurés en faisant intervenir l'intérêt personnel. Quel en est le moyen si ce n'est la reconnaissance d'un droit de propriété? Quel autre moyen la société humaine a-t-elle trouvé à n'importe quelle phase de la civilisation, en n'importe quel pays et à une époque quelconque? Et par quoi la sagesse de ces Commis- saires propose-t-elle de le remplacer? Est-il nécessaire de dire à l'éleveur de moutons qu'il doit conserver ses troupeaux, et ne tirer ses principaux prélèvements pour le marché que de l'excédent de ses mâles? On peut admettre que les États-Unis peuvent quelque- fois commettre des erreurs et des négligences contre leur propre

____

1. JOHN STUART MILL, *Political Economy*, livre II, chap. v, § 2.

intérêt. Ils ne prétendent nullement à l'infaillibilité, mais ils soutiennent que toute erreur ou toute négligence commise par eux, comme propriétaires et éleveurs de ces troupeaux, en violation des préceptes de la science et des lois naturelles, et de nature à s'opposer à la libre jouissance par le genre humain de la totalité des produits du phoque, ne saurait manquer en même temps, et dans une mesure encore plus étendue, de leur causer à eux-mêmes une perte et un préjudice. Ils n'ont et ne sauraient avoir, d'après les raisons fournies dans ce plaidoyer, aucun intérêt qui, au moindre degré, soit en opposition avec celui du monde en général. Ils seraient reconnaissants qu'on voulût bien leur signaler toute faute de gestion commise par eux, afin de leur permettre d'y apporter remède. Ceci s'applique aussi bien aux concessionnaires eux-mêmes qu'aux États-Unis. Les premiers n'ont aucun intérêt qui ne soit en parfait accord avec les intérêts généraux du monde. Cette observation est sujette à réserve en ce qui concerne les concessionnaires dont le bail est sur le point d'expirer. Un fermier dont le bail ou la concession va finir est, il est vrai, quelquefois tenté de gaspiller. Les États-Unis se sont efforcés de se mettre en garde contre ce danger au moyen du système des longues concessions. Ils pensent que ce système a été absolument efficace.

Mais l'inanité de toute proposition tendant à établir l'insuffisance des garanties fournies par la reconnaissance d'un droit de propriété en vue d'appliquer les préceptes de la science et du droit naturel à l'égard des animaux dont la nature et les habitudes présentent, comme celles du phoque à fourrure, des caractères spéciaux, devient évidente lorsqu'on considère les enseignements concluants qui ressortent du fait d'une longue expérience. Pendant toute la durée de son occupation des îles, la Russie a joui en principe des avantages complets attachés au droit de propriété. Elle a exercé ce dernier d'une façon absolue sur les phoques de ces îles, et personne n'a tenté de leur faire la chasse sur mer. A force de soin, d'ingéniosité et de sacrifice, provoqués et récompensés par les profits de l'industrie, le nombre des phoques fut maintenu à un taux normal, et, en même temps, un prélèvement annuel considérable en fut tiré. Et lorsque, ainsi que cela se produisit plusieurs fois par suite de causes exceptionnelles qu'on ne pouvait prévenir, le troupeau diminua, il fut promptement ramené à son chiffre normal, au moyen d'une abstinence voulue et plus sévère. Au commencement de l'occupation par les États-Unis, et avant que leur autorité et leur surveillance fussent pleinement établies, les troupeaux furent de nouveau grandement réduits, à la suite d'un abatage excessif et irrégulier, et le dommage ainsi causé fut de nouveau entièrement réparé par l'exercice d'une semblable abstinence. La quotité des troupeaux dépassa, peut-être, son chiffre normal, et il devint possible de prélever annuellement un nombre d'animaux supérieur à celui qui était capturé sous la gestion russe, sans qu'on pût remarquer aucune réduction dans l'espèce; et, il n'y a nulle raison de supposer que ces prélèvements n'eussent pu être continués indéfiniment, si la guerre destructive dont les phoques ont été l'objet de la part de la flotte sans cesse augmentée des chasseurs canadiens n'y avait mis obstacle.

L'expérience a donné le même résultat aux îles du Commandant. L'exercice de l'ingéniosité, de l'activité et du sacrifice découlant du même motif y a été récompensé par un accroissement encore plus considérable des troupeaux.

La prétendue difficulté d'identifier le troupeau d'Alaska en pleine mer ne saurait non plus constituer un obstacle à la reconnaissance du droit de propriété sur l'animal. Le Rapport des Commissaires britanniques objecte la possibilité d'un mélange du troupeau des îles Pribilof avec les troupeaux des îles russes de la partie occidentale du Pacifique et de la mer de Behring; mais il ajoute que ce mélange, s'il se produit, n'a lieu que dans le cas de quelques individus. Cette hypothèse du mélange des animaux ne repose sur aucune base. Les troupeaux russes sont séparés par une vaste étendue de mer, de quelques centaines de milles de large, et il semble absolument certain que tous les phoques que l'on rencontre dans la partie orientale du Pacifique et de la mer de Behring appartiennent au troupeau d'Alaska.

On peut arguer, pour s'opposer à la reconnaissance du droit de propriété des États-Unis, qu'elle serait incompatible avec la chasse du phoque pratiquée par les Indiens de la côte nord-ouest en quête de vêtements et de nourriture. C'est là un point qui mérite d'arrêter l'attention; car c'est, certainement, le seul mode de chasse en mer qui puisse prétendre se fonder sur un droit moral d'après la loi naturelle. Plusieurs fois, au cours de ce plaidoyer, nous avons appelé l'attention sur les différents degrés d'étendue de l'institution de la propriété dans les âges barbares et aux époques civilisées de l'humanité. Les nécessités sociales qui, partout et dans tous les temps, ont servi à fixer l'étendue de cette institution, n'exigeaient, chez les peuples primitifs, la reconnaissance de la propriété qu'à l'égard d'un nombre relativement restreint de choses. Une population peu nombreuse et dispersée n'avait guère besoin de cultiver la terre ou de se livrer à l'élevage des animaux; elle laissait donc généralement la première inculte et les seconds à l'état sauvage, chacun étant libre de s'en servir ou de s'en emparer à sa guise. Un abatage irraisonné de la plupart de ces animaux permettait de subvenir à tous les besoins d'une société semblable, sans le moindre danger de nuire à l'espèce. Ce danger est un de ceux que la civilisation porte avec elle; et, ainsi que nous l'avons vu, le seul moyen d'y obvier réside dans l'extension de l'institution de la propriété. Le meilleur exemple que l'on puisse citer à cet égard nous est fourni par les phoques à fourrure. Avant l'occupation de ses repaires par les nations civilisées, l'homme ne prélevait sur les quantités prodigieuses de troupeaux qui y abondaient, qu'un nombre restreint d'individus pour servir aux besoins de quelques centaines de personnes. Mais, après cette occupation, le monde entier, par l'intermédiaire du commerce, se livra à une chasse en règle contre le phoque. Cette demande de l'humanité ne pouvait naturellement pas être satisfaite, sans nuire à la conservation de l'espèce, à moins de remplacer de suite les procédés grossiers de la barbarie par des méthodes civilisées, c'est-à-dire, en passant de la destruction aveugle qui aurait menacé l'existence même de l'espèce, à un moyen de sélection ne portant que sur le croît.

Mais c'est là une condition peu difficile à remplir. La demande ainsi faite est relativement insignifiante, et ne fait courir aucun danger à l'espèce. Les États-Unis n'ont ni le désir ni l'intention de priver ces gens primitifs de leurs moyens d'existence. Leur histoire et leur entourage les ont familiarisés avec les usages de la vie barbare qu'ils persistent à observer dans un milieu civilisé. Les États-Unis ont constamment poursuivi le but de conserver, aussi longtemps que possible, à ces tribus, les moyens de subsistance sur lesquels elles avaient l'habitude de compter. Ils supposent qu'on peut, en toute confiance, leur laisser le soin d'assurer à ces pauvres gens telle jouissance du troupeau de phoques qu'ils possédaient au début, ou que le droit de propriété qu'ils réclament avec justice peut leur être reconnu, à charge par eux de laisser les Indiens de la côte jouir, dans une mesure raisonnable, du droit d'usage dont ils ont toujours joui jusqu'ici. Mais, sûrement, cette réclamation des Indiens ne saurait servir de prétexte pour la continuation d'une guerre meurtrière faite à une espèce précieuse d'animaux. L'homme civilisé ne saurait prétendre à la licence du sauvage; et si cette chasse ne doit pas être limitée aux seuls sauvages, il nous faut la cesser tout à fait. Les exigences de la civilisation doivent être satisfaites au moyen de méthodes approuvées par la civilisation.

On peut se demander si les revendications des États-Unis vont jusqu'à prétendre un droit légal de propriété sur chaque phoque, pris individuellement, que l'on peut rencontrer à un moment donné dans les mers situées entre les îles Pribilof au nord, et la côte de Californie au sud. On peut se demander également s'ils soutiendraient que, dans le cas où un phoque aurait été capturé en deçà de ces limites par une personne autre qu'un Indien indigène, et dans un but de curiosité scientifique, ou comme moyen de subsistance, cette capture constituerait une violation de la propriété des États-Unis, et si une action en dommages-intérêts, ou dans le but de recouvrer la peau de l'animal si elle pouvait être retrouvée, pourrait être intentée en leur nom devant un tribunal ordinaire. Ce serait peut-être pousser les choses un peu à l'extrême, et les États-Unis ne voient pas la nécessité d'insister sur ce point. Ce qui leur importe, c'est que leur droit de propriété sur les *troupeaux* soit reconnu dans une mesure suffisante pour justifier l'interdiction par eux de toute *chasse destructive* de l'animal de nature à porter atteinte à l'industrie qu'ils exploitent aux îles en vertu de leur droit de propriété. L'idée d'un *droit de propriété sur le troupeau*, en tant qu'il est distinct de tout droit spécial sur chaque phoque composant le troupeau, est claire et intelligible; et la reconnaissance de ce droit permettrait aux États-Unis d'adopter toutes mesures raisonnables pour sa protection.

Pour qu'il y ait réellement appropriation de la chose, il est naturellement indispensable que l'*intention d'approprier* soit établie par un acte quelconque. Les États-Unis ont pleinement satisfait à cette condition. Ils ont accompli tous les actes par lesquels cette intention a été rendue manifeste. Ils ont, par tous les moyens possibles, fait preuve d'ingéniosité, d'activité et de sacrifice, en protégeant les phoques sur leur sol, et en en recueillant le croît pour les besoins du commerce du monde, et ils se sont, de toutes les façons possibles, au moyen de leurs lois, de la proclamation du pouvoir exécutif, et de l'emploi de la force sur les mers, efforcés de s'opposer à toute violation de leur droit de propriété.

Nous croyons avoir suffisamment établi que les États-Unis ont rempli celle des trois conditions ci-dessus mentionnées comme nécessaires pour affirmer un droit de propriété sur le troupeau de phoques, qui seule puisse donner lieu à controverse, à savoir la *susceptibilité d'appropriation*.

En conséquence, nous ne croyons pas qu'il soit nécessaire de différer davantage notre conclusion, à savoir que : les États-Unis, et eux seuls, exerçant sur le troupeau de phoques d'Alaska un contrôle tel qu'il leur permet, grâce à leur ingéniosité, à leur activité et à leur sacrifice, de faire servir sa production entière aux besoins de l'humanité, sans diminuer en aucune façon la quotité normale de ce troupeau, et ayant affirmé ce contrôle et fait preuve de l'ingéniosité, de l'activité et du sacrifice nécessaires pour accomplir ce grand dessein, possèdent, en vertu des principes reconnus dans le monde entier, et conformes tant à la loi naturelle qu'à la législation privée de tous les États civilisés, un droit de propriété sur ce troupeau.

C'est une satisfaction pour les soussignés et ce n'est pas, à leur sens, un des caractères les moins importants de leur plaidoyer, que, dans le débat qui vient d'avoir lieu, il n'a été émis par les États-Unis aucune prétention égoïste ou hostile, en quoi que ce soit, à la Grande-Bretagne. Le Gouvernement des États-Unis n'affirme aucun principe ni ne demande aucune décision qui ne serve l'intérêt commun du monde aussi bien que le sien. Cette vérité fondamentale que l'espèce d'animaux utiles dont il s'agit est la propriété du genre humain, ne se trouve modifiée en aucune façon par le fait que le soin de sa garde et de sa défense est échu aux États-Unis. La présence de cette puissance comme partie à ce litige, devant cet aréopage, peut être très justement qualifiée de fortuite. Le réel différend est entre ceux, où qu'ils puissent être, qui ont besoin des phoques, et les chasseurs pélagiques canadiens qui les menacent d'extermination. Si ce danger peut être écarté par le seul moyen qui puisse être efficace, à savoir la reconnaissance aux États-Unis d'un droit de propriété, le bénéfice en résultant sera égal pour tous. Les peaux de phoques seront fournies aux citoyens de la Grande-Bretagne et de toutes les autres nations aux mêmes conditions que pourront les obtenir les citoyens des États-Unis. Les graves intérêts de la Grande-Bretagne dans la préparation des peaux seront soustraits au péril qui les menace. Personne n'y perdra, si ce n'est ceux qui se livrent à l'occupation cruelle, contraire à la loi de nature et à tout sentiment humain, de détruire cette race d'animaux utiles. Et même pour ces derniers, la perte encourue sera relativement légère, car, dans les conditions présentes, ce genre de chasse ne saurait se continuer que fort peu de temps.

Les États-Unis peuvent, il est vrai, comme éleveurs du troupeau, en tirer un profit spécial; mais ce dernier est la juste récompense de leur activité, de leur abstinence et de leurs soins, et ne dépasse pas celle que toute autre nation peut recueillir des produits qui lui sont particuliers. Sans ces efforts voulus, les troupeaux disparaîtraient rapidement. Leur existence présente et leur nombre sont entièrement dus à ces efforts. Ce n'est que par ces moyens que la nature met ses dons à l'entière disposition de toutes les nations. C'est le devoir des États-Unis, c'est une obligation qu'ils ont contractée vis-à-vis de l'humanité, d'étendre les avantages qui leur sont échus dans le partage entre les nations. Les droits et les intérêts de l'humanité sont justement affirmés devant cet aréopage international; mais ils ne sauraient être affirmés que par l'intermédiaire des États-Unis. Si le monde a le droit — et aucun doute ne peut s'élever à cet égard — de mettre cette puissance en demeure de faire fructifier les biens que la nature a confiés à sa garde, il doit l'investir des pouvoirs à ce nécessaires.

Si, comme il vient d'être démontré, les États-Unis possèdent un droit de propriété sur le troupeau d'Alaska, le soussigné considère que la conséquence certaine qui en découle est le droit de cette nation à le protéger partout sur les mers contre toute action ou intervention nuisible, au moyen de tel emploi raisonnable de la force qui pourrait être nécessaire. Cette proposition sera pleinement examinée dans l'étude ci-après, consacrée à la discussion des droits acquis par les États-Unis sur l'industrie du phoque, exploitée par eux aux îles Pribilof.

Si les déductions qui précèdent parviennent à établir que les États-Unis ont la propriété du troupeau de phoques d'Alaska, leur droit à protéger cette propriété, partout sur mer où elle et eux ont le droit d'aller, est une proposition à l'égard de laquelle il ne saurait s'élever aucun doute. Les droits quelconques d'une nation sur mer sont uniformément protégés par l'exercice direct des pouvoirs de cette nation. Il n'y a aucun autre moyen de les protéger. Il n'existe, au-dessus des nations, aucun souverain ni aucun tribunal devant lequel la nation qui s'est rendue coupable d'une prétendue infraction puisse être citée en jugement. Mais le caractère et l'étendue de ce droit de défense personnelle seront pleinement discutés dans la partie suivante de ce plaidoyer, consacrée à l'aspect particulier que présente la question de propriété à l'égard de l'industrie du phoque exploitée par les États-Unis aux îles Pribilof. S'ils ont le droit de protéger cette industrie contre une violation résultant d'actes commis en pleine mer, ils ont, *a fortiori*, le même droit à protéger leur propriété sur cet élément.

JAMES C. CARTER.

APPENDICE A LA TROISIÈME PARTIE

PREMIÈRE SECTION

SE RAPPORTANT

AU PLAIDOYER DE M. CARTER

AUTORITÉS RELATIVES A LA PROPRIÉTÉ D'ANIMAUX *FERÆ NATURÆ*

Lord Mackenzie, *Studies in Roman Law,* 6° édition, Édimbourg et Londres, 1886, ch. III, p. 174.

Animaux sauvages. — Tous les animaux sauvages, quadrupèdes, oiseaux ou poissons, tombent sous l'application de cette règle, en sorte que, lors même qu'ils sont pris en violation du droit de propriété sur la terre d'autrui, ils appartiennent à qui les prend, à moins qu'une loi pénale ne les déclare expressément confisqués. (*Institutes*, 2, 1, 12; *Gaius*, 2, 66-69; *Dig.*, 41, 1, 3, pr. 55.) Le cerf dans une forêt [privée], le lapin dans une garenne, le poisson dans un vivier, et les autres animaux sauvages dans la garde ou possession de leur premier propriétaire ne peuvent devenir l'objet d'une appropriation par un tiers, à moins qu'ils n'aient recouvré leur liberté, auquel cas ils peuvent devenir la propriété du premier occupant.

Les animaux privés ou domestiques, tels que chevaux, brebis, volaille et autres semblables, restent la propriété de leur propriétaire, même s'ils sont égarés ou laissés en liberté. La même règle prévaut à l'égard de certains animaux sauvages, qui sont devenus un objet de propriété par l'habitude qu'ils ont prise de retourner chez leurs propriétaires, par exemple : les pigeons, les faucons en quête de gibier, les abeilles qui essaiment, tant que leur propriétaire n'a point renoncé à les poursuivre. (*Inst.*, 2, 1, 14, 15.)

Gaius, *Institutes.*

§ 68. Au contraire, à l'égard des animaux sauvages qui ont l'habitude de sortir et de rentrer, tels que les pigeons, les abeilles, les cerfs, accoutumés à aller dans les forêts et à en revenir, la règle traditionnelle est que la propriété n'en cesse que par la cessation chez eux de l'esprit de retour, et qu'alors la propriété en est acquise au premier occupant; l'esprit de retour est présumé perdu quand cesse l'habitude constante de revenir.

De Savigny, De la possession dans le droit civil.

Quant à la possession légale des animaux, ces règles doivent être appliquées de cette façon :

1. Les animaux privés sont possédés comme tous les autres meubles, c'est-à-dire que la possession en cesse quand on ne peut plus les retrouver. 2. La possession des animaux sauvages ne dure qu'aussi longtemps que persistent des mesures spéciales (*custodia*) qui nous permettent d'exercer facilement sur eux notre pouvoir. Toute *custodia* n'est donc pas suffisante; par exemple, celui qui place des animaux sauvages dans un parc ou des poissons dans un lac, a sans doute pris quelques mesures pour conserver ces animaux : toutefois, comme il ne dépend pas de sa simple volonté, mais de circonstances variées de pouvoir s'en emparer réellement à son gré, la possession ne lui en est par suite pas conservée; il en va tout autrement de poissons placés dans un banneton, ou d'animaux mis dans une fosse, car, en ce cas, ils peuvent être pris à tout moment (livre III, §§ 14, 15, *de poss.*). 3. Les bêtes sauvages, apprivoisées artificiellement, sont assimilées aux animaux domestiques, aussi longtemps qu'ils conservent l'habitude de retourner au lieu où leur propriétaire les a mises (*donec animum, i. e., consuetudinem revertendi habent*).

Puffendorf, *Law of nature and nations*, liv. III, ch. I, § 3.

Bien qu'une perte semble se rapporter proprement à la propriété, il est généralement admis de comprendre sous ce terme toute injure ou dommage causés à la personne, à la réputation ou à la pudeur d'un homme. Ainsi cette expression désigne tout dommage apporté à notre propriété, la corruption, la diminution ou le déplacement de ce bien, ou la détention de ce qui en rigueur de justice doit être nôtre (que cette propriété soit un bien naturel ou un objet à nous antérieurement concédé par une loi ou par le fait de l'homme); enfin, l'omission ou refus de satisfaire à une réclamation fondée sur une obligation réelle. C'est l'objet de la 13e déclamation de Quintilien où il est clairement montré qu'un homme a fait subir une perte à son voisin en empoisonnant les fleurs de son propre jardin et causant ainsi la mort des abeilles de ce voisin. En voici la raison convaincante : tout le monde convenant que les abeilles sont une espèce d'animaux errants, et qu'on ne peut par aucun moyen les accoutumer à prendre leur nourriture à un endroit déterminé, il s'ensuit que, dès lors qu'il existe sur elles un droit de saisie, ce droit entraîne, on le comprend, une obligation générale pour tous les voisins de laisser les abeilles errer partout sans y mettre obstacle.

Bracton, livre II, c. I.

La propriété sur les choses d'après le droit naturel ou le droit des gens s'acquiert de diverses manières : d'abord par occupation première de choses qui n'appartiennent à personne, qui pour lors appartiennent au roi par le droit civil, qui ne sont point communes depuis longtemps, telles que sont, par exemple, les bêtes sauvages, les oiseaux, les poissons et tous les animaux nés sur la terre, dans la mer, le ciel ou l'air ; en quelque lieu qu'ils puissent être pris et en quelque lieu qu'ils l'aient été, ils commencent à devenir miens, par le fait d'être réduits sous ma surveillance, et de même aussi par le fait d'échapper à cette surveillance et de recouvrer leur liberté naturelle, ils cessent d'être miens et peuvent tomber dans la possession du premier occupant. Pour recouvrer leur liberté naturelle, ils n'ont qu'à échapper à ma vue dans l'air libre et à n'être ainsi plus sous ma surveillance ; ils la recouvrent encore quand ils restent sous ma vue mais dans des conditions qui me rendent impossible de les atteindre.

L'occupation comprend ainsi la pêche, la chasse, la capture ; la poursuite seule ne suffit pas à me donner la propriété de la chose qui en fait l'objet ; car même si j'ai blessé une bête sauvage de façon qu'elle puisse être prise, elle n'est néanmoins pas à moi, à moins que je ne la prenne. Elle est au contraire à celui qui la prend le premier, parce que d'ordinaire plusieurs circonstances forment obstacle à sa capture. De même, si un sanglier tombe dans un filet de chasse tendu par moi, et que je l'emporte après avoir dépensé beaucoup d'efforts pour l'en retirer, il deviendra ma propriété, si j'ai pu le mettre en mon pouvoir, à moins que la coutume ou un privilège n'établisse le contraire. L'occupation comprend encore la mise sous clôture, comme dans le cas des abeilles, sauvages par nature ; car elles auront eu beau s'établir sur mon arbre, elles n'en deviendront pas davantage ma propriété, jusqu'à ce que je les aie enfermées dans ma ruche, pas plus que les oiseaux qui ont établi un nid sur mes arbres ; de sorte que si une autre personne les enferme, elle acquerra sur elles droit de propriété. Mais aussi un essaim échappé de ma ruche est réputé ma propriété aussi longtemps que je ne le perds pas de vue et qu'il n'est pas impossible de le ressaisir ; autrement il appartient au premier occupant ; cependant celui qui le prend ne peut en faire sa propriété s'il sait qu'ils appartiennent à un autre ; mais en les prenant il commet un larcin, à moins qu'il n'ait l'intention de les restituer. Ces propositions sont vraies, à moins que la coutume ait établi une pratique différente sur quelques points.

Ce qui vient d'être dit s'applique aux animaux restés sauvages en tout temps ; pour les animaux sauvages qui ont été apprivoisés, et qui ont l'habitude de sortir et de rentrer, de s'envoler et de revenir, tels que les cerfs, les cygnes, les oiseaux de mer, les pigeons, une autre règle a été adoptée, qui les considère comme objets de propriété, tant qu'ils ont l'esprit de retour ; car s'ils perdent cet esprit de retour, ils cessent d'être notre bien. Or ils semblent avoir perdu cet esprit de retour, quand ils ont perdu l'habitude de retourner ; la même observation s'applique aux oiseaux et aux oies qui sont retournés à l'état sauvage après avoir été apprivoisés. Mais une troisième règle a été admise pour les animaux domestiques : bien que des oies et des oiseaux apprivoisés se soient soustraits à mes regards, néanmoins, en quelque lieu qu'ils puissent être, ils sont réputés ma propriété, et c'est commettre un larcin que de les retenir pour en tirer profit. Cette sorte d'occupation s'applique aux captures faites sur l'ennemi ; par exemple, si des hommes libres ont été réduits en servitude et qu'ils s'échappent de notre pouvoir, ils recouvrent leur condition primitive. La même espèce d'occupation a également lieu dans le cas des choses qui sont communes, comme dans le cas de la mer et du rivage de la mer, des pierres, des pierres précieuses et des autres choses qui se trouvent au bord de la mer. La même règle s'applique aux îles qui surgissent dans la mer, et aux choses abandonnées, à moins qu'il n'existe une coutume contraire en faveur du trésor public.

Bowyer, *Modern civil Law.*, p. 72.

Les bêtes sauvages, donc, les oiseaux, les poissons et tous les animaux que produisent la mer, l'air et la terre, deviennent la propriété, de par le droit naturel, de quiconque en prend possession. La raison en est que ce qui n'est la propriété de personne devient, de par la raison naturelle, la propriété du premier occupant.

La règle est la même, que les animaux ou oiseaux soient pris sur la terre de celui qui les saisit ou sur celle d'un autre. Mais si l'on entre sur la terre d'autrui pour s'amuser ou chasser, on peut en être chassé par le propriétaire. Si vous avez pris quelqu'un de ces animaux, il reste vôtre tant qu'il est contraint de demeurer sous votre garde. Mais dès qu'il a échappé à votre surveillance et qu'il s'est rétabli dans sa liberté naturelle, il cesse d'être à vous, et peut devenir la propriété du premier occupant. L'animal est présumé recouvrer sa liberté naturelle quand il a disparu de votre vue, ou qu'il est présent à vos yeux, mais que les circonstances rendent difficile de le poursuivre.

Nous rencontrons ici la célèbre maxime de Gaius : *Quod nullius est, id ratione naturali occupanti conceditur.* Cette maxime est fondée sur la doctrine suivante : d'après l'institution des droits de propriété dans l'humanité, ce qui est la propriété de chaque homme est ce que nul autre n'a le droit de lui prendre ; mais comme personne n'a de droit sur ce qui est *res nullius*, il s'ensuit que celui qui possède *res nullius*, possède un objet que personne n'a droit de lui prendre. C'est donc sa propriété.

Mais ce droit général d'acquérir des choses par occupation est sujet à une importante restriction. Grotius prétend avec justesse que ce n'est pas un droit absolu, car, bien que fondé en vérité sur le droit naturel, il est matière à des lois de tolérance, et il n'est personne qui désire voir une pleine liberté laissée à autrui pour qu'il s'en prévale, puisque une telle liberté n'est souvent pas nécessaire au bien-être de l'humanité, et même, selon l'observation de Blackstone, peut être nuisible à la paix sociale si elle n'est pas limitée pas une loi positive. Barbeyrac dit aussi que lorsqu'une contrée est prise par une société d'hommes elle devient la propriété de cette société ou de qui la représente et que dès lors le droit des individus à prendre possession de parties de cette terre ou de quelques-unes des choses y contenues peut être restreint ou supprimé, selon que peut le demander ce bien-être de la communauté. Ces principes sont applicables à toute la jurisprudence de l'acquisition par occupation.

L'acquisition de choses tangibles doit être faite *corpore et animo*, c'est-à-dire par un acte extérieur qui exprime l'intention de posséder. La nécessité d'un acte extérieur pour commencer à tenir une chose en propriété est fondée sur le principe qu'une volonté ou intention ne peut avoir un effet légal sans un acte extérieur qui manifeste cette intention, et d'autre part nul ne peut être déclaré propriétaire d'une chose qu'il n'a pas l'intention de posséder en propre. Ainsi l'on ne peut priver les autres du droit de prendre possession d'une propriété vacante, par ce seul fait qu'on la considère comme sienne sans un acte réel d'appropriation, et si l'on possède un objet sans volonté de se l'approprier, l'objet ne peut être réputé avoir cessé d'être *res nullius*.

L'intention de posséder doit être présumée toutes les fois qu'un acte extérieur manifeste cette intention; car la présomption est alors une grande probabilité.

Il n'est pourtant pas besoin que l'acte extérieur soit un acte manuel, car toute espèce de possession, ou, comme disaient les anciens, *custodia*, est une appropriation suffisante.

Le principe général relatif à l'acquisition d'animaux *feræ naturæ* est qu'il est absurde de tenir pour la propriété d'un homme ce qui est tout à fait hors de son pouvoir. Mais Grotius limite l'application de ce principe à l'acquisition des choses, et sur ce point il est, avec raison, en désaccord avec la doctrine de Gaius ci-dessus exposée, que les animaux redeviennent *res nullius*, dès qu'ils ont recouvré la liberté, s'il est difficile au premier occupant de les reprendre. Il dit que quand une chose est devenue la propriété de quelque homme, soit qu'elle lui soit prise ensuite par l'acte d'un autre homme ou qu'il la perde par une cause naturelle, il ne perd pas nécessairement ses droits sur elle, en même temps que la possession; mais qu'il est raisonnable de présumer que le propriétaire d'un animal sauvage doit avoir renoncé à ses droits sur lui, quand l'animal est parti sans qu'on puisse avoir espoir de le reprendre, et lorsqu'il ne peut être reconnu. Il prétend donc que le droit de propriété sur un animal sauvage peut être rendu durable, malgré sa fuite, par une marque ou par un autre signe artificiel qui permette de reconnaître l'animal.

Quant aux poissons, Voet soutient que, quand ils sont enfermés dans une enceinte artificielle, ils sont propriété privée, mais que, s'ils sont dans un lac ou toute autre vaste pièce d'eau naturelle, bien que le propriétaire du pays puisse y avoir un droit de pêche, cependant les poissons sont dans leur état naturel de liberté, et ne peuvent en conséquence être sa propriété, jusqu'à ce qu'il les ait mis en son pouvoir en les prenant.

Les anciens jurisconsultes romains ont discuté la question de savoir si l'animal sauvage devient immédiatement la propriété de qui l'a blessé, de manière qu'il peut s'en emparer, ou s'il ne devient sa propriété que quand il s'en empare réellement. Justinien confirme cette dernière opinion, parce que diverses circonstances peuvent se présenter qui empêchent l'animal sauvage d'être pris par qui l'a blessé.

Les abeilles sont aussi sauvages par nature, et ne deviennent donc pas plus la propriété du possesseur du sol, parce qu'elles essaiment sur ses arbres, que les oiseaux qui y font leur nid; et elles n'appartiennent pas à cet homme à moins qu'il ne les enferme dans une ruche. Conséquemment, elles sont la propriété de quiconque les met dans une ruche, et tant qu'elles sont sauvages, chacun peut prendre leurs rayons de miel, bien que le propriétaire de la terre puisse l'empêcher en se garantissant contre les violateurs de sa propriété. Et un essaim envolé de la ruche appartient au propriétaire de cette dernière, tant qu'il est sous sa vue, autrement il devient la propriété de qui en prend possession.

A l'égard des êtres qui ont l'habitude de s'en aller et de revenir, tels que les pigeons, ils demeurent la propriété de ceux à qui ils appartiennent, tant qu'ils gardent l'*animus revertendi* ou esprit de retour. Mais s'ils perdent cette disposition, ils deviennent la propriété de quiconque s'en empare. Et l'on doit présumer qu'ils ont perdu l'esprit de retour dès qu'ils ont perdu l'habitude de retourner. Telles sont les doctrines du droit romain, conformes au droit anglais, avec cette restriction de Grotius à l'égard de tous les animaux *feræ naturæ*, c'est à savoir qu'une marque ou un collier empêche les droits du propriétaire d'un animal sauvage d'être périmés, par le fait que cet animal est hors de ses yeux et de son atteinte.

Cooper, *Justinian*, liv. II, titre I, §§ 11 et suiv.

§ 11. *De rebus singulorum.* — Il y a divers moyens d'acquérir une chose en propriété privée. Tantôt la propriété nous est assurée par le droit de nature qui (nous l'avons déjà remarqué) est aussi appelé droit des gens, tantôt par la loi civile. Mais il est plus à propos de commencer par la loi la plus ancienne; par cette loi que la nature a établie au berceau de l'humanité; car les lois civiles n'ont pu commencer à exister que quand les cités ont commencé à être bâties, les magistratures créées, les lois écrites.

§ 12. *De occupatione ferarum.* — Les bêtes sauvages, les oiseaux, les poissons et tous les animaux qui naissent dans l'eau, dans l'air et sur la terre, deviennent, dès qu'ils sont pris, en droit des gens, la propriété du preneur; car la raison naturelle donne au premier occupant l'objet sans propriétaire connu; et il n'importe que l'on prenne les bêtes sauvages ou les oiseaux sur son fonds ou sur celui d'autrui; bien que le fait de pénétrer sur le fonds d'autrui pour chasser ou oiseler puisse avoir été interdit par le propriétaire du fonds s'il en a prévu la possibilité. Tout ce que vous prenez de cette façon est regardé comme votre propriété tant qu'il demeure en votre pouvoir; mais s'il a échappé à votre garde et recouvré sa liberté naturelle, il cesse aussitôt d'être vôtre et devient la propriété du premier qui s'en saisit. On admet qu'il a recouvré sa liberté naturelle quand sa fuite l'a mis hors de votre vue, ou lorsque, sans être hors de vue, il ne peut être poursuivi et repris sans de grandes difficultés.

§ 13. *De vulneratione.* — On a discuté la question de savoir si un animal sauvage appartient à celui qui l'a blessé assez pour en rendre la prise possible. Et, dans l'opinion de quelques-uns, il en est ainsi, tant que celui qui a blessé l'animal continue de le poursuivre; mais s'il abandonne cette poursuite, l'animal cesse d'être à lui, et tout droit est acquis au premier occupant. D'autres ont pensé que la propriété sur un animal sauvage dépend de sa prise réelle. Nous nous attachons à cette dernière opinion; parce qu'il peut survenir maint accident qui empêche la capture.

§ 14. *De apibus.* — Les abeilles sont aussi sauvages par nature; donc, bien qu'elles aient formé un essaim sur votre arbre, tant que vous ne les avez pas mises en ruche, elles ne sont pas plus réputées votre propriété que les oiseaux qui ont fait leur nid sur cet arbre; elles deviennent ainsi la propriété de quiconque les enferme dans une ruche. Leur miel est aussi, à l'occasion, la propriété de celui qui s'en empare; mais il est clair que si vous voyez quelqu'un entrer sur votre fonds, vous pouvez justement l'empêcher de s'emparer de l'animal ou de la chose avant qu'il y ait touché. Un essaim envolé de votre ruche est réputé demeurer encore à vous tant qu'il est en vue et qu'on peut facilement le poursuivre; dans tout autre cas, il devient la propriété de l'occupant.

§ 15. *De pavonibus et columbis et cæteris animalibus mansuefactis.* — Les paons et les pigeons sont aussi naturellement sauvages; mais on ne conteste pas non plus qu'après chaque sortie, ils ont coutume de revenir, comme le font aussi les abeilles, qui sont naturellement sauvages. Quelques personnes ont eu des cerfs si apprivoisés qu'ils allaient dans les bois et revenaient à des époques régulières; et pourtant l'on ne songe pas à nier que les cerfs soient sauvages par nature. Quant aux animaux accoutumés à aller et à revenir, la règle est de les considérer comme objet de propriété, tant qu'ils conservent une inclination à revenir; mais, si cette inclination cesse, la propriété cesse aussi, et ils deviennent la propriété de qui les prend.

[L'affaire des cygnes (*The case of swans*), 1 Coke, 156.]

Il fut décidé qu'un droit de prescription à la possession de tous les cygnes sauvages, animaux *feræ naturæ*, non marqués, nichant, pondant, ayant leur habitation ordinaire dans une crique particulière, n'est pas valable. Car « la prescription était insuffisante, l'effet en étant de revendiquer tous les cygnes sauvages, qui sont *feræ naturæ*, à l'intérieur de la crique susdite. Et une telle prescription à l'égard d'une garenne serait insuffisante, si elle tendait, par exemple, à revendiquer toutes les perdrix nichant, pondant et ayant leurs habitudes dans son domaine. Mais on devrait dire avoir libre garenne de ces animaux pendant leur séjour dans son domaine; il ne peut les avoir *jure privilegii* (à titre privilégié), mais seulement tant qu'ils sont dans la garenne. Toutefois, l'on décida que si les défendeurs avaient allégué que de temps immémorial il y avait dans la dite crique une chasse de cygnes sauvages, non marqués, nichant et pondant; et avaient alors revendiqué un droit de prescription, prétendant que l'abbé et ses prédécesseurs avaient accoutumé à toutes les époques d'avoir et de prendre pour leur usage quelques-uns de ces cygnes sauvages avec leurs petits dans la dite crique, l'argument eût été valable; car tous ces cygnes sont des oiseaux royaux, mais on peut avoir sur eux un droit de prescription, car ce droit peut avoir une origine légitime par concession royale. En effet, par le trentième acte passé sous le règne d'Édouard III, le roi accorda à C. W. tous les cygnes sauvages non marqués entre Oxford et Londres pour sept années. Une concession semblable fut faite relative à des cygnes sauvages non marqués dans le comté de Cambridge à Bereford, K. T. G.; par où il appert que le roi peut concéder des cygnes sauvages non marqués, et qu'en conséquence un homme peut prétendre prescription sur eux dans un certain endroit, cette réclamation pouvant avoir une origine légitime. Et pour la raison susdite, un particulier peut avancer les mêmes prétentions à l'égard d'un poisson royal qui se trouve dans son domaine, comme cela est établi par le trente-neuvième acte passé sous le règne d'Édouard III, 35; et pourtant, sauf prescription, ils sont la propriété du roi, en vertu de sa prérogative.

Dans la même affaire, l'on déclara qu'il y a trois modes de propriété : la propriété absolue, la propriété imparfaite, et la simple possession. Ces deux dernières espèces peuvent porter sur les animaux *feræ naturæ*, et la propriété peut alors s'acquérir de deux manières : par industrie ou par ce qu'on appelle *ratio impotentiæ et loci*. L'industrie a lieu quand on prend les animaux ou qu'on les réduit à l'état privé ou domestique (*mansueta, domestica*). Mais l'on n'a sur les animaux *feræ naturæ*, apprivoisés par industrie, qu'une propriété imparfaite, c'est à savoir qui ne dure que tant qu'ils restent apprivoisés, car s'ils reprennent leur liberté naturelle sans esprit de retour, la propriété est perdue. La propriété, en vertu de l'impuissance de l'animal et de l'endroit où il se trouve, *ratio impotentiæ et loci*, a lieu quand je possède de jeunes autours ou autres animaux *feræ naturæ* et qu'ils nichent sur ma terre; j'ai alors sur eux un droit de propriété en vertu de leur possession, car, si on les prend avant qu'ils puissent voler, le propriétaire du sol peut intenter une action en violation de propriété *trespass*. Mais quand on a des animaux sauvages par privilège (*ratione privilegii*), comme dans le cas d'un parc, d'une garenne, etc., la propriété n'existe pas sur les cerfs, les lapins, ou les faisans; le plaignant dans son action ne doit pas les appeler siens (*suos*), car il n'en a pas la propriété, et ils ne lui appartiennent que pour sa chasse ou son plaisir et aussi longtemps seulement qu'ils demeurent dans le lieu privilégié.

On déclara que tous les cygnes blancs non marqués, ayant acquis leur liberté naturelle et nageant dans une rivière ouverte et commune, peuvent être saisis pour l'usage du roi en vertu de sa prérogative, parce que le cygne est un oiseau royal; et tous ceux sur lesquels un droit de propriété n'est pas connu appartiennent au roi en vertu de sa prérogative; et de même les baleines, les esturgeons sont poissons royaux et appartiennent au roi en vertu de sa prérogative... (« *volatilia (quæ sunt feræ naturæ) alia sunt regalia, alia communia...* »). Mais l'on déclara aussi que le sujet peut avoir une propriété sur les cygnes blancs non marqués, — des particuliers pouvant avoir des cygnes non marqués dans leurs eaux privées, — dont la propriété lui appartient et non pas au roi; et s'ils s'échappent de ses eaux dans une rivière ouverte et commune, il peut les ramener et les reprendre. C'est l'avis de Bracton (liv. II, c. I, fol. 9) : *si autem animalia fera facta fuerint mansueta et ex consuetudine eunt et redeunt, volant et revolant (ut sunt cervi, agni, pavones et columbæ, et hujusmodi) eousque nostra intelligantur quamdiu habuerint animum revertendi*. Mais s'ils ont repris leur liberté naturelle et qu'ils nagent dans une rivière ouverte et commune, les officiers du roi peuvent les saisir, dans la rivière ouverte et commune, pour l'usage du roi; et l'on cita à l'appui le livre 7 H. 6, 27, 6, où sir John Tiptoft intenta une action en violation de propriété (*trespass*) pour dommage causé à ses cygnes; le défendeur allégua qu'il possédait la seigneurie de S. et que, de temps immémorial, tous les seigneurs du dit lieu avaient eu le droit de s'emparer de toutes les épaves existant dans la dite seigneurie, et il prétendit qu'à l'époque dont s'agit en cette affaire les dits cygnes formaient épave à l'endroit où (ils avaient été saisis), etc., et qu'en qualité de *landlord* il s'en emparait et les faisait vendre dans les foires et marchés; ajoutant que dès qu'il eut connaissance qu'ils étaient la propriété du demandeur, il les lui délivra sur place.

Le plaignant répondit qu'il était propriétaire du domaine de B., adjoignant la seigneurie de S., et « nous prétendons, dit-il, que nous et nos

ancêtres et tous ceux, etc., ont accoutumé, de temps immémorial,
d'avoir cygnes nageant dans toute la seigneurie de S. ; nous affirmons
que longtemps avant leur capture, nous les y mimes et prévinmes le
défendeur que c'étaient nos cygnes ; » et il réclama des dommages-intérêts. L'opinion de Strange, dans ce procès, fut fort agréée par la Cour ;
il déclara la réplique bonne ; car si le plaignant avait droit légal de mettre
là ses cygnes, ils ne pouvaient être épaves, pas plus que le bétail d'un
particulier ne peut être considéré comme épave, là où il jouit d'un droit
commun de pâture ; car ils sont là où le propriétaire a intérêt de les
mettre, et où ils peuvent être sans qu'il y ait négligence ni faute du propriétaire. Ce procès donne lieu aux observations suivantes, concernant
les cygnes :

1° Quiconque a des cygnes dans son domaine — c'est-à-dire dans
ses eaux privées, — en a la propriété, car l'action en violation de propriété *trespass* avait pour objet un préjudice commis contre ses cygnes :
Quare cignos suos, etc. ;

2° On peut revendiquer un droit de prescription sur une chasse de
cygnes dans son domaine, tout comme sur une garenne ou un parc ;

3° Quiconque a une telle chasse peut prétendre pour ses cygnes au
droit de nager dans le domaine d'un autre ;

4° Un cygne peut être une épave, ce que l'on ne lit pas des autres
oiseaux dans aucun livre.

[Affaire Child contre Greenhill (3 Croke, 553).]

Action en violation de propriété (*trespass*) pour avoir forcé et brisé
la clôture du demandeur, avoir pêché et pris du poisson dans son vivier
privé. — Il est soutenu par le défendeur que le demandeur ne peut pas
dire « ses » poissons, attendu qu'il n'a aucun droit de propriété sur les
poissons tant qu'il ne les a pas pris et mis en sa possession. L'avoué
(*attorney*) du demandeur soutient qu'ils étaient dans son vivier privé et
qu'il pouvait dire « ses » poissons, car personne autre ne pouvait les
prendre, et toute la Cour a partagé cette opinion.

[Affaire Keeble contre Hickeringill (11 East's, 574).]

Action intentée pour certain préjudice causé (*Action upon the case*).
— Le demandeur déclare qu'il était, le 8 novembre de la seconde année
du règne de la Reine, légalement possesseur d'un enclos appelé Minott's
Meadow, et « *de quodam vivario vocato* » et d'un étang à piège auquel
les oiseaux sauvages avaient l'habitude de venir. Le demandeur avait à
ses frais et charges préparé et acquis divers appeaux à canards, filets,
machines et autres engins pour attirer et prendre au piège les oiseaux
sauvages et tenir profit de leur capture. Le défendeur, sachant cela, et
dans le but de porter préjudice au demandeur dans son vivier, et d'effaroucher et chasser du vivier les oiseaux sauvages qui y venaient habituellement et de le priver par suite de ses bénéfices, se rendit le 8 novembre

à l'entrée du dit étang et du dit vivier, tira six coups de fusil chargé à poudre dont le bruit et l'odeur, mirent en fuite les oiseaux sauvages qui se trouvaient alors sur l'étang. Les 11 et 12 novembre, le défendeur, *avec dessein de causer un dommage au demandeur et de chasser, en les effarouchant, les oiseaux sauvages*, se plaça avec un fusil près du vivier, et, là, déchargea plusieurs fois le dit fusil (qui était chargé à poudre) contre le dit étang à piège, et par là mit en fuite les oiseaux sauvages qui abandonnèrent le dit étang. Après plaidoirie de non-culpabilité, fut rendu en faveur du demandeur un verdict condamnant le défendeur à vingt livres sterling de dommages-intérêts.

Le *Chief Justice* Holt. — « Je suis d'avis que cette action est recevable. Elle paraît nouvelle dans ses circonstances, mais elle ne l'est ni dans ses motifs, ni dans son principe. Car premièrement l'usage ou la confection d'un appeau est légale; secondement l'affectation de sa propriété à cet usage est profitable au demandeur comme l'est l'habileté et l'aménagement de cette affectation. Or, tout homme qui a une propriété peut l'employer pour son agrément et son profit, par exemple pour attirer et amener au moyen d'appeaux des canards dans son étang. Apprendre le métier de décider d'autres canards à y venir pour y être pris n'est défendu ni par la loi du pays ni par la loi morale. Il est aussi légal de se servir d'un art pour les attirer, les prendre et les détruire pour l'usage de l'homme que de tuer et de détruire des oiseaux sauvages ou les bêtes domestiques. Quand donc un homme se sert de son industrie ou de son habileté pour les prendre afin de les vendre et d'en disposer pour son profit, il fait son métier; et celui qui gêne un autre dans l'exercice de son métier ou dans ses moyens d'existence, est passible d'une action à raison de cette gêne. »

. . . .

« Et alors que nous savons que depuis longtemps dans le Royaume ces moyens artificiels d'étangs à piège et d'appeaux à canards ont été employés pour attirer dans ces étangs des oiseaux sauvages afin de les prendre au profit du propriétaire de l'étang et que ce propriétaire supporte les frais de domestiques, d'engins et d'autres aménagements grâce auxquels les marchés du pays peuvent être approvisionnés, il y a de grandes raisons pour l'encourager dans cette voie. Il faut que les gens assez industrieux pour approvisionner ainsi les marchés en récoltent des bénéfices et puissent intenter une action pour les protéger, mais, au résumé, la vraie raison c'est que cette action n'est pas entamée pour obtenir des dommages-intérêts en raison de la perte des oiseaux sauvages, mais en raison du trouble apporté à la jouissance du droit. »

Dans son rapport sur la même affaire, dans le 11th *Modern* 75, le *Lord Chief Justice* Holt dit : « Supposons que le défendeur ait tiré sur son propre terrain; s'il avait l'occasion de tirer ce serait une chose; mais tirer dans le but de porter préjudice au demandeur, en serait une aussi et un délit par raison de préjudice causé. Il semble que c'est comme s'il tirait dans le but d'écarter les oiseaux des appeaux de son voisin, afin de courir la chance d'en profiter lui-même pour les tirer au vol).

[Affaire Amory contre Flyn (10 John., 102).]

In error on certoriari, appel du jugement d'une cour de justice. — Amory intenta en justice contre Flyn une action en restitution de chose trouvée (*trover*) à propos de deux oies. Il y eut procès par jury. Le demandeur produisit une réclamation des oies, sur le refus du défendeur à les rendre, à moins que le demandeur ne payât préalablement 25 cents pour liqueur fournie à deux hommes qui avaient attrapé les oies et les avaient remises au défendeur en gage de leur dette. Les oies étaient d'espèce sauvage, mais si bien apprivoisées qu'elles venaient manger dans la main. Elles s'étaient déjà sauvées deux fois et n'étaient revenues que quand on les avait ramenées. Le demandeur prouva qu'elles lui appartenaient et qu'après leur fuite de son domaine le fils du défendeur avait été vu les poursuivant avec des chiens et qu'on l'avait prévenu qu'elles appartenaient au demandeur. Le jury rendit un verdict en faveur du défendeur et la cour de justice prononça un jugement conforme.

Per Curiam : Les oies auraient dû être considérées comme apprivoisées de façon à pouvoir devenir objets de propriété. Leur identité était prouvée. Elles étaient apprivoisées et douces et avaient perdu la faculté ou l'envie de s'envoler. Elles avaient été effarouchées et chassées par le fils du défendeur qui savait qu'elles appartenaient au demandeur et l'affaire ne présente aucun prétexte à inférer que les oies avaient repris leur liberté naturelle comme oiseaux sauvages et que la propriété n'existait plus à leur égard. Le défendeur ne les considérait pas comme telles, car il les détenait en raison du privilège (*lien*) qu'il supposait avoir acquis sur elles à titre de gages. Cette prétention était mal fondée, car le défendeur ne prouvait aucun droit pour les individus qui les avaient mises en gage en échange de la liqueur bue par eux, de les mettre en gage et il les avait acceptées à ses risques et périls. Il y avait là évidemment atteinte à des droits privés. Si la personne qui avait attrapé les oies ou qui les avait gardées avait dû faire des dépenses indispensables pour les conserver, ces dépenses auraient dû lui être remboursées. Mais aucune dépense de cette nature n'avait été ni prouvée ni alléguée et la consécration d'un pareil gage conduirait à l'abus et à la fraude.

La personne qui s'empare d'une épave ne peut rien prélever sur elle que par la voie d'une demande en indemnité. Telle est la doctrine du droit commun (1. Roll. Abr., 879, c. 5; Noy's Rep., 144; Salk., 686), et les légistes romains, déniaient également à celui qui trouvait un objet perdu une récompense (*reward*) pour sa trouvaille. *Non probe petat aliquid*, dit le Digeste (Dig. 47, 2; 43, 9). En effet le droit civil (*ibid.* s. 4) considère comme un vol le fait de convertir à son usage *animo lucrandi* un objet trouvé, sans recherche du propriétaire ou sans l'intention de le rendre. Mais le mot « vol » n'avait pas toujours dans cette législation le sens odieux qu'il possède dans notre droit commun; car en ce qui concerne la catégorie des vols dits « vols non manifestes » et dans laquelle il faut ranger celui-ci, cette législation n'appliquait qu'une réparation civile du double des dommages. Aulu-Gèle (*Noct. Att.* lib II. c. 18) qui cite le passage même du droit civil qui déclare vol le fait dont il s'agit, donne cette appellation à beaucoup d'actes que notre loi regarde et doit regarder comme de simples violations de propriété, par exemple la dépossession d'une terre. Mais le droit civil, pris dans son sens le plus indulgent, suffit pour montrer ce que la sagesse des anciens considérait, dans ce cas, comme de droit et de devoir. La pratique de l'humanité est disposée à se montrer trop indulgente sur ce point et, quand l'occasion s'en présente, les tribunaux doivent rappeler et remettre en vigueur les bienfaisantes et justes leçons de la morale et du droit.

Le verdict, étant dans cette affaire contraire à la loi et aux preuves ne peut être maintenu, et le jugement doit être cassé.

[Affaire Goff contre Kilts (15 *Wendell*, 550).]

« Le propriétaire d'abeilles domestiques peut intenter une action en violation de propriété (*trespass*) contre une personne qui abat sur le sol d'autrui, un arbre dans lequel les abeilles ont pénétré, qui détruit ces dernières et s'empare de leur miel.

« Quand des abeilles s'établissent dans un arbre, elles appartiennent au propriétaire du sol, si elles sont villageoises, mais si elles sont domestiques et que leur propriétaire puisse constater sa propriété, elles n'appartiennent pas au propriétaire du sol, mais à celui qui les possédait d'abord, bien qu'il ne puisse pas pénétrer sur les terres de l'autre pour les reprendre sans s'exposer à une action en violation de propriété. »

Erreur de la cour des *Common Pleas* de Madison. — Kilt poursuivait Goff devant un tribunal en violation de propriété, pour avoir pris et détruit un essaim d'abeilles et le miel fabriqué par elles. L'essaim avait quitté la ruche du demandeur, s'était envolé et établi dans un arbre sur les terres de la Compagnie métallurgique « Lenox ». Le demandeur n'avait pas perdu de vue les abeilles, il les avait suivies et marqua l'arbre dans lequel elles avaient pénétré. Deux mois après l'arbre fut abattu, les abeilles furent tuées, et le miel trouvé dans l'arbre fut pris par le défendeur et d'autres personnes. Le demandeur obtint un jugement favorable appuyé sur les causes civiles (*common pleas*) de Madison. Le défendeur obtint une déclaration d'erreur.

Parlant devant la cour, le juge Nelson dit : Les animaux (*feræ naturæ*) domestiqués par l'art et le pouvoir de l'homme sont susceptibles d'une propriété restreinte. S'ils retournent à leur liberté naturelle, à leur état sauvage, sans esprit de retour (*animus revertendi*), cette propriété cesse. Cette propriété restreinte, tant qu'elle existe, est placée sous la protection des lois au même titre que toute autre propriété et toute atteinte contre elle est punie de la même manière. Les abeilles sont « *feræ naturæ* », mais quand elles sont en ruche et domestiques, un individu peut avoir sur elles une propriété restreinte d'après le droit naturel, comme d'après le droit civil. L'occupation, c'est-à-dire, le fait de les mettre en ruche et de les y maintenir en rend propriétaire. Elles deviennent alors une sorte de propriété ordinaire et un article de commerce. Leur nature sauvage a été par l'expérience et la pratique essentiellement soumise à l'art et au pouvoir de l'homme. Un essaim villageois, comme les autres animaux sauvages, appartient au premier occupant, en d'autres termes, à la personne qui la première le met en ruche. Mais si l'essaim s'envole de sa ruche pour une autre, sa propriété restreinte subsiste aussi longtemps que le propriétaire ne les perd pas de vue et qu'il conserve le pouvoir de le poursuivre. Dans ces conditions, personne autre n'est autorisé à s'en emparer. (2 Black, Comm. 373; 2 Kent's Comm. 391.)

Le litige n'est pas ici entre le propriétaire du sol sur lequel se trouvait l'arbre qui contenait l'essaim, et le propriétaire des abeilles. Ce dernier ne pourrait reprendre sa propriété et ses fruits sans être coupable de violation de propriété; mais il n'en résulte nullement que le droit de jouissance de la propriété soit perdu, que les abeilles redeviennent *feræ naturæ*, et qu'elles appartiennent au premier occupant. Si l'animal domestique ou apprivoisé d'un individu pénétrait dans la propriété d'un autre, son propriétaire ne pourrait le suivre et le reprendre sans être passible d'une violation de propriété (*trespass*). Le droit absolu de propriété n'en subsisterait pas moins pour lui. Sur ce point il ne peut y avoir de doute. Il en est de même en ce qui concerne la propriété restreinte des abeilles. Si le propriétaire la conservait après que les abeilles se sont logées et établies dans le creux d'un arbre, comme ce droit restreint se trouve placé sous la protection de la loi aussi bien que s'il était absolu, il y aurait dans ce cas le même remède que dans le cas d'une violation de propriété (*trespass*). On ne peut mettre en doute, je crois que si la propriété de l'essaim continue tant qu'il demeure en vue du propriétaire, en d'autres termes, tant que celui-ci peut le distinguer et reconnaître dans l'air, elle persiste également pour lui si l'essaim s'établit sur une branche ou dans un tronc d'arbre et y demeure placé sous son observation et sa garde. Si un étranger n'a pas le droit de prendre l'essaim dans le premier cas, et cela ne semble pas pouvoir faire question, il ne peut pas lui être permis de le prendre dans le second, alors que l'essaim est encore plus étroitement soumis à la surveillance de l'occupant.

On dit que le propriétaire du sol a droit à l'arbre et à tout ce qu'il contient. Cela peut être vrai en ce qui touche un essaim villageois. Tant que celui-ci demeure dans cet état il peut, tout comme les oiseaux et autres gibiers (les lois sur la chasse mises de côté), appartenir au propriétaire ou occupant de la forêt *ratione soli*. Au point de vue du droit naturel où la priorité de l'occupation seule donne le droit, l'individu qui le premier a mis en ruche un essaim aurait droit à sa propriété. Mais depuis l'organisation de la société civile et la réglementation du droit de propriété par les lois positives, la forêt aussi bien que la terre cultivée appartiennent exclusivement au propriétaire qui a acquis sur elles un titre en vertu de ces lois. Le droit naturel à la jouissance du plaisir de la chasse partout où se trouvent des animaux *feræ naturæ* a donné lieu, au fur et à mesure des progrès de la société, à l'établissement de droits de propriété mieux définis et d'un caractère plus durable. C'est ainsi que personne n'a le droit, pour chasser, de franchir la clôture d'une propriété étrangère. La personne qui le ferait violerait la propriété d'autrui et serait susceptible de poursuite à raison du gibier pris. Une exception peut être faite à la règle quand il s'agit d'animaux nuisibles, d'une nature destructive. Le juge Blackstone dit : si quelqu'un fait lever du gibier sur le terrain d'autrui et l'y tue, la propriété du gibier appartient à celui sur le terrain duquel l'animal est tué, parce que c'est là qu'il a été levé, la propriété provenant du *ratione soli* (2 Black. Com. 419.) Mais, si des animaux *feræ naturæ* qui ont été « domestiqués » et sur lesquels une propriété restreinte a été acquise s'échappent, dans les terrains particuliers d'autrui, d'une manière qui ne les replace pas dans leur condition naturelle, une règle différente s'applique évidemment. Ils ne sont plus alors exposés à devenir la propriété du premier occupant. Le droit du propriétaire subsiste, et, bien qu'il ne puisse les poursuivre et les prendre sans se rendre passible d'une violation de propriété, cette restriction ne peut avoir pour effet de rendre les animaux à leur liberté primitive.

Les droits de chacune des parties doivent être respectés et conciliés autant que le comporte une protection raisonnable de chacun.

L'affaire d'Hermance contre Vernay (6 Johns. R; 5) et celle de Blake contre Jerome (14 *id.* 406) constituent des autorités sur lesquelles on peut s'appuyer pour dire, s'il en était besoin, que l'incapacité du propriétaire d'un bien meuble de reprendre ce dernier sur la propriété d'autrui sans commettre une violation de propriété n'altère pas son droit légal de propriété. Elle en gêne seulement l'usage ou la jouissance. Le propriétaire du sol n'acquérant donc aucun droit à la propriété des abeilles, le défenseur ci-après ne peut pas se protéger lui-même en déboutant de cette manière le demandeur de son droit de propriété. Ce droit persiste en lui, et lui assure une possession suffisante pour soutenir toute action semblable contre un tiers qui ne l'attaquerait qu'en vertu d'un titre dérivé du droit naturel. Cette affaire se distingue de celles de Gillet, contre Mason (7 Johns. R., 16) et de Ferguson contre Miller (1 Cowen 243). La première était relative à un différend entre une personne ayant trouvé une chose et un individu ayant un droit sur le sol; l'autre affaire concernait deux individus soutenant chacun être le premier trouveur. Le demandeur dans cette dernière affaire, quoique étant le premier trouveur, n'avait pas acquis de propriété restreinte sur l'essaim, d'après la loi de priorité d'occupation. Le défendeur l'avait. En outre l'essaim, n'ayant pas été domestiqué pendant son séjour dans l'arbre, appartenait au propriétaire du sol *ratione soli*. Pour ces motifs je suis d'avis que le jugement ci-après du tribunal doit être confirmé. Le jugement a été confirmé.

[Opinion du juge Wilde dans l'affaire Blades contre Higgs (12 C. B. N. S. 512).]

Je désire ajouter quelques mots, parce que j'estime que la doctrine des animaux *feræ naturæ* a été quelquefois dans les temps modernes poussée trop loin. Il a été avancé dans cette affaire qu'un animal *feræ naturæ* n'était pas susceptible de propriété privée. Il n'en est pas ainsi. Le droit commun reconnaît un droit de propriété sur les animaux même *feræ naturæ* s'ils étaient retenus, soit par l'habitude, soit par des clôtures sur les terres du propriétaire. Nous avons l'autorité des rapports de Lord Coke en faveur de ce droit à l'égard des animaux sauvages tels que faucons, daims et gibiers domestiques, ou tels que cygnes ou poissons gardés dans une mare ou un étang privé; tels que pigeons placés dans un colombier. Mais le droit de propriété n'est pas absolu, car si un daim ou du gibier, etc., placés dans cette condition reprennent leur vie sauvage, on prétend que la propriété qu'on avait sur eux est perdue.

Le principe du droit commun paraît donc très raisonnable, car dans les cas où, par suite soit de leurs propres habitudes, soit de la réclusion que leur a imposée l'homme, l'existence de ces animaux sauvages a pris un caractère de résidence fixe dans une localité déterminée, la loi ne refuse pas de reconnaître au propriétaire de la terre qui les a nourris une propriété coexistante avec cet état de choses. Quand ces principes étaient appliqués à un pays où les clôtures étaient rares, comme dans les anciens temps, les cas de propriété sur le gibier étaient peu nombreux. Mais les clôtures et les habitudes des temps modernes ont produit un grand changement dans le caractère du gibier, eu égard à son état sauvage et sa nature errante. Il y a beaucoup de gibier dans ce pays qui ne s'éloigne jamais de la propriété close du propriétaire par les soins duquel il est élevé et sur les terrains duquel il est conservé.

Il est, je pense, trop tard aujourd'hui pour que les tribunaux se conforment à ce changement de circonstances en déclarant le gibier vivant susceptible de propriété; mais si la législation intervenait, comme on l'a proposé dans la discussion, pour donner au propriétaire de la terre la propriété du gibier, soit absolue soit restreinte, tant que le gibier resterait sur ses terres, elle ne ferait qu'agir conformément à l'esprit et aux prescriptions du droit commun.

Le juge Miller partage cette opinion. — Jugement confirmé.

[Affaire Morgan et un autre, exécuteurs testamentaires de John, contre le comte d'Abergavenny, décédé (8 C. B. 768).]

Il s'agit d'une action de *trover*...

Le défendeur plaidait d'abord sa non culpabilité, sauf en ce qui touche les dites causes de l'action : douze chevreuils, un cerf, huit biches et quatre faons, portion des chevreuils, cerfs, daims et faons respectivement mentionnés dans l'assignation. Il soutenait en second lieu que, sauf l'exception indiquée ci-dessus, le dit John comte d'Abergavenny n'était pas propriétaire pendant sa vie et que les demandeurs n'étaient pas propriétaires, comme exécuteurs de ce dernier après la mort du comte, des daims et autres animaux mentionnés dans l'assignation ni aucun d'eux. En troisième lieu il prétendait que, sauf l'exception faite plus haut, les daims et autres animaux mentionnés dans l'assignation ni aucun d'eux n'avait été pris, ni domestiqué, ni apprivoisé, ni enfermé. Quatrièmement, ils offraient en justice le paiement de £ 85, pour les chevreuils, cerfs, daims et faons faisant l'objet de l'exception.

Les demandeurs tombèrent d'accord sur les trois premiers moyens et prirent les 85 livres à titre de réparation partielle (*pro tanto*).

La cause fut jugée par le juge Coltman et un jury spécial à Westminster après la session de la Saint-Hilaire 1847.

L'action avait pour but de recouvrer la valeur des daims qui étaient dans le parc dépendant d'Eridge Castle, dans le comté de Sussex, principale résidence de campagne des comtes d'Abergavenny à l'époque du décès de John le dernier comte, le 12 août 1845.

Les demandeurs étaient Richard Morgan et Azariah Ellwood, exécuteurs testamentaires du feu comte ; le défendeur était son frère, qui, le feu comte étant mort célibataire, succédait au titre et aux terres y attachées.

À l'époque de la mort du feu comte, les daims d'Eridge Park comprenaient cinq cent quarante bêtes fauves et cent cerfs, dans ce qu'on appelait le « parc aux daims », douze chevreuils dans un endroit appelé le « nouveau parc », plus six cerfs et deux chevreuils placés dans une étable à l'engraissement.

Eridge Park était un vieux parc, faisant partie de l'ancien manoir de Rotherfield, désigné au cadastre (*doomsday book*), sous le nom de Reredfelle, et qui était, semble-t-il, domaine royal du fief d'Odo, évêque de Bayeux, frère de Guillaume le Conquérant et aussi occupé par le comte saxon Godwin. Dans le *doomsday book* il était décrit comme suit :

« La terre comprend 26 carucates en domaine, 4 carucates et 14 villains avec 6 riverains, ayant 14 charrues. Il y a 4 serfs (*servi*) et assez de bois pour la nourriture de quatre-vingts porcs. »

Il y a un parc. À l'époque du roi Édouard le Confesseur, sa redevance n'était que de 16 livres sterling ; plus tard elle n'en fut plus que de 14 ; maintenant elle ne vaut plus que 12, et cependant ce domaine en rapporte 30.

Les arguments des demandeurs peuvent être résumés comme suit :

Dans les temps modernes, le vieux parc d'Eridge a une superficie de 900 acres environ, dont une grande partie est inculte et sauvage et contient une quantité considérable de fougères, de broussailles et de genêts. Le nouveau parc, contigu à l'ancien, se compose de 200 acres. On a augmenté quelque peu, il y a 40 ans environ, le vieux parc, en enlevant des portions des anciennes clôtures et en élevant une palissade autour des terrains qu'on ajoutait. Les daims avaient généralement la disposition du vieux parc, où ils étaient soignés par des gardes et nourris en hiver avec du foin, des fèves et autre nourriture. Les biches étaient surveillées à l'époque où elles mettent bas, et les faons marqués dès qu'ils étaient abandonnés par leur mère, afin de constater leur âge et de conserver le troupeau. De temps en temps, quelques daims étaient choisis et pris à l'aide de chiens muselés, ou dont les dents avaient été arrachées et étaient placés dans un enclos du Nouveau Parc ou bien dans des parcs ou des étables pour être engraissés en vue de la consommation ou de la vente aux marchands de gibier. On les tuait habituellement d'un coup de feu; il y avait un abattoir dans le parc pour préparer et dresser la viande abattue. Depuis quelques années, on a amené à Eridge un grand nombre de daims de Penshurst et d'autres endroits. Quelquefois, mais rarement, les daims s'échappaient du parc en sautant par-dessus la clôture. Quelques-uns étaient indiqués comme très apprivoisés et venaient près des gardes quand ceux-ci les appelaient pour leur donner à manger. Des témoins furent également cités pour affirmer que, pendant ces dernières années, ces daims avaient été fréquemment achetés et vendus en vue d'un bénéfice, comme les moutons et les autres animaux employés à la nourriture de l'homme...

Ces faits furent admis par le défendeur; mais on soutenait qu'Eridge Park était un ancien parc légal et que les daims qui s'y trouvaient étaient, de par la loi, non une propriété personnelle, mais une partie intégrante de l'héritage...

De la part des demandeurs, on soutenait que, bien qu'Eridge Park pût avoir été autrefois un parc au sens strict du mot, présentant tous les caractères d'un parc légal, — verdure, gibier, clôture — il avait cessé d'avoir ces caractères, en raison de ce qu'on avait fait dans ce parc à une époque plus récente — il est essentiel, en effet, que les limites d'un ancien parc soient strictement conservées — et que les daims, par la manière dont ils étaient traités, avaient cessé d'être *feræ naturæ* et étaient devenus simples propriétés personnelles, comme des moutons ou tout autre animal domestique.

Le savant juge, dans son résumé, dit au jury que la question principale à examiner pour lui était de savoir si les daims en litige devaient être regardés comme sauvages ou apprivoisés et domestiqués, et qu'il avait été établi par les plus grandes autorités en la matière que le daim dans un parc, les lapins dans une garenne, et les pigeons dans les colombiers, passaient en général à l'héritier en même temps que l'héritage, ou, dans une affaire comme celle-ci, dans laquelle la terre n'entre pas à proprement parler dans la succession, passaient, en vertu des restrictions d'un acte du Parlement, à la personne la plus proche ayant qualité pour les recevoir en vertu de l'acte du Parlement. Mais, ajouta le juge, la règle comporte une exception : si les animaux ne sont plus à l'état sauvage, mais peuvent être considérés comme apprivoisés et domestiqués, dans ce cas ils vont aux exécuteurs testamentaires et non à l'héritier.

Il ajouta alors en substance ce qui suit :

Un grand nombre de témoignages ont été apportés devant vous dans le but de vous convaincre qu'Eridge Park était un ancien parc ayant tous les caractères et tous les privilèges d'un ancien parc auquel étaient autrefois attachés des droits qui n'ont plus comparativement aujourd'hui aucune valeur. Mais la question n'est pas de savoir si Eridge Park est ou non un ancien parc, quoiqu'il puisse être bon en même temps de trancher cette question si vous pouvez à cet égard vous former une opinion.

Sans doute celui qui possède un ancien parc ayant les droits et les caractères d'un parc au sens légal du mot doit conserver les limites au dedans desquelles il prétend exercer ses droits; ' il n'est probablement pas douteux que, si les limites sont tellement effacées qu'on ne puisse les déterminer exactement, ses immunités même vis à vis de la couronne seront perdues.

Mais c'est là un point qui, il me semble, ne touche pas beaucoup à la question que vous avez à résoudre, car, si quelques droits peuvent avoir été perdus par suite de la destruction des anciennes limites, la nature des animaux n'a pas changé pour cela. Que le daim, quand il est pris et placé dans un enclos, passe aux exécuteurs testamentaires, cela ne peut faire aucun doute. Probablement si les animaux de cette espèce étaient placés dans un lieu restreint, parfaitement entouré de barrières et bien gardé, on pourrait difficilement dire qu'ils n'ont pas été immédiatement l'objet d'une possession suffisante pour devenir propriété personnelle. Il est complètement reconnu, d'après les témoignages apportés des deux côtés, qu'il a été fait de temps en temps des additions à ce qui constituait primitivement Eridge Park, quoiqu'il y ait quelques différences en ce qui touche les surfaces ajoutées. Faisant remarquer le témoignage important produit par le défendeur, le savant juge ajoute, en se référant à un extrait du *doomsday book* et à une enquête faite sous le règne d'Édouard III à propos de la mort de Hugue de Spencer, qui à cette époque où les lois forestières (*forest laws*) étaient en pleine vigueur, partout où il était fait mention d'un parc, il fallait entendre ce mot dans le sens de « parc légal », il conclut en demandant l'avis du jury, sur les deux questions suivantes, qu'il leur donna par écrit : Premièrement, Eridge Park était-il un ancien parc avec tous les caractères d'un « parc légal »? secondement, les limites peuvent-elles être déterminées par des marques distinctes? Il ajoute que la question principale est de savoir si, dans leur opinion, ce sont les demandeurs ou le défendeur qui ont raison.

Le jury se retira, et après une absence prolongée rentra dans la salle d'audience, que le juge avait quittée. L'assesseur ayant demandé si le jury avait décidé pour les demandeurs ou pour le défendeur, le chef du jury répondit :

« Nous estimons en premier lieu que c'était à l'origine un parc légal, mais que les limites en ont été modifiées et agrandies. Secondement, nous pensons que les daims ont été l'objet d'une domestication qui les a tirés de leur état sauvage naturel. Quant aux conséquences de cette opinion, nous ne sommes pas assez versés dans le droit pour les tirer. »

L'assesseur refusant de recevoir un verdict ainsi conçu, le jury délibéra de nouveau, et, après une courte absence, il revint dans la salle d'audience. Le chef du jury, s'adressant alors à l'assesseur, dit : « Vous pouvez considérer le verdict rendu en premier lieu comme rendu en faveur des demandeurs. » L'assesseur demanda alors : « Estimez-vous qu'il y avait un ancien parc avec les caractères d'un parc légal ? » A quoi le chef du jury répondit : « Nous pensons qu'à l'origine il y avait un parc légal, mais que ses limites ont été modifiées et agrandies ». L'assesseur reprit : « Pensez-vous qu'il y avait un ancien parc avec les caractères d'un parc légal ? » Le chef du jury répondit : « Oui ». L'assesseur : « Pensez-vous qu'il y avait des marques distinctes permettant de reconnaître les limites ? » Le chef du jury : « Oui il y en avait. »

Le verdict fut en conséquence enregistré comme favorable aux demandeurs.

Le sergent Talfourd obtint, dans la semaine de Pâques, une ordonnance de « nisi » pour un nouvel examen de l'affaire par les motifs suivants : 1° Le verdict du jury n'était pas complet, n'ayant pas répondu nettement à la vraie question qui lui était posée, savoir : « Les daims étaient-ils sauvages ou domestiqués ? » 2° Le savant juge avait mal dirigé le jury en lui présentant l'affaire comme si l'existence ou la non existence d'Eridge Park avec tous les caractères légaux d'un parc était une simple question accessoire, tandis qu'elle constituait le fond même du litige (Co Litt. 8 a; affaires des cygnes; Davis contre Powell). 3° Il n'y avait pas de preuves suffisantes pour justifier le verdict.

Les sergents Humphrey, Channel et Bovill, à la session de Pâques 1848, présentèrent la défense du verdict, et les sergents Talfourd et Byles, Terfts et Willes appuyèrent l'ordonnance pour exposer les raisons.

Le juge Maule rendit alors le jugement de la cour.

L'affaire fut plaidée à la session de Pâques, 1848, devant le *Lord Chief Justice* Wild, les juges Coltman et Creswell et moi. En l'absence du lord Chief Justice je prononçai le jugement qui avait été préparé par lui et auquel nous avions, en substance, donné notre assentiment.

C'était une action de « *trover* » intentée dans le but d'obtenir des dommages pour le détournement d'un certain nombre de daims. L'assignation contenait deux motifs : Le premier établissait que le testateur pendant sa vie possédait un certain nombre de chevreuils, biches et autres sortes de fauves capturés, domestiqués et placés dans la propriété close du testateur; que les demandeurs après sa mort les possédaient en leur qualité d'exécuteurs testamentaires, et que plus tard, les défendeurs avaient détourné les daims, etc. Le second motif établissait que les demandeurs en qualité d'exécuteurs testamentaires possédaient la même quantité de daims que les défendeurs avait détournée au préjudice des demandeurs.

Les défendeurs, sauf en ce qui concerne un certain nombre de chevreuils, daims et faons, plaida la non-culpabilité pour tous les chefs de l'assignation; secondement, il soutint que le testateur ne possédait pas et que les demandeurs, en leur qualité d'exécuteurs testamentaires ne possédaient pas les daims, comme ils le soutenaient; troisièmement, que sauf en ce qui touche un certain nombre de chevreuils, biches et faons, les daims mentionnés dans l'assignation n'étaient pas capturés, ni domestiqués, ni apprivoisés ou placés dans un terrain clos, comme on le soutenait; enfin, en ce qui regarde les chevreuils, daims et faons, le défendeur avait payé en justice la somme de £ 85.

On tomba d'accord pour engager le procès sur ces allégations.

La cause fut jugée par feu le juge Coltman, à la session de janvier 1847, des assises de Middlessex et le jury rendit un verdict en faveur des demandeurs sur les trois points suivants : Le testateur possédait; — les demandeurs possédaient; — les daims étaient apprivoisés et domestiqués.

Une ordonnance de « *nisi* » fut ensuite obtenue par les défendeurs à la session de Pâques suivant, dans le but de faire voir pourquoi il ne devait pas y avoir de nouveau procès basé sur un motif de fausse indication, de constater que le verdict rendu par le jury avait été insuffisant, et qu'eût-il été suffisant, il aurait été contraire à la preuve faite.

Plusieurs questions se posèrent à propos de ce procès. Premièrement, la terre appelée Eridge Park, dans le comté de Sussex était-elle un ancien parc légal; secondement, avait-elle continué à être un parc légal, ou avait-elle cessé de l'être par suite d'addition d'autres terrains au parc primitif et par le déplacement, la ruine ou la destruction des clôtures de manière à anéantir les preuves des limites de l'ancien parc ; les daims pris dans ce parc étaient-ils apprivoisés et domestiqués?

A l'appui de la thèse du défendeur, on produisit divers documents anciens dans le but d'établir que l'endroit dont il s'agissait était bien un ancien parc et que depuis une époque ancienne jusqu'à la mort du testateur, il y avait toujours eu un nombre considérable de daims conservés dans le parc. On prouva également que l'endroit en question, consistant en plus de 700 arpents (*acres*) de terre, était en grande partie sauvage et inculte. Les témoignages montrèrent également que certains terrains avaient été ajoutés au parc primitif et qu'il y avait quelque contradiction dans les témoignages relatifs à l'état des clôtures.

On fit également la preuve qu'une quantité considérable de daims étaient dans le parc et que les uns étaient apprivoisés suivant l'expression consacrée et d'autres sauvages. Ce qu'en particulier voulaient dire les témoins par la distinction entre les daims apprivoisés et les daims sauvages, c'est ce qui ne fut pas expliqué. Mais on crut pouvoir interpréter leurs témoignages en ce sens que certains daims étaient moins timides et moins craintifs que d'autres. Il parut certain que les daims se sauvaient très rarement en dehors des limites du parc, qu'ils étaient entretenus par des gardes et nourris en hiver avec du foin, des fèves et autres aliments et que peu d'années auparavant un grand nombre de daims avaient été amenés d'un autre endroit dans le parc d'Eridge; que les biches étaient surveillées et les faons, dès qu'ils avaient abandonné leur mère, toujours marqués, afin que dans l'avenir leur âge pût être déterminé; qu'à certaine époque, un certain nombre de daims étaient choisis dans le troupeau avec l'aide des chiens et mis dans certaines parties du parc encloses et séparées alors des centres et d'une étendue suffisante pour permettre à ces animaux de paître et de prendre de l'exercice; que les daims choisis étaient engraissés et tués soit pour la consommation, soit pour la vente à des marchands de gibier; et que les daims étaient généralement tués d'un coup de feu, et qu'il y avait un véritable abattoir pour préparer et dresser la viande en vue de cette destination.

Tel était le résultat général des témoignages, le savant juge déclara au jury que d'après la loi générale, les daims d'un parc passaient à l'héritier légitime du propriétaire du parc; mais que les daims qui étaient apprivoisés et domestiqués devenaient propriété personnelle et allaient, de par la loi, aux représentants personnels de leur propriétaire, et non à l'héritier du propriétaire du parc dans lequel on les gardait. Le savant juge demanda au jury si les témoignages avaient prouvé que l'endroit en question avait été un ancien parc, avec les droits légaux d'un parc et lui dit que si réellement il avait été un ancien parc et que ses limites ne pussent pas maintenant être déterminés, il pouvait être déchu de ses privilèges vis-à-vis de la couronne, mais que cela ne toucherait pas au débat existant entre les parties au sujet des daims, le point litigieux étant de savoir si les daims étaient apprivoisés et domestiqués, ce qui devait se déterminer d'après l'état et la condition des animaux, la nature de l'endroit où ils étaient gardés et la manière dont ils avaient été traités. Le savant juge indiqua alors par écrit les questions auxquelles le jury devait répondre. Les voici : 1° Le jury était-il pour les demandeurs exécuteurs du défunt, ou pour le défendeur lord Abergavenny? 2° estimait-il que l'endroit en question est un ancien parc, avec tous les caractères d'un parc légal? 3° les limites pouvaient-elles être déterminées par des marques distinctes?

Le jury répondit qu'il trouvait que l'endroit était bien un ancien parc, avec tous les caractères d'un parc légal; secondement, que les limites de l'ancien parc pouvaient être déterminées. Le jury exprima le désir de s'abstenir de déclarer s'il était pour les demandeurs ou pour le défendeur. Mais sur l'invitation qui lui fut faite de se prononcer sur ce point, il rendit un verdict favorable aux demandeurs et déclara que les animaux primitivement sauvages avaient été domestiqués.

L'ordonnance vint en discussion à la session de Pâques 1848, et il résulta des débats que l'objection relative à l'insuffisance du verdict était basée sur une fausse appréciation de la décision du jury. On croyait que le jury n'avait pas décidé dans sa réponse s'il était pour les demandeurs ou pour le défendeur, mais qu'il avait simplement répondu aux questions à lui posées. Il résulta cependant de l'examen que le jury avait été appelé à rendre un verdict pour les demandeurs ou pour les défendeurs indépendamment de la réponse aux questions posées et que le verdict avait été favorable aux demandeurs.

La seconde objection faite portait sur ce que le juge avait mal dirigé le jury; et il a été prétendu, à l'appui de cette objection, que le juge devait être considéré comme ayant mal dirigé le jury, pour avoir omis d'appeler suffisamment son attention sur l'importance de ce fait que les derniers avaient été gardés dans un ancien parc légal.

Mais le juge, quand il indiquait au jury que ce qui devait entre autres choses lui faire trancher la question de savoir si les daims étaient ou non domestiqués, c'était la nature et les dimensions du parc dans lequel étaient renfermés les daims, appelait nettement l'attention du jury sur ce fait que s'il estimait qu'on devait appeler parc légal l'endroit dont il s'agissait, cette considération était très importante pour décider si les daims étaient ou non domestiqués. Nous n'apercevons aucune omission sérieuse dans les indications du juge à cet égard, sauf que le jury aurait dû être prévenu qu'un fait de cette nature conduirait à nier la domesticité des daims.

Il n'a pas été soutenu, en termes formels par le défendeur que les daims, gardés dans un parc légal, ne pouvaient jamais être considérés comme ayant été apprivoisés ou domestiqués, quoique leur plaidoyer semblât le laisser croire; mais les nombreuses espèces qu'on put trouver dans les ouvrages où la question a été agitée et dans lesquels on admettait que le daim dans un parc était une propriété, semblent absolument inconciliables avec une pareille interprétation.

Car dans toutes ces espèces les arguments s'appuyaient sur le fait particulier que les daims étaient dans un parc, c'est-à-dire, dans un parc légal, et la question était de savoir si les daims continuaient à être des animaux sauvages sur lesquels aucune propriété ne pouvait être acquise et qui, par suite, comme le reste du gibier et les autres animaux sauvages existant sur la terre, suivaient la propriété, ou si, en raison de leur état domestique et apprivoisé, les daims pouvaient être l'objet d'une propriété distincte de celle du domaine, tout en restant dans le parc et pouvant en conséquence devenir une propriété personnelle.

Le principe général posé dans tous les ouvrages que les daims d'un parc passent à l'héritier à moins qu'ils ne soient apprivoisés et domestiqués, auquel cas ils passent à l'exécuteur testamentaire, semble donc inconciliable avec celui que les daims ne peuvent dans aucun cas être considérés comme apprivoisés et domestiqués tant qu'ils restent dans un parc légal. Beaucoup d'autorités dont il est inutile de parler ici sont citées à ce sujet.

Les observations présentées à l'appui de l'ordonnance par le défendeur eurent le caractère d'une plainte fondée sur cette circonstance que le savant juge n'avait pas donné au fait qu'il s'agissait d'un « parc légal » toute l'importance qu'il méritait à leurs yeux, bien plutôt que celui d'une opposition à ce que le juge avait réellement dit sur la matière. Il ne peut être douteux que l'avocat du défendeur n'a pas manqué d'exposer au jury ses vues sur l'importance du fait que les daims étaient dans un parc ancien et légal et il n'est pas établi qu'il y ait eu de la part du juge le moindre calcul pour détourner l'attention du jury des observations de l'avocat à cet égard, ou pour diminuer la valeur qu'il attachait justement à chacune d'elles.

Il reste à examiner si les plaidoiries faites pour le maintien de l'ordonnance ont montré que le verdict sur le procès, décidant si les daims étaient apprivoisés et domestiqués, était justifié par la preuve faite. En plaidant contre l'ordonnance l'avocat des demandeurs prétendit que la conclusion du jury, à savoir qu'Eridge Park continuait à posséder tous les caractères d'un parc légal — n'était pas justifiée par la preuve parce qu'on disait qu'il avait été déchu des privilèges par l'addition d'autres terres à l'ancien parc, par la perte des moyens de déterminer les anciennes limites; et on se reporta à de nombreuses autorités en ce qui touche les conditions requises pour constituer l'existence d'un parc et produire les causes de la déchéance des privilèges. Mais la décision de la cour sur les autres points du procès rend inutile les développements de cette question, ainsi que l'examen des autorités auxquelles on s'est référé.

Qu'il fût convenable de livrer la question au jury dans les termes sur lesquels on était expressément tombé d'accord, cela ne peut pas être discuté, et l'indication que cette question devait être tranchée en se référant à l'endroit où les daims étaient gardés, à la nature et aux habitudes des animaux et à la manière dont ils étaient traités fut jugée par le tribunal être une indication exacte. Il semble difficile de savoir par quels autres moyens la question devait être déterminée, si la preuve dans l'espèce était suffisante pour justifier la conclusion que les daims étaient apprivoisés et domestiqués.

La cour est en conséquence d'avis que l'ordonnance ne peut pas être appuyée sur un motif de mauvaise indication.

On ne prétend pas qu'il n'y avait pas de témoignages de nature à être soumis au jury, et qu'en conséquence le demandeur eût dû être mis hors de cour, mais on dit que le poids des témoignages allait à l'encontre du verdict.

En examinant si la preuve faite justifie le verdict rendu sur le procès, si les daims étaient apprivoisés et domestiqués, on doit faire attention aux observations faites par le *Lord Chief Justice* Willes dans l'affaire de Davis contre Powell. La différence en ce qui touche le mode et le but de la conservation des daims dans les temps modernes et dans les temps anciens indiquée par le Chief Justice Willes ne doit pas être négligée. Il a été exactement établi que l'ornement et le profit sont les seuls objets pour lesquels on entretient aujourd'hui des daims dans des parcs, soit qu'il s'agisse d'anciens parcs légaux, soit de ces enclos plus modernes auxquels on donne également le nom de parc. Il est rare que dans des endroits de ce genre on entretienne ces animaux et où s'en serve pour la chasse ; cependant leur entretien ne diffère guère, s'il diffère en quoi que ce soit, de celui des moutons ou autres animaux élevés dans un but pécuniaire, et dans ce procès la preuve à laquelle on s'était attaché était le fait que les daims étaient régulièrement nourris en hiver ; que les daines, avec leurs petits, étaient surveillées, les faons pris aussitôt qu'ils étaient abandonnés par leur mère, et marqués ; que des sélections étaient faites de temps en temps dans le troupeau, et les animaux choisis, engraissés dans des endroits disposés pour eux, et ensuite vendus ou consommés sans autre différence de fait que celles qui s'attachent, comme on l'a établi plus haut, à des animaux conservés pour un profit et pour la boucherie.

Quant à ce fait qu'il y en a de sauvages et d'autres apprivoisés, comme on dit, chaque animal sans doute présente des différences, comme on en trouve entre les individus dans presque toutes les races, suivant les circonstances et le degré de domesticité qui leur appartient. Parmi les daims à l'étable, on en trouverait d'apprivoisés et de doux, d'autres tout à fait indomptables et ombrageux.

En ce qui touche la question de savoir si des daims sont apprivoisés et domestiqués, la solution dépendra pour chaque espèce des faits particuliers qu'elle présente. Dans l'affaire actuelle, le tribunal pense que les faits étaient tels qu'ils étaient de nature à être soumis au jury, et, comme le jury avait à apprécier une question de fait, la Cour ne peut pas voir de raison suffisante pour justifier une sentence déclarant que le jury est arrivé à une conclusion erronée, étant donnés les témoignages ; elle ne se croit pas autorisée à toucher au verdict, et l'ordonnance prescrivant un nouvel examen doit en conséquence être annulée. — Ordonnance annulée.

[Affaire John Davies contre Thomas Powell et six autres personnes. Willes Reports, 1737-1738.] Arrêt lu par Willes, *Lord Chief Justice* :

Action en violation de propriété (*trespass*) pour avoir pénétré à l'aide d'effraction dans la réserve (*close*), connue sous le nom de Caversham-park, contenant 600 arpents (*acres*) de terres, situés dans la paroisse de Caversham, dans le comté d'Oxford, et appartenant au demandeur, pour en avoir foulé l'herbe, et pour en avoir chassé, capturé et détourné divers animaux sauvages (*diversas feras*), à savoir 100 daims, 100 biches et 60 faons de la valeur de 600 livres sterling, appartenant au dit demandeur, qui avait enfermé de force les dits animaux (*inclusas et coarctatas*) dans sa réserve. Dommages-intérêts : 700 livres sterling.

Les défendeurs se fondent conjointement sur les mêmes moyens; et quant à être entrés de force et en armes, etc., ils plaident l'innocence, mais quant aux autres chefs de l'accusation, ils justifient qu'ils sont au service de Charles, lord Cadogan, que le lieu où, etc., à l'époque à laquelle, etc., était, et est encore une terre close et entourée de pieux et de grilles, appelée et désignée sous le nom de Caversham Park, etc.; et que le dit Lord Cadogan était seigneur de ce lieu ainsi que d'un domaine avec maison d'habitation (*messuage*), etc.; et qu'il tenait le tout en fief et que, en sa qualité de propriétaire des dits, il a affermé les mêmes au demandeur, par contrat (*indenture*) signé le troisième jour du mois d'août de l'an mil sept cent trente, sous la désignation, entre autres (*inter alia*) de toute la dite réserve appelée Caversham Park pour une durée de 7 ans à courir du terme de Notre-Dame (*Lady-day*), au loyer de 124 livres sterling et deux shillings. Les fauves ne font pas l'objet d'une clause spéciale du bail; il y est cependant stipulé que le demandeur, ses exécuteurs testamentaires et mandataires devront de temps à autre s'assurer, pendant la durée de ce bail, que le nombre de fauves contenus dans la dite propriété ou dans une quelconque de ses parties, ne tombe jamais au dessous du chiffre de 100. Et lord Cadogan s'engage à accorder au demandeur, chaque hiver pendant la durée du bail, vingt voies (*loads*) de rameaux et de pousses d'arbres pour la nourriture de *ses fauves*, qu'il appelle ici, ainsi qu'il le fait dans d'autres parties du bail, les fauves du dit John Davies; il s'engage en outre, dans le cas où le demandeur paierait à lord Cadogan, avant ou le jour même de la Saint-Michel prochaine, la totalité des loyers qui seront dus à l'expiration du bail, à accorder au demandeur, à ses exécuteurs testamentaires, etc., la faculté de vendre ou de céder tout ou partie des fauves qu'ils posséderaient dans la dite réserve à une époque quelconque de la dernière année de la durée du dit bail, nonobstant toute clause à ce contraire. Et les défendeurs établissent avoir pris les dits fauves en vertu d'une saisie opérée par suite du non-paiement d'une somme de 186 livres sterling montant des loyers échus à la Saint-Thomas de l'an mil sept cent trente et un, et disent avoir pris, poursuivi et chassé les dits fauves trouvés lors de la saisie dans la dite réserve et désignés dans leur déclaration comme « étant la propriété et la chose du dit John Davies », en vertu d'une saisie opérée pour non-paiement de loyers; ils exposent en outre qu'ils se sont conformés en tous points aux conditions imposées par les dispositions de l'acte du Parlement relatif aux saisies (ce qui d'ailleurs n'est pas contesté); que les fauves ont été évalués 161 livres sterling, 15 shillings et 6 pence, qu'ils ont été ensuite vendus 86 livres sterling 19 shillings, ce qui est le meilleur prix qu'ils en aient pu tirer, que la dite somme a été par eux remise à lord Cadogan à titre d'acompte sur les loyers arriérés, et, qu'en opérant la dite saisie, ils ont causé le moins de dégâts possible.

Le demandeur conclut à ce qu'il soit sursis à la décision de la cour à cet égard, et les défendeurs déposent des conclusions semblables (*join in demurrer*).

Et la seule question qui soit soumise au jugement de la cour est de savoir si, dans ces circonstances, telles qu'elles sont exposées dans les plaidoiries, ces fauves étaient ou non saisissables. Le défendeur soutient la négative.

1° Parce qu'ils sont *feræ naturæ*, et que personne ne saurait avoir un droit de propriété absolu sur eux;

2° Parce que ce ne sont pas des meubles, et qu'ils doivent être considérés comme immeubles;

3° Parce que, si ce ne sont pas des immeubles, ils n'en font pas moins partie intégrante du fonds affermé.

4° Le dernier argument était tiré de l'absence de précédent (*ab inusitato*), parce qu'il n'y a pas d'exemple que des fauves aient été déclarés saisissables.

1° A l'appui de la première objection sur laquelle se fonde principalement l'avocat du défendeur, on a cité Finch 176; Bro-Abr. titre de la propriété, plaidoirie n° 20; Keilway, 30 b; Co. Lit. 47 a; 1 Rol. Abr. 666, et diverses autres autorités anciennes, qui établissent comme règle que les fauves ne sont pas saisissables; et l'affaire Mallocke contre Eastley, 3 Lev. 227, dans laquelle il a été décidé qu'on ne saurait invoquer la violation de propriété (*trespass*) à l'égard des fauves, à moins toutefois qu'il ne soit prouvé qu'ils sont apprivoisés. On a également cité 3 Inst. 109, 110, et 1 Hawk. P. C. 94, afin de prouver que ce n'est pas un délit de s'emparer de fauves, lapins, etc., à moins qu'ils ne soient apprivoisés.

Je reconnais que les auteurs anciens posent généralement comme principe que les fauves, les lapins, etc., sont *feræ naturæ*, et qu'ils ne sont pas saisissables, et qu'on ne saurait avoir un droit de propriété sur eux qu'en raison du lieu où ils se trouvent (*ratione loci*). Ainsi donc, lorsqu'il s'agit de cygnes (7 Co. 15, 16, 17, 18), et dans différents autres livres cités, il est établi en principe que lorsque quelqu'un intente une action basée sur la poursuite et la capture de fauves, lièvres, lapins, etc., il ne pourra les appeler siens (*suos*), par la raison qu'il ne les possède que comme objets de distraction et de plaisir en vertu d'un privilége (*ratione privilegii*) tant qu'ils sont dans sa réserve, garenne, etc. Mais le registre (*register*), ouvrage de la plus haute autorité, contient au folio 102 et ailleurs des arrêts qui prouvent que cette règle n'est pas toujours observée. Cet arrêt du folio 102 est ainsi motivé : « Parce que A... a brisé et franchi la clôture du demandeur, et s'est emparé de ses lapins. » [« *quare clausum ipsius A... fregit et intravit et cuniculos suos cepit.*]

La raison donnée par les auteurs de leur insaisissabilité est qu'ils ne constituent qu'un objet de propriété de peu de valeur. Mais ce principe est évidemment trop général, car la règle citée dans Co. Lit. est appliquée aux chiens, alors qu'il est clair qu'un chien peut être un objet de propriété de valeur. L'action en revendication connue sous le nom de *trover* a plusieurs fois été intentée pour obtenir la restitution d'un chien trouvé, et a eu pour résultat l'adjudication de dommages-intérêts élevés.

En outre, le caractère des choses est fort modifié aujourd'hui, et la raison de cette règle ne s'applique pas ici. Jadis, on ne gardait les fauves que dans les forêts, ou dans les chasses réservées, ou dans des *parks* ou domaines qui ne l'étaient que par don ou par prescription, et on les regardait plutôt comme objets de plaisir que comme objets de profit; mais maintenant on les renferme fréquemment dans des enclos qui ne sont pas, à proprement parler, des *parks*, et on ne les y conserve qu'à cause du profit qu'on en peut tirer; on doit donc les considérer comme pur bétail.

Or, les plaidoiries admettent que c'est précisément le cas des fauves qui ont été saisis dans l'affaire qui nous occupe. En intentant une action en violation de propriété à leur égard, le demandeur reconnaît, en quelque sorte, qu'il possède lui-même un droit de propriété sur eux : or, il est établi que ces animaux ont été enfermés de force et malgré eux (*inclusas et coarctatas*) dans son enclos, ce qui lui en donne au moins la propriété par raison du lieu (*ratione loci*); il est en outre établi qu'ils ont été saisis dans cet endroit; mais cette appréciation se trouve encore corroborée par ce qui suit, car dans l'affermage dont il est question dans l'exposé des moyens, et dont la cause dépend, ils sont plusieurs fois désignés sous le nom de *fauves* de John Davies, *le défendeur*, et il a le droit d'en disposer comme de son propre bien avant l'expiration du bail aux conditions y mentionnées. En outre, il est expressément dit que les défendeurs ont saisi les fauves qui étaient la propriété du dit John Davies, et il est évident que ces animaux constituaient une propriété de valeur, puisqu'ils ont été vendus 86 livres sterling 19 shillings, tous faits qui sont admis par les conclusions déposées en vue de la remise à plus tard du jugement sur la question de fond (*demurrer*). Dans ce cas, le demandeur est non-recevable (*estopped*) à dire soit qu'il n'en possédait pas la propriété ou que cette dernière n'avait aucune valeur. En outre, il est expressément dit dans Bro. Abr., tit. « Property », pl. 44, et admis dans tous les livres qui traitent de la question, que si des fauves ou tous autres animaux *feræ naturæ* sont apprivoisés, ils peuvent devenir la propriété de quelqu'un. Et si un individu les vole, il commet certainement un délit (*felony*), ainsi que le reconnaissent 3 Inst., 110, et Hawk P. C., à l'endroit cité ci-dessus.

En supposant ce qui, selon moi ne saurait plus avoir force de loi maintenant que nul ne saurait avoir la propriété de fauves à moins qu'ils ne soient apprivoisés, ceux dont il s'agit doivent être considérés comme tels, puisqu'il est admis qu'ils étaient la propriété du demandeur.

2° Quant à la prétention qu'ils n'étaient pas des meubles, mais des immeubles faisant partie intégrante de la réserve de chasse ou domaine, et comme tels ne pouvaient être saisis, on a cité plusieurs cas à l'appui : Co. Lit., 47 b. et 7 Co. 17 b., dans lesquels il est dit que si le propriétaire d'une chasse réservée meurt, les fauves y contenus passeront à son héritier et non à son exécuteur testamentaire; ainsi que le statut de Marlbridge (52 Hen. III, c. 22), où il est dit que nul n'exercera de saisie à l'égard de ses tenanciers sur les biens par lui à eux librement affermés ainsi que sur tout ce qui s'y rattache (*de libero tenemento suo nec de aliquibus ad liberum tenementum spectantibus*). J'admets comme règle que les immeubles ou les choses qui sont devenues parties d'un fonds dont le propriétaire est le franc-tenancier sont insaisissables; et il se peut que dans le cas d'une chasse réservée ou domaine, généralement appelé *park*, et possédé en vertu d'un don ou de la prescription, il soit, en quelque sorte, permis de dire que les fauves qui y sont font partie intégrante du dit *park*; mais il ne semble pas que l'enclos qui nous occupe soit un *park* dans cette acception du mot ; il ne doit même pas être regardé comme tel. Dans l'exposé de la cause, il est désigné sous le nom de *l'enclos du demandeur*, appelé Caversham Park. Dans l'exposé des moyens, il est, à la vérité, désigné sous le nom de *park* appelé Caversham Park; mais on ne dit pas que ce soit un *park* en vertu d'un don ou de la prescription, et on ne saurait ici plaider qu'il en soit ainsi : il doit être considéré comme un enclos où des fauves ont été gardés, et qui, pour cette raison, a reçu le nom de *park*, parce que les fauves, ainsi que je l'ai déjà dit, sont appelés les *fauves de John Davies*, et parce qu'il est libre de les vendre, et de les séparer ainsi de son fonds avant l'expiration du bail. Et dans l'histoire des plaidoyers de la Couronne (*History of the Pleas of the Crown*) de Hale (1er vol., folio 491), cité au nom des défendeurs, il est dit expressément qu'il peut exister des *parks réputés tels*, « dans le cas, par exemple, où un homme entoure une pièce de terre d'une clôture et y place des fauves; mais cela n'en fait pas un *park*, à moins que de mémoire d'homme il n'y ait eu prescription ou que le propriétaire n'ait obtenu la charte du roi ». (Vide stat., 21 Ed. 1, *De malefactoribus in parcis*, auxquels il y est fait allusion).

3° Quant au troisième moyen tiré de ce que les fauves font partie de la chose affermée, et sont par conséquent insaisissables, le seul cas cité où cela soit prouvé se rapporte aux dîmes, et n'a aucun rapport à la question, parce que lorsqu'on ne loue que les dîmes on ne peut pas réserver le loyer, le bail, dans ce cas, n'étant qu'un contrat personnel. Sans nier la règle, qui, je crois, est généralement vraie, les faits dont il s'agit ici n'en justifient pas l'application, car les fauves qui nous occupent ne font pas partie du fonds affermé. Ils ne sont pas désignés dans la nomenclature des objets affermés, et ne sauraient être considérés comme faisant partie de la chose affermée par la raison déjà fournie, à savoir qu'il est loisible au demandeur de les vendre et d'en disposer avant l'expiration de son bail.

4° Le dernier argument tiré de l'absence de précédent (*ab inusitato*), bien qu'il soit généralement excellent, n'est pas d'application ici. Quand le caractère des choses change, la loi doit changer aussi. Lorsque le législateur a établi que les fauves étaient insaisissables, il s'est basé sur ce qu'on ne les conservait que comme objets de plaisir et non d'utilité, et qu'on ne les vendait pas et qu'on ne les transformait pas en argent comme aujourd'hui. Mais maintenant ils font l'objet d'une exploitation régulière tout comme les chevaux, les vaches, les moutons ou n'importe quel autre bétail. Toutes les fois qu'il en est notoirement ainsi, il serait ridicule de prétendre que, lorsque des fauves sont conservés comme source de profit, ils ne peuvent être saisis comme les autres bestiaux, bien qu'il ait été établi qu'ils soient insaisissables lorsqu'on ne les garde que comme objets de plaisir. Les règles qui s'appliquent aux biens mobiliers (*personal estates*), et qui furent établies lorsque la proportion de ces biens comparés aux biens-fonds était insignifiante, ont tout à fait varié dans les tribunaux de droit ou d'équité, maintenant que les biens-meubles ont tellement augmenté et sont devenus une portion si considérable des biens de ce royaume.

C'est pourquoi, sans contredire les raisons fournies à cet égard par les anciens jurisconsultes, et sans émettre une décision quelconque au sujet des fauves que l'on trouve dans les forêts, chasses réservées ou *parks* à proprement parler, et à l'égard desquels nous ne croyons pas devoir nous prononcer à présent, nous sommes tous d'avis que nous sommes pleinement justifiés par les plaidoyers des parties en disant que, vu le but dans lequel il semble que les fauves dont il s'agit étaient conservés au moment où leur saisie a été opérée, ces derniers ont été légitimement et légalement saisis en paiement de loyers échus.

Le jugement doit donc être rendu en faveur des défendeurs.

II. — DROIT DES ÉTATS-UNIS
DE PROTÉGER LEURS INTÉRÊTS SUR LE TROUPEAU
DE PHOQUES ET L'INDUSTRIE DONT CES ANIMAUX
SONT L'OBJET.

La principale question que le Gouvernement des États-Unis estime être soumise à ce haut Tribunal, en vue d'une décision, est ainsi posée dans le Mémoire des États-Unis (p. 307) :

Des individus qui ne sont pas sujets des États-Unis ont-ils un droit, à l'encontre de ce Gouvernement, droit auquel celui-ci doive se soumettre, de se livrer à la dévastation dont il se plaint, qu'il interdit à ses propres citoyens et qui doit avoir pour conséquence la destruction rapide de toute la propriété, de toute l'industrie et de tous les intérêts attachés à la conservation de ce troupeau de phoques?

En réponse à cette question, le Gouvernement des États-Unis pose dans son Mémoire (p. 308) les trois propositions de droit suivantes :

Premièrement. En raison des faits et de l'état de choses prouvés par les témoignages, il a un tel droit de propriété sur le troupeau de phoques d'Alaska, en tant que produit naturel de son sol, devenu d'une grande valeur pour ses citoyens et une source importante de bénéfices, grâce surtout à la protection dont il l'a entouré et aux sacrifices qu'il a faits pour lui, qu'il est autorisé à préserver ce troupeau de la destruction dont il est menacé, en recourant à toute contrainte raisonnable pouvant être nécessaire.

Deuxièmement. Abstraction faite du droit distinct de propriété sur ce troupeau, le Gouvernement des États-Unis a, pour lui-même et ses nationaux, un intérêt, une industrie et un commerce résultant de l'utilisation légitime et raisonnable du croît du troupeau de phoques sur son territoire, et il a qualité, d'après tous les principes applicables à ce sujet, pour protéger cette source de richesse contre toute destruction aveugle par des particuliers qui n'ont l'espoir d'en retirer que des bénéfices modiques et éventuels. Aucune partie de la haute mer n'est ou ne doit être ouverte aux particuliers pour leur permettre de se livrer à la destruction d'intérêts nationaux d'une semblable nature et d'une semblable importance.

Troisièmement. Les États-Unis possédant, comme ils le possèdent seuls, le pouvoir de préserver et de soigner cet intérêt considérable, ont, au sens le plus juste, l'administration de ce troupeau pour le profit de l'humanité et doivent pouvoir remplir ce devoir sans obstacle.

Dans la division du plaidoyer qu'une raison de commodité a fait établir, la première et la troisième de ces propositions, qui sont connexes par leur nature, ont été discutées à fond par M. Carter.

Avant de passer à l'examen de la deuxième, qui est l'objet principal de cette partie-ci du plaidoyer, le soussigné désire ajouter, relativement à la première proposition, quelques brèves considérations qui ne constituent peut-être qu'un nouvel exposé, sous une forme différente, de ce qui a été déjà avancé.

L'on a beau contester tous les autres points, il est certains faits relatifs au troupeau de phoques, à leurs qualités, à leurs besoins, qui restent hors de discussion.

Le phoque est un amphibie polygame, tout à fait *sui generis*, et qui a des habitudes toutes particulières. Il a besoin d'une demeure fixe sur la terre ferme pendant plusieurs mois par an pour se reproduire et pour perpétuer son espèce. Il a établi cette demeure dès les premiers temps connus de son existence, sur les îles Pribilof, où il retourne chaque année, sous l'influence constante de l'*animus revertendi* et d'un instinct irrésistible, et où il reste plusieurs mois, jusqu'à ce que les petits qui y sont nés aient acquis le développement et la force voulus pour entreprendre leur migration périodique et régulière.

Quand il est sur terre, le phoque se soumet sans peine à la volonté de l'homme et, en fait, il se place de lui-même sous sa protection. Et il est affirmé par des témoins dignes de foi que tout phoque du troupeau, si on le voulait, pourrait être marqué avec la marque des États-Unis.

Le Gouvernement a élevé et protégé les phoques, comme avait fait le gouvernement russe, son prédécesseur dans la propriété de ces îles, par une législation soigneuse et par une surveillance constante et salutaire, et il a établi, avec le produit de ces phoques, une industrie importante et précieuse. Sans cette protection, cet animal aurait depuis longtemps été exterminé, comme il l'a été presque partout ailleurs.

Quand les femelles arrivent aux îles, elles sont pleines, ayant été fécondées pendant la précédente saison. Quand les petits sont nés, les mères, tout en les allaitant, ont l'habitude presque quotidienne, qui est pour elles une nécessité, d'aller en mer au delà des limites des eaux territoriales en quête de nourriture, laissant leurs petits sur les îles pendant leur absence.

C'est sur ces seuls faits que s'appuie le Gouvernement des États-Unis pour soutenir qu'il a sur le troupeau de phoques, produit et dépendance de son territoire, une propriété telle qu'elle lui donne le droit de protéger ce troupeau contre l'extermination ou toute autre atteinte dommageable et illicite.

Le plein droit de propriété du Gouvernement sur ces animaux, quand ils sont sur le rivage ou à une portée de canon, c'est-à-dire dans la limite des eaux territoriales, ne peut être contesté. La seule question est de savoir s'il a ce droit au delà de cette limite, quand les phoques sont en route pour les îles, dans la marche régulière de leur migration à l'époque de la reproduction, ou quand, tout en séjournant sur ces îles, les femelles vont et viennent en pleine mer, à la recherche de la nourriture nécessaire à la subsistance des petits qu'elles y ont laissés et qui périraient si leurs mères étaient détruites. L'exposé précis de cette question et des faits sur lesquels elle s'appuie ne laisserait, semble-t-il, aucun doute sur la réponse.

1. Même suivant les principes ordinaires du droit privé, tel qu'il est appliqué par les tribunaux judiciaires, une semblable propriété existerait dans les conditions indiquées. C'est une règle générale, établie depuis longtemps dans le droit commun de l'Angleterre et de l'Amérique, que, quand des animaux utiles, farouches par leur nature, se sont, de leur propre volonté ou par l'action de personnes qui les ont soumis à une surveillance, fixés dans une demeure sur un terrain appartenant à ces personnes; qu'ils manifestent pour cette demeure l'*animus revertendi*, c'est-à-dire l'habitude constante à y retourner; qu'ils y reviennent en effet avec régularité; qu'ils y sont nourris, protégés; qu'on leur y donne de la valeur au prix de peines et de dépenses; c'est une règle générale que tout cela produit pour les propriétaires de ce terrain un titre, qui les autorise à empêcher la destruction de ces animaux, lorsqu'ils sont momentanément absents du territoire auquel ils appartiennent. Toutefois ce titre serait perdu si ces animaux abandonnaient pour toujours leur habitude de retour et reprenaient leur état sauvage antérieur.

C'est d'après cette règle, dont la justice est évidente, qu'on admet la propriété sur les abeilles, les cygnes, les oies sauvages, les.

pigeons, les cerfs et maints autres animaux primitivement *feræ naturæ*, mais susceptibles d'être soumis en partie à la surveillance de l'homme, comme cela est pleinement démontré par les nombreuses autorités alléguées dans le plaidoyer de M. Carter et annexées à celui-ci ; aussi ce point n'a-t-il pas besoin d'être discuté plus longuement[1]. Pour les phoques, la raison est beaucoup plus péremptoire, à cause de leur nature particulière et de leur genre de vie particulier. Leur demeure sur le sol américain n'est pas seulement l'effet de leur propre choix, mais c'est une demeure permanente, nécessaire à leur existence et à l'égard de laquelle ils ne perdent jamais l'*animus revertendi*. D'après les preuves faites sur ce point, si le Gouvernement des États-Unis était obligé de les chasser maintenant des îles Pribilof et de les empêcher par la suite d'y atterrir, comme ils ont l'habitude de le faire, on peut sérieusement mettre en doute qu'il y ait, dans ces mers, une autre terre quelconque, présentant les qualités voulues de sol, de climat, d'atmosphère, d'accès, de proximité de l'eau, de facilités d'alimentation, et de tranquillité, sur laquelle ils puissent établir leur habitat et y continuer leur existence.

La règle de droit citée plus haut s'applique spécialement à des animaux qui, pendant leur éloignement temporaire de leur demeure habituelle, ne tombent sous aucune autre juridiction et ne reçoivent ni subsistance ni protection d'aucun autre propriétaire, mais traversent seulement les eaux des grandes routes communes aux autres nations où tous les droits sont relatifs.

2. Mais d'après les principes plus larges du droit international applicables à la matière, le droit de propriété du Gouvernement des États-Unis sur ces phoques devient encore plus évident. Lorsque des animaux d'une espèce quelconque, sauvages par leur nature, se fixent sur un territoire maritime et en deviennent une portion intégrante ; qu'ils ne sont pas capables d'une reproduction indéfinie ; qu'ils sont l'objet d'une industrie importante sur ce territoire ; que leur extermination serait inévitable sans les restrictions et les li-

1. Voir également les causes de HANNAM. c. MOCKETT, 2 BARNEWALL et CRESS-WELL'S Rep., p. 943 ; KEEBLE. c. HICKERINGILL, HOLT'S Rep., p. 17 ; CARRINGTON c. TAY-LOR, EAST'S Rep., p. 571 et la note du rapporteur dont il est donné des extraits dans l'Appendice de la présente section de ce Plaidoyer, p. 219.

mites apportées à la chasse que leur fait l'homme; ils deviennent la légitime propriété de la nation au territoire de laquelle ils sont ainsi attachés et dont ils tirent la protection sans laquelle ils cesseraient d'exister, même si, par suite des habitudes ou des nécessités de leur vie, quelques-uns d'entre eux se rendent de temps en temps dans la mer voisine, au delà des limites qui, par consentement mutuel et pour les besoins de la défense, sont considérées comme constituant une partie du territoire national. Dans un cas semblable, le troupeau et l'industrie dont il est l'objet deviennent inséparables et ne forment qu'une seule et même propriété.

Quoique le Gouvernement des États-Unis réclame et soutienne qu'il possède sur les phoques le plein droit de propriété que nous avons essayé d'établir, il faut toutefois considérer qu'un droit plus restreint suffirait encore aux besoins réels de la cause en question. Celle-ci n'est pas de savoir ce qu'est le droit de propriété sur un phoque considéré isolément, s'il se rendait à toute autre époque dans quelque autre mer éloignée; c'est un cas que nous n'avons pas à examiner : la question est de savoir ce qu'est le droit de propriété sur l'ensemble du troupeau, dans les mers et dans les conditions qui permettent au Gouvernement des États-Unis de trouver là matière à d'importants intérêts nationaux, auxquels les Canadiens portent atteinte de la façon qui donne lieu aux réclamations de ce Gouvernement. La détermination de ce point mettra fin à toutes les contestations soulevées à l'occasion de cette affaire.

Non seulement le principe de droit posé en dernier lieu est soutenu à l'unanimité par les écrivains qui font autorité en matière de droit international, mais c'est lui qui a servi de règle, du consentement de toutes les nations, dans toutes les causes débattues dans les temps civilisés, où se trouvaient réalisées les conditions ci-dessus établies. Et c'est d'après ce droit qu'est détenue et administrée aujourd'hui, par les nations maritimes, toute propriété similaire quelle qu'en soit la nature, exercée dans des conditions analogues.

Puffendorf (*Droit naturel et droit des gens*, livre IV, chap. v, § 7) dit :

Quant à la pêche maritime, quoiqu'elle offre beaucoup plus de ressources que celle des lacs ou des rivières, il est clair cependant qu'elle peut être ruinée, et que, si toutes les nations voulaient avoir le droit et la liberté de pêcher près de la côte d'un pays quelconque, ce pays souffrirait de ce chef un grave préjudice, si l'on considère que maintes espèces de poissons, ou même certains produits plus précieux, perles, corail, ambre et autres analogues, ne se trouvent que dans une partie de la mer, souvent fort restreinte. Dans ce cas, il n'y a pas de raison pour que les pays riverains ne revendiquent pas pour eux-mêmes le privilège d'une côte ou d'une mer riche, plutôt que les pays qui en sont éloignés.

Vattel (livre I, chap. xxiii, § 287, p. 126) dit :

Les diverses ressources qu'offre la mer aux riverains la rendent très propre à être un objet de propriété. Elle fournit du poisson, des coquillages, des perles, de l'ambre, etc.; mais pour aucun de ces produits, les ressources qu'elle fournit ne sont inépuisables. Par conséquent, la nation à laquelle les côtes appartiennent peut s'approprier et employer à son unique profit un avantage que la nature a placé ainsi à sa portée pour lui permettre d'en prendre possession commodément, de la même manière que fait cette nation à l'égard du pays qu'elle habite. Qui peut mettre en doute que les pêcheries de perles de Bahreïn et de Ceylan ne puissent devenir légitimement une propriété? Si la capture du poisson est le seul objet en jeu, bien que la pêche semble moins sujette à l'épuisement, une nation qui possède sur ses côtes une pêcherie spéciale, d'une nature avantageuse, et dont elle peut se rendre maîtresse, n'aura-t-elle pas le droit de s'approprier ce présent généreux de la nature comme une dépendance du pays en sa possession et de se réserver les grands avantages que son commerce peut en tirer, au cas où le poisson est suffisamment abondant pour approvisionner les nations voisines?... (§ 288) Une nation peut s'approprier les choses dont il lui serait préjudiciable ou dangereux de laisser à d'autres le libre et commun usage. C'est une raison pour les gouvernements d'étendre leur souveraineté sur la mer qui longe leurs côtes aussi loin qu'ils peuvent protéger leur droit.

Une autre considération a son importance dans la question.

Le troupeau tout entier doit son existence non seulement aux soins et à la protection du Gouvernement des États-Unis, mais encore aux restrictions qu'il a apportées à l'exercice de son droit exclusif. Quand les phoques sont sur le territoire des États-Unis pendant l'époque de la reproduction et de la nourriture des petits, ce Gouvernement pourrait facilement détruire le troupeau en les abattant tous, pour en tirer un profit considérable immédiat. Il n'est pas obligé de s'abstenir d'un pareil massacre, si le seul objet de cette abstention est de conserver ces animaux assez longtemps pour leur permettre d'être exterminés sur mer par des étrangers. Si tel doit être le résultat, ce serait l'intérêt du Gouvernement, et il aurait pleinement le droit et le pouvoir de profiter lui-même immédiatement de la valeur actuelle que possède sa propriété, s'il n'en peut conserver le produit futur. Peut-il y avoir un exemple plus probant que celui-là de cette possession légitime et de ce droit de surveillance qui constituent la propriété et de qui seuls dépendent le fondement et la conservation de l'existence de ce qui en fait l'objet?

M. Carter a fait ressortir d'une façon lucide et frappante la justice et la convenance de ces propositions, leur nécessité pour le bien général de l'espèce humaine et la base qu'elles trouvent dans les premiers principes d'où découlent les droits de propriété.

On trouvera plus loin, dans une autre partie de ce Plaidoyer (pp. 201-207), nombre d'exemples, tirés du passé et du présent, de propriétés marines et sous-marines de bien des nations, de la Grande-Bretagne surtout et de ses colonies; on les a réunis, pour établir quels ont été et quels sont maintenant les usages des hommes à cet égard. Ce sont ces usages généraux qui font loi en la matière; et, si l'on peut montrer qu'un usage différent ait jamais prévalu dans la conduite d'une nation quelconque capable d'affirmer son indépendance, touchant toute propriété analogue à laquelle elle a attaché de la valeur, que cette preuve soit fournie par ceux qui la pourront trouver et dont elle servira les prétentions. Si, dans l'espèce, le Gouvernement des États-Unis n'a pas un droit de propriété qu'il ait titre pour protéger, le cas présent offrirait cette singularité d'être le seul dans lequel ce droit n'ait pas été maintenu relativement à un produit marin ayant de la valeur et se trouvant dans des conditions analogues ou dépendant de la même manière du territoire d'un pays maritime.

C'est cet aspect de la cause, trop clair pour échapper aux conseils distingués du Gouvernement de Sa Majesté, qu'ils ont principalement combattu dans le Contre-Mémoire britannique, pour lequel ils ont jugé juste de réserver tous leurs efforts tant en arguments qu'en preuves, relativement aux principales questions discutées. Mais c'est en vain qu'ils ont combattu. La masse des faits sur lesquels repose cette manière de voir sont incontestés ou incontestables. Nulle tentative pour les discréditer ou pour en diminuer la valeur, nulle chicane sur les détails, nulle considération conjecturale et non appuyée de preuve ne peuvent en détruire la force ni en changer les conséquences. Et les conclusions de droit qui en ressortent ne peuvent plus être regardées désormais comme susceptibles d'une discussion sérieuse.

La cause des États-Unis a été soutenue jusqu'ici sur le terrain d'une propriété nationale sur le troupeau de phoques même. Supposons maintenant, pour les besoins du plaidoyer, qu'un pareil droit de propriété doive être écarté et que les phoques doivent être regardés, en dehors des eaux territoriales, comme des animaux *feræ naturæ* dans toute l'acception du mot. Comparons-les, si c'est possible, aux poissons dont le lieu de naissance et la demeure sont la pleine mer, et qui ne s'approchent des côtes pour y chercher leur nourriture qu'à certaines saisons, en nombre suffisant pour y rendre la pêche productive.

Il reste alors la question de savoir si, dans cette hypothèse, l'industrie établie et entretenue par le Gouvernement des États-Unis sur les îles Pribilof, consistant dans la capture des phoques et dans le commerce qui en résulte, est exposée à être ruinée suivant le caprice de citoyens du Canada, par suite de leur système de chasse au delà de la limite ordinaire de la juridiction territoriale, système dont le résultat serait l'extermination de ces animaux. Y a-t-il, même dans cette manière d'envisager la question, un principe de droit international qui prive le Gouvernement des États-Unis du droit de se défendre contre cette destruction des intérêts incontestables, qu'il possède sur lesdits animaux établis et installés sur son propre territoire? En d'autres termes, le droit de citoyens isolés d'une autre nation au profit momentané qui résulterait de cette extermination, doit-il l'emporter, en haute mer, sur le droit du Gouvernement des États-Unis à se protéger contre les conséquences de cette destruction?

Telle serait, si l'on parvenait à faire écarter le droit strict de propriété, la question précise soumise à l'examen du Tribunal. Des considérations abstraites ne peuvent être utiles qu'en tant qu'elles contribuent à la faire trancher d'une manière juste.

Avant de passer à la discussion de cette question, les faits et les conditions essentiels sur lesquels elle repose doivent être envisagés et compris nettement, car c'est sur eux et non sur des considérations spéculatives que repose la discussion.

1. Il convient de remarquer tout d'abord que l'intérêt sur l'industrie qu'on cherche à protéger est un intérêt important et une ressource considérable pour le Gouvernement lui-même.

L'industrie de l'exploitation du phoque sur ces îles était un des motifs principaux qui ont poussé les États-Unis à acheter l'Alaska au gouvernement russe pour une forte somme d'argent. L'élevage et l'abatage des phoques furent immédiatement, de la part du Congrès, l'objet d'une législation au moyen de laquelle l'exploitation tout entière a été depuis réglée, protégée et dirigée par le Gouvernement, comme elle l'avait été précédemment par la Russie, de manière à conserver le troupeau de phoques, à augmenter le nombre de ces animaux, à en rendre le produit fructueux pour ceux qui se livrent à cette exploitation, et à en faire une source de revenus publics considérables pour le Gouvernement (Voir les *Statuts revisés des États-Unis*, art. 1956-1975).

Cette entreprise rapporte au Gouvernement, ainsi que les preuves l'établissent, un revenu direct d'environ 10 dollars par peau et un revenu indirect considérable sur l'importation des fourrures apprêtées; quant à la compagnie qui, suivant une concession du Gouvernement et conformément aux règlements qu'il lui a imposés, l'exploite, cette entreprise rapporte un gros bénéfice annuel, qui lui permet d'effectuer ses paiements au Gouvernement. Aux habitants des îles et à maintes autres personnes directement employées ou indirectement intéressées elle fournit des moyens d'existence.

Les États-Unis ne sont pas seuls, d'ailleurs, à bénéficier des profits ou intéressés à conserver cette industrie. L'industrie des fourrures marchandes provenant des peaux brutes est exercée principalement à Londres, où de grandes maisons s'en occupent, employant, comme les preuves l'établissent, entre 2000 et 3000 ouvriers. Londres est également le principal marché de cet article et le siège principal du commerce qui le répartit. Il est probable que l'intérêt de la Grande-Bretagne à la conservation du troupeau de phoques est presque aussi grand que celui des États-Unis.

Le monde civilisé, en dehors de ces deux nations, est également intéressé à préserver de l'extinction le produit précieux de ces îles. Il entre pour une large part dans la consommation des hommes; aucun ne peut le remplacer, étant donnée surtout la grande diminution des animaux à fourrure, et dans aucune autre partie du globe la fourrure du phoque ne se trouve en quantités considérables. Presque partout cet animal précieux a été exterminé par suite de cette même chasse insouciante et dévastatrice contre laquelle protestent les États-Unis.

Il importe de rappeler à cet égard que, si la nation qui lutte pour la conservation de ce produit de son territoire était petite et pauvre, et si, au lieu de n'être qu'une source de revenus et de subsistance, entre beaucoup d'autres, cette source était la seule qu'elle possédât, de telle sorte que son existence même dépendît de sa conservation, les principes de droit international applicables à la matière seraient précisément les mêmes que maintenant. Le cas aurait relativement une plus grande importance pour l'une des parties; le droit qui le régirait serait le même que pour cette cause-ci, car une nation a le même droit de défendre son intérêt matériel ou une classe de ses citoyens que de défendre tout ce qu'elle possède et toutes les conditions de son existence.

2. La poursuite des phoques en pleine mer, aux époques et de la façon que l'on sait, amènera l'extermination rapide de tout le troupeau.

Il n'est pas nécessaire pour les besoins de ce plaidoyer que ce résultat extrême soit démontré. Il suffirait de prouver que l'intérêt en jeu est sérieusement atteint et amoindri, que les produits sont notablement réduits, sans qu'il s'agît d'une destruction complète. Mais, en l'espèce, les preuves fournies en abondance établissent pleinement que le troupeau a été considérablement diminué par ces procédés et qu'il sera nécessairement détruit entièrement dans un avenir rapproché, si l'on continue à suivre la même ligne de conduite.

3. Le système de chasse employé par les navires canadiens, et contre lequel proteste le Gouvernement des États-Unis, ne tend pas seulement à l'extermination rapide des phoques; mais il est en lui-même barbare, inhumain et destructif.

Une très forte proportion des phoques capturés sont des femelles, soit pleines et sur le point de mettre bas, soit allaitant leurs petits, qui, par suite de l'abatage de celles-ci, sont condamnés à mourir de faim en grand nombre. Quelques femelles sont dans cette double situation en même temps. Et, sur la quantité ainsi détruite en mer, le chasseur en perd certainement un nombre considérable et probablement une très forte proportion.

L'abatage des femelles en tout temps est considéré comme un crime par les lois des États-Unis. (*Statuts revisés des États-Unis,* art. 1961.)

La destruction des animaux sauvages de toute espèce qui offrent quelque utilité à l'homme est interdite, pendant le temps de la reproduction, non seulement par tous les sentiments d'humanité, mais par les lois de tous les peuples civilisés et notamment par les lois des États Unis et de la Grande-Bretagne. Cette protection, comme on le montrera plus complètement ci-après, a, pendant longtemps été étendue, et elle l'est aujourd'hui de nouveau, aux phoques de tous les pays du monde. Dans aucune partie du globe placée sous une juridiction territoriale, on ne saurait se livrer à la chasse à l'époque du rut, sans s'exposer à des poursuites correctionnelles (voir *Mémoire des États-Unis*, p. 219-230). De sorte que, pour la justifier dans le cas actuel, il faut considérer la mer comme ouverte à des actes qui ne sont pas seulement destructifs des intérêts précieux d'une nation voisine, mais qui sont encore interdits partout ailleurs par la loi universelle.

4. Les ravages en question, qualifiés dans le Rapport des Commissaires britanniques du nom « d'industrie », sont le fait d'individus qui arment des navires dans ce but. Leur nombre n'est pas grand, quoiqu'il aille en augmentant. L'entreprise est une spéculation et n'est pas rémunératrice dans son ensemble, bien qu'elle fournisse des exemples de gros profits qui stimulent ceux qui y sont engagés et offrent une perspective attrayante, comme toutes les occupations qui laissent une part à la chance et qui renferment un élément de jeu et une teinte de cruauté.

C'est le profit éventuel et incertain de ces individus, relativement peu nombreux (qui sera tari, cela va de soi, quand le troupeau de phoques sera détruit ou même de beaucoup réduit), qu'il faut mettre en regard de la perte que supporteraient les États-Unis si cette destruction était complète.

5. Contre ce préjudice, qui a été l'objet de représentations vaines de la part des États-Unis, il n'existe absolument aucun moyen de défense utile dans les limites de la juridiction territoriale. La destruction est pratiquée hors de ces limites et doit être réprimée là, ou ne pas l'être du tout.

Comme il est impossible, quand on chasse les phoques en mer, d'en jamais distinguer le sexe avant l'abatage, il s'ensuit que si l'on permet la continuation de ce qu'on appelle la « chasse pélagique », l'énorme proportion de femelles pleines et nourricières et de nourrissons, dont on a déjà parlé, continuera à être détruite.

Aussi ce système de chasse conduit-il inévitablement ceux qui s'y livrent sur les phoques des îles à commettre des razzias illégales. L'étendue des rivages et le caractère particulier du climat et de l'atmosphère, décrit dans les dépositions, rendent extrêmement difficile, et parfois impossible, une surveillance capable d'empêcher ces incursions, si la chasse du phoque est permise dans les eaux voisines. Le résultat de ces razzias est représenté dans le Contre-Mémoire britannique comme un des moyens amenant une extermination graduelle des phoques, trop évidente pour être contestée. Ce que vaut cette idée, on le verra après avoir passé en revue la totalité des dépositions. Mais les conseils semblent oublier, en la mettant en avant, que c'est uniquement la tolérance accordée aux navires étrangers chassant le phoque dans les eaux voisines des îles qui rend ces razzias possibles.

La conclusion qui ressort inévitablement de ces faits, c'est qu'il y a nécessité absolue de réprimer l'abatage des phoques dans l'eau, sur les mers voisines des îles Pribilof, si l'on veut empêcher la destruction du troupeau. Il n'y a pas de moyen terme praticable pour en assurer la conservation.

Les témoignages produits par les États-Unis à l'appui des propositions de fait qui précèdent et ceux qui sont apportés en sens contraire, autant qu'il nous a été permis d'en juger, sont discutées à fond dans la sixième partie de ce plaidoyer.

Le motif d'après lequel on cherche à justifier la destruction du phoque est que la pleine mer est libre, que l'abatage qui y est pratiqué l'est en vertu d'un droit inattaquable des individus qui s'y livrent, que la nation lésée ne peut se défendre sur mer et que, conséquemment, en l'espèce, elle ne peut pas se défendre du tout, quelles que puissent être les conséquences de son inaction.

Le Gouvernement des États-Unis conteste cette proposition. Tout en admettant la règle générale de la liberté de la mer, telle qu'elle est établie par les usages modernes et par un *consensus* d'opinion, et tout en ayant intérêt à la soutenir, il prétend que la mer n'est libre que pour des actes licites et inoffensifs, ne lésant pas les justes intérêts des nations riveraines; qu'elle n'est pas libre pour porter atteinte à ces intérêts afin d'en tirer un gain individuel, que le droit d'une nation à se défendre est un droit souverain et certain, auquel tous les autres sont subordonnés et auquel il n'a jamais été renoncé en vertu d'aucune théorie admise en droit international ; il prétend en outre que ce droit s'étend à tous les intérêts matériels d'une nation qu'il importe de défendre ; que, dans le temps, le lieu, le mode et l'étendue de son application il n'a d'autres limites que celles des nécessités actuelles du cas particulier ; qu'il peut par conséquent être exercé sur la haute mer, aussi bien que sur terre, et même sur le territoire de nations amies, pourvu seulement que le besoin s'en fasse clairement sentir. Il prétend enfin que, partout où un intérêt national important et légitime, quelle qu'en soit l'espèce, est mis en péril, pour un profit individuel, par un acte commis sur la haute mer, quand même cet acte serait justifiable autrement, le droit de l'individu doit faire place à celui de la nation et cette dernière est autorisée à se protéger contre l'atteinte portée à ses droits, par l'emploi de toute force pouvant être raisonnablement nécessaire, conformément aux usages établis en pareil cas.

On estime que ces principes généraux seront reconnus comme servant de base à toute la théorie de la législation de la mer, telle qu'elle a été formulée par le consentement et l'usage de l'humanité ; qu'ils sont le fondement des divers droits maritimes, depuis longtemps formulés et établis ; qu'ils ont reçu la sanction des tribunaux toutes les fois qu'ils ont été soumis à leur examen, et celle de tous les auteurs dont l'opinion peut avoir du poids en la matière ; qu'ils s'appuient sur de nombreux précédents historiques dont la légitimité n'a jamais été mise en question ; au lieu qu'on ne peut produire aucun précédent, aucune autorité judiciaire, juridique ou historique, en faveur d'un droit à la mer libre, tel que le réclament les Canadiens dans le cas présent.

Que la mer ait été, à une époque reculée, regardée comme n'étant sujette à aucune loi, cela est probablement vrai. La mer était le théâtre de la violence arbitraire, et la patrie de la piraterie. Mais un tel état de choses fut bientôt trouvé intolérable. L'exercice d'une juridiction sur la mer devint, pour les nations maritimes, une nécessité de défense, et elles y consentirent toutes. Le *mare liberum* fit, dans ces circonstances, place au *mare clausum* non en vertu d'un principe, mais comme mesure de défense. Voici comment s'exprime Sir Henry Maine (*Lectures upon International Law*, pp. 75 à 77) :

La première partie de nos recherches nous amène à l'un des points les plus vivement discutés, au moment où naquit le droit international : la question du *mare clausum* et du *mare liberum* — mer soumise à un pouvoir particulier, ou mer ouverte à tous, — dénominations qui s'identifient avec les grands noms de Grotius et de Selden. Suivant toutes probabilités, la question n'aurait pas surgi sans l'axiome des jurisconsultes romains qui déclarent la mer propriété commune par nature. Le point discutable était de savoir s'il y avait quelque chose dans la nature (quelque sens qu'on donnât à ce mot,) qui indiquât la communauté de la mer et des rivières; et aussi de connaître quelle avait été sur ce point, au dire de l'histoire, la pratique réelle de l'humanité, et si l'on pouvait déterminer dans le passé une opinion générale des hommes sur cette matière. Nous ne savons pas exactement quelle idée ce mot « nature » présentait à l'esprit d'un jurisconsulte romain. Il ne nous est pas non plus facile de nous former une opinion, même théorique, au sujet de la condition réelle de la mer en ces siècles primitifs, condition ainsi associée à l'idée de nature. Les maigres témoignages que nous possédons semblent autoriser la supposition que, primitivement, la mer n'était commune que dans ce sens qu'elle était universellement ouverte à la déprédation.

Quelle qu'ait été la juridiction revendiquée, elle n'eut probablement pour origine rien de ce qu'on peut appeler nature; elle n'était peut-être qu'une garantie contre la piraterie. En tous cas, ce qui est certain, c'est que les premiers développements de la législation maritime paraissent avoir consisté en une évolution du *mare liberum* (quel que soit le sens donné à ces mots) vers le *mare clausum;* d'une navigation dans des eaux sur lesquelles personne ne réclamait d'autorité, vers une navigation dans des eaux placées sous le contrôle d'une puissance déterminée. La fermeture des mers signifiait la délivrance de violentes déprédations, aux frais et par les efforts d'un pouvoir ou de pouvoirs plus forts que les autres. Il n'y a pas de doute que la souveraineté sur les eaux n'ait eu, au début, le caractère d'un bienfait pour les navigateurs, et qu'elle n'ait fini par prendre la forme de la protection[1].

Quand le commerce commença à prendre de l'extension et fut plus en état de se protéger lui-même, la conception moderne de la liberté de la mer, mise d'abord formellement en avant par Grotius, finit par s'établir graduellement. Mais les théories contraires furent soutenues par les hautes autorités juridiques en Angleterre.

1. Sir Henry Maine continue comme suit : « M. W.-E. Hall, dans un très intéressant chapitre de son volume (2e partie, p. 2), a montré que le droit international au sens moderne de ces mots débuta par un système général de *mare clausum*. L'Adriatique, le golfe de Gênes, la mer du Nord et la Baltique furent toutes fermées et placées sous le régime de l'autorité. L'Angleterre prétendit avoir la suprématie et exercer des droits de diverses sortes depuis la mer du Nord et les portions de l'Atlantique qui baignent l'Irlande et l'Écosse jusqu'au golfe de Gascogne. Dans toutes ces eaux un coup de canon aurait répondu au fait de ne pas baisser le pavillon devant un bâtiment anglais. Depuis cette époque les progrès de la juridiction maritime s'effectuèrent dans le sens du *mare clausum* au *mare liberum* et le pouvoir accordé par le droit international sur une portion de la mer est en fait un reste affaibli et diminué de l'autorité attribuée autrefois à certains états sur quelque grande portion de mers ou d'océans connus (p. 77). »

Les vues exprimées par sir Matthew Hale et par Selden sont bien connues. La puissante argumentation de Selden est un monument permanent des luttes soulevées de son temps par cette question en Angleterre. L'opinion de Blackstone était absolument identique. En 1824, un autre éminent écrivain anglais, M. Chitty, dans son *Droit commercial*, affirmait pour les nations maritimes le droit de souveraineté sur les mers de leur voisinage, fondé sur les nécessités de leur situation. La renonciation de l'Angleterre et d'autres puissances maritimes à la surveillance des mers, si longtemps maintenue par elles, renonciation qui fut une concession à l'opinion générale grandissante et aux réclamations en faveur de la liberté du commerce, ne se fit que lentement et à contre-cœur. Mais cette renonciation, tout le monde en convient, n'eut pour objet que de laisser aux nations maritimes la jouissance de la mer pour des opérations justes, licites, et leur profitant mutuellement. La mer ne fut pas de nouveau exposée à une licence générale. Toute l'argumentation en faveur de la liberté des mers fut basée sur cette considération qu'en laisser le libre usage à l'humanité, n'offrait point de péril, mais était profitable au bien général, et qu'on ne pouvait donc retrancher arbitrairement cette liberté[1].

Le Juge Story dit :

Tout bâtiment y navigue [sur la mer ouverte] avec le droit indiscutable de faire, sans être troublé, ses affaires légitimes; mais quelles que puissent être ces affaires, il est obligé de les faire de manière à ne pas violer le droit des autres. En pareil cas, la maxime générale est : *Sic utere tuo ut alienum non lædas.* (*The Marianna Flora*, 11 Wheaton's Repts, U. S. Supreme Court, p. 41.)

Le Chancelier Kent dit (*Commentaires*, vol. I, p. 27) :

Tout vaisseau en temps de paix a le droit de veiller à sa propre sécurité

1. GROTIUS (liv. II, chap. III, § 12, p. 415) fait la remarque suivante: « Il est certain que celui qui prendrait possession de la mer par occupation ne pourrait empêcher *une navigation paisible et non-préjudiciable,* car un transit de ce genre ne peut être interdit même sur terre, quoique ordinairement il y soit moins nécessaire et plus dangereux. »

M. Twiss (*Int. law,* §§ 172, 183) dit: « Mais ce n'est pas le cas, avec la mer ouverte, sur laquelle tout le monde peut naviguer sans le moindre préjudice pour une nation quelle qu'elle soit, et sans exposer par là aucune nation à un danger. Il semblerait ainsi qu'il n'y a pas de réelle justification pour une nation qui cherche à prendre possession de la mer ouverte et même à restreindre l'usage que peuvent en faire sans inconvénient les autres nations... Le droit de pêche dans la mer ouverte, ou en plein océan, est commun à toutes les nations, en vertu du même principe qui donne à tous le droit de naviguer: *c'est que celui qui pêche dans la mer ouverte ne cause de préjudice à personne et que les produits de la mer sont, sous ce rapport, inépuisables et suffisants pour tous.* »

et à ses intérêts, de poursuivre son voyage et de faire ses affaires sans être inquiété, *quand il ne viole pas les droits des autres.*

Le libre accès des mers à toute nation naviguant dans un but licite est un principe fermement établi. (Le juge Amphlett, dans le procès de la Couronne *c. Kehn*, 2 Law Rep., Exch. Div., p. 119.)

Aucune nation n'a jamais fait renonciation ni abandon du droit de se défendre sur la mer. Au contraire, dans la suite des progrès de la civilisation ou du commerce, chaque fois que des restrictions à la liberté de la mer ont été jugées nécessaires à la défense d'un intérêt ou d'un droit essentiel, général ou spécial, ces restrictions furent établies, et aussitôt acceptées d'un commun accord, et elles vinrent grossir l'ensemble des règles et des usages reconnus dans le droit international ; quelques-unes d'entre elles seront plus particulièrement rappelées plus loin. La sûreté des Etats et la protection de leurs intérêts commerciaux n'ont pas été sacrifiées au principe de la liberté de la mer. Cette liberté fut accordée précisément dans le dessein de les protéger et de leur procurer la plus grande sécurité.

Il n'y a pas de restrictions arbitraires imposées dans les temps modernes à la liberté de la mer. Il n'y a pas non plus, là, de droits arbitraires. Là, comme ailleurs, la liberté exige deux conditions : la soumission aux justes principes de la législation, et le respect dû aux droits des autres. Ces conditions, ce sont les parties lésées qui les font respecter, parce qu'il n'y a pas d'autre moyen d'arriver à ce but [1].

1. « Ainsi, puisqu'une nation est obligée de se protéger elle-même, elle a le droit de faire tout ce qui est nécessaire pour sa défense. Car la loi naturelle nous donne un droit à toutes les choses sans lesquelles nous ne pourrions remplir nos obligations.

« Une nation ou un État a le droit de tout employer pour écarter un danger imminent et pour éloigner tout ce qui peut lui porter atteinte, et cela en vertu des mêmes motifs qui établissent son droit aux choses nécessaires à sa préservation. » (VATTEL, §§ 18-19.)

« Le droit de se défendre est, par conséquent, un droit primordial pour les nations, et il peut être exercé soit par voie de résistance à une attaque immédiate, soit par voie de précaution contre une agression imminente. Le droit indéniable de toute nation de pourvoir à sa propre défense est classé par Vattel parmi ses droits certains. (TWISS, *Int. law*, 1re partie, § 12.)

« Le droit de pourvoir à sa propre défense est la première loi des nations, comme des individus...

« Car la jurisprudence internationale considère le droit de pourvoir à sa propre défense comme antérieur et supérieur à celui de l'inviolabilité du territoire. » (PHILLIMORE, *Int. law*. chap. x, §§ 111-114.)

« En dernier ressort la presque totalité des devoirs des États sont subordonnés au droit de se protéger eux-mêmes. Quand la loi accorde à l'individu une protection

Le droit, pour une nation, de se défendre sur mer et le droit de juridiction privée sur une partie limitée de la mer voisine des côtes ne doivent pas être confondus, car ce sont deux droits distincts. La juridiction exercée le long du littoral est simplement, en effet, une conséquence du droit général de défense accordé par l'usage et un consentement communs, d'abord parce qu'elle est toujours nécessaire pour la défense personnelle, ensuite parce qu'elle suffit généralement à cet objet. On n'a jamais essayé de l'appuyer sur une autre base. Que l'étendue de cette juridiction doive être limitée par une ligne fixée ou à fixer, c'est là une condition nécessaire ; que le droit de défense ne puisse être ainsi restreint par une limite territoriale, cela est également certain. Tous les droits de défense personnelle sont le résultat de la nécessité. Ils sont aussi étendus que la nécessité qui les fait naître et ne peuvent être restreints par aucune autre limite. Comme l'a fait remarquer le *Chief Justice* Marshall : « Tout ce qui est nécessaire pour atteindre ce but est légal, tout ce qui dépasse cette nécessité cesse de l'être. »

Quelle est exactement la limite de la juridiction sur la mer baignant le littoral ? quelles sont exactement le caractère et l'étendue de la juridiction qui y peut être établie ? doit-elle être absolue ou restreinte, territoriale ou extraterritoriale ? Toutes ces questions ont donné lieu à de graves divergences d'opinions parmi les juristes. Elles n'ont jamais été complètement tranchées. On les trouvera discutées avec une compétence, une profondeur de recherches et une magistrale puissance de raisonnement auxquelles on ne peut

insuffisante, il faut lui permettre, si son existence est en danger, de se défendre lui-même par tous les moyens qui peuvent lui être nécessaires, quels qu'ils soient... Il y a cependant des circonstances où l'existence n'est pas à proprement parler immédiatement mise en question, mais dans lesquelles, par une sorte d'extension du principe de la conservation personnelle au besoin de se défendre contre des dommages sérieux, un état est autorisé à s'écarter des règles ordinaires de la loi, comme si son existence était menacée. » (HALL, *Int. law*, ch. vII, § 23.)

« Si une nation est obligée de se protéger elle-même, elle n'est pas moins obligée de protéger ses membres avec sollicitude. La nation se le doit à elle-même, puisque la perte même de l'un de ses membres l'affaiblit et est nuisible à sa conservation. Elle le doit aussi à ses membres en particulier, comme une conséquence de l'acte même d'association ; car ceux qui composent une nation sont réunis pour leur défense et leur avantage communs ; et nul ne peut être, sans injustice, privé de cette union et des avantages qu'il compte en retirer, alors qu'il remplit de son côté toutes ses obligations. Une nation ne peut donc pas abandonner une province, une ville ni même un simple individu qui constitue une portion de la nation, à moins d'y être réduite par la nécessité ou irrémédiablement obligée par les plus puissantes raisons tirées de la sécurité publique. » (VATTEL, § 17.)

rien ajouter, selon l'opinion des juges anglais, dans l'important et célèbre procès de la Couronne contre Kehn (2 *Law Rep.*, *Exch. Div.*, 1876-77, pp. 63 à 239). Ces savants et éminents juges ne réussirent cependant pas à se mettre d'accord sur toutes les questions comprises dans le débat et sur tous les aperçus auxquels elles peuvent donner lieu, toutes les considérations qui s'y peuvent rapporter, ont été présentées surabondamment dans l'exposé de leurs opinions.

Il n'est nullement nécessaire de toucher à ces irritantes questions dans le cas présent, car elles ont peu de rapport avec lui. L'adoption de l'une ou de l'autre de ces opinions contradictoires importe peu ici. Toutes les autorités conviennent que la seule raison pour laquelle un certain droit de juridiction sur la mer, dans des limites diversement établies, a été reconnu aux nations maritimes réside dans les nécessités de leur défense personnelle. Cette partie de la souveraineté sur la mer, qu'elle soit plus ou moins grande, n'a jamais été abandonnée. C'est un reste d'un ancien pouvoir plus étendu, conservé pour la même raison qui l'avait fait revendiquer. Le *Lord Chief Justice* Cockburn, dans son opinion dans le procès mentionné plus haut, fait l'historique de la question en citant les paroles de chacun des auteurs connus qui ont écrit sur ce sujet et en se référant à toutes les décisions judiciaires alors existantes sur la matière. Il indique très clairement les différentes opinions qui ont prévalu et qui prévalaient alors sur la nature et l'étendue possible de la juridiction. La limite en a été diversement fixée, par des auteurs distingués et d'une grande autorité, à deux jours de navigation, à cent milles, à soixante milles, à la ligne d'horizon, aussi loin que la vue s'étend du rivage, jusqu'à la distance où le fond peut être touché par la sonde, jusqu'à la portée d'un coup de canon, jusqu'à deux lieues, une lieue, ou aussi loin que le gouvernement le jugerait nécessaire [1].

---

[1]. Le *Lord Chief Justice* fait l'observation suivante : « L'examen de ces autorités nous conduit aux résultats suivants : Il n'est pas douteux que l'idée émise par Bynkershock que la mer entourant la côte dans l'étendue d'une portée de canon doit être considérée comme appartenant à l'État souverain de la côte a été, à très peu d'exceptions près, acceptée et adoptée par les juristes qui l'ont suivi pendant les deux derniers siècles. Mais il est clair également que, dans l'application pratique de cette règle, aussi bien sous le rapport de la distance que sous celui bien plus essentiel encore du caractère de la souveraineté et du pouvoir à exercer, de grandes divergences d'opinions se sont produites et durent encore. En ce qui touche la distance, tandis que la majorité des auteurs ont adhéré à la zone de trois milles, d'autres, tels que M. Or-

Quant à l'autre point, à savoir le caractère de la juridiction, on peut dire que, selon l'opinion dominante aujourd'hui et selon la pratique des nations, cette juridiction n'est pas tellement absolue qu'un État ait le droit d'interdire l'approche des côtes à moins d'une portée de canon aux vaisseaux d'un autre pays naviguant d'une manière inoffensive et sans violer aucune règle essentielle du droit privé. Mais le pouvoir qui peut être exercé dans la zone dont il s'agit ne peut s'étendre que dans la mesure nécessaire à la protection nationale en vue de laquelle il a été créé, quoique, sans aucun doute, la nation qui exerce la juridiction puisse, tant qu'elle agit de bonne foi, se constituer son propre juge pour l'établissement des règles convenables et pour le choix des moyens qui en assurent l'exécution [1].

Cette étendue quelque peu indéfinie d'une juridiction plus ou moins grande sur la mer qui borde le littoral, ainsi reconnue et concédée, a eu pour objet l'intérêt de la défense nationale et non la limitation de ce droit de défense. Elle indique le droit dont elle est une application, mais elle ne l'épuise pas. Elle n'est qu'une application, entre beaucoup d'autres, du principe. La nécessité qui lui donne naissance justifie également un pouvoir plus large et d'autres moyens de défense qui peuvent, à l'occasion, être revendiqués. Aucune nation, quel que soit l'acte ou le traité par lequel

tolan et M. Halleck, appliquant avec une plus grande rigueur le principe sur lequel repose toute la doctrine, veulent qu'on étende la distance jusqu'à la portée des canons modernes, en d'autres termes, qu'on la double. Cette différence d'opinion a, peut-être, peu d'importance pratique dans le cas présent, car l'endroit où l'offense a eu lieu était à une moindre distance. Il n'est pas cependant sans intérêt de montrer combien la doctrine est encore flottante. La question de souveraineté est, d'autre part, des plus importantes, et ici nous avons toutes les nuances d'opinion... »

En ce qui concerne la présente affaire, nous pourrions réellement demander à ceux qui réclament l'application, à la mer qui borde le littoral, des lois existantes, indépendamment de toute législation, de nous dire jusqu'où nous devons aller dans cette application. Devons-nous limiter la zone à trois milles ou l'étendre à six? Devons-nous considérer le droit criminel tout entier comme devant s'y appliquer, ou devons-nous en limiter l'application aux dispositions concernant la police et la sûreté? Devons-nous le restreindre enfin, comme l'un de ces auteurs le propose, à la protection des pêcheries et des douanes, à la perception des droits de port et autres de même genre, et à la protection de nos côtes en temps de guerre? Lequel de ces auteurs devons-nous suivre?

1. Sir Robert Phillimore, dans l'avis émis par lui dans l'affaire de la Couronne contre Kehn, dit : « Les véritables conclusions qui se dégagent de l'étude des autorités qui viennent d'être rappelées me semblent être celles-ci : Les États civilisés indépendants ont admis une extension de la frontière maritime jusqu'à la distance de 3 milles à

elle a pu accepter la limitation de sa juridiction nationale à la zone de trois milles ou d'une portée de canon, n'a jamais accepté la renonciation au droit de se défendre au delà de cette limite et la substitution à ce droit du pouvoir limité et diminué qui n'en est qu'un des résultats et qui souvent se trouvera insuffisant ou inapplicable. Au contraire, comme on le verra plus loin, de nombreuses nations ont été forcées de revendiquer et ont revendiqué avec succès des pouvoirs plus larges et plus considérables pour la défense de leurs multiples intérêts.

C'est par application du principe même en vertu duquel a été accordée aux nations une juridiction sur la mer dans une limite de trois milles ou d'une portée de canon, qu'une juridiction de même nature peut être exercée non seulement sur les rivières navigables, sur les golfes et estuaires qui peuvent être regardés comme compris dans les limites territoriales d'un pays, mais aussi sur ces grandes parties de l'océan comprises entre des lignes de démarcation tracées entre des caps ou des pointes de terre éloignées et s'étendant souvent à bien plus de trois milles des côtes les plus voisines. Des eaux de cette nature étaient jadis reconnues dans les lois anglaises sous le nom de « *King's Chambers* »[1].

partir de la limite de la basse-mer, parce qu'une telle frontière ou ceinture d'eau est nécessaire à la défense et à la sécurité de l'État riverain.

« C'est pour arriver à ces résultats déterminés qu'on a concédé un pouvoir sur ces portions de haute mer.

« Cette proposition est absolument différente de celle qui a été soutenue, à savoir qu'un État a titre pour exercer dans ces eaux les droits de juridiction et de propriété qui lui appartiennent sur son territoire et dans ses ports. Il y a là une pierre de touche évidente qui peut servir à distinguer les deux souverainetés.

« D'après la jurisprudence internationale moderne, chaque État a certainement le droit de refuser le passage sur son territoire aux étrangers, en temps de paix comme en temps de guerre. Mais les états ne paraissent pas avoir le même droit en ce qui concerne l'interdiction du passage des vaisseaux étrangers dans la portion de mer désignée plus haut.

« Dans le premier cas, il n'y a pas de droit de transit (*jus transitus*). Il y en a un dans le deuxième.

« Le motif en est que la défense et la sécurité de l'État ne sauraient exiger ni justifier le fait d'empêcher des vaisseaux étrangers pacifiques de passer dans ces eaux. La coutume et l'usage des nations n'ont pas sanctionné un pareil droit. »

Lord Cockburn, dans l'affaire de la Couronne contre Kehn, parlant de la prétention en vertu de laquelle une nation aurait le droit d'interdire aux vaisseaux étrangers un passage inoffensif dans la zone de 3 milles autour des côtes, dit que c'est là « une doctrine trop monstrueuse pour être admise »; et plus loin qu' « aucune nation ne s'est arrogé pour elle-même le droit d'interdire aux vaisseaux étrangers la navigation dans les eaux qui baignent ses rivages maritimes ».

1. Sir Henry Maine dit (*Lectures on international law*, p. 80) : « Un autre vestige

Le chancelier Kent fait à ce sujet la remarque suivante (1, *Com*, pp. 30, 31) :

En raison de la grande étendue du littoral américain, nous avons le droit de réclamer, pour nos règlements fiscaux et de défense, une extension libérale de la juridiction maritime. Il ne serait pas déraisonnable, je pense, de revendiquer, pour les besoins de l'intérieur combinés avec ceux de notre sûreté et de notre prospérité, la surveillance des eaux sur nos côtes, quoique ces eaux soient limitées par des lignes s'étendant d'un cap à un autre extrémement éloigné, par exemple du cap Ann au cap Cod, de Nantucket à Montauk-Point, de là aux caps du Delaware et du cap sud de la Floride au Mississipi.

Le principe sur lequel repose cet exercice de la juridiction maritime est simplement celui de la défense nationale. Comme le fait observer plus loin le chancelier Kent (1 *Com.* p. 26) :

Les cours d'eau navigables coulant à travers un territoire et les côtes de la mer qui le bordent... appartiennent au souverain du territoire adjacent comme étant nécessaires à la sûreté de la nation et à l'usage paisible des rivages voisins.

Le droit de défense personnelle n'est limité par aucune borne physique et peut être exercé partout et dans toutes les circonstances où la nécessité l'exige, en pleine mer et même sur les territoires étrangers. Ce pouvoir n'est pas seulement le résultat inévitable de l'application de justes principes. Il est encore établi par les plus hautes autorités en matière de droit international.

Vattel dit à ce propos (p. 158, § 289) :

Il n'est pas facile de déterminer jusqu'à quelle distance une nation peut étendre ses droits sur la mer qui l'entoure... Chaque État peut là-dessus édicter telle règle qu'il lui plaît en ce qui concerne les transactions des citoyens entre eux et leurs rapports avec leur souverain. Mais entre nations tout ce qu'on peut raisonnablement dire c'est qu'en général l'empire d'un État sur les mers voisines s'étend aussi loin que sa sûreté l'exige et que sa puissance lui permet de l'affirmer.

Le chancelier Kent fait cette remarque (1, *Com.* p. 29) :

Il est difficile de tirer aucune conclusion précise ou déterminée au milieu de la variété d'opinions émises relativement à la distance à laquelle un État

de plus grandes prétentions, c'est celle de l'Angleterre réclamant une autorité exclusive sur ce qu'on appelait les *King's Chambers :* ce sont des portions de mer coupées par des lignes allant d'un promontoire de notre côte à un autre, comme du Land's End à Milford Haven. Une prétention du même genre a été émise en Amérique, et une juridiction de même nature a été revendiquée par les États-Unis sur la baie de la Delaware et les autres estuaires qui pénètrent dans certaines portions de leur territoire. »

peut légitimement étendre son empire exclusif sur les mers baignant son territoire, et en dehors de ces portions de mer qui sont comprises dans les ports, golfes, baies, estuaires, et sur lesquelles sa juridiction ne peut être mise en question. Tout ce qu'on peut raisonnablement soutenir c'est que l'empire du souverain du rivage sur la mer qui le baigne s'étend aussi loin qu'il est nécessaire pour sa sûreté et pour les fins légitimes qu'il peut se proposer.

Les États peuvent exercer une juridiction plus restreinte sur les mers dans le voisinage de leurs côtes à une distance de plus de trois (ou de cinq) milles, dans l'intérêt du fisc ou de la défense. La Grande-Bretagne, aussi bien que les États-Unis, a prohibé dans une zone de quatre lieues autour de ses côtes le transbordement des marchandises sans paiement de droit (KENT, 1 *Com.* p. 31)[1].

Dans l'affaire Church contre Hubbart (2 *Cranch, Rep.* 287), la Cour suprême des États-Unis a estimé unanimement « que le droit pour une nation de saisir des vaisseaux cherchant à faire un commerce illicite n'est pas restreint à ses ports ou à la zone limitée par la portée de son artillerie ». Il paraît que dans cette affaire le Portugal avait interdit aux étrangers de faire le commerce avec ses colonies. Un vaisseau étranger, trouvé essayant de faire ce commerce, fut saisi en pleine mer, amené dans un port portugais et y fut condamné. On considéra que cette capture était légale. C'est le *Chief Justice* Marshall qui exprima en cette circonstance l'opinion de la cour. Il fit ressortir avec une grande clarté la diffé-

---

1. M. Twiss dit (vol. 1, pp. 211, 212, *Int. Law*) : « De plus, si le libre et commun usage, d'une chose qui ne peut faire l'objet d'une appropriation, paraissait devoir être préjudiciable ou dangereux pour une nation, le soin de sa propre sécurité l'autoriserait à mettre cette chose sous sa domination exclusive, si c'est possible, de manière à en re... ...re l'usage qu'en feraient les autres, par telles précautions que peut dicter la pru... ...ce. »

Wildmann, sur le même point, dit (*Int. Law*, vol. 1, p. 70) : « La mer, dans la limite d'une portée de canon à partir du rivage, est occupée par le fait de l'occupation de la côte. Au delà de cette limite, des états maritimes ont réclamé un droit de visite et d'investigation dans ces parties de l'océan voisines de leurs rivages, que la courtoisie commune des nations a pour leurs convenances communes permis de considérer comme faisant partie de leur empire pour divers besoins intérieurs et spécialement pour l'établissement de réglements relatifs au fisc et à la défense, touchant plus immédiatement leur sûreté et leur prospérité. »

Creasy (*Int. Law.*, § 245) fait cette remarque : « Les États peuvent exercer une juridiction restreinte sur les mers près de leurs côtes dans une zone de plus de trois (ou cinq) milles dans un but fiscal et défensif, c'est-à-dire dans le but de faire exécuter leurs lois d'impôts, et dans celui d'empêcher les vaisseaux étrangers armés de croiser le long de leurs côtes d'une façon menaçante ou gênante. »

Et Halleck dit (*Int. Law.*, chap. vi, § 13) que la zone de trois milles est soumise à la juridiction territoriale : « Même au delà de cette limite les États peuvent exercer une juridiction restreinte pour des nécessités fiscales et de défense. »

rence entre le droit pour une nation d'exercer sa juridiction et son droit de défense personnelle[1].

Le *Lord Chief Justice* Cockburn, dans son avis sur le procès de la Couronne contre Kehn dont il est ci-dessus question, mentionne cette décision en l'approuvant et en cite des extraits. Il dit (2 *Law. Rep.*, 214) :

> Jusqu'ici la législation, en tant qu'elle se rapporte aux étrangers sur des bâtiments étrangers dans cette partie de la mer, s'est bornée à maintenir les droits et les obligations des neutres, à empêcher les violations des lois concernant les impôts et les pêcheries et, dans quelques circonstances particulières, elle s'est occupée des abordages. En ce qui concerne les deux premiers points, la législation ne tient aucun compte de la distance de trois milles, car elle a pour base un principe tout différent, savoir la faculté pour un État de prendre toutes les mesures nécessaires en vue de protéger son territoire et ses droits, ainsi que d'empêcher toute violation de ses lois relatives au fisc. Ce principe a été bien développé par le *Chief Justice* Marshall, dans l'affaire Church contre Hubbart[2].

L'opinion du *Chief Justice* Marshall et le langage de Lord Cockburn, cité plus haut, éclairent vivement la distinction qui existe entre une loi territoriale (*municipal statut*) et une règle de défense. L'une émane du pouvoir législatif et n'est applicable que dans les limites de la juridiction territoriale où elle a été faite ainsi qu'aux choses qui, en dehors de ces limites, seraient soumises à cette juridiction. La seconde est l'œuvre du pouvoir exécutif, établie quand cela est indispensable pour la protection des intérêts nationaux, elle peut être appliquée toutes les fois que la nécessité s'en fait sentir. Des lois édictées en vue de cette protection peuvent, par conséquent, avoir à la fois l'effet de lois dans les limites de la juridiction d'un pays et celle de règles de défense hors de ces limites, si le gouvernement veut les faire exécuter comme telles, à la condition toutefois que l'exécution en soit nécessaire à sa défense et que ces règles offrent un moyen raisonnable pour atteindre ce but. (Plus loin pp. 207-209.)

---

1. Pour les citations tout entières, voir l'Appendice (ci-dessous, p. 224).

2. Après avoir cité tout au long l'opinion du *Chief Justice* Marshall, Lord Cockburn continue en disant : « A cette classe de lois appartiennent les lois qui prononcent des peines pour violation de la neutralité, lois appelées *hovering acts*, et les lois de douanes. Ainsi la loi sur les enrôlements étrangers (33 et 34 *Vic. C.* 90) qui punit les différents actes faits en violation des obligations des neutres, et dont quelques dispositions sont applicables aux étrangers aussi bien qu'aux sujets britanniques, est étendue (§ 2) à toutes les possessions de Sa Majesté « y compris les eaux baignant ces possessions ».

Telle était l'opinion de la Cour suprême des États-Unis, dans le procès du *Sayward*, en ce qui concerne les effets des actes du Congrès mentionnés plus haut, pour la protection du phoque dans la mer de Behring. Dans cette affaire, un vaisseau canadien avait été capturé en pleine mer par un croiseur des États-Unis, et condamné par décision de la Cour régionale des États-Unis (*U.S. District Court*) pour violation des prescriptions des dits actes, et les propriétaires du navire soutenaient que cette capture n'était pas légale pour le motif qu'elle supposerait applicable hors du territoire de juridiction une loi territoriale. L'affaire ne fut pas examinée parce que la Cour était incompétente pour la juger. Mais le jugement laisse à entendre que, si la Cour eût été compétente, la capture aurait été considérée comme un acte du pouvoir exécutif fait en vue de la défense des intérêts et non comme l'application d'une loi hors des limites où elle peut produire des effets. (Procès du *Sayward, U. S. Sup. Court Rep., Book* 36, *U. S. law ed.*, p. 179.)

D'après ces règles défensives, si le Gouvernement des États-Unis juge à propos de les rendre exécutoires au delà des limites du territoire, les dispositions de ces actes du Congrès remplissent les deux conditions voulues : elles sont nécessaires et raisonnables• Elles n'entravent, à aucun point de vue, la liberté de la mer, sauf en ce qui touche la protection des phoques. Pour les besoins de cette protection, non seulement elles ne contiennent que les prescriptions appliquées par le Gouvernement à ses propres nationaux, mais l'évidence montre clairement la nécessité de leur application pour éviter l'extermination des phoques et ses conséquences pour les États-Unis.

La décision rendue dans l'affaire Church contre Hubbart est citée, comme établissant la loi, par le chancelier Kent (1 *Com.*, 31), par M. Wharton (*Dig. Int. Law.*, p. 113) et par Wheaton (*Int. Law.*, 6ᵉ éd. p. 235). Elle fut suivie dans la même Cour du procès d'Hudson contre Guestier (6 *Cranch, Rep.*, 281), dans lequel on soutenait que la juridiction des tribunaux français, en ce qui concerne les prises, n'est pas limitée à celles qui sont faites dans une zone de deux lieues autour de la côte, et qu'une capture faite au delà des limites de la juridiction territoriale pour violation des règlements territoriaux est autorisée par le droit international.

Cette décision infirme une sentence rendue dans un procès antérieur (Rose contre Himely, 4 *Cranch. Rep.* 277) dont les circonstances étaient très différentes, et où les membres du tribunal n'étaient pas d'avis unanime. L'opinion dissidente, dans cette affaire, du juge Johnson, dont la décision, rendue par la suite, fit loi, est digne d'attention [1].

M. Dana, qui a publié une édition de Wheaton avec des notes, qui, en tant qu'elles sont son ouvrage, n'ajoutent rien à sa valeur, émet cette opinion que, dans la décision rendue dans l'affaire Church contre Hubbart, le *Chief Justice* Marshall et ses éminents collaborateurs se sont trompés. Cette déclaration est citée dans le Mémoire britannique. M. Dana n'a pas une réputation suffisante pour faire autorité, surtout quand il veut prévaloir sur le plus grand d'entre les juges américains, et l'emporter sur les décisions répétées de la Cour suprême des États-Unis. Aucun autre auteur ou juge, que nous sachions, n'a jamais partagé cette opinion, et, comme on l'a vu, la décision du *Chief Justice* Marshall a reçu l'approbation des plus grands légistes.

En commentant dans sa note ces procès, M. Dana ne les expose pas exactement. La décision dans l'affaire Church contre Hubbart a été rendue conformément à l'opinion unanime de la Cour et n'a jamais fait question que pour lui; dans le procès suivant de Rose contre Himely, on décida que la capture d'un vaisseau hors du domaine territorial de la puissance au nom de laquelle elle est faite ne donne pas le pouvoir de condamner le vaisseau, s'il n'a jamais été amené dans les domaines de cette puissance. Il semblerait, d'après quelques paroles du *Chief Justice* Marshall, qu'il *peut* avoir considéré la capture elle-même comme illégale, indépendamment du fait que le vaisseau n'a jamais été amené; cela n'est pourtant pas du tout sûr. Les juges Livingstone, Cushing et Chase sont tombés d'accord dans la décision sur le seul point que le vaisseau capturé n'avait pas été amené dans un port du pays auquel appartenait le vaisseau qui avait fait la prise; ils ont refusé d'exprimer une opinion sur la validité de la prise en pleine mer pour violation d'une loi territoriale, dans le cas où le vaisseau a été amené de la sorte. Le juge Johnson diffère complètement d'opinion en soutenant, dans l'avis rapporté ci-dessus, que la capture était légale,

___

[1]. Pour l'opinion, voir l'Appendice ci-après.

quand bien même le vaisseau n'aurait jamais été amené. M. Dana fait erreur dans l'affaire de Rose contre Himely, en disant qu'on a considéré comme illégale la capture d'un vaisseau en dehors de la juridiction territoriale. Il se trompe également dans l'affaire de l'Hudson contre Guestier dans laquelle le contraire a été nettement soutenu, le *Chief Justice* Marshall partageant cet avis.

Le procès de la *Marianna Flora* (11 *Wheaton Rep., U. S. Sup. Court*) cité plus haut, dans lequel la sentence fut prononcée par le juge Story, et celui du schooner *Betsy* (*Mason's Rep.* 354), que décida le juge Story, ont eu les mêmes résultats[1].

Les juristes du continent européen sont complètement d'accord sur ce point avec les autorités anglaises et américaines[2].

1. Dans la récente affaire (1890) de Manchester contre l'état de Massachusetts (139, *U. S. Supreme Court*, 210) la loi en cette matière était ainsi établie par M. Choate, un des conseils : « Hors de ces limites était la pleine mer, propriété commune à toutes les nations. Sur elle, l'Angleterre comme l'un des souverains communs de l'océan, avait certains droits de juridiction et un pouvoir dérivés de l'accord explicite ou implicite des nations et sanctionnés par lui.

« Une juridiction et un pouvoir de ce genre, elle les possède pour tous les intérêts de sa défense et pour l'établissement de règlements concernant les pêcheurs des côtes.

« L'exercice de ces droits sur les eaux adjacentes ne saurait être nécessairement limité à une zone de 3 milles, mais serait sans aucun doute reconnu sur toute l'étendue raisonnablement nécessaire pour assurer les moyens de retirer les bénéfices de leur possession. Si la défense nationale ou la réglementation des pêcheries exigeait qu'un pays s'attribuât un contrôle à une distance supérieure à 3 milles, les autres nations y consentiraient sans aucun doute.

« La distance *d'une lieue marine* a obtenu la préférence simplement parce qu'elle a été adoptée comme limite dans certaines conventions et traités, et aussi en raison de la mention fréquente qui en est faite dans les manuels, mais jamais elle n'a été établie par la loi comme une limite fixe.

« Ces droits appartenaient à l'Angleterre comme à un membre de la famille des nations; ils ne lui constituent un titre de propriété sur aucune partie des hautes mers, et n'ajoutent aucune portion de ces eaux à son royaume. Dans leur nature ce sont des droits de puissance et de souveraineté plutôt que de propriété. »

Le juge Blatchford en exprimant l'opinion de la Cour dit : « Nous pensons qu'il faut regarder comme établi qu'entre nations, la limite minima de la juridiction territoriale d'un pays sur les eaux de marée est une lieue marine à partir de ses côtes, que les baies situées entièrement dans son territoire et ne dépassant pas 2 lieues marines en largeur à leur entrée sont comprises dans ces limites, et que l'on doit faire entrer dans cette juridiction territoriale le droit de contrôle sur les pêcheries, qu'il s'agisse soit de poissons sujets à des migrations, soit de poissons nageant librement (*free swimming*), soit de poissons se mouvant librement (*free moving*) ou de poissons attachés ou incrustés au sol. La mer libre, dans cette limite, est naturellement sujette au droit commun de navigation, et tous les gouvernements, dans un but de défense nationale en temps de guerre, ou dans celui d'empêcher les fraudes sur leurs impôts, exercent une autorité au delà de cette limite.

2. Pour les citations d'Azuni, Plocque, La Tour, Calvo, Heffter, Bluntschli et Carnazza-Amari, voir l'Appendice ci-dessous pp. 227-229.

En ce qui touche l'exercice du droit de défense nationale non seulement sur la haute mer, mais dans le territoire ou dans les eaux territoriales d'un État étranger ami, nous pouvons citer des autorités non moins éminentes. M. Wharton dit (1 *Dig. of Int. Law*, p. 50) :

Le fait de pénétrer sur le territoire ou dans les eaux territoriales d'un état étranger est excusable, quand cela est nécessaire pour la défense nationale dans des matières d'une importance vitale et quand on n'a à sa portée aucun autre moyen d'action.

Et (pp. 221, 222) :

Quand il n'y a pas d'autre moyen de protéger un pays contre une dangereuse attaque, le souverain de ce pays peut intervenir par la force sur le territoire d'où l'attaque est redoutée, dans le but de l'empêcher.

Un belligérant peut, en cas d'extrême nécessité, pénétrer sur un territoire neutre et faire ce qui est réellement nécessaire pour sa protection.

Il cite le cas de l'île Amélie, au sujet de laquelle il dit :

L'île Amélie, à l'embouchure de la rivière de Sainte-Marie, et située à l'époque en territoire espagnol, fut prise en 1817 par une bande de boucaniers sous la direction d'un aventurier nommé Mac Grégor, qui, au nom des colonies insurgées de Buenos-Ayres et du Vénézuéla, fit indistinctement sa proie du commerce de l'Espagne et des États-Unis. Le Gouvernement espagnol ne pouvant ou ne voulant pas le chasser, et le préjudice causé étant de ceux qui exigent une action immédiate, le président Monroe réunit son cabinet en octobre 1817 et ordonna qu'un vaisseau de guerre se rendrait à l'île, en expulserait les maraudeurs et détruirait leurs ouvrages et leurs vaisseaux.

Dans l'affaire de la *Caroline*, en l'année 1838, pendant la révolte du Canada, une troupe anglaise armée poursuivit ce vaisseau dans un port américain sur le lac Érié, le captura, le détruisit par l'incendie, tuant un ou plusieurs hommes de l'équipage. Cette action, qui dans un autre cas aurait été une violation grave du territoire d'une nation amie, fut justifiée par le Gouvernement britannique comme une mesure nécessaire à sa propre défense, attendu que la Caroline s'était engagée à fournir des subsides aux insurgés. Dans la correspondance échangée entre les deux Gouvernements à la suite de ce fait, le droit pour l'Angleterre de pénétrer comme elle l'avait fait sur le territoire américain fut reconnu par M. Webster, secrétaire d'État des États-Unis, à la condition que les nécessités de la défense nationale l'exigeassent, et le seul point mis en question fut de savoir si la nécessité d'user de ce droit existait réellement. A la fin, cette question fut abandonnée, on n'accorda aucune réparation et on ne fit aucune excuse. Quoiqu'il soit certainement difficile de voir comment, dans cette circonstance, on pourrait trouver une nécessité plus grande que celle qu'on peut toujours invoquer pour attaquer un vaisseau ennemi, l'affaire offre un puissant exemple de l'application d'un principe qui n'est pas douteux. On trouvera une très intéressante discussion de cette question dans la correspondance[1].

Phillimore dit, à propos de l'affaire de la Caroline (vol. I, p. 255, § 216) :

L'acte fut de la part du Gouvernement américain le sujet d'une plainte basée sur la violation du territoire, violation que la Grande-Bretagne justifia par le principe de la défense nationale, ce qui, si les faits ont été exactement rapportés, constitue une réponse suffisante et une complète justification.

Hall (*Int. Law.* p. 267, § 34) exprime des idées analogues.

En 1815, d'après les ordres de M. Monroe, des mesures furent prises pour la destruction d'un fort élevé par des brigands (*outlaws*) de toutes sortes, sur le fleuve Apalachicola, alors en territoire espagnol, d'où des bandes s'en allaient piller dans les États-Unis. Le gouvernement de Pensacola avait été invité à réprimer le frat et à punir les maraudeurs, mais il s'y était refusé. Sur ce refus, on pénétra sur le territoire espagnol ; le fort fut attaqué et détruit en vertu du principe de nécessité.

Une affaire semblable fut celle de Greytown, port sur la côte de Mosquito, dans lequel résidaient des citoyens américains. Ces citoyens et d'autres intéressés avec eux dans des affaires furent l'objet d'indignes traitements et de graves outrages de la part des autorités locales, qui étaient anglaises, mais qui prétendaient agir au nom du roi ou du chef des îles Mosquito. Les parties lésées s'adressèrent alors au commandant de la corvette *Cyane*, à ce moment mouillée près du port, pour obtenir sa protection. Afin de punir les autorités de leur action, il bombarda la ville. Pour cet acte il fut dénoncé par les résidents britanniques, qui soutinrent que le Gouvernement britannique avait un protectorat sur cette région. L'action du capitaine fut défendue par le Gouverne-

---

1. Pour la correspondance entre M. Webster et Lord Ashburton et les observations de M. Calhoun et de Lord Campbell, voir l'Appendice (ci-dessous, pp. 227-229).

ment des États-Unis pour le motif qu'il y avait nécessité de punir de cette manière le préjudice causé aux citoyens des États-Unis et d'en empêcher la continuation (1 *Wharton's Dig.*, p. 229).

Quand le souverain d'un territoire laisse des brigands et des sauvages en faire le centre d'opérations hostiles contre un pays avec lequel il est en paix, le gouvernement de ce dernier pays a qualité, au nom de la nécessité, pour poursuivre les assaillants partout où ils peuvent être et prendre toutes les mesures nécessaires pour mettre un terme à leurs agressions (*Ibid.*, p. 226).

Une incursion sur le territoire du Mexique dans le but de disperser une bande d'Indiens maraudeurs n'est pas, si elle est nécessaire, une violation du droit des gens (*Ibid.*, p. 233)[1].

Dans toutes ces affaires, la discussion porta sur la question de l'existence de la nécessité. Le droit de pénétrer sur un territoire neutre, si la nécessité l'exige réellement, ne fut contesté par aucun des gouvernements intéressés.

On trouve un exemple plus frappant encore de l'exercice du droit national de défense en pleine mer, aux dépens du commerce licite et avec subordination complète de droits privés s'ils n'avaient été opposés à des intérêts nationaux qui auraient été indiscutables, dans les ordonnances royales britanniques de l'année 1809, qui interdisent aux neutres tout commerce avec les ports que l'Empereur des Français avait déclarés bloqués pour le commerce anglais. L'effet de ces ordonnances fut d'arrêter sur mer le commerce licite des nations, non pas avec les ports bloqués ni même avec les ports non bloqués des belligérants, mais avec les ports des neutres. Cependant, au point de vue des principes du droit international, la validité de ces ordonnances, quelque terribles qu'en fussent les conséquences, fut affirmée par la grande autorité judiciaire de

---

1. « Une invasion temporaire du territoire d'un pays voisin, quand elle est nécessaire pour empêcher ou arrêter des crimes, repose sur des principes du droit des gens absolument différents de ceux qui justifient la guerre — sur les principes immuables de la défense nationale, — sur les principes qui justifient des mesures décisives de précautions contre un mal qui serait irréparable pour notre pays ou pour un pays voisin. » (M. FORSYTH, *Sec. of state*, 1 *Wharton*, p. 230.)

« Le premier devoir d'un gouvernement est de protéger la vie et la propriété. C'est une obligation supérieure. C'est dans ce but que les gouvernements sont institués, et les gouvernements qui négligent ou manquent de remplir ce devoir deviennent pis qu'inutiles... Le Gouvernement des États-Unis ne peut pas permettre qu'une bande de maraudeurs s'établissent sur ses confins avec la liberté de pénétrer sur son territoire et de le piller impunément, et, qu'ainsi, après avoir été poursuivis, ils se réfugient au delà du Rio-Grande, en invoquant l'indépendance du territoire de la République mexicaine. » (M. EVARTS, *Sec. of State*, 1 *Wharton*, p. 232.)

Lord Stowell, alors Sir William Scott, dans plusieurs affaires de captures qui lui furent soumises dans les cours d'amirauté, pour ce motif qu'elles constituaient des mesures de défense nationale devant lesquelles les droits privés devaient céder.

Dans l'affaire du *Success* (*Dodson Rep.*, p. 133), il dit :

Le blocus ainsi imposé est certainement d'une nature nouvelle et étendue. Mais il était devenu nécessaire par suite des décrets extraordinaires rendus par le maître de la France contre le commerce de ce pays (d'Angleterre) et demeure, par suite, valable en toute justice, au moins dans l'opinion du tribunal.

Dans l'affaire du *Fox* (1 *Edwards Adm. Rep.* 314), il fait, à propos des mêmes ordonnances, la remarque suivante :

Quand l'État, par suite de graves atteintes portées par ses ennemis au droit des gens, fut forcé, par une nécessité qu'il déplore, d'avoir recours à des mesures qu'il condamnerait dans d'autres circonstances, il s'est engagé à révoquer ces mesures dès que la nécessité [qui les avait provoquées] cesserait.

Parlant également de ces mesures de représailles comme nécessaires à la défense du commerce, il dit dans une autre affaire :

A ce point de vue, elles ont été, avec raison, suivant moi, jugées conformes à ces règles de justice naturelle qui régissent habituellement les relations internationales des États indépendants (*The Snipe, Edw. Adm. Rep.* 382).

Les jugements de Lord Stowell dans ces affaires n'ont jamais été critiqués ni désapprouvés par aucun tribunal ni par aucun auteur connu en matière de droit international. La nécessité qui fonde le droit peut parfois être discutée, mais, une fois établie, il n'est pas douteux qu'elle devienne la mesure du droit.

On peut voir une autre application remarquable du principe que nous soutenons dans le droit exclusif revendiqué par la Grande-Bretagne aux pêcheries existant sur les côtes de Terre-Neuve et de la Nouvelle-Écosse, non seulement dans ce qu'on appelle les eaux territoriales, mais dans toute l'étendue où peuvent se trouver ces pêcheries, quelle que soit leur distance des côtes. On trouvera toute la discussion diplomatique de cette question dans les « documents relatifs aux transactions intervenues dans la négociation de Gand, recueillis et publiés par John Quincy Adams, l'un des Commissaires des États-Unis ». Le sujet de cette discussion était la négociation du traité de paix entre les États-Unis et la Grande-Bretagne, à la fin de la guerre de 1812.

Une question importante très discutée et très examinée fut celle du droit à accorder aux États-Unis sur ces pêcheries. Par le traité de 1783 passé entre les deux pays à la fin de la guerre de l'indépendance, certains droits sur les pêcheries avaient été concédés par la Grande-Bretagne à ses colonies dont l'indépendance avait été admise dans le traité. Quand fut conclu le traité de 1815 la Grande-Bretagne prétendit que le traité de 1783 avait été abrogé par la guerre subséquente et que le droit des Américains d'avoir une part dans ces pêcheries, accordé par ce traité, était perdu par cette abrogation. On verra nettement les prétentions respectives des parties dans le remarquable et complet résumé fait par M. Adams de l'historique et de l'état de la question, ainsi que dans les citations qu'il y ajoute (pp. 106-109, 167-169, 184-185, 187-190).

La Grande-Bretagne prétendait et les États-Unis concédaient que toutes ces pêcheries, aussi bien en deçà qu'au delà de la limite de juridiction territoriale, étaient, avant la guerre de l'Indépendance, la propriété exclusive de la Grande-Bretagne comme une dépendance de son territoire. Sur ce point il n'y eut pas de discussion, quoique les pêcheries dont il s'agissait s'étendissent en pleine mer sur près de 5 degrés de latitude à partir de la côte, et le long de toute la côte septentrionale de la Nouvelle-Angleterre, de la Nouvelle-Écosse, du golfe Saint-Laurent et du Labrador[1].

De cette idée admise par les deux nations et par tous les éminents diplomates et hommes d'État qui s'occupèrent de la discussion et de la confection de ces traités, la contestation se porta sur la véritable interprétation de la concession des droits de pêche contenue dans le traité de 1783. Le Gouvernement britannique soutenait que c'était une pure concession de droits appartenant exclusivement à la Grande-Bretagne et auxquels les Américains ne pouvaient prétendre qu'en tant qu'ils leur avaient été conférés dans le traité. On affirmait d'autre part que les Américains, ayant été sujets britanniques jusqu'à l'époque de la guerre de l'Indépendance, ayant eu à ce titre qualité pour jouir et ayant eu l'habitude

---

1. Pour les citations complètes de M. Adams, voir l'Appendice ci-dessous, p. 230.

de jouir de ces pêcheries, dont la cession par la France avait été
due en grande partie à leur bravoure et à leurs efforts, n'avaient
perdu leur droit de jouissance ni par la révolution, ni par le fait
du changement de gouvernement qui se produisit quand celle-ci
fut terminée par le traité de 1783. On ajoutait que les clauses de ce
traité devaient être interprétées sur ce point non comme concé-
dant un droit nouveau, mais comme reconnaissant la qualité des
Américains à prendre leur part dans des biens qui, avant la guerre,
étaient communs aux deux pays. De quel côté était le droit dans
cette contestation? La solution de cette question est absolument
étrangère au sujet qui nous occupe. Il suffit de constater qu'il n'est
jamais arrivé au Gouvernement des États-Unis, ni à ses éminents
représentants, de soutenir, moins encore au Gouvernement britannique de concéder, ni à aucun diplomate ou auteur, soit en 1783,
soit en 1815, de concevoir que ces pêcheries, s'étendant bien au
delà et en dehors de la limite de juridiction territoriale sur la mer,
si étendue qu'on puisse la revendiquer, que ces pêcheries, dis-je,
étaient la propriété commune de l'humanité ou que la jouissance
de ces pêcheries était une part de la liberté de la pleine mer. Si cette
proposition avait pu être soutenue, le droit des Américains aurait
été net et clair. Il n'y aurait pas eu lieu de conclure un traité au
sujet de ces pêcheries à la fin ni de l'une ni de l'autre des deux
guerres. (Voir aussi *Wharton's Dig.*, vol. III, pp. 39-48.)

On verra également qu'en ce qui touche ces pêcheries, on n'a
pas prétendu qu'il fût nécessaire pour leur conservation d'empêcher les nations d'en jouir au delà de la limite de la mer qui baigne
les côtes; on n'a pas soutenu qu'une telle jouissance tendrait à leur
épuisement, et cependant, sans aucun doute, elle serait de nature
à diminuer les profits que peuvent en retirer les habitants du territoire auquel elles appartiennent.

Si l'on admet la justesse des vues émises alors par les pays
actuellement en conflit, acceptées par leurs gouvernements, par
tous les intéressés, par les cabinets, par la diplomatie, par le Congrès et le Parlement, et des prétentions soutenues alors et depuis
concédées et réglées, le précédent ainsi établi doit servir aujour-
d'hui à décider l'affaire pendante entre eux. Il ne peut pas y avoir
un droit international pour l'Atlantique et un autre droit international pour le Pacifique. Si les phoques peuvent, de même que les

poissons, être traités seulement comme *feræ naturæ*, et non comme objet de propriété, si la conservation du troupeau des îles Pribilof est seulement une pêcherie, quelle distinction y a-t-il entre cette affaire et celle des pêcheries de la Nouvelle-Écosse et de Terre-Neuve? Pourquoi n'y aurait-il pas sur cette industrie, jusqu'à ce qu'elle ait été concédée par traité ou bien ouverte au monde par consentement, un droit de propriété pour le territoire auquel elle appartient, droit que le gouvernement a qualité pour défendre?

Mais l'industrie des phoques a de tous autres titres à un tel droit que les pêcheries. Les faits remarquables touchant la nature de ces animaux, leurs relations avec la terre, sans laquelle ils ne pourraient exister, la persistance chez eux de l'esprit de retour, la protection qu'ils trouvent là et sans laquelle ils périraient, et la nécessité absolue d'empêcher les atteintes du dehors, si l'on veut les préserver de l'extinction, non seulement affermissent grandement le titre de propriété, mais y ajoutent d'autres et d'indiscutables droits de défense nationale, en ce qui concerne ces intérêts sur les bords de la mer, où la propriété n'est pas contestée ni sujette à discussion.

La juridiction accordée aux nations sur les mers du littoral n'est nullement le seul exemple où les règles du droit international restrictives de la liberté de la mer, aujourd'hui complètement établies et universellement reconnues, sont sorties du droit et de la nécessité de la défense nationale et du principe général que, devant une nécessité de ce genre, doivent céder les droits individuels et les intérêts privés sur l'océan.

Quelques-unes de ces règles se rapportent aux intérêts des nations engagées dans des guerres; d'autres, comme celles qui concèdent la juridiction sur les mers territoriales, ont trait surtout à leurs intérêts en temps de paix.

Le droit de défense, appliqué aux nations, n'est pas plus étendu pendant la guerre que pendant la paix. Certaines nécessités sont quelquefois plus impérieuses dans un état que dans l'autre; mais dans les deux la mesure de la nécessité est la mesure du droit; les moyens légitimes de protection nationale sont ceux que les circonstances exigent. C'est le principe qui commande aux circonstances, et non les circonstances qui commandent au principe. L'état de guerre existe seulement entre les belligérants, et il n'a d'importance dans leurs rapports avec les neutres qu'en tant qu'il donne naissance pour un belligérant à une nécessité particulière qui ne se serait pas produite autrement.

Le droit international au sujet de la piraterie est en opposition au droit qu'a tout criminel d'être jugé par la juridiction du lieu où son crime a été commis, et, si ce lieu est la haute mer, par la juridiction à laquelle appartient le vaisseau où il se trouve. Telle est la règle pour tout autre crime prévu par la loi. Mais si un Américain, sur un vaisseau américain, commet un acte de piraterie en pleine mer à l'égard d'un vaisseau anglais, il peut, en vertu des règles du droit international, être capturé par un croiseur français, emmené dans un port français, et là jugé et mis à mort si la France juge à propos d'étendre la juridiction de ses tribunaux à un cas de ce genre. Le motif de cette règle bien établie, on ne le trouve pas dans le caractère de l'infraction, qui est tout au plus un vol ou un meurtre, mais dans la nécessité de défense générale à laquelle toutes les nations maritimes ont un même intérêt et dans laquelle, par suite, elles ont un même droit d'intervention, sans attendre une action plus ou moins lente ou incertaine des autres.

Le commerce des esclaves est un délit pour lequel la mer n'est pas libre, quoi qu'il ne soit pas encore placé par le droit international sur le même pied que la piraterie, et cela parce qu'il y a encore des pays où l'esclavage est consacré par la loi. Mais il n'y a aucun doute qu'une nation dont les lois prohibent l'esclavage puisse capturer en pleine mer tout vaisseau chargé d'esclaves destinés à être débarqués sur sa côte, ou tout vaisseau se dirigeant vers ses rivages dans le but d'y faire le commerce des esclaves. Il n'y a pas de doute non plus qu'aussitôt après l'abolition universelle de l'esclavage, le droit international permettra de traiter un négrier de la même façon qu'un pirate, et pour les mêmes raisons de défense générale.

La mer n'est pas non plus ouverte à un vaisseau quel qu'il soit ne portant pas le pavillon d'un pays, et dont les papiers démontrent qu'il a qualité pour porter tel pavillon, et les vaisseaux de guerre de toute nation peuvent capturer un navire qui ne serait pas garanti de la sorte. La navigation, indépendante de toute nationalité déterminée, est inoffensive en soi, et elle est compatible avec les intentions les plus droites. Mais, si elle était autorisée, elle pourrait être un moyen commode de couvrir bien des actes répréhensibles : le droit international l'a en conséquence prohibée.

Une nation peut également interdire, pour des raisons politiques, un commerce, innocent d'ailleurs, entre les autres pays et ses colonies. De telles restrictions ont eu lieu fréquemment, et la légitimité n'en a jamais été mise en question. Qu'un vaisseau faisant un commerce ainsi prohibé puisse être capturé en pleine mer et condamné, c'est ce qu'ont prouvé l'affaire de Church contre Hubbart et les autres autorités citées plus haut.

Voilà des exemples de l'exercice sur mer du droit général de propre défense, dans l'intérêt commun des nations, sans égard aux nécessités particulières d'un pays quelconque. Dans bien des cas, les restrictions apportées à la liberté de la mer ont pour fondement quelque nécessité nationale particulière.

Ainsi il est bien établi qu'un vaisseau coupable d'une infraction aux lois fiscales ou autres dans les eaux territoriales d'une nation peut être poursuivi et capturé en pleine mer, parce qu'autrement ces lois, édictées pour la protection des intérêts nationaux, pourraient ne plus avoir une efficacité suffisante.

C'est également sur ce principe que fut basé l'acte britannique apportant des restrictions à la navigation en haute mer des vaisseaux à destination de la Grande-Bretagne et venant d'un port où sévissait une maladie infectieuse. Des quarantaines et des prescriptions sanitaires sont généralement imposées dans les limites de la juridiction, et, ainsi bornées, elles suffisent, dans les cas ordinaires, au but qu'on veut atteindre. Mais quand, dans une circonstance spéciale, elles sont insuffisantes, quand la nécessité de protéger le pays contre l'invasion d'une maladie dangereuse l'exige, le droit de liberté des mers ne saurait empêcher de mettre les restrictions voulues à l'approche des navires, et cela à la distance du rivage qu'on jugera nécessaire (6 *Geo. IV*, ch. 78).

Les restrictions très graves, et souvent ruineuses pour des individualités inoffensives, apportées au commerce des neutres dans l'intérêt des belligérants, restrictions dont la légitimité est depuis longtemps établie par le droit international, fournissent un puissant exemple de l'application du même principe. Si un port est bloqué, aucun bâtiment neutre n'y peut entrer pour quelque motif que ce soit, pas même pour continuer un commerce régulier et légitime établi avant le commencement de la guerre. Non seulement l'entrée du port est interdite au bâtiment neutre sous peine de capture et de confiscation du vaisseau et de la cargaison, mais il est encore possible de capture partout en pleine mer et de condamnation si l'on peut prouver, soit que le voyage du navire a pour but de forcer le blocus, soit que le vaisseau l'a réellement forcé. Et, bien que ce ne soit pas la règle générale, on peut voir par la décision de Lord Stowell citée plus haut que, si le succès de la guerre l'exige, un belligérant peut même interdire le commerce des neutres avec les ports non bloqués. Il a été admis par ce grand juge qu'une telle mesure est inusitée, sévère, pénible, et qu'on ne doit pas y recourir sans nécessité; elle est néanmoins tenue pour licite quand la nécessité la commande réellement, fût-ce la simple nécessité de rendre plus facile la continuation d'une guerre.

La même règle s'applique au transport à un port de l'un des belligérants, par un neutre, d'un chargement constituant une contrebande de guerre, quand même ce chargement n'aurait pas pour but de faciliter la guerre et serait la simple continuation d'un commerce licite et régulier établi auparavant. Et un vaisseau peut être capturé partout en pleine mer s'il se trouve engagé dans de telles opérations.

Il en est de même d'un vaisseau neutre employé au transport des dépêches de belligérants ou de passagers appartenant à l'armée ou à la marine d'un belligérant, quand bien même le vaisseau servant à cet usage serait un bâtiment régulièrement employé au service des voyageurs et suivrait sa route accoutumée comme un simple voiturier.

On a longtemps considéré comme passible de saisie le chargement d'un navire neutre destiné à l'ennemi. Si l'on peut considérer maintenant comme établie la règle que le pavillon couvre la marchandise, cette règle est d'origine relativement récente.

C'est en vertu du même principe qu'on a soutenu le droit de visite et de recherches, en haute mer, sur tous les navires marchands par les navires de guerre de toute autre nation. Bien que ce droit vexatoire et nuisible ait été fortement contesté, il est fermement établi, en temps de guerre du moins, à l'égard des neutres. Sir William Scott dit dans l'affaire du *Louis* (2 Dodson, 244):

Ce droit (de recherches), quelque incommode que puisse en être parfois l'exercice... a été pleinement adopté dans la pratique légale par les nations, car il est basé sur les nécessités de la défense nationale[1].

On a dit que le droit de recherches est limité au temps de guerre. Cette affirmation s'appuie sur le fait que c'est seulement en temps de guerre que la nécessité peut s'en faire sentir. Personne n'a jamais prétendu que ce droit doive être refusé en temps de paix s'il se produit une nécessité semblable. Et toutes les fois qu'on a cru à cette nécessité, le droit a été revendiqué. Avant la guerre de 1812 entre les États-Unis et la Grande-Bretagne, cette dernière réclamait le droit de visiter en temps de paix les navires américains en haute mer, sous le prétexte des sujets anglais qui y servaient comme matelots. Quoique cette prétention ait fait naître la guerre, elle ne fut pas abandonnée par la Grande-Bretagne lors de la conclusion du traité de paix. Elle est tombée en désuétude, mais on n'y a jamais renoncé. L'objection qu'y faisaient les États-Unis était, ce qui est évident, qu'elle n'était pas fondée sur la nécessité ni sur une juste convenance. Si c'eût été une mesure nécessaire, dans un sens raisonnable quelconque, à la défense nationale de la Grande-Bretagne, sa prétention aurait eu un bien autre fondement et aurait été appuyée de l'analogie avec tous les cas similaires. Le droit de recherches est exercé sans discussion à l'égard des navires marchands soupçonnés de se livrer à la traite des esclaves. Et il est bien clair que, comme les exigences croissantes des rapports internationaux de toute espèce le rendent nécessaire, le principe qui le permet en temps de guerre sera jugé suffisant

---

1. M. Twiss (*Droits et devoirs des nations en temps de guerre*, éd. 1863, p. 176) dit : « Le droit de visite et de recherches sur les navires marchands en haute mer, fait remarquer lord Stowell dans l'affaire bien connue du convoi suédois, quels que soient les navires, quelles que soient les cargaisons et les destinations, est un droit incontestable du navire d'une nation belligérante qui en est légalement chargé, parce que, tant que cette visite et ces recherches n'ont pas eu lieu, on ignore ce que sont ces navires ou leurs cargaisons et quelle en est la destination ; et c'est le besoin de s'assurer de ces points qui nécessite ce droit de visite et de recherches. Tout navire est obligé de se soumettre à la visite et aux recherches, qu'il appartienne à un ami, à un allié ou même à un sujet, et cette obligation peut être imposée, au besoin, par les armes, sans donner aucun droit à une indemnité pour le dommage subi, dans le cas où la visite n'établirait pas que le vaisseau est sous le coup d'une saisie... Si le navire est neutre, un belligérant est autorisé à s'assurer s'il contient de la contrebande de guerre, des dépêches de l'ennemi ou des officiers de l'armée ou de la marine ennemie.

« Si le capitaine d'un navire neutre résiste par la force (au droit de recherches), c'est un motif de saisie et, par suite, de prise. » (WILDMANN, *Droits des navires*, chap. II, p. 6.)

pour le permettre en temps de paix. La règle, comme on l'a vu, découle de la nécessité seule, et doit, par suite, s'étendre avec elle.

Lord Aberdeen, dans une lettre du 20 décembre 1841 à M. Everett, ministre américain (*British and Foreign State Papers*, vol. XXX, p. 1177), réclame le droit de soumettre en temps de paix les navires en mer à une visite suffisante pour s'assurer de leur nationalité. Et, dans sa dépêche à M. Fox, il dit :

Il (le Gouvernement britannique) maintient encore et il exercerait, au besoin, son propre droit de vérifier l'authenticité de tout pavillon que pourrait porter un navire suspect. Si, dans l'exercice de ce droit, une perte ou un dommage était causé par suite d'une erreur involontaire ou malgré toutes les précautions, une réparation prompte serait accordée; mais il serait tout à fait impossible qu'il (le Gouvernement britannique) conçût même un seul moment l'idée d'abandonner le droit lui-même. (Œuvres de Webster, vol. VI, p. 334.)

M. Webster conteste ce droit, mais est obligé d'admettre qu'il existe en cas d'absolue nécessité. Il dit :

Il n'existe pas de droit de visite en temps de paix, *excepté* pour assurer l'exécution des lois fiscales ou autres lois d'une nation, auxquels cas le droit est exercé habituellement auprès de la côte ou dans la limite d'une lieue marine, ou bien quand le navire est soupçonné avec raison de violer le droit des gens en se livrant à des actes de piraterie; mais, où qu'il soit exercé, c'est un droit de recherches. (Œuvres de Webster, vol. VI, p. 336.)

Le principe qui subordonne ainsi le droit privé aux nécessités nationales est bien fixé par M. Manning (*Int. Law*, chap. III, p. 252) :

La plus grande liberté que la loi doive permettre dans un régime civil, c'est le pouvoir de faire tout ce qui ne nuit pas à autrui, et la plus grande liberté que réclame la justice entre les nations est que chaque état puisse faire tout ce qui ne lèse pas un autre état avec lequel il entretient des relations d'amitié. La liberté du commerce et les droits de la guerre, incontestables tant qu'il n'en résulte aucune injustice, deviennent douteux aussitôt que l'exercice en est gravement préjudiciable à un état indépendant quelconque. Mais la grande différence des intérêts en jeu fait que la nature insignifiante de la restriction qu'on peut justement imposer aux neutres semble sans importance comparée à la grandeur des entreprises nationales que pourrait compromettre l'absence de restriction au commerce des neutres. Une certaine entrave se justifie, cela est évident, par la considération que, si un neutre avait le pouvoir de se livrer à un commerce illimité, il pourrait apporter à un port bloqué et sur le point de se rendre des provisions, lui permettre ainsi de tenir et de changer toute l'issue de la guerre; et, de cette façon, les intérêts vitaux d'une nation pourraient être sacrifiés pour augmenter la fortune d'un seul individu.

Azuni pousse le principe encore plus loin et soutient que même les droits d'une nation doivent fléchir devant ceux d'une autre qui entraîneraient pour celle-ci des conséquences plus importantes. Il fait cette remarque (IIe partie, chap. iii, art. 2, § 4, p. 178) :

> Quand le droit certain d'une nation est en désaccord avec le droit certain d'une autre, la raison, la justice et l'humanité exigent alors que celle qui doit subir un moindre dommage cède à l'autre.

Paley, dans un passage frappant, applique ce principe même à l'obligation d'observer les traités, une des obligations les plus hautes qu'on connaisse en droit international. (*Moral Philosophy*, livre VI, chap. xiii) :

> Si l'adhésion à un traité public devait asservir un peuple tout entier, bloquer des mers, des rivières ou des ports, dépeupler des villes, condamner des régions fertiles à une désolation éternelle, séparer un pays de ses sources d'approvisionnement ou le priver des avantages commerciaux auxquels son climat, ses productions ou sa situation commerciale lui donnent droit naturellement, la grandeur du mal particulier nous amène à mettre en question le caractère obligatoire de la règle générale. La morale ne nous donne aucune solution de ces doutes... Elle reconnaît que la force obligatoire de toute loi dépend de son utilité finale, que celle-ci ayant une valeur limitée et déterminée, on peut imaginer des cas, qui conséquemment peuvent se produire, dans lesquels l'énormité du dommage particulier l'emporte sur la tendance générale.

Dans tous ces cas de restrictions apportées aux droits privés sur la haute mer, fréquents et bien réglés, le principe sur lequel ces restrictions s'appuient est le même : la subordination de l'intérêt individuel à celui d'une nation, quand la nécessité l'exige. Aucun autre motif ne les légitime. Grotius, parlant du commerce neutre d'articles qui ne sont pas d'ordinaire contrebande de guerre, mais qu'on emploie indistinctement en guerre et en paix, tels que l'argent, les vivres, etc., dit (livre III, chap. i, sect. 5) :

> Car, si je ne puis me défendre qu'en m'emparant des articles de cette nature qui sont envoyés à mon ennemi, la nécessité me donne le droit de le faire, ainsi que nous l'avons déjà expliqué ailleurs, à condition de les restituer, à moins qu'il ne survienne quelque autre raison qui m'en empêche.

M. Wheaton, commentant cette opinion de Grotius, fait ressortir que cet auteur lui donne entièrement pour fondement le droit de défense nationale; que Grotius ne prétend pas que le transport d'objets semblables soit illégal en soi, ou expose le navire qui s'y

livre à la saisie, mais que la nécessité justifie néanmoins, au cas
où elle se produit réellement, la saisie du navire dans un but de
défense nationale. Et il montre, par une nouvelle citation, que
Grotius était d'avis qu'une nécessité de ce genre met un cas hors
de toutes les règles générales. (*Droit des gens*, p. 128.)

M. Manning (p. 263) définit ainsi le droit des belligérants à
l'égard du commerce des neutres :

Il consiste simplement à empêcher les navires de mettre obstacle aux
droits des belligérants en cherchant leur propre profit au détriment direct
d'une des parties engagées dans le différend.

Azuni (II° partie, chap. II, art. 2, sect. 14, p. 91) fait cette
remarque :

La justesse de cette théorie (droit du commerce neutre) ne prive pas cependant les belligérants du droit d'arrêter le commerce des neutres avec l'ennemi,
quand ils le jugent nécessaire pour leur propre défense.

Les exemples cités sont des cas si communs et si fréquents que
les règles auxquelles ils sont soumis ont été exactement formulées
par les tribunaux judiciaires et par les écrivains sur la matière, et
l'usage commun et le consentement universel les ont fait passer
dans le domaine du droit international fixé.

Mais il s'est présenté dans l'histoire des nations bien des cas
d'une nature exceptionnelle et qu'aucune règle générale n'a prévus,
dans lesquels une nécessité semblable à celle qui a dicté ces règles
a exigé un acte analogue de défense personnelle de la part d'une
nation. Et les gouvernements intéressés ont employé pour exercer
cette protection tant l'action législative que l'action exécutive.
Quelques-uns de ces exemples peuvent être utilement cités, car ils
offrent une analogie complète avec le cas présent, sauf que, sous
le double rapport de la nécessité qui les a dictées et de l'importance
du préjudice à éviter, ils restent tous bien au-dessous des exigences
du cas présent.

Dans les précieuses pêcheries de perles de Ceylan, les autorités
britanniques ont pendant longtemps exclu toutes les autres nations
de toute participation et de toute ingérence dans cette industrie,
bien que ces pêcheries s'étendent en pleine mer à une distance variant entre 6 et 20 milles du rivage.

Un règlement fut rendu par les autorités locales britanniques le 9 mars 1811 pour autoriser la saisie et la confiscation de tout navire trouvé rôdant sur les bancs de perles de la côte ouest de Ceylan, dans des eaux d'une profondeur de 4 à 12 brasses (*fathoms*), ces bancs formant une zone s'étendant dans la pleine mer à 90 milles au-dessus et au-dessous de la côte et d'une largeur variable, mais à une distance d'environ 20 milles marins de la côte au point le plus éloigné. Ce règlement est toujours en vigueur (Règlement n° 3, de 1811, pour la protection des bancs de perles de Sa Majesté à Ceylan.)

Une ordonnance rendue en 1842 interdisait l'emploi d'une drague quelconque pour pêcher dans les limites des bancs de perles, sous peine de confiscation et d'emprisonnement.

L'ordonnance du 30 novembre 1843 défendait de détenir ou d'employer des filets, dragues et autres engins pouvant causer un préjudice aux bancs de perles du Gouvernement dans une étendue de 12 milles d'une partie quelconque du rivage situé entre deux points désignés. Les pénalités prononcées étaient la confiscation et l'emprisonnement. Les personnes suspectes pouvaient être recherchées. Ce règlement est encore en vigueur. (Ordonnance n° 18, de 1843, déclarant illégales la détention de certains filets et engins dans certaines limites.)

L'ordonnance du 18 novembre 1890 interdisait à toute personne de pêcher des *chanks*, bêches-de-mer, coraux ou coquillages dans une zone comprise en deçà d'une ligne droite tirée en haut et en bas de la côte, dont les extrémités étaient à 6 milles de celle-ci et dont le point le plus éloigné était à une distance de plus de 20 milles du rivage. Confiscation, amende, emprisonnement, telles étaient les pénalités édictées. Ce règlement est encore en vigueur (Ordonnance n° 18, de 1890, relative aux *chanks*. Pour les copies de ces documents, voir Mémoire des États-Unis, App., Vol. I, p. 461.)

Une loi votée en 1888 par le Conseil fédéral d'Australie étendit (pour les navires britanniques) les règlements locaux de Queensland relatifs aux pêcheries de perles à une zone de pleine mer le long de la côte d'Australie, variant de 12 à 250 milles marins de largeur. Amendes, saisies et confiscations, telles étaient les pénalités édictées. (51 Vict., n° 1.)

Une loi votée en 1889 par le Conseil fédéral d'Australie étendit (pour les navires britanniques) les règlements locaux de l'Australie occidentale relatifs aux pêcheries de perles à une zone de pleine mer le long de la côte nord-ouest d'Australie, comprise dans un parallélogramme dont l'angle nord-ouest est à 500 milles marins de la côte (52 Vict., 4 février 1889, Mémoire des États-Unis, App., Vol. I, p. 468).

Des restrictions semblables concernant les pêcheries de perles en pleine mer ont été de même apportées par le gouvernement de Colombie.

Un décret du gouverneur de Panama, dans les États-Unis de Colombie, a interdit en 1890 l'emploi des scaphandres pour la pêche des perles dans une portion du golfe de Panama, d'une largeur de 60 à 70 milles marins, et dont le point le plus éloigné est à 30 milles marins de la terre principale. (*Gaceta de Panama*, 6 février 1890, Mémoire des États-Unis, App., Vol. I, p. 485.)

Une législation du même genre est également intervenue en France et en Italie, à l'égard des bancs de corail en pleine mer, et au delà des limites de la juridiction.

La loi française de 1864 relative aux pêcheries de corail d'Algérie et de Tunisie imposait à tous les pêcheurs l'obligation de se pourvoir d'autorisations pour pêcher n'importe où sur les bancs de corail qui s'étendent dans la Méditerranée à 7 milles du rivage. Outre cette autorisation, tous les pêcheurs étrangers étaient obligés de demander au gouvernement des lettres-patentes pour lesquelles il leur fallait payer une forte somme, et, par la loi récente de 1888, ces derniers sont entièrement privés du droit de pêcher en deçà de 3 milles du rivage, les règlements antérieurs restant apparemment en vigueur relativement aux portions des bancs de corail situés au delà de ces limites. (*Journal officiel*, 2 mars 1888. Mémoire des États-Unis, App., Vol. I, p. 469.)

Par une loi votée en Italie en 1877 et un décret rendu en 1892, des autorisations sont exigées de tous les navires pêchant sur les bancs de corail situées sur la côte de la Sardaigne à des distances variant de 3 à 15 milles de la terre.

D'après les règlements ainsi édictés, celui qui découvre un nouveau banc de corail à un endroit quelconque est autorisé à en prendre possession et à distinguer sa découverte au moyen d'une bouée convenablement marquée, qui lui confère le privilège d'exploiter ce banc comme un monopole privé pendant deux ans.

Sur la côte sud-ouest de Sicile, il y a trois bancs de corail situés respectivement à des distances de 14, 21 et 32 milles du rivage.

La loi italienne de 1877 et le décret de 1882 s'appliquent à ces bancs, avec les modifications introduites par les trois décrets suivants. (Documents officiels, n° 3706, série 2, 4 mars 1877; n° 1090, série 3, 13 novembre 1882.)

Le décret de 1877 interdit toute espèce de pêche sur le plus rapproché de ces trois bancs, c'est-à-dire sur celui qui est situé à 14 milles du rivage, et décida que les deux autres seraient divisés en sections où la pêche se ferait à tour de rôle.

Le décret de 1888 interdit toutes opérations sur les trois bancs jusqu'à nouvel ordre, pour que le corail, qui était alors presque épuisé, pût avoir le temps de se reformer.

Celui de 1892 permit de recommencer la pêche, conformément aux règlements primitifs, après la fermeture de la saison de pêche de 1893. (Mémoire des États-Unis, App., Vol. I, p. 470.)

Les bancs d'huîtres en pleine mer ont fait l'objet d'une législation analogue en Grande-Bretagne.

Une section de la loi britannique de 1868 sur les pêcheries maritimes (*Sea Fisheries Act*) accordait à la Couronne le droit de restreindre et de régler, par des ordres du conseil, le dragage des huîtres sur un banc quelconque situé en deçà d'une limite distante de 20 milles d'une ligne droite tirée entre deux points spécifiés de la côte d'Irlande, « au delà des limites exclusives des pêcheries des Iles britanniques ». La loi s'applique à tous les navires spécifiés dans l'ordre, britanniques ou étrangers. (31 et 32 Vict., ch. 45, sec. 67; Mémoire des États-Unis, App., Vol. I, p. 457.)

Il en est de même quant aux pêcheries de harengs. La loi écossaise de 1889, sur la pêche du hareng, confère à la Commission des pêcheries d'Écosse le pouvoir d'interdire certains procédés de pêche, connus sous le nom de *beam trawling* et autre *trawling* (pêche au chalut ou traîneau) dans une étendue de haute mer, sur la côte nord-est d'Écosse, supérieure à 2000 milles carrés, dont le point le plus éloigné est à environ 30 milles marins de la terre. (52 et 53 Vict., chap. 23, sec. 6 et 7; Mémoire des États-Unis, App., Vol. I, p. 458.)

La capture des phoques, dans quelque contrée qu'on les trouve, a fait tout particulièrement l'objet d'une réglementation et d'une restriction législatives et gouvernementales sur la haute mer. Et à cet égard la Grande-Bretagne et le Canada se sont fait remarquer.

Une loi du Parlement britannique votée en 1863 fit rentrer dans les limites de la colonie de la Nouvelle-Zélande l'étendue de terre et d'eau bornée par les degrés suivants de latitude et de longitude, savoir 33° et 53° sud, 162° est et 175° ouest. L'angle sud-est de ce parallélogramme est situé dans l'Océan Pacifique à plus de 700 milles de la côte de la Nouvelle-Zélande (26 et 27 Vict., chap. xxiii, sect. 2.)

En 1878, le Pouvoir législatif de la Nouvelle-Zélande adopta une loi pour protéger les pêcheries de phoques de la colonie, qui stipule :

1. La fixation de la fermeture annuelle de la chasse du phoque au moins du 1ᵉʳ octobre au 1ᵉʳ juin;

2. Que le gouverneur de la Nouvelle-Zélande peut d'après les ordres du conseil, étendre ou changer l'époque pendant laquelle cette chasse est fermée *pour tout ou partie du territoire* de la colonie, pour trois ans ou moins et, avant l'expiration de la période ainsi fixée, en étendre la durée à une nouvelle période de trois autres années. (Voir *Fish Protection Act*, 1878, 42 Vict., n° 43.)

Conformément à cette loi, une fermeture continue fut prescrite par des ordres successifs du conseil du 1ᵉʳ novembre 1881 au 31 décembre 1889. Ces mesures extrêmes furent jugées nécessaires pour empêcher l'extermination totale des phoques dans un avenir prochain (voir les rapports du département de la Marine de la Nouvelle-Zélande pour les années 1882, 1885, 1886-87, 1887-88, 1889-90, ainsi que le rapport de la Commission de la pêche des États-Unis).

Une autre loi, adoptée en 1884, conférait un nouveau pouvoir au gouverneur en conseil d'édicter tels règlements spéciaux, limités et temporaires, relatifs à la durée de la fermeture « qui pourront sembler convenables *pour tout ou partie de la colonie*, etc. ». Tous les phoques ou autres poissons pris à l'encontre de ces ordres devaient être confisqués, ainsi que les engins employés à leur capture. (*The Fisheries Conservative Act*, 1884, 47 Vict., n° 18.)

Une troisième loi, encore plus restrictive dans ses termes, fut adoptée en 1887, stipulant que :

1. La *simple possession* d'un phoque par quelqu'un pendant la période de fermeture serait la preuve, à défaut d'un témoignage satisfaisant du contraire, que cet animal avait été *capturé illégalement;*

2. Tous les navires capturant ou transportant des phoques pendant cette période seraient confisqués au profit de la couronne;

3. Le commandant de tout navire de l'État peut saisir, fouiller et prendre tout navire délinquant partout « dans la juridiction du gouvernement de la colonie de la Nouvelle-Zélande ».

En d'autres termes, ces lois conférèrent le pouvoir de saisir des navires pour capture illégale de phoques sur une zone de pleine mer s'étendant, à son point le plus éloigné, à 700 milles de la côte; et le gouvernement de la Nouvelle-Zélande a toujours entretenu depuis un croiseur s'occupant activement de faire observer ces dispositions. (*Fisheries Conservative Act*, 1887, 51 Vict., n° 27; rapport de la Commission de la pêche des États-Unis; Mémoire des États-Unis, App., vol. I., p. 440.)

Une ordonnance des îles Falkland, rendue en 1881, a établi une période de fermeture pour ces îles et les eaux environnantes d'octobre à avril de chaque année. Deux des îles sont éloignées de 28 milles, et cette prescription est appliquée dans la pleine mer qui s'étend entre elles. (Rapport de la Commission de la pêche des États-Unis; déclaration sous serment du capit. Buddington; Mémoire des États-Unis, App., vol. I, p. 435).

La loi de 1892 sur les pêcheries de phoques de Terre-Neuve, votée en avril par le Parlement de ce pays, porte :

1. Aucun phoque ne sera abattu sur les terres des pêcheries situées au large de l'île à un moment quelconque de l'année, excepté du 14 mars au 20 avril inclusivement; aucun phoque ainsi abattu ne sera introduit dans les limites de la colonie sous peine de 4 000 dollars d'amende pour chaque cas;

2. Aucun navire à vapeur ne quittera un port de la colonie pour les pêcheries de phoques avant le 12 mai, à six heures du matin, sous peine d'une amende de 5 000 dollars;

3. Aucun navire à vapeur ne retournera aux pêcheries de phoques une deuxième fois la même année, à moins d'être obligé de rentrer au port par suite d'accident.

Cette loi étend et élargit la portée d'une loi antérieure en date du 22 février 1879 qui contenait des dispositions semblables, mais avec des pénalités moindres, et la prescription qui est toujours en vigueur qu'aucun phoque ne sera pris s'il pèse moins de 28 livres. (55 Vict., Mémoire des États-Unis, App., Vol. I, p. 442.)

Les pêcheries de phoques du Groënland ont fait l'objet d'une législation commune en 1875, 1876 et 1877 de la part de l'Angleterre, de la Norvège, de la Suède, du Danemark et des Pays-Bas, législation qui interdit la pêche des phoques aux habitants de ces contrées avant le 3 avril de chaque année sur une étendue de pleine mer limitée par les degrés suivants de latitude et de longitude, savoir : 67° et 75° nord, 5° est, 17° ouest. (*British and Foreign State Papers*, vol. LXX, pp. 367, 368, 513; vol. LXXIII, pp. 282, 283, 708; *the Seal Fishery Act*, 1875, 38 Vict., chap. 18.)

D'après la loi de l'Uruguay, l'abatage des phoques sur les îles Lobos et autres, « dans cette partie de l'Océan adjacente aux départements de Maldonado et de Rocha », est garanti aux concessionnaires, qui payent au Gouvernement une taxe et un droit d'autorisation. (Lois des 23 juillet 1857 et 28 juin 1858, Caraira, vol. I, pp. 440 et 448, digeste des lois ; Mémoire des États-Unis, App., Vol. I, p. 448.)

La loi russe règlemente toute la question de la chasse des phoques dans la mer Blanche et dans la mer Caspienne, quant à l'époque et quant à la méthode, et interdit l'abatage de ces animaux, excepté conformément à ses prescriptions. (Code des lois russes s'appliquant aux industries agricoles, Vol. XII, 2° partie ; Mémoire des États-Unis, App., Vol. I, p. 445.)

Les mesures fermes et énergiques prises par le gouvernement russe pour prohiber en pleine mer, près des îles du Commandant, les mêmes ravages dans le troupeau de phoques que ceux dont se plaignent les États-Unis dans le cas présent et pour capturer les navires canadiens qui les exercent sont bien connues et seront universellement approuvées. On ne peut pas s'attendre raisonnablement à ce que la Grande-Bretagne, qui défend sans faiblesse et sans crainte ses droits dans toutes les parties du globe, envoie une flotte dans ces eaux pour veiller à l'extermination des phoques par le massacre des femelles pleines et allaitant, et le monde ne verra point de guerre entre la Grande-Bretagne et la Russie pour cette raison.

Les *hovering acts* du Parlement britannique et du Congrès américain ont déjà été mentionnés. Ces *hovering acts*, édictés en Angleterre en 1736 et aux États-Unis en 1799, prohibaient le transbordement des marchandises sur mer dans une limite de 4 lieues ou 12 milles de la côte. L'amende et la confiscation étaient les pénalités édictées.

La loi anglaise interdisait à tout navire étranger ayant du thé ou des spiritueux à bord de rôder dans une étendue de 2 lieues ou 6 milles de la côte.

La loi américaine autorisait les officiers des garde-côtes du Trésor à se rendre à bord de tous les navires, se dirigeant vers un port, nationaux ou étrangers, à y séjourner, à les visiter et à les fouiller. (9 *Geo.* II, ch. 35 ; *U.-S. Rev. Stat.*, §§ 2760, 2867, 2868; Mémoire des États-Unis, App., Vol. I, p. 493).

La législation française qui est effectivement semblable aux *hovering acts* anglais et américains, a été également signalée antérieurement [1].

La loi britannique relative aux navires venant de ports infectés a été également mentionnée : elle exigeait que tout navire venant de lieux atteints par la peste fît des signaux quand il rencontrait d'autres navires à 4 lieues de la côte (26 *Geo.* II, ch.   ).

Une autre loi fixe à deux lieues de la côte la distance à laquelle les navires sont soumis aux prescriptions britanniques sur la quarantaine (6 *Geo.* IV, ch. 78).

Une autre loi du Parlement britannique offre un exemple remarquable de la surveillance exercée sur la haute mer à une distance considérable au-delà de la limite extrême de la mer territoriale, comme moyen de défense contre un danger particulier qu'on pensait alors exister. Elle fut adoptée et appliquée pour empêcher l'évasion de l'empereur Napoléon, quand il était relégué dans l'île Sainte-Hélène.

Cette loi autorisait la saisie et la condamnation de tous navires rencontrés rôdant dans une étendue de 8 lieues ou 24 milles au large de la côte de Sainte-Hélène pendant la captivité de Napoléon Bonaparte dans l'île, réservant aux seuls navires possédés par des étrangers le privilège de recevoir d'abord l'avertissement de s'éloigner avant de pouvoir être légalement saisis et condamnés. (56 *Geo.* III, chap. xxiii; Mémoire des États-Unis, App., Vol. I, p. 493.)

Une affirmation d'autorité sur mer encore plus étendue et tout à fait récente, dans un but défensif et fiscal, se rencontre dans une

---

1. Pour la teneur de cette législation, voir Appendice, ci-dessous, page 231.

loi adoptée par le Pouvoir législatif de Queensland le 21 juin 1879, qui annexa à ce pays toutes les îles situées sur la côte nord-est de l'Australie, dans un espace déterminé, qui, à son point extrême, s'étend à 250 milles sur mer.

La limite ainsi adoptée embrasse presque la totalité du détroit de Torres, étendue d'eau de 60 milles de largeur, séparant l'Australie de la Nouvelle-Guinée et formant un lien qui unit l'Océan Pacifique et l'Océan Indien.

Conformément à cette loi d'annexion, le Gouvernement de Queensland a exercé un pouvoir de police complet sur le détroit, a supprimé le trafic des liqueurs dans la forme répréhensible où il existait précédemment et a tiré de ce trafic, restreint comme il l'est, un revenu considérable au moyen de droits de douane, (43 Vict., ch. 1; *Rep. U. S., Fish Commission*. Voir *Pierres précieuses et perles à Ceylan et dans les Indes méridionales*, par A. M. et I., 1888, p. 296; Mémoire des États-Unis, App., Vol. I, p. 467.)

On a essayé dans le Contre-Mémoire britannique d'atténuer la force des lois, règlements et décrets ci-dessus mentionnés en faisant observer qu'ils n'ont d'effet que dans les limites de la juridiction civile des pays où ils sont promulgués et sur les citoyens de ces pays en dehors des limites territoriales de cette juridiction. Cela est vrai quant à leur caractère strictement légal de règlement. Il n'était pas besoin de citer des autorités à cet égard. Mais on a déjà signalé la distinction relative à l'effet de tels actes législatifs sur de telles matières. Dans le territoire où ils s'appliquent et pour les sujets de celui-ci, ils constituent une législation obligatoire, qu'ils soient raisonnables et nécessaires ou non. Au dehors, ils deviennent des règlements défensifs qui, s'ils sont raisonnables et nécessaires à la défense d'un intérêt ou d'un droit national, seront acceptés par les autres nations et, s'ils ne sont pas acceptés, peuvent être appliqués de force par le Gouvernement et à sa discrétion.

Autrement, l'effet en serait de ravir aux citoyens du pays dans lequel ils sont promulgués la jouissance des produits marins que ce Gouvernement cherche à défendre, tandis qu'elle serait laissée aux habitants de toutes les autres contrées, et d'exposer ainsi ces produits à la destruction, sans laisser au peuple qu'ils régissent aucune participation aux profits momentanés devant résulter de cette destruction. Soutiendra-t-on que tel est l'objet qu'a en vue ou que doit admettre le gouvernement qui a jugé nécessaire d'adopter cette réglementation restrictive?

Il conviendrait mieux au but que l'on se propose d'établir, si c'était possible, soit qu'une nation a jamais protesté contre la validité d'un quelconque de ces règlements en dehors de la limite territoriale ou l'a jamais contestée, soit qu'on n'a jamais laissé un particulier les violer impunément. Dans le cas d'un quelconque des actes législatifs de la Grande-Bretagne et de ses colonies ci-dessus mentionnés, si un pillard entreprenant, pourvu d'un avoué et d'un arsenal d'autorités relativement à l'étendue de la juridiction de la loi, essayait de détruire ou même d'endommager les produits protégés, au mépris des prescriptions édictées, il s'apercevrait rapidement, sans qu'on eût à recourir à un arbitrage international, qu'il s'est trompé et que, pour réussir dans son entreprise, il aurait besoin d'être appuyé par une flotte trop forte pour que la Grande-Bretagne pût y résister.

En présence de cette accumulation d'autorités et de précédents, tirés de toutes les sources d'où peut dériver la sanction du droit international ou par lesquels l'assentiment général de l'humanité peut être exprimé, qu'est-il besoin d'ajouter pour éclairer les motifs sur lesquels s'appuie cette partie de la cause des États-Unis? N'avons-nous pas clairement démontré que la souveraineté sur mer, une fois soutenue par les nations maritimes, n'a été abandonnée que juste assez pour permettre un usage privé qui ne soit préjudiciable, ni d'une manière temporaire ni d'une manière permanente, aux intérêts importants et légitimes de ces nations, et que contre ce préjudice, de quelque façon qu'il soit causé, le droit de défense a toujours été conservé et revendiqué sur la haute mer et même sur le territoire étranger? Nous prétendons, avec tout le respect dû à ce Tribunal, que le cas actuel n'offre rien de nouveau, excepté les circonstances particulières de l'application d'un principe universel et nécessaire à une situation qui ne s'est pas présentée exactement sous cette forme auparavant.

Les progrès constants faits par le droit des gens depuis que les éléments en ont été posés jusqu'à nos jours, et ceux qui continueront à se faire dans la suite des temps, ont eu et auront toujours pour cause l'analogie, dans l'application des principes fondamentaux, d'où doivent être déduites les règles pour la solution de tous les cas nouveaux qui se présentent successivement et perpétuellement. Ce système, pas plus qu'aucun autre système de droit humain, ne peut rester immuable, car il doit disparaître s'il ne suit dans sa marche les transformations de la société, et s'il ne répond pas comme il convient à tous les besoins nouveaux et à toutes les exigences nouvelles qui se produisent de temps en temps. Le droit a ses racines dans le passé, mais son action doit se faire sentir dans le présent. M. Phillimore dit (*Int. Law,* vol. I, § 39) :

L'analogie joue un grand rôle dans la décision des tribunaux internationaux et des tribunaux civils : c'est-à-dire qu'on applique le principe d'une règle adoptée dans certains cas antérieurs à la décision d'autres cas d'une nature semblable mais encore indéterminés.

L'analogie est l'instrument du progrès et du développement du droit (*Bowyer's Readings*, p. 88).

S'il ne se présente pas un précédent pour les mêmes faits, c'est uniquement parce qu'il n'existe pas non plus de précédent de la conduite dont on se plaint. Le même droit n'a jamais été violé auparavant de la même façon. Cela ne soustrait pas le cas à l'action du principe sur lequel s'appuient tous les précédents dans des incidents analogues, et ce principe s'applique avec la même force à chaque cas qui se produit dans le champ de son action. Le précédent particulier est créé quand la nécessité s'en fait sentir. L'absence de précédent, quand cette nécessité ne s'est jamais fait sentir, ne prouve rien. La seule question est de savoir si le cas tombe sous la règle générale.

Mais s'il était possible de considérer le cas présent comme échappant à tous égards à l'action des règles établies jusqu'ici, la décision devrait en être déterminée par ces considérations plus larges, empruntées au droit naturel et à la justice naturelle qui constituent la base du droit international. C'est l'application de ces principes fondamentaux qui doit régir chaque différend d'une nature nouvelle se produisant entre les nations. Le droit des gens n'a pas d'autre source que celle-là, excepté dans ce qui est conventionnel. Sir R. Phillimore, dans l'affaire de la Couronne contre Kehn (ci-dessus, p. 68), fait la remarque suivante :

Il faut éviter une trop grande recherche des éléments, mais il faut se rappeler que cette affaire est un cas *primæ impressionis,* de la plus grande importance à la fois pour l'Angleterre et les autres états et dont la nature nécessite, jusqu'à un certain point, un retour aux premiers principes. Dans la réponse mémorable considérée par Montesquieu comme une « réponse sans réplique » et faite par lord Mansfield et sir Georges Lee, au nom du Gouvernement britannique, au gouvernement prussien, le droit des gens est regardé comme basé sur la justice, l'équité, la convenance et la raison de la chose et comme confirmé par un long usage.

Le chancelier Kent dit (1 *Commentaires*, p. 32) :

Comme le droit des gens a pour but le bonheur et la perfection de la société en général, il oblige chaque nation à l'exacte observance des devoirs de bienveillance, de bonne volonté et de justice à l'égard des voisins. C'est à la fois la politique et le devoir des nations... (p. 181). Le droit des gens est placé sous la protection de l'opinion publique... Les principes fondamentaux en sont basés sur les maximes de la vérité éternelle, sur la loi immuable des obligations morales et sur les inspirations de l'intérêt public éclairé [1].

Bien des autorités à cet égard ont été citées dans une partie antérieure de ce plaidoyer. On pourrait les multiplier indéfiniment, en les empruntant aussi bien aux écrivains et juges du continent européen qu'à ceux d'Angleterre et d'Amérique. Mais il faudrait plutôt s'excuser de citer même une seule autorité, dans une question si fondamentale et si évidente.

C'est avec le plus grand respect que nous faisons observer, — et, à notre avis, c'est un point sur lequel on ne saurait trop appeler l'attention — que la tâche de ce Tribunal élevé n'est pas de discuter des

---

1. Le juge Story dit (*Conflict of Laws*, § 3) : « Tout en reposant sur la base de la convenance générale et le sens développé du devoir national, des règles ont été formulées de temps en temps par les juristes et confirmées par les tribunaux judiciaires par un procédé de raisonnement judiciaire qui a commandé la confiance, le respect et l'obéissance presque de tous les hommes, sans le secours de lois civiles, d'ordonnances royales ou de traités internationaux. »

M. Twiss (*Int. Law*, part. 1, § 86) divise les sources du droit des gens comme il suit : « 1° Le droit des gens naturel ou nécessaire, dans lequel les principes de la justice naturelle sont appliqués aux rapports entre les états ; 2° le droit des gens coutumier, qui comprend ces usages que les habitudes persistantes des nations ont sanctionnés pour leur intérêt et leur convenance réciproque ; 3° le droit des gens *conventionnel* ou *diplomatique*... Sous ce dernier chef sont compris maintenant diverses règles qui, au début, résultèrent de la coutume ou du sens général de la justice. »

M. Amos, dans son annotation sur Manning (livre II, chap. 1, p. 85), fait cette remarque : « Quoique les usages coutumiers des états dans leurs rapports réciproques doivent toujours être considérés comme fournissant une preuve d'assentiment implicite et doivent, somme toute, continuer à être la base de l'édifice du droit des gens, il y a cependant plusieurs circonstances dans la société moderne qui semblent indiquer que la sphère d'influence qu'ils exercent deviendra de plus en plus restreinte en comparaison de celle qu'exercent des principes moraux bien reconnus et des actes conventionnels. »

théories abstraites, ni d'établir des propositions applicables à des cas qui ne sont pas portés devant lui, ni de trancher des différends diplomatiques qui ont cessé depuis longtemps d'avoir de l'importance. La question à régler est de décider si les propriétaires des navires canadiens qui se livrent à la destruction des phoques dans la mer de Behring ont le droit inattaquable, à l'encontre du Gouvernement des États-Unis, étant données toutes les circonstances du cas actuel, de continuer cette destruction aux époques, aux endroits, de la façon et avec les conséquences indiqués par les témoignages. Cette question n'est ni technique ni scolastique et n'exige pas un raisonnement subtil ou une science abstraite. Il faut l'envisager avec les idées larges et équitables que réclament la dignité des parties engagées dans ce différend, le caractère du Tribunal auquel elles l'ont soumis et une juste déférence à l'opinion du monde civilisé, qui est le critérium suprême du droit international et l'arbitre final de tous les litiges internationaux. La question vue sous ce jour, appuyée sur des faits justes et réels, considérée sous l'apparence qu'elle présente au monde, quels en sont les points à résoudre, nettement et simplement formulés ? Récapitulons les faits principaux exposés précédemment.

Voici un troupeau d'amphibies, à moitié humains par leur intelligence, précieux pour l'humanité, presque les derniers de leur espèce, qui, depuis un temps immémorial, ont établi leur demeure, avec un esprit de retour constant, sur des îles autrefois si éloignées de la présence de l'homme que ces animaux, leurs seuls habitants, auraient pu avec raison s'attendre à ce qu'on leur permît de vivre et de continuer l'œuvre d'utilité à laquelle la bienveillance du Créateur les avait destinés. C'est sur ces îles que leurs petits sont engendrés, mis au monde, nourris pendant les premiers mois de leur existence, la terre étant absolument nécessaire à ces opérations et aucune autre terre n'ayant jamais été cherchée par eux, s'il en existe une autre qui leur soit favorable, ce qu'on peut sérieusement mettre en doute.

Le Gouvernement russe et celui des États-Unis, successivement propriétaires des îles, ont, par une surveillance sage et attentive, soigné et protégé ce troupeau et ont fondé sur son produit une exploitation et une industrie permanentes et profitables à eux-mêmes et au monde, ainsi qu'une grande source de revenus. Cette surveillance a aussi pour effet de préserver ces animaux de l'extinction, en les protégeant contre toute entreprise contraire aux principes d'humanité.

Des citoyens isolés d'une autre nation se mettent maintenant à guetter ces animaux sur la mer voisine pendant la saison de la reproduction, et à détruire les femelles pleines qui se rendent dans ces îles, les mères allaitant les petits qu'elles ont mis bas, quand elles sont momentanément éloignées des îles à la recherche de leur nourriture, et, par suite, les petits laissés sur les îles et que le meurtre de leur mère condamne à périr. Le résultat inévitable est l'extermination de toute la race et la destruction des précieux intérêts qu'elle représente pour le Gouvernement des États-Unis et pour l'humanité, et le seul but est le profit faible, incertain et momentané à en tirer, tant que dure la destruction, par les individus en question.

Et c'est cette conduite inhumaine et barbare au delà de toute expression que la loi des États-Unis et celle de tout pays civilisé, aussi loin que s'étend sa juridiction, déclarent criminelle à l'égard de tout animal sauvage utile à l'homme ou même servant à ses plaisirs innocents, c'est cette conduite qu'on vient représenter comme une partie du droit sacré de la liberté de la mer, qu'aucune nation ne saurait supprimer ou restreindre, quelle qu'en soit la nécessité! Faut-il ajouter à l'exposé de cette preposition quelque chose pour sa réfutation?

Sur quel précédent accepté jamais par une nation du globe l'a-t-on appuyé? De quel écrivain, juge, juriste ou traité peut-on tirer un appui à cette thèse que la pleine mer soit ou ait jamais été libre pour des actes comme ceux-ci ou qu'on ait jamais donné auparavant aux termes « liberté de la mer » une interprétation qui la laisse ouverte à la destruction d'intérêts nationaux importants d'une nature quelconque, pour le profit de quelques individus? Que ceux qui prétendent trouver la justification d'un pareil droit dans le droit des gens connu fournissent l'autorité ou le précédent sur lequel ils se fondent.

Si cette proposition était soumise au jugement éclairé du genre humain, si la ratification en était subordonnée à ces considérations de justice, de moralité, d'humanité, de bienveillance et de loyauté qui, comme nous l'avons vu, sont le fondement du droit international et de tous les usages auxquels il a donné lieu, on ne peut douter de ce que devrait être la réponse. Il ne peut y avoir qu'une face à cette question, si les idées du juste et de l'injuste ou même d'une politique honnête doivent prévaloir. Pour échapper à cette conséquence, il faut découvrir quelque règle arbitraire et inflexible d'un droit supérieur, devant laquelle doivent plier la justice, la moralité et la loyauté. Nous contestons qu'une règle semblable fasse et puisse jamais être considérée comme faisant partie d'un système avoué de droit international.

On peut imaginer bien des cas, dont chacun, s'il survenait, serait dans ses points de détail un cas nouveau, pour éclairer la proposition pour laquelle nous combattons. Supposons qu'on découvre un procédé de destruction par un explosible, au moyen duquel les navires, sur les mers voisines de la côte de Terre-Neuve, au delà de la limite de la juridiction, puissent, avec profit pour eux, détruire tout le poisson qui fréquente ces côtes, et mettre fin ainsi à toute l'industrie de la pêche qui fait vivre si largement leurs habitants : serait-ce là une action qu'on tiendrait pour justifiable en conséquence de la liberté de la mer, bien que les poissons soient considérés uniquement comme *feræ naturæ* et que le droit général de pêche en pleine mer au delà de certaines limites ne soit pas contesté ?

On a posé, entre l'Amérique et la Grande-Bretagne, un câble transatlantique dont les services sont importants pour ces deux pays et pour l'univers. Supposons qu'on invente une méthode de pêche ou d'exploration sous-marine en eau profonde, profitable à ceux qui s'y livreraient, mais qui serait capable d'interrompre le fonctionnement du câble et peut-être d'en compromettre l'existence. Ces nations seraient-elles désarmées contre ces conséquences, parce que l'acte serait commis en pleine mer?

Supposons que des navires appartenant aux citoyens d'un pays se livrent, en vertu d'un contrat de louage, au transport par mer, dans les ports d'un autre pays, d'émigrants provenant de lieux infectés et atteints par une épidémie, apportant ainsi la contagion dans ces ports. Si l'on constatait que des mesures de défense en dedans de la limite de trois milles ou en deçà d'une portée de canon sont totalement insuffisantes et inefficaces, la nation qui serait ainsi envahie serait-elle privée du droit de se défendre contre l'approche de ces navires, aussi loin au delà de cette limite que la nécessité constatée des circonstances pourrait l'exiger? La réponse à cette question se trouve dans les lois du Parlement britannique ci-dessus mentionnées, applicables à un cas exactement pareil.

Si un phare était construit sur mer par une nation, au delà de la limite de trois milles, au grand avantage de son commerce et de celui du monde, et qu'elle découvrît sur la haute mer voisine une entreprise profitable à des particuliers qui cacherait la lumière du phare ou serait un péril pour lui ou ses habitants, cette nation serait-elle sans défense? Le *Lord Chief Justice* Cockburn répond à cette question dans l'affaire de la Couronne contre Kehn ci-dessus mentionnée (p. 179) quand il déclare que, dans ce cas, des empiètements sur la liberté de la pleine mer font partie du système de défense d'un pays et « tombent sous l'application de ce principe qu'une nation peut faire ce qui est nécessaire pour la protection de son propre terriritoire ».

Dans aucun de ces cas, serait-il nécessaire pour la nation lésée de supplier le gouvernement duquel dépendraient ceux qui lui feraient ainsi tort d'empêcher le préjudice qui ferait l'objet de la plainte, demandant cette mesure comme une marque de pure bienveillance et, si sa demande était repoussée, devrait-elle se soumettre? L'histoire tout entière des peuples maritimes et de la Grande-Bretagne par-dessus toutes les autres nations prouve le contraire. Tant s'en faut que des droits individuels sur la mer, d'une nature si nuisible et si préjudiciable, aient été reconnus et établis par le consentement de l'humanité et aient ainsi trouvé leur justification dans le droit international qui est fondé sur ce consentement, que l'opinion et la conduite des nations y ont toujours été tout à fait contraires, et elles le resteront nécessairement toujours si elles ont à se protéger, elles, leurs intérêts et leur peuple, de la destruction.

On verra par la correspondance échangée entre les Gouvernements de la Grande-Bretagne et des États-Unis, reproduite dans l'appendice du Mémoire de ces derniers, qu'une convention entre ces deux pays, avec le concours de la Russie, fut virtuellement acceptée dès 1887, aux termes de laquelle la chasse pélagique dans la mer de Behring aurait été interdite entre le 15 avril et le 1er octobre ou le 1er novembre de chaque année, et que la conclusion de cette entente ne fut empêchée que par le refus du Gouvernement canadien d'y adhérer. La convenance et la nécessité de cette prohibition ne furent mises en doute ni par les États-Unis, ni par la Grande-Bretagne, ni par la Russie. Cette convention, si elle eût été conclue, serait restée de beaucoup au-dessous à la fois du juste droit et des besoins des États-Unis relativement à la protection des phoques, comme le montre clairement aujourd'hui la connaissance bien plus étendue qu'on a depuis acquise de la matière. Néanmoins, elle aurait marqué un pas vers un but désiré.

Quand il devint évident que la Grande-Bretagne ne pourrait conclure la convention proposée et qu'aucune entrave ne serait apportée par le Gouvernement de Sa Majesté aux ravages que l'on sait commis par ses colons, si les États-Unis avaient suivi la voie qui a été adoptée depuis par le gouvernement russe relativement aux îles du Commandant, et avaient refusé de permettre plus longtemps l'abatage des phoques dans la mer de Behring pendant le temps de l'élevage, quel jugement aurait-on pu raisonnablement attendre sur le bien fondé et la convenance de l'attitude ainsi prise? Cette conduite n'aurait-elle pas été approuvée et admise par toutes les nations, comme on a vu qu'une conduite semblable de la part de maintes autres nations, dans tous les cas analogues qui se sont produits, a été approuvée et admise? Et si l'on peut supposer, ce qui certainement ne peut se faire qu'en répandant une calomnie injustifiable contre le Gouvernement de Sa Majesté, que la Grande-Bretagne aurait entrepris d'appuyer par des forces navales les navires canadiens dans l'accomplissement des actes en question, jusqu'où aurait-on pu s'attendre à la voir soutenue par l'opinion générale, surtout si l'on songe à la prétention qu'elle a toujours émise avec succès et avec raison d'avoir le droit de protéger tous ses intérêts contre toute atteinte qui y serait portée sur la haute mer, dans un but mercantile, par des particuliers?

Et, en fin de compte, si, par l'action commune des États-Unis, de la Grande-Bretagne et de la Russie, la prohibition de la chasse pélagique pendant la saison de reproduction avait été réalisée, comme il était projeté, ces trois puissances réunies auraient-elles eu plus de droit pour empêcher, le cas échéant, un pillard couvert du pavillon de quelque autre nation, de commettre les dévastations prohibées, que n'en ont actuellement les États-Unis à eux seuls? ou bien auraient-elles été contraintes, par les exigences de ce qu'on appelle le droit international, à rester dans une inaction humiliante, tandis que les intérêts qu'elles avaient jugé nécessaire de protéger en s'unissant auraient été détruits de propos délibéré pour le profit de quelques aventuriers, dont la conduite est un défi à la justice et une honte pour l'humanité?

Le recours raisonnable que le Gouvernement des États-Unis aurait pu avoir à la force, par la nécessité de sa propre défense, est précisément ce qu'il a le droit de demander à la décision de ce Tribunal. Il ne peut y avoir un système de droit international pour le monde et un autre pour le cabinet, parce que le cabinet ne fixe pas le droit des gens : celui-ci découle des principes de droit et de justice qui sont adoptés comme une règle de conduite par l'assentiment et l'approbation unanimes de l'humanité.

Au lieu de prendre sa défense entre ses propres mains, le Gouvernement des États-Unis s'est abstenu d'exercer ce droit, s'est soumis au jugement de ce Tribunal et a accepté d'en subir le résultat. Il n'y a qu'un désaccord nominal entre lui et la Grande-Bretagne, dont le sentiment et dont l'intérêt sont les mêmes à cet égard que ceux des États-Unis; le désaccord réel est avec une dépendance de la Grande-Bretagne, qui n'est pas justiciable de son pouvoir, avec laquelle le Gouvernement des États-Unis n'a point de relations diplomatiques et ne peut traiter séparément: c'est l'affirmation inexacte que les États-Unis auraient revendiqué le droit de faire de la mer de Behring une mer fermée qui a, sans aucun doute, engagé le Gouvernement de Sa Majesté à adopter dans ce débat une attitude qu'autrement il n'aurait pas prise.

Si le jugement de ce haut et éminent Tribunal condamne le troupeau de phoques d'Alaska à être exterminé, résultat que le Gouvernement des États-Unis ne pouvait prévoir, celui-ci devra s'y soumettre, parce qu'il en a pris l'engagement. Mais il n'en regrettera pas moins d'avoir abandonné ce plein droit de défense personnelle contre une molestation sans excuse, droit auquel aucune nation, assez forte pour le soutenir elle-même, n'a jamais renoncé auparavant.

E. J. PHELPS.

APPENDICE A LA TROISIÈME PARTIE

SECTION DEUXIÈME

SE RAPPORTANT

AU PLAIDOYER DE M. PHELPS

AUTORITÉS SUPPLÉMENTAIRES SUR LA QUESTION DE PROPRIÉTÉ

[Note 1, page 163. **Opinion exprimée dans l'affaire Hannam contre Mockett.**
(2 *Barnwall and Cresswell*, 913.)]

Le juge Bagley —: Les droits d'un individu sont le droit de sûreté personnelle, de liberté personnelle et de propriété privée. La propriété privée consiste, soit dans la chose que l'on possède réellement, soit dans celle que l'on réclame en justice, soit dans celle qu'un individu a un droit spécial à acquérir. Dans l'espèce, le préjudice ne porte sur aucun droit de sûreté ou de liberté personnelles, ni sur aucune chose possédée réellement ou qui peut être réclamée en justice; la question qui se pose est donc celle-ci : Y a-t-il préjudice à l'égard d'un bien quelconque que le demandeur avait un droit spécial à acquérir?

Le commerçant a droit aux profits licites et éventuels qu'il consacre son temps et son capital à obtenir. Le bien public est intéressé à ce qu'il en soit ainsi. Mais a-t-on jamais soutenu qu'un individu ait un droit à se saisir éventuellement d'animaux *feræ naturæ*, là où il ne lui en coûte rien pour les attirer chez lui et là où il est au moins contestable qu'ils lui seront d'une utilité quelconque et surtout qu'ils n'incommoderont pas ses voisins? Il ne s'agit pas ici d'une demande en raison de leur faiblesse (*propter impotentiam*) parce qu'ils se trouvent sur les terres du demandeur (*propter solum*), ou parce que le demandeur les y a amenés ou qu'il les a apprivoisés (*propter industriam*), mais en raison des mœurs et habitudes des oiseaux en question (*propter usum et consuetudinem*).

Ceux-ci, de leur propre mouvement et sans qu'il y ait eu dépense ou travail de la part de l'individu qui les revendique, ont une prédilection pour ses arbres, et sont disposés à s'y réunir. Mais a-t-il un droit légal à prétendre qu'il leur soit permis de ce faire? Admettons ce droit en ce qui concerne ces oiseaux : comment pourrait-il être nié pour tous les autres? En considérant une demande de ce genre, la nature et les instincts des oiseaux ne sont pas sans importance matérielle. La loi établit une distinction entre les animaux propres ou non à l'alimentation; entre ceux qui sont ou non destructeurs de la propriété privée; entre ceux qui sont ou non protégés par le droit coutumier (*common law*) ou par les règlements.

Cette déclaration ne prétend pas établir que ces freux fussent propres à l'alimentation, et nous savons, en effet, que, généralement, ils n'y sont pas destinés. Loin d'être protégés par la loi, le législateur les a toujours regardés comme destructeurs de leur nature et nuisibles au voisinage où ils sont établis. L'affaire Keeble contre Hickeringill (11 East., 574) a avec celle dont nous nous occupons une analogie plus grande qu'avec toute autre; cependant, il y a lieu d'établir une distinction. Mais, de prime abord, il est à remarquer que les oiseaux sauvages sont protégés par le statut 25 H. VIII, chapitre xi; qu'ils sont notoirement destinés à l'alimentation, et que celui qui emploie et entretient un piège dépense de l'argent et fait preuve d'adresse pour capturer ce qui est utile au public.

C'est là un emploi profitable de sa terre, et lord Holt l'a considéré comme une sorte d'industrie. Par conséquent, cette cause a un fondement différent de celui sur lequel repose l'affaire qui nous occupe. Tous les autres exemples auxquels il a été fait allusion dans l'argumentation du demandeur sont des cas où il est question d'animaux spécialement protégés par des actes du Parlement ou qui sont clairement un objet constituant une propriété. Ainsi les éperviers, les faucons, les cygnes, les perdrix, les faisans, les pigeons, les canards sauvages, les malarts, les sarcelles, les canards siffleurs, les oies sauvages, les coqs de bruyère, le *red game*, les outardes et les hérons, sont tous reconnus, dans divers règlements, comme ayant droit à la protection et sont, partant, aux yeux de la loi, dignes d'être protégés.

[**Keeble contre Hickeringill.** Session de la Saint-Hilaire, 5 Anne, *Holt's Reports*, p. 17.]

Procès intenté par le propriétaire d'un étang à pièges, fréquenté par des oiseaux sauvages, contre un individu qui déchargea un fusil près de l'étang du demandeur, au préjudice de celui-ci, etc.

Au cours de la discussion qui s'éleva entre les juges, le *Chief Justice* Holt dit : « Et les pièges nuisent au gibier des propriétaires, et cependant ces pièges ne sont pas illicites, car ils attirent de l'argent dans le pays. Les colombiers sont légaux pour la garde des pigeons. »

Powell : « La déclaration n'est pas exacte, mais ce procès étant une action spéciale (*on the case*), le verdict remédie à l'inexactitude de la déclaration. Si vous effarouchez les pigeons de mon colombier et les en éloignez, n'y a-t-il pas là matière à procès? »

Montague : « Oui, parce qu'ils ont l'*animus revertendi* et que, par conséquent, vous avez un droit de propriété sur eux. »

On trouve au volume II, East's Reports, p. 571, l'affaire Carrington contre Taylor, qui est également un cas relatif au préjudice éprouvé par le propriétaire d'un étang à pièges. Le rapporteur, dans une note relative à ce procès, donne tout au long le rapport de l'affaire Keeble contre Hickeringill, lequel, dit-il « est extrait d'une copie des propres manuscrits du *Chief Justice* Holt en ma possession ».

Dans ce rapport, il est dit : « Le *Chief Justice* Holt s'est exprimé ainsi : « Je suis d'avis que cette cause peut se soutenir. Le cas paraît nouveau, mais il ne l'est pas quant à la raison ou au principe sur lequel il repose. ...Et il est notoire que ces engins artificiels dits étangs à pièges, ou appeaux, sont, depuis longtemps, employés dans le royaume pour attirer dans ces étangs les oiseaux sauvages, afin de s'en emparer et de les faire servir au profit du propriétaire de l'étang, qui fait des dépenses pour entretenir des employés, des engins et autres moyens pour alimenter les marchés nationaux ; il y a des raisons sérieuses pour encourager ce genre d'exploitation, afin que les personnes qui, par leur adresse et leur industrie, contribuent ainsi à l'approvisionnement des marchés, puissent en profiter et soutenir leur cause en justice. »

[Note 1, page 181. **Extrait de l'opinion du Chief Justice Marshall dans l'affaire Church contre Hubbart, 2 Cr., 187.**]

On ne saurait admettre que le droit international défende l'exercice de tout acte d'autorité sur un navire dans la situation de l'*Aurora*, et que cette saisie soit, par cette raison, un simple délit maritime qui ne bénéficie pas de l'exception. Il ne semble pas tout à fait exact de déduire de l'étendue de la protection qu'une nation accorde aux étrangers l'étendue des moyens dont elle peut disposer pour sa propre sécurité, et les principes universellement reconnus s'opposent à cette déduction. L'autorité d'une nation à l'intérieur de son propre territoire est absolue et exclusive. La saisie d'un navire à portée des canons de cette nation par une force étrangère constitue une invasion de ce territoire et un acte d'hostilité qu'il est de son devoir de repousser. Mais le pouvoir qu'elle a de se garantir de tout dommage peut certainement s'exercer au delà des limites de son territoire.

D'après ce principe, le droit de visite qu'a un belligérant sur un navire neutre en pleine mer pour constater si ce dernier a à son bord de la contrebande de guerre est universellement admis, parce que le belligérant a le droit d'empêcher le dommage que lui cause l'aide destinée à l'usage de son ennemi. De même, une nation a le droit d'interdire tout commerce avec ses colonies. Toute tentative de violation des lois faites dans le but de protéger ce droit est pour cette nation un préjudice qu'elle peut empêcher, et elle a le droit d'employer les mesures nécessaires à cet effet. Ces mesures ne paraissent pas être renfermées dans des limites certaines et bien définies demeurant les mêmes à toute époque et en toute circonstance. Si les dites mesures sont de nature à troubler et à entraver sans nécessité le commerce légal de l'étranger, les États étrangers résisteront à leur application. Si, au contraire, elles sont raisonnables et nécessaires pour empêcher que les lois de l'État qui les applique ne soient violées, ils s'y soumettront.

Dans différentes mers et sur différentes côtes en fixera par accord réciproque un espace plus ou moins large ou plus ou moins restreint, en deçà duquel s'exercera la vigilance du gouvernement. Ainsi, dans la Manche, mer étroite par laquelle passe une très grande partie du commerce allant au nord de l'Europe ou en venant, la saisie de navires soupçonnés de commerce illicite doit nécessairement être restreinte dans des limites très étroites; mais sur la côte de l'Amérique du Sud, peu fréquentée par les navires, si ce n'est dans un but de commerce illicite, la vigilance du gouvernement peut s'étendre un peu plus loin, et les états étrangers peuvent se soumettre à tels règlements qui soient raisonnables en eux-mêmes et soient réellement nécessaires pour assurer ce monopole du commerce colonial revendiqué par toutes les nations ayant des possessions lointaines.

Si ce droit est poussé trop loin, on résistera à son exercice, ce qui a été fréquemment la cause de longs différends ayant quelquefois dégénéré en guerre ouverte. Les Anglais, on s'en souvient, se plaignirent du droit que revendiquait l'Espagne de visiter les navires anglais en pleine mer, prétention poussée à un tel point que les gardes-côtes espagnols allèrent jusqu'à saisir des navires qui n'étaient pas dans le voisinage de leur côte. Ce procédé fit l'objet de longues et inutiles négociations et finalement provoqua une guerre ouverte. Le droit des Espagnols était censé exercé d'une manière déraisonnable et vexatoire; mais on n'a jamais soutenu qu'il ne pût être exercé seulement qu'à portée des canons de leurs batteries.

A vrai dire, le droit conféré à nos propres gardes-côtes de visiter les navires à quatre lieues de notre littoral équivaut à déclarer que, de l'avis du gouvernement américain, il n'existe réellement aucun principe de la nature de celui sur lequel les revendications en question sont fondées. On ne peut donc tirer des lois ou usages des nations rien qui puisse donner à cette partie du contrat soumis au Tribunal l'interprétation très restreinte sur laquelle le demandeur insiste, ni rien qui prouve que la saisie de l'*Aurora* par le gouverneur portugais fût un acte de violence illégale.

[Note 1, page 186. Opinion du Juge Johnson dans l'affaire Rose contre Himely, 4 Cr., 241.]

Je suis d'avis que le témoignage que nous avons devant nous établit clairement un cas de capture faite par un belligérant, et que, lors même qu'il n'en serait pas ainsi, la capture peut être justifiée quoiqu'elle ait été opérée pour une infraction au droit privé. A l'appui de cette dernière opinion, on peut invoquer à la fois le principe universel et les procédés de la Grande-Bretagne et de notre propre gouvernement. L'Océan dépend de la juridiction commune de toutes les puissances; il ne s'ensuit pas que leurs pouvoirs sur l'Océan soient égaux et jamais interrompus, mais que chaque puissance a la faculté d'y exercer son droit souverain, pourvu qu'elle n'agisse pas d'une façon incompatible avec cette égalité générale des nations qui existe sur l'Océan.

La saisie d'un navire en pleine mer, après qu'il a commis à l'intérieur d'un territoire un acte entraînant la confiscation, n'est pas incompatible avec les droits souverains de la nation à laquelle il appartient, parce qu'il appert de la loi de raison et de l'accord général des nations que l'individu contrevenant est déchu de son droit à la protection, et que chaque nation est la vengeresse légale des préjudices qu'elle a subis. Dans les limites de juridiction de chacune les droits de souveraineté sont exclusifs; sur l'Océan ils sont communs à toutes. Tout acte qu'autorise, chez l'individu à l'état de nature, le grand principe de légitime défense dans son exercice raisonnable et nécessaire, peut être exercé légalement par les nations sur l'Océan. Ce principe, comme la plupart des autres, peut être porté à l'exagération, devenir le prétexte et non la cause réelle d'agression, et alors il constitue une juste cause de guerre. J'opine qu'il ne doit être exercé que d'une façon raisonnable.

La loi de la Grande-Bretagne du 24 *Geo.* III, chapitre 47, se base sur ces principes. Il assujettit à la saisie les navires qui, ayant à leur bord certaines cargaisons, s'approchent à moins de quatre lieues des côtes du Royaume-Uni, parce qu'il serait difficile si non impossible d'appliquer ses lois commerciales s'il était permis à ces navires de s'approcher davantage dans un but illicite; mais s'ils ont pénétré en deçà de cette limite, ils sont désormais sujets à être saisis en pleine mer. Ils ont donc violé les lois de ce pays et ils sont déchus de la protection de leur propre souverain. Les lois commerciales des États-Unis paraissent avoir été rédigées, jusqu'à un certain point, sur le modèle des statuts anglais; et le paragraphe 29 de la loi de 1799 autorise expressément la saisie de tout navire qui a, se trouvant sous la juridiction des États-Unis, commis un acte entraînant la confiscation, dans quelque endroit que le garde-côtes le trouve et à quelque distance qu'il soit de la côte.

De même, la loi de 1806, qui défend l'importation des esclaves, autorise la saisie, au delà de nos limites de juridiction, de tout navire que l'on trouve croisant sur la côte et à bord duquel il se trouve des esclaves : expression dont la latitude ne peut être limitée que par les circonstances et la discrétion du tribunal; mais, au cas de nouvelles poursuites, cette latitude serait absolument illimitée. En effet, une fois qu'il a passé les limites de juridiction d'un État, un navire se trouve tout autant en pleine mer que s'il était au milieu de l'Océan, et si la France pouvait autoriser une saisie à une distance de deux lieues, elle le pourrait aussi bien à une distance de vingt lieues. ...... La saisie en pleine mer pour une violation de blocus, et cela pendant tout le voyage de retour du navire délinquant, est universellement reconnue comme un exercice raisonnable du pouvoir souverain. Il est vrai que le principe du blocus, dans les temps modernes, a été poussé à un point tellement extravagant qu'il est devenu une cause de guerre tout à fait justifiée; cependant il est reconnu compatible avec le droit international lorsqu'il s'exerce dans les limites de la raison et de la nécessité.

[Note 2 de la page 187. Citations d'auteurs continentaux
relatives à la défense personnelle].

Azuni (1re partie, ch. 11, art. 1, § 4, p. 185) :

« Chaque nation peut s'approprier les choses dont l'usage, s'il était laissé en commun à tous, tournerait entièrement à son préjudice. C'est une autre raison pour laquelle les puissances maritimes peuvent étendre leur souveraineté le long des côtes, aussi loin que possible, pour la défense de leurs droits... Ce point est essentiel à leur sécurité et à leur prospérité. »

Plocque, *De la mer et de la navigation maritime* (ch. I, pp. 6-8).

Après avoir discuté les limites des eaux territoriales et fait observer qu'il existait une grande différence d'opinion à ce sujet, l'auteur continue ainsi :

« Il y a plus : en matière de douane, une nation peut fixer à son gré le point où s'arrête sa mer territoriale; les nations voisines sont réputées connaître ces règlements et, par conséquent, sont tenues de s'y conformer. Comme exemple, nous nous contenterons de citer la loi du 4 germinal an II, art. 7, lit. II : « Les capitaines et officiers et autres préposés du service des douanes, ceux du commerce ou de la marine militaire pourront visiter tous les bâtiments au-dessous de cent tonneaux étant à l'ancre ou louvoyant dans les quatre lieues des côtes de France, hors le cas de force de majeure. Si ces bâtiments ont à bord des marchandises dont l'entrée ou la sortie est prohibée en France, ils seront confisqués ainsi que les cargaisons, avec amende de 500 livres contre les capitaines du bâtiment. »

Pradier-Fodéré, *Traité de droit international* (vol. II, § 633) :

« Indépendamment des traités, les lois de chaque état peuvent aussi déterminer d'une manière unilatérale une certaine distance en mer dans laquelle ces États prétendent exercer leur pouvoir et leur juridiction, et qui constitue alors la mer territoriale pour eux et pour tous ceux qui admettent cette délimitation. Mais c'est particulièrement pour la surveillance et le contrôle des douanes que cette étendue spéciale est décrétée. »

Et dans une note l'auteur dit :

« En matière de douanes, en effet, une nation peut fixer à son gré le point où s'arrête sa mer territoriale. Les nations voisines sont réputées connaître ces règlements, et par conséquent sont tenues de s'y conformer. On peut citer comme exemple la disposition suivante de la loi française du 4 germinal an II. »

Cette loi établit deux myriamètres (environ douze mille anglais) comme la limite en deçà de laquelle une nation peut exercer une surveillance sur tout vaisseau pour protéger les droits du fisc.

Latour, *De la mer territoriale*, éd. 1889, page 231.

En parlant de l'effet extraterritorial des lois françaises relatives au fisc à une distance de quatre lieues de la côte, l'auteur les soutient de la manière suivante :

« Cette limite n'est-elle pas excessive, en tant qu'elle dépasse l'étendue de la mer territoriale ? Non, dirons-nous ; du reste, à l'heure actuelle, cette question n'est guère discutable à cause de la portée excessive des canons, et alors même que nous nous placerions à une époque où leur portée était moindre, nous prétendrions justifier cette extension du rayon des douanes ; pour cela il suffit d'invoquer les motifs allégués en matière de police sanitaire. Il ne s'agit donc pas d'une simple concession réciproque des États et d'un accord tacite entre eux, mais de l'exercice de leurs droits respectifs.

« La pratique américaine et anglaise permet de saisir même en dehors de la limite ordinaire des eaux territoriales les navires violant les lois de douanes. »

M. Calvo, *le Droit international*, § 211.

« Pour résoudre la question d'une manière à la fois rationnelle et pratique, il faut tout d'abord ne pas perdre de vue que les États n'ont pas sur la mer territoriale un droit de propriété, mais seulement un droit de surveillance et de juridiction dans l'intérêt de leur défense propre ou de la protection de leurs intérêts fiscaux. La nature des choses veut donc que le droit s'étende jusqu'au point où son existence se justifie, et qu'il s'arrête là où cessent la crainte d'un danger sérieux, l'utilité pratique et la possibilité de faire sentir l'action défensive. »

Heffter, *Le droit international de l'Europe*, § 75 :

« Des États maritimes ont le droit incontestable, tant pour la défense de leurs territoires respectifs contre des attaques imprévues que pour la protection de leurs intérêts de commerce et de douanes, d'établir une surveillance active sur les côtes et leurs voisinages, et d'adopter toutes les mesures nécessaires pour fermer l'accès de leurs territoires à ceux qu'ils refusent d'y recevoir, ou qui ne se seront pas conformés aux dispositions des règlements établis. C'est une conséquence naturelle de ce principe général : « *Ut quod quisque propter defensionem sui fecerit, jure fecerit, jure fecisse videatur.* » Chaque nation est donc libre d'établir une surveillance et une police de ses côtes comme elle l'entend, à moins qu'elle ne soit liée par traités. Elle peut, d'après les conditions particulières des côtes et des eaux, fixer la distance convenable. Un usage commun a établi à cet effet la portée du canon comme la distance qu'il n'est permis de franchir qu'en des cas exceptionnels, ligne de limite qui non seulement a obtenu les suffrages de Grotius, de Bynkershoek, de Galiani, de Klüber, mais qui a été consacrée également dans les lois et les règlements de beaucoup de nations. Cependant on peut soutenir encore avec Vattel que la domination de l'État sur la mer voisine s'étend aussi loin qu'il est nécessaire pour sa sûreté et qu'il peut la faire respecter; et l'on pourra regarder avec Rayneval la distance de l'horizon qui peut être fixée sur les côtes comme limite extrême des mesures de surveillance. La ligne de la portée du canon elle-même, bien qu'elle soit regardée comme de droit commun, ne présente aucune base invariable et peut être fixée par les lois de chaque État, du moins d'une manière provisoire. »

Bluntschli, *Le Droit international*, liv. IV, § 322.

« La juridiction de l'état riverain ne s'étend sur la « mer voisine » que dans la mesure jugée nécessaire par la police et les autorités militaires. »
Ibid., § 342 :
« Lorsque l'équipage d'un navire a commis un délit à terre ou dans les eaux faisant partie du territoire d'un autre état, et qu'il est poursuivi par la justice de cet état, les poursuites peuvent être continuées contre le navire en dehors des eaux qui font partie du territoire et jusque dans la mer libre. »
Et dans une note, il dit :
« Cette extension est nécessaire pour assurer l'efficacité de la justice pénale; mais elle cesse aussitôt que la poursuite vient à être suspendue. »

Carnazza-Amari, *Droit international*, § 2, chap. 7, p. 60.

« Néanmoins, les états sont en droit d'exiger que leur sécurité ne soit pas compromise par le facile accès de navires étrangers venant menacer leur territoire; ils doivent veiller à la perception des impôts indispensables à leur existence, qui grèvent les produits nationaux et étrangers et dont la contrebande maritime amoindrirait sans contredit le rendement si elle ne le tarissait pas... A tous ces points de vue, il est nécessaire d'attribuer à chaque nation un droit de surveillance sur la mer qui baigne ses côtes, dans les limites qu'exigent sa sécurité, sa tranquillité et la protection de son trésor... (p. 65).

« ... L'état possède, dans l'intérêt de sa sûreté et de son alimentation, un droit de surveillance et de juridiction sur les eaux territoriales; il s'ensuit qu'il peut prendre toutes les mesures que commandent sa défense et ses besoins.

« ... Il est nécessaire d'attribuer à chaque nation un droit de surveillance sur la mer qui baigne ses côtes, dans les limites qu'exigent sa sécurité, sa tranquillité et la protection de son trésor...

« Balde et d'autres auteurs portent cette ligne à 60 milles du rivage; Gryphiander et Pacuinez à 100; Loccenius au point qu'un navire peut atteindre après deux jours de marche. Bynkershoek fit remarquer d'abord que ces mesures étaient plus ou moins arbitraires, variables et dépourvues de fondement juridique; puis, se fondant sur l'opinion de Grotius, d'après laquelle l'acte de possession qui permet à un souverain de maintenir une mer territoriale sous sa domination doit avoir la terre pour point de départ, il arriva à cette conséquence, que la mer territoriale s'étend aussi loin que la puissance des armes, et il posa le principe suivant : *Potestas terræ finitur ubi finitur armorum vis.* »

[Note 1, page 189. **Affaire de la Caroline.**]

M. Webster, s'adressant au Gouvernement britannique, a tenu le langage suivant :

« D'après ces circonstances, et celles qui sont en rapport immédiat avec l'affaire elle-même, au Gouvernement de Sa Majesté incombera le soin d'établir sur quels points de fait et sur quels principes du droit des gens on peut se baser pour justifier la destruction de la *Caroline.* Ce sera à ce Gouvernement à démontrer qu'il y avait, en l'espèce, nécessité de légitime défense, nécessité actuelle, urgente, ne laissant ni le choix des moyens, ni le temps de la réflexion.

« Ce sera à lui à démontrer également que les autorités locales canadiennes, même en les supposant pleinement autorisées par la nécessité du moment à pénétrer sur le territoire des États-Unis, ne se sont livrées à aucun acte excessif ou arbitraire, car l'acte qui justifie la nécessité de légitime défense doit être limité par cette nécessité même et ne jamais s'étendre au delà. Il s'agit de prouver qu'il était impossible d'adresser aux personnes qui se trouvaient à bord de la *Caroline* une sommation ou mise en demeure, ou bien que celle-ci n'eût produit aucun effet. » (Œuvres de Webster, vol. VI, page 261.)

Lord Ashburton, dans sa réponse, s'exprime ainsi :

« Toutes les considérations nous amènent donc à reconnaître un caractère aussi élevé et aussi étendu que votre Gouvernement peut le faire à l'obligation qui impose aux divers États le respect réciproque de l'indépendance de leur territoire. Mais, quelque impérieux que puisse être ce devoir, il est admis par tous les écrivains, par tous les jurisconsultes, par l'usage éventuel de toutes les nations, sans en excepter la vôtre, qu'il peut surgir tel cas de nécessité absolument pressante où l'application de ce grand principe peut et doit être suspendue. Cette suspension doit être strictement limitée à la plus courte période de temps, pendant laquelle la nécessité dont il s'agit exerce son empire, et aux actes les plus indispensables qu'elle impose. Le droit de légitime défense est le premier droit de l'homme, et il doit être reconnu par toute législation ayant la prétention de régler l'état et les relations des individus. Nous semblons être aussi du même avis à l'égard du tempérament (*modification*) si je puis dire, apporté au grand principe général, et, sur ce point, je n'ai guère fait que reprendre, en les exprimant en termes moins forts, les idées admises et développées par vous dans la lettre à laquelle vous me renvoyez.

« D'accord, par conséquent, sur le principe général et sur l'exception qu'il est susceptible d'admettre, nous ne différons d'opinion que sur la question de savoir si le cas qui nous occupe rentre dans les limites qui doivent être raisonnablement assignées à cette exception; si, pour me servir de vos propres expressions, il y a eu une nécessité de légitime défense actuelle, urgente, ne laissant pas le choix des moyens, qui ait précédé la destruction de la *Caroline*, alors qu'elle était amarrée sur la rive du fleuve appartenant aux États-Unis. Permettez-moi de vous dire, Monsieur, en vous adressant toutes mes félicitations au sujet de votre remarquable exposé des principes généraux, qui régissent, selon vous, au point de vue du droit et de l'usage, l'intervention des citoyens d'une nation dans les démêlés et les différends d'autres pays, que cette partie de votre argumentation n'a qu'un rapport fort éloigné avec l'affaire qui nous occupe. Si la Grande-Bretagne, l'Amérique, ou quelque autre nation, permet à ses citoyens de faire des armements en vue de prendre part à des guerres lointaines, une telle conduite peut, selon les circonstances particulières à chaque cas, donner lieu à de justes réclamations, et peut-être a-t-on trop généralement, en ces derniers temps, toléré ou favorisé les entreprises de ce genre.

« Mais le cas dont il s'agit est d'une nature toute différente, et, pour le résoudre, il suffit de répondre à la question suivante : supposez qu'un homme, se tenant sur un terrain où vous n'avez pas, d'après la loi, le droit de le suivre, soit muni d'une arme assez longue pour vous atteindre et vous en frappe de façon à menacer notre vie : combien de temps êtes-vous obligé d'attendre le secours de l'autorité qui possède les pouvoirs légaux nécessaires pour vous tirer du danger? Ou, pour nous placer dans une hypothèse qui se rapproche davantage de notre cas, si des canons viennent se mettre en batterie en ouvrant un feu qui peut vous atteindre et porte effectivement la mort et la destruction autour de vous, et si vous avez fait plusieurs sommations restées sans résultat et que vous ne voyiez aucun espoir de secours, quand commencera votre droit de vous défendre, n'auriez-vous d'autre moyen de le faire que de vous emparer de votre agresseur sur la frontière d'un territoire neutre? » (Correspondance anglaise et étrangère pour 1841, 1842, vol. XXX, p. 196.)

Lord Campbell dit de cette affaire dans son autobiographie (Vie, etc., éditée par Mme Hardcastle, 1881, vol. II, p. 118) :

« L'affaire de la *Caroline* présenta beaucoup plus de difficultés. Lord Grey me dit même qu'à son avis, la conduite tenue par nous en cette occasion était absolument injustifiable; mais, en supposant ce fait que la *Caroline* s'était livrée et, quand elle fut saisie par nous, se livrait encore à la contrebande de guerre, en portant, de la rive américaine du fleuve, des approvisionnements et des munitions aux rebelles de l'île Navy, partie du territoire britannique, ce qui était toléré ou ne pouvait être empêché par les autorités américaines, je n'hésitai pas à déclarer que, bien qu'elle fût sur la rive américaine du fleuve au moment de la capture, nous avions le droit incontestable de la saisir et de la détruire, de même que nous aurions celui de nous emparer d'une batterie de canons établie par les rebelles sur la rive américaine et dont le feu eût été dirigé contre les troupes de la Reine cantonnées à l'île Navy. J'écrivis une longue justification de la conduite de notre gouvernement, et c'est le document qui fournit les arguments dont se servit notre secrétaire d'État aux Affaires étrangères, jusqu'à ce que le traité d'Ashburton vint mettre fin au différend. »

M. Calhoun dit à ce sujet, dans un discours prononcé au Sénat et dans lequel il insistait sur ce point que la capture de la *Caroline* dans les eaux américaines était injustifiable, parce qu'elle était inutile :

« C'est un principe fondamental du droit des gens que chaque état, chaque nation possède une juridiction pleine et entière sur son propre territoire à l'exclusion de toutes les autres, principe essentiel à son indépendance et regardé, par suite, comme absolument sacré. Tous les jurisconsultes qui ont écrit sur la matière sont unanimes à déclarer que, seul, un cas d'extrême nécessité peut autoriser un belligérant à entrer en armes sur le territoire d'une puissance neutre, et, quand il y a pénétré, à se livrer à quelque acte auquel il ne soit pas contraint par la même nécessité qui a justifié son entrée. »

[Note 1 de la page 192. — Négociation entre les Etats-Unis et la Grande-Bretagne concernant les pêcheries de Terre-Neuve.]

M. Adams dit (Documents relatifs aux négociations de Gand, page 181):
« Cette pêcherie, couvrant toute l'étendue des bancs qui entourent l'île de Terre-Neuve, les côtes de la Nouvelle-Angleterre, de la Nouvelle-

Écosse, du golfe de Saint-Laurent et du Labrador, fournit le trésor le plus riche et le tribut le plus bienfaisant que l'Océan fait à la terre sur tout notre globe qui consiste en terre et en eau. La volonté du Créateur des terres et des mers a établi à sa surface une pêcherie s'étendant en pleine mer, autour de cette île, à un peu moins de cinq degrés de latitude de la côte, se développant le long de toute la côte septentrionale du continent et pénétrant dans toutes les baies, les anses et les hâvres jusqu'aux limites mêmes du rivage. Pour qu'on pût avoir la jouissance complète d'une part légale dans cette pêcherie, il était nécessaire que chacune de ses parties fût accessible presque de tous côtés...

« D'après le droit naturel, cette pêcherie appartenait aux habitants des contrées dans le voisinage desquelles elle était située. D'après les conventions adoptées par les nations européennes, elle appartenait à celles de ces nations qui avaient fondé des établissements dans ces contrées. La France, comme premier occupant du pays, avait longtemps réclamé un droit exclusif à la possession de la pêcherie. La Grande-Bretagne, fortement poussée en cette circonstance par la valeur de cette dernière, avait conquis ces pays sur la France (par la force), et, par traité, avait limité les droits de cette nation à une faible part dans la pêcherie. L'Espagne, en vertu d'un droit quelconque basé sur la priorité de la découverte, avait eu, pendant quelque temps, une part de jouissance dans la pêcherie; mais, par le dernier traité de paix qui a précédé la Révolution américaine, elle y avait renoncé. Par suite, au début de la Révolution américaine, cette pêcherie appartenait exclusivement à la *nation britannique*, sauf une certaine participation de peu d'étendue réservée à la France d'après les stipulations du traité ci-dessus mentionné. »

Il cite plus loin (page 185) un acte du Parlement britannique passé en mars 1775 :

« En mars 1775, le Parlement britannique passa un acte tendant à limiter les relations commerciales des provinces de Massachussets-Bay et de New-Hampshire, et des colonies de Connecticut et de Rhode-Island et de la plantation de Providence, dans l'Amérique du Nord, à la Grande-Bretagne, l'Irlande et les Antilles anglaises, et à empêcher ces provinces et colonies d'exercer la pêche sur les bancs de Terre-Neuve et autres lieux y mentionnés, si ce n'est sous certaines conditions et restrictions. »

Il cite également les observations de Lord North en déposant le projet de loi :

« Il déclara en particulier que le droit de pêche sur les bancs de Terre-Neuve et les autres bancs, comme sur ceux de l'Amérique, appartenait, sans conteste, à la Grande-Bretagne : *nous pouvons donc en disposer comme il nous plaît.* »

M. Adams fait observer encore (page 187) :

« La *pêcherie* tout entière (à l'exception des droits restreints réservés à la France) était la *propriété exclusive* de l'Empire britannique. Le droit à une participation pleine et entière dans cette propriété appartenait, d'après le droit naturel, aux habitants de la Nouvelle-Angleterre, en vertu de la situation de leur pays. »

Et, à l'appui du bien fondé de ce droit de propriété, il cite (page 107) le passage ci-dessus de Vattel (VATTEL, I, ch. 23.)

Il cite également (page 169) l'extrait suivant de Valin (vol. II, page 693), relatif à ces pêcheries :

« Quant au droit de pêche sur le banc de Terre-Neuve, comme cette île, qui est, pour ainsi dire, le siège de cette pêcherie, appartenait alors à la France, les Français soutinrent que les autres nations ne pouvaient naturellement y pêcher qu'en vertu des traités. Un changement a depuis été apporté à cet état de choses, par le fait de la cession de l'île de Terre-Neuve, faite aux Anglais par le traité d'Utrecht; mais Louis XIV, à l'époque de la cession, stipula expressément que les Français conserveraient le droit de pêcher, comme auparavant, sur le banc de Terre-Neuve. »

M. Adams cite ensuite (page 169) le passage suivant du rapport de M. Jefferson sur les pêcheries, du 1er février 1791 :

« L'Espagne avait fait abandon formel de ses prétentions à un droit sur ces pêcheries à la suite de la guerre précédente, et, après celle-ci, le continent voisin et les îles se trouvant partagées entre les États-Unis, d'une part, et l'Angleterre et la France, de l'autre — car cette dernière garda deux petites îles si ....ent dans ce but — le droit de pêche fut également attribué à ces trois puissances. »

Il cite enfin (pages 189, 190) les discours prononcés par Lord North et Lord Loughborough au cours du débat qui eut lieu au Parlement, à l'occasion du traité de 1763, et où la concession des droits de pêche faite par ce traité aux Américains fut qualifiée de mesure imprudente et inutile.

[Note t, page 208. Législation française à l'effet d'assurer la réntrée des droits de douanes.]

Décret-loi du 6 août 1791, titre V, art. 1er : « Toutes marchandises prohibées à l'entrée, que l'on introduirait par mer ou par terre dans l'étendue du royaume, seront confisquées, ainsi que les bâtiments de mer au-dessous de cinquante tonneaux, etc... »

Art. 2 : « Seront réputées dans le cas des dispositions ci-dessus les marchandises prohibées..., que les préposés de la régie auront trouvées dans les deux lieues des côtes sur des bâtiments au-dessous de cinquante tonneaux. »

Titre XIII. — De la Police générale, art. 6 : « La régie pourra tenir en mer, ou sur les rivières, des vaisseaux, pataches et chaloupes armés, etc... »

Art. 7. : « Pourront les préposés de la régie sur les dites pataches faire visite des bâtiments au-dessous de cinquante tonneaux, qui se trouveront à la mer, jusqu'à la distance de deux lieues des côtes, et se faire représenter les connaissements relatifs à leur chargement. Si ces bâtiments sont chargés de marchandises prohibées, la saisie en sera faite, et la confiscation en sera prononcée contre les maîtres des bâtiments, avec amende de 500 livres. »

Décret-loi du 4 germinal an II, relatif au commerce maritime et aux douanes :

Titre II, art. 3 : « Le capitaine arrivé dans les quatre lieues de la côte remettra, lorsqu'il en sera requis, une copie du manifeste au préposé des douanes qui viendra à son bord, et qui en visera l'original. »

Art. 7 : « Les capitaines et autres officiers et préposés sur les bâtiments du service des douanes pourront visiter tous bâtiments au-dessous de cent tonneaux étant à l'ancre ou louvoyant dans les quatre lieues des côtes de France, hors le cas de force majeure. Si ces bâtiments ont à bord des marchandises dont l'entrée est prohibée en France, ils seront confisqués, ainsi que les cargaisons, avec amende de 500 livres contre les capitaines des bâtiments. »

Dispositions confirmées par les lois suivantes : Loi du 27 mars 1817, art. 13 : « Les mêmes peines s'appliqueront, dans le cas prévu par l'article 7 de la loi du 4 germinal an II, titre II, aux bâtiments au-dessous de cent tonneaux, surpris, hors le cas de force majeure, dans les deux myriamètres des côtes, ayant à bord des marchandises prohibées. »

QUATRIÈME PARTIE

RÈGLEMENTS COMMUNS

Les cinq questions qui, dans l'ordre adopté par le traité, sont soumises en premier lieu au Tribunal d'arbitrage, peuvent, en fait, être ramenées à deux, et celles-ci mettent en lumière les deux principaux points sur lesquels, selon l'esprit du traité, les États-Unis pourraient se fonder pour réclamer le droit d'empêcher la poursuite et la capture des phoques à fourrure d'Alaska en haute mer. Le *premier* point est la possession par les États-Unis d'une juridiction sur la mer de Behring ou du droit d'y exercer une autorité suffisante pour leur permettre de défendre leurs intérêts, en ce qui concerne les phoques, contre les atteintes résultant de la chasse pélagique, à quelque nation qu'appartiennent les bâtiments se livrant à cette chasse. Le *second* est le droit de propriété sur le troupeau de phoques, ou le droit de soigner et de surveiller ce troupeau aux îles Pribilof et d'en prendre le croît annuel pour satisfaire aux demandes du monde entier. Le traité, en apparence, laisse à supposer qu'une décision en faveur des États-Unis touchant la question de la juridiction sur la mer de Behring *pourrait* trancher le différend d'une manière complète et définitive; mais il n'affirme rien à cet égard, et, ayant en vue l'extrême importance qu'il y a à préserver les phoques d'une destruction imminente, il vise le cas où, même si une pareille décision était prise, les États-Unis pourraient se trouver dans l'impossibilité, en exerçant les pouvoirs qui leur seraient ainsi concédés, d'assurer cette préservation, et où alors l'établissement de règlements communs, réclamant le concours des deux nations, deviendrait nécessaire; cette éventualité, dans l'esprit du traité, n'est en rien subordonnée à la décision, quelle qu'elle soit, qui interviendra sur la question de propriété.

C'est pourquoi l'article VII dispose formellement comme suit :

> Dans le cas où la solution des questions ci-dessus, *relatives à la juridiction exclusive des États-Unis, serait telle* que le concours de la Grande-Bretagne soit nécessaire à l'institution de règlements en vue de la protection efficace et de la conservation des phoques à fourrure habitant ou fréquentant habituellement la mer de Behring, les Arbitres décideront quels règlements communs il conviendrait d'établir en dehors des limites de la juridiction des Gouvernements respectifs, et à quelles eaux il conviendrait d'appliquer ces règlements, etc.

Les raisons pour lesquelles on laisse la voie si largement ouverte à la discussion de règlements communs sont évidentes. Dans toutes les instances judiciaires, excepté celles qui ont uniquement pour but de faire reconnaître la légitimité d'une simple créance, la réparation spéciale qui s'adapte le mieux aux exigences de la cause ne saurait être clairement appréciée avant que tous les points de droit, tant principaux qu'accessoires, aient été établis, et, par suite, la question de la nature et de l'étendue de cette réparation est ajournée pour être réglée en même temps que la décision à intervenir sur le fonds du procès, ou à la suite de cette décision. Cette règle s'appliquait particulièrement au différend actuel, dans la forme qu'il revêtait au moment du traité. A cette époque, les questions en litige n'avaient été traitées que par voie diplomatique. La correspondance échangée à ce sujet révéla l'existence de plusieurs nouvelles questions juridiques, au sujet desquelles les Hautes Parties contractantes n'étaient pas d'accord. Mais celles-ci convenaient que, quelle que pût être la solution donnée à ces questions, il était un but absolument conforme aux désirs de l'une et de l'autre, à savoir que les phoques fussent préservés du danger d'extermination. S'il était décidé que les États-Unis n'ont aucun droit de propriété sur les phoques ni aucune juridiction exclusive sur la mer de Behring, des règlements communs seraient certainement nécessaires. S'il était décidé, d'autre part, qu'ils n'ont aucun droit de propriété, mais qu'ils ont la juridiction exclusive, il se pourrait que l'insuffisance d'une protection qui, bien qu'effectivement exercée, serait limitée aux eaux de la dite mer, rendît encore nécessaire, pour que cette protection devînt complète, l'adoption de règlements communs. Et même s'il était reconnu qu'ils ont tout à la fois la juridiction nécessaire et le droit de propriété, la question pourrait se poser de savoir quelle action il leur serait permis d'exercer pour protéger leurs intérêts dans la partie de l'Océan Pacifique située au sud de la mer de Behring. Toutes ces questions ne peuvent être tranchées d'une manière satisfaisante qu'après un mûr examen, — appuyé sur la production de nombreuses preuves, — non seulement des points de droit, mais encore de tout ce qui a trait à la chasse du phoque et des mesures pratiques à prendre pour assurer la protection dont les deux parties s'accordent à reconnaître l'urgente nécessité. La seule éventualité qui, semble-t-il, ait été considérée comme pouvant *peut-être* écarter la question des règlements communs, est la décision déclarant que les États-Unis possèdent la juridiction exclusive sur une partie quelconque de la mer de Behring. Des mesures de protection appliquées par les États-Unis, dans l'exercice de ce pouvoir à eux ainsi conféré, pourraient être suffisamment effectives à l'égard de l'objet poursuivi de concert, c'est-à-dire la conservation du phoque, pour rendre inutile tout concours de la Grande-Bretagne; mais cela n'est pas certain.

Par suite, le texte du traité, soigneusement rédigé de façon à ne pas faire naître des espérances qui pourraient être déçues, dispose que « dans le cas où la solution des questions ci-dessus, relatives à la juridiction exclusive des États-Unis, serait telle que le concours de la Grande-Bretagne soit nécessaire à l'institution de règlements », etc., le Tribunal aurait le droit et le devoir de déterminer « quels règlements communs il conviendrait d'établir, en dehors des limites de la juridiction des Gouvernements respectifs, » etc.

La première question qui se pose ici est de savoir quelle étendue le Tribunal doit donner à l'enquête qu'il est appelé à faire. Doit-il déterminer quels règlements, *compatibles avec l'exercice de la chasse pélagique*, sont nécessaires? Est-il en cela, ou en quelque autre point, limité dans son action? L'on peut affirmer que nous sommes libres de consulter les communications diplomatiques qui ont précédé le traité et ont amené sa conclusion, pour nous éclairer sur ses intentions précises relativement à ce point et aux autres, et que ces communications paraissent établir que toutes les réclamations des États-Unis se bornaient à demander que des restrictions, comme celles résultant d'une saison close et de zones interdites, fussent apportées aux opérations des navires canadiens se livrant à la chasse du phoque.

Les États-Unis concèdent qu'à l'époque des premières négociations ayant trait aux questions nées des déprédations des chasseurs canadiens et de la saisie des bâtiments se livrant à la chasse du phoque, ils pensaient que la jouissance effective des droits acquis par eux de la Russie, par suite de la cession de l'Alaska, serait suffisamment garantie et les troupeaux de phoques suffisamment protégés à cet égard par un projet de règlement apportant des restrictions à la chasse pélagique, en ce qui concerne soit le lieu, soit le temps, soit l'un et l'autre à la fois. On est, du reste, fondé à croire qu'à cette époque le Gouvernement britannique supposait que de pareilles restrictions suffiraient pour assurer la conservation du troupeau.

Mais, à ce moment, la question tout entière était absolument neuve et très imparfaitement comprise dans l'un et l'autre pays. La cause du litige, c'est-à-dire la chasse pélagique et ses effets, d'où étaient nées les réclamations faites de part et d'autre, était toute récente; elle n'avait pas encore pris les proportions qu'elle a acquises par la suite, et l'on ne s'était pas encore rendu un compte exact de son importance réelle. D'un autre côté, les habitudes des phoques, leurs migrations, les endroits où l'on pourrait les rencontrer à telle ou telle époque, toutes ces questions, en corrélation si étroite avec les droits de propriété que l'on peut prétendre sur ces animaux, n'avaient été l'objet d'aucune étude sérieuse et approfondie. Les États-Unis avaient, dès le début, la conviction que leur droit de surveiller et de protéger les phoques sur les îles Pribilof, droit compris dans la cession à eux faite par la Russie et leur permettant de s'approprier le croît annuel du troupeau sans nuire à ce dernier, ne pouvait être annihilé par le massacre, sans règle ni mesure, de l'animal en pleine mer. Mais quelle était la nature précise et les limites de leur droit, cette question n'avait pas été soumise à un examen attentif. Il leur semblait hors de doute qu'ils eussent le pouvoir d'empêcher le braconnage sur les îles mêmes et dans les eaux qui les baignent, et aussi celui d'éloigner tout navire croisant dans ces parages, dans l'intention de s'y livrer. Et, en raison de la possession par la Russie pendant un demi-siècle de l'industrie de l'exploitation du phoque, et du fait que, pendant le même laps de temps, cette puissance avait proclamé, et même, à ce que croyaient les États-Unis, fait reconnaître en grande partie sa juridiction exclusive sur la mer de Behring, le Congrès des États-Unis ne crut pas faire un acte arbitraire en interdisant la capture des animaux à fourrure dans la partie orientale de la mer de Behring. Des lois furent donc édictées par cette assemblée pour rendre effective cette prohibition.

Ces lois n'étaient pas limitées, dans leur application, aux citoyens des États-Unis, mais pouvaient être opposées aux citoyens des autres nations, et bien qu'à la lettre elles fussent seulement exécutoires sur le territoire d'Alaska et « dans ses eaux », on les interpréta de façon à étendre leur sphère d'action sur toutes les parties de la mer de Behring embrassées par les termes de la cession consentie par la Russie aux États-Unis. Au début, on eut peu, ou même pas d'occasions de faire respecter les dispositions prohibitives de ces lois par des individus se livrant à la chasse pélagique. Antérieurement à l'année 1886, ce mode de capture du phoque n'avait pas pris une extension suffisante pour attirer sérieusement l'attention des États-Unis; mais, cette année-là, un très grand nombre de navires furent armés à cet effet dans les ports canadiens de la côte nord-ouest et pénétrèrent dans la mer de Behring. Plusieurs d'entre eux furent saisis par les bâtiments de guerre des États-Unis, et le Gouvernement de Sa Majesté demanda qu'ils fussent relaxés.

Dans les pourparlers qui s'ensuivirent, le droit des États-Unis à opérer des saisies de cette nature fut affirmé par eux et contesté par le Gouvernement de Sa Majesté; mais les tendances destructives du genre de chasse que les États-Unis cherchaient ainsi à empêcher furent reconnues en principe et regardées, de part et d'autre, comme une menace d'extermination pour les phoques. Cette éventualité serait de nature à porter les plus graves atteintes aux intérêts des deux nations. L'une et l'autre, en effet, perdraient en ce cas, de même que le monde entier, les profits que l'on retire de cet animal. Et tandis que les États-Unis subiraient un dommage évident en perdant les bénéfices de l'exploitation du phoque aux îles Pribilof, le Canada, l'une des dépendances de la Grande-Bretagne, perdrait les prétendus bénéfices qu'il retire de la chasse pélagique, et l'Angleterre elle-même subirait une perte bien plus considérable, résultant de la ruine de son industrie de la mise en œuvre des peaux de phoques, laquelle emploie plusieurs milliers de ses nationaux.

Ces considérations amenèrent naturellement à penser que les deux nations avaient, à la conservation du troupeau de phoques, un intérêt commun de telle nature qu'elles devaient, en bonne politique, chercher, pour atteindre le résultat désiré, à conclure un arrangement qui non-seulement mettrait fin au conflit existant, mais encore garantirait, d'une façon permanente, les intérêts des parties.

En l'absence de renseignements complets et précis sur la nature et les mœurs de l'animal et les lois qui régissent sa reproduction et son accroissement, les représentants diplomatiques des deux Gouvernements eurent l'idée de proposer le moyen employé pour la conservation des animaux sauvages, et consistant à en restreindre la chasse à un temps limité ; cette proposition, en apparence du moins, fut acceptée presque immédiatement de part et d'autre, comme paraissant présenter des garanties de nature à dissiper toute crainte de destruction. On tomba aussitôt d'accord sur la saison à laquelle les dispositions restrictives devaient s'appliquer, seul point sur lequel on aurait pu s'attendre à des divergences d'opinion, et il y a peu de doute qu'un arrangement formel eût été immédiatement conclu et ratifié, si le Canada, poussé vraisemblablement par les réclamations de ses chasseurs pélagiques, ne fût intervenu et n'eût fait, avec insistance, des objections contre le projet[1]. Il est heureux, dans l'opinion des États-Unis, qu'un tel arrangement n'ait pas été conclu. Il aurait été, en effet, complètement illusoire.

La raison de cet accord sur le choix de l'expédient d'une *saison close* était l'urgente nécessité qu'il y avait à préserver les phoques de l'extermination, et rien n'autorise à supposer que, si la prohibition absolue de la chasse pélagique avait paru nécessaire pour atteindre ce résultat, cette prohibition n'eût pas été concédée, en l'absence des réclamations du Canada. Ces réclamations

1. Voir la correspondance diplomatique, Appendice du Mémoire des États-Unis, Vol. I, pp. 175-183.

prenaient leur source dans l'intérêt actuel des individus se livrant à la chasse pélagique du phoque, intérêt qui regardait d'un œil complètement indifférent le sort réservé à l'espèce. Il n'est pas supposable qu'un homme d'État éclairé comme lord Salisbury, s'il n'avait eu à compter avec quelque difficulté soulevée par l'opposition d'une dépendance importante de l'Empire britannique, eût insisté un seul instant pour que l'on continuât à tolérer l'exercice de la chasse pélagique, étant reconnu qu'un semblable procédé devait amener, à brève échéance, l'extermination presque totale des phoques à fourrure. Il n'aurait certainement pas sacrifié les intérêts du monde entier, et, spécialement, l'intérêt si considérable des manufacturiers anglais, dans le but d'assurer quelques années d'existence à une industrie qui préparait la ruine prochaine, non-seulement des grands intérêts auxquels il vient d'être fait allusion, mais encore des siens propres.

L'insuccès des négociations susmentionnées laissa la situation non seulement embarrassée dans les difficultés du conflit existant, mais encore aggravée par la certitude que de nouvelles causes de froissement et de contestation allaient à chaque instant surgir; bref, les proportions du différend continuèrent à s'accroître, jusqu'au moment où les relations pacifiques des deux Gouvernements se trouvèrent sérieusement menacées. Il s'ensuivit une reprise des négociations qui aboutit à la ratification du traité en vertu duquel ce Tribunal a été constitué. Quel qu'ait pu être l'effet des dernières négociations en séparant les parties plus complètement encore sur les principales questions de droit (*right*) englobées dans le conflit, il est un point sur lequel elles sont, d'emblée, tombées d'accord en principe, et sur lequel leur conformité de vues n'a fait que s'accentuer de plus en plus : c'est la nécessité impérieuse de préserver les phoques de la destruction. L'article VII du traité invite le Tribunal à déterminer simplement « quels règlements communs, en dehors des limites de la juridiction des deux Gouvernements respectifs, sont nécessaires pour protéger efficacement les phoques à fourrure et assurer leur conservation ». Le traité ne définit donc les règlements que le Tribunal est appelé à sanctionner qu'en tant qu'il déclare que ceux-ci doivent être appropriés au but poursuivi. Après que l'article eut revêtu sa forme actuelle dans les notes diplomatiques échangées, lord Salisbury chercha à en restreindre la portée et à enlever au Tribunal le plein pouvoir discrétionnaire que comportent les termes de l'article; mais les États-Unis repoussèrent cette prétention, qui, finalement, fut abandonnée[1].

Ce rapide résumé des négociations sert à montrer que le pouvoir et le droit d'appréciation des Arbitres, en ce qui concerne l'établissement de règlements communs, ne comportent aucune restriction; la seule condition imposée est que ces règlements doivent être exécutoires uniquement *en dehors* du ressort des juridictions nationales. Non seulement il n'existe aucun texte indiquant que l'industrie qui nous occupe doive être maintenue sous une forme ou dans une mesure quelconques, mais on ne trouve nulle part la moindre allusion, même indirecte, à ce sujet. Il n'est pas dit que ces règlements seront des règlements concernant *la chasse pélagique du phoque*. Ce sont des règlements applicables « en dehors des limites de juridiction des deux Gouvernements respectifs » et destinés à la « protection efficace et à la conservation des phoques à fourrure ».

Nous sommes ainsi amenés à la question principale, à savoir quels règlements sont *nécessaires*. Pour la résoudre, il faut d'abord examiner la nature et les mœurs des phoques, les dangers auxquels ils sont exposés, les causes qui concourent à diminuer leur nombre et à entraver leur reproduction, enfin les moyens qui peuvent présenter le plus d'efficacité pour empêcher ces causes de produire leur effet. On remarquera, tout d'abord, qu'une semblable discussion doit être, en grande partie au moins, la simple répétition de celle qui a déjà eu lieu à propos de la revendication du droit de propriété. Cela vient de cette circonstance, qui, nous l'espérons, a été rendue suffisamment évidente, que l'institution de la propriété n'est que le résultat de la solution donnée par la société à une question presque identique à celle dont nous nous proposons maintenant d'aborder l'étude. Dès ses origines, la société humaine a vu se poser devant elle, à de nombreuses reprises, pour ne pas dire continuellement, cette même question : *Quels règlements sont nécessaires pour préserver les races d'animaux utiles?* Et la solution uniforme a été la création et l'adoption de

1. Correspondance diplomatique, Mémoire des États-Unis. Appendice, Vol. I, pp. 339-345.

celle catégorie particulière de règlements dont l'ensemble constitue, par la force exécutoire dont ils sont revêtus, *l'institution de la
propriété privée* avec les garanties qui l'accompagnent, dans la
mesure où cela est possible et appropriée à la fin que l'on se propose : tel était le cas pour tous ces animaux qui laissent l'homme
exercer sur eux une surveillance suffisante pour permettre à leurs
maîtres de s'approprier leur croît sans nuire à la propagation
normale de l'espèce.

A l'égard des espèces qui ne peuvent être soumises au contrôle de l'homme, la solution adoptée a été la création de celle
catégorie de règlements qui ne font que restreindre l'abatage, et
dont les lois sur la police de la chasse constituent le type.

Comme il est indiscutable que les phoques à fourrure d'Alaska
sont des animaux qui se soumettent au contrôle de l'homme dans
une mesure suffisante pour permettre aux propriétaires du sol
qu'ils fréquentent de s'approprier, pour l'usage de l'humanité, la
principale portion du croît sans nuire à la propagation normale de
l'espèce, la question de savoir quels règlements sont nécessaires
pour leur protection efficace et leur conservation se trouve résolue
d'emblée et d'une façon définitive. Il n'y a besoin que d'un seul
règlement applicable « en dehors des limites juridictionnelles des
Gouvernements respectifs », et ce règlement est que toute chasse
du phoque en mer, de la part des citoyens de l'une ou l'autre nation, soit absolument interdite. A moins que l'expérience constante
de la société humaine, depuis les temps les plus reculés, à l'égard
de ces sortes d'animaux, ne doive pas être appliquée, ou à moins
qu'on ne suppose ce Tribunal capable d'imaginer d'autres règlements qui aient jusqu'ici échappé à la conception de la société
humaine, et qui entraveront efficacement la tendance destructive
à laquelle se livrent des hommes poussés et enflammés par l'appât
du gain, ce règlement doit être certainement jugé *nécessaire*.

Nous pourrions en rester là sur la question des règlements,
comme ne demandant pas de plus longs développements, et nous
le ferions du reste, si nous ne craignions qu'il puisse encore exister un doute à l'égard de l'étendue et des proportions des tendances destructives d'un mode de capture sans règle ni ménage-
ment, comme l'est la chasse pélagique du phoque. Il est indéniable
qu'il contribue directement à diminuer le taux des naissances en

16

détruisant les femelles au lieu des mâles ; qu'ainsi sont sacrifiés un grand nombre d'animaux qui ne sont jamais récupérés, et que cette manière d'opérer n'est pas nécessaire, puisqu'il existe un mode d'abatage par sélection qui n'entraîne aucune de ces fâcheuses conséquences. Et comme il est admis par le rapport collectif des deux Gouvernements que, sous l'empire de cette méthode de capture, les phoques diminuent avec une rapidité croissante, il semble que rien ne manque pour justifier la conclusion que cette interdiction absolue est nécessaire. Mais l'on peut encore prétendre que ce mode d'abatage peut, à l'aide d'une interdiction limitée, être l'objet de restrictions suffisantes pour qu'il devienne compatible avec la conservation de l'espèce. Ce principe est énoncé dans le rapport des Commissaires de la Grande-Bretagne, mais aucune preuve n'est avancée, aucune raison n'est donnée pour appuyer leur assertion.

Le premier point sur lequel notre attention se trouve appelée est celui de savoir si le fait de permettre, *d'une manière quelconque*, la chasse pélagique, quelles que puissent être les restrictions y apportées quant à l'époque ou aux lieux, est compatible avec l'existence durable du troupeau de phoques. Par les mots « permettre d'une manière quelconque », nous n'entendons pas une permission de pure forme réduite à des proportions insignifiantes, comme, par exemple, celle qui autoriserait la chasse seulement pendant les mois de décembre et de janvier, où la mer est si mauvaise et la difficulté de trouver les phoques si grande, que personne ne peut être tenté de l'essayer, mais une permission telle qu'elle laisserait quelque chance de succès et exciterait des entreprises qui aboutiraient à la capture d'un nombre considérable de phoques. Une tolérance plus restreinte ne présenterait aucune importance et ne vaudrait pas la peine d'être discutée. Elle équivaudrait, en fait, à la prohibition absolue et devrait être regardée comme telle.

La question qui demande, avant tout, une réponse précise est celle-ci : Quelle est la *cause* de la diminution des troupeaux ? On pourrait croire tout d'abord, un peu hâtivement, que tout abatage de phoques amène pour autant une diminution du total normal ; mais un instant de réflexion montrera qu'il n'en est pas nécessairement ainsi. L'animal étant polygame, et chaque mâle suffisant pour trente à cinquante femelles et plus, nous n'avons pas besoin de connaissances transcendantes pour voir que, dans des conditions ordinaires, il naîtra toujours un grand nombre de mâles superflus, qui, s'ils ne sont pas retranchés, arriveront, par leurs combats féroces et meurtriers pour la possession des femelles, non seulement à se détruire eux-mêmes dans une large mesure, mais à apporter de sérieux obstacles à l'œuvre de la reproduction. Cet excédent de mâles peut donc être pris non seulement sans porter atteinte aux troupeaux, mais encore avec un réel avantage pour ceux-ci. Il est évident que c'est uniquement par la *diminution du taux des naissances* que le total normal du troupeau peut être affecté d'une manière fâcheuse. Si les phoques n'étaient pas contrariés par l'homme, le troupeau augmenterait sans cesse en nombre, jusqu'à ce que, par l'action des causes naturelles qui tendent à restreindre l'augmentation, et dont l'influence se fait sentir avec d'autant plus de force que le nombre devient plus considérable, le chiffre des morts devînt égal à celui des naissances; parmi ces causes, on peut ranger la disette de nourriture, le manque de place sur les lieux d'élevage, enfin les combats meurtriers que les mâles se livrent entre eux et qui entravent considérablement l'œuvre de la reproduction. Le total du troupeau, si rien n'est changé aux autres facteurs, restera alors constant. Ce point est si clairement expliqué dans le rapport des Commissaires américains qu'il est inutile de s'y appesantir ici plus longtemps[1].

Laissant de côté les causes, autres que l'intervention de l'homme, qui peuvent contribuer à réduire le total du troupeau, comme les orques ou autres ennemis du phoque, l'insuffisance de nourriture, ou encore les maladies, toutes matières sur lesquelles nous n'avons que des renseignements vagues ou nuls, il est évident que l'abatage d'une seule femelle reproductrice doit, pour autant, contribuer à diminuer le nombre des naissances et tend ainsi à la destruction de l'animal. Il est inutile d'insister; la conclusion à tirer de ce seul fait est manifeste et incontestable. La chasse pélagique a pour fin l'abatage *surtout des femelles, et des femelles reproductrices;* et, si elle est pratiquée sur une assez vaste échelle pour détruire ces femelles en nombre considérable, elle

____

1. Mémoire des États-Unis (en anglais), pp. 346-350.

doit, en proportion du nombre détruit, contribuer à l'extermination du troupeau. D'ailleurs, de savoir quand ces résultats seront assez sensibles pour que les phoques doivent cesser d'être considérés comme un objet de commerce, ce n'est qu'une *question de temps*.

L'on fait respectueusement remarquer au Tribunal qu'ici cesse toute discussion légitime. Tout débat ultérieur doit avoir pour objet de déterminer *jusqu'à quel point* l'homme peut *transgresser les lois naturelles* sans encourir un grave châtiment. Un tribunal chargé de connaître de cette question et de faire respecter les lois naturelles répondrait formellement et sans hésitation qu'il ne peut les transgresser *en aucune façon*. Son seul soin doit être de les constater et de leur obéir, en se persuadant bien que toute violation de leurs prescriptions entraîne fatalement un châtiment proportionnel.

Mais, néanmoins, continuons nos recherches sur le point de savoir au bout de combien de temps la destruction serait complète, et, à cet effet, supposons que l'importance actuelle des prises pélagiques et la destruction des femelles, qui en est la conséquence, ne subissent aucun changement. En 1891, selon le rapport des Commissaires britanniques[1], il a été capturé en mer 68 000 phoques, non compris ceux qui sont morts de leurs blessures et n'ont pu être retrouvés. Si nous connaissions en même temps le nombre des femelles pleines dans le troupeau, nous aurions une base sur laquelle nous pourrions asseoir une hypothèse; mais nous l'ignorons absolument. Nous ne connaissons même pas le total de tout le troupeau à un moment ou à l'autre, encore moins le total des femelles reproductrices. Toutes suppositions à cet égard sont hasardées et ne méritent aucune créance. Mais il existe certains faits connus de nous qui viennent, dans une certaine mesure, éclairer nos recherches. Nous possédons quelques renseignements sur la moyenne des abatages effectués par les Russes pendant leur occupation des îles, et limités aux seuls *mâles non reproducteurs*. Selon le rapport des Commissaires britanniques, la moyenne de l'abatage annuel, pour les quatre-vingt-une années de l'occupation russe, a été de 31 000[2]. Mais comme cette

1. Page 207.
2. Page 8.

période comprend de longues suites d'années pendant lesquelles on dut s'abstenir de tout abatage, en raison de la dépopulation du troupeau, amenée par des causes exceptionnelles et inconnues, il serait sans doute plus conforme à la vérité d'estimer l'abatage habituel sous l'occupation russe au nombre de 50 000 à 75 000. Et, durant cette période, l'abatage fut souvent moins considérable qu'il n'aurait pu l'être sans inconvénient, par suite des demandes restreintes du marché. Il est manifeste, pourtant, que plus petit serait le nombre, moins il y aurait de raisons militant en faveur d'une tolérance pour la chasse pélagique. Nous savons aussi que, sous l'administration plus sage des États-Unis, un abatage annuel de 100 000 animaux fut pratiqué, sans qu'on observât aucune diminution considérable du troupeau jusqu'à ce que la chasse pélagique eût atteint des proportions considérables. On peut donc admettre comme presque certain que, dans des conditions normales, le troupeau renferme un nombre de femelles reproductrices tel qu'il permettra l'abatage annuel de 100 000 mâles non reproducteurs, *pourvu que la chasse pélagique soit interdite*, et que cet abatage de 100 000 animaux constitue la limite au delà de laquelle il deviendrait excessif. A la prise pélagique de 1891, qui a été de 68 000, il faut ajouter le nombre des animaux tués et perdus, lequel, en restant bien au-dessous de la vérité, peut être estimé à un sur quatre. Le nombre de 68 000 représente donc les trois quarts seulement du total des phoques tués, qui s'élèverait ainsi à 68 000 plus 22 666, soit 90 666. Sur ce nombre, sans exagérer plus que tout à l'heure, on peut dire que les trois quarts, au moins, sont des femelles, qui atteignent ainsi le nombre de 68 000, c'est-à-dire le nombre même des animaux capturés. Combien, parmi ces femelles, peut-il y en avoir de non fécondées (*barren*)? Il n'existe aucun moyen de le constater. Nous n'avons aucune raison de supposer que le nombre en soit considérable.

La question du plus ou moins de temps qu'il faudrait pour anéantir le troupeau, si le nombre des femelles effectivement capturées chaque année était de 68 000, contient en elle-même sa réponse. Le fait de retrancher chaque année la même quantité d'un total diminuant sans cesse aurait évidemment pour résultat de hâter le progrès de la destruction, qui aurait bientôt accompli son œuvre, *même si toute capture des phoques à terre était interdite*. La seule cause qui tendrait à retarder l'arrivée de l'époque fatale serait la difficulté de plus en plus grande de se procurer annuellement 68 000 animaux, avec le nombre décroissant des femelles; mais, en même temps que ce nombre diminuerait, l'abatage deviendrait proportionnellement plus considérable. Du reste, cet élément modérateur serait lui-même neutralisé par le redoublement d'ardeur déployée dans le massacre des phoques en mer, aussi longtemps que la chasse présenterait quelque chance de bénéfice, et que le prix toujours plus élevé des peaux — résultat certain de la diminution de l'approvisionnement du marché — contribuerait à favoriser la continuation de cette industrie.

Il n'y a plus lieu de s'étonner que les prises pélagiques, de fort peu d'importance au début, puisqu'en 1882 elles s'élevaient à un chiffre de 12 000 peaux, augmentant annuellement de façon à atteindre, en 1887, le chiffre de 37 500[1], aient eu, en 1889 et en 1890, un résultat qui se traduisit par la difficulté de trouver dans les îles le chiffre normal de 100 000 jeunes mâles requis pour l'abatage, difficulté à la suite de laquelle des ordres furent donnés pour faire cesser ce dernier. C'est là [dans les îles] qu'on peut se rendre compte de l'effet désastreux de la chasse pélagique sur le nombre d'adultes disponibles. Tant que la diminution n'eut pas atteint certaines proportions, il fut impossible de la constater par le seul examen du troupeau, ce dernier se trouvant dispersé sur un espace d'une dizaine de milles, et ne présentant pas toujours la même apparence. Mais toute diminution considérable du nombre des femelles reproductrices, entraînant, naturellement, une réduction proportionnelle du taux des naissances, ne pouvait manquer de se manifester dans l'épreuve pratique et décisive du choix de la quotité des jeunes mâles à abattre[2].

Mais les conseils de la Grande-Bretagne peuvent soutenir qu'il est oiseux de discuter les effets de la boucherie pélagique *actuelle*, puisque tout le monde est d'accord pour concéder ses effets destructifs et reconnaître qu'elle doit être l'objet de mesures restrictives. C'est là un fait admis par les Commissaires de la Grande-Bretagne eux-mêmes, bien qu'ils prétendent que l'effet destructif

<hr>

1. Rapport des Commissaires britanniques, p. 207.
2. Rapport des Commissaires américains, Mémoire des États-Unis (en anglais), pp. 311-315.

est, en partie, imputable à l'abatage excessif des mâles dans les îles; mais il n'est pas moins convenable qu'au cours de l'enquête que nous poursuivons dans le but de nous assurer dans quel avenir plus ou moins rapproché une méthode destructive de capture aura pour résultat l'extermination complète du phoque à fourrure, nous commencions par examiner le degré de destruction unanimement reconnu comme devant amener promptement un résultat funeste. Cela tend à simplifier l'enquête, en attirant l'attention sur le point de savoir dans quelle mesure l'une ou l'autre des méthodes restrictives proposées pourra mettre un terme à la fatale destruction des femelles.

Le problème est, en somme, de rechercher quelque méthode de chasse pélagique empêchant ce degré de destruction ou tout autre s'en rapprochant. Il nous faut ici porter notre attention sur les méthodes proposées par les Commissaires britanniques. Ils ont exercé leur ingéniosité au plus haut degré à cet égard, et si les mesures proposées par eux sont insuffisantes, nous pouvons raisonnablement inférer qu'il n'est pas possible d'en imaginer de vraiment effectives. Le résultat final de leurs efforts est contenu tout entier dans ce qu'ils ont appelé « projet spécial de règlements recommandés ». Ce projet est contenu dans les paragraphes suivants de leur rapport :

§ 155. Vu l'état actuel des phoques, tel que nous l'observons en ce moment, nous croyons que l'application, sur terre et en mer, des restrictions spéciales suivantes aurait pour effet de lui apporter le degré nécessaire de protection :

(*a*) Fixer à 50 000 le nombre maximum de phoques à prendre [annuellement] aux îles Pribilof;

(*b*) Établissement d'une zone de protection des eaux s'étendant à une distance de 20 milles marins des îles;

(*c*) Institution d'une saison fermée, du 15 septembre au 1er mai de chaque année, pendant laquelle tout abatage du phoque sera prohibé, et d'une disposition supplémentaire interdisant l'entrée de la mer de Behring à tout navire de chasse avant le 1er juillet de chaque année.

§ 156. A l'égard du caractère compensatoire des dits règlements spéciaux, nous sommes d'avis qu'une échelle d'équivalence juste serait établie entre l'abatage du phoque sur terre et en mer, et qu'un obstacle absolu serait apporté à toute diminution anormale des phoques, par l'adoption des règles suivantes comme unité de compensation :

Augmenter de 10 milles marins l'étendue de la zone des eaux protégées autour des îles toutes les fois que le nombre des animaux abattus dans ces dernières sera réduit de 10 000, ce dernier chiffre représentant le minimum d'animaux à abattre aux îles, et correspondant au maximum de 60 milles marins à donner à la zone des eaux protégées.

§ 157. Les règlements précédents représentent, sur terre et sur mer, des mesures suffisamment équivalentes pour atteindre tout but pratique, et probablement comprennent ou établissent, en ce qui concerne la chasse du phoque sur la haute mer, une réglementation aussi sévère que n'importe quelle puissance maritime, intéressée directement ou même virtuellement, aurait pu l'admettre[1].

La première observation que nous puissions faire à l'égard du projet proposé est qu'il débute par une restriction, non pas de la chasse *pélagique*, mais de la capture du phoque *aux îles Pribilof*, qu'il limite à 50 000 annuellement. Ceci est absolument inadmissible. Quelle que puisse être l'opinion des honorables Commissaires au sujet des moyens convenables ou désirables de restriction à apporter à l'action des États-Unis sur leur propre sol, le Gouvernement de la Grande-Bretagne n'a jamais songé à demander que les premiers soumissent l'exercice de leur puissance souveraine à l'autorité d'un Tribunal quelconque; et nous n'avons aucune raison de supposer que les représentants diplomatiques de la Grande-Bretagne, à aucune phase des négociations qui ont abouti au traité, aient jamais imaginé qu'aucune méthode admissible de capture pût comprendre une limitation de l'abatage des mâles superflus sur terre, afin de permettre aux femelles d'être tuées sur mer. C'est assez dire que le traité borne strictement les règlements que le Tribunal peut examiner à ceux qui sont « en dehors des limites de la juridiction des Gouvernements respectifs ».

Mais laissons ceci de côté dans la discussion actuelle, car nous désirons examiner les règlements proposés tels qu'ils sont. En substance, le projet n'apporte, en ce qui concerne la chasse pélagique, que quelques *difficultés supplémentaires* mises à sa poursuite au moyen de la restriction de la chasse quant au temps et au lieu. Il établit une zone prohibée, dans un rayon de vingt milles des îles, limite toute chasse pélagique à la période s'étendant du 1er mai au 15 septembre de chaque année, et interdit l'entrée de la mer de Behring avant le 1er juillet de chaque année. Ce projet, que ses promoteurs déclarent offrir « le degré

1. Rapport des Commissaires britanniques, p. 25.

nécessaire de protection », donne lieu, à première vue, à différentes observations.

1. D'abord, il n'a pas pour but de restreindre à moins de 68 000 le nombre des phoques ainsi tués en mer, à moins que, dans les conditions imposées, il ne devienne impossible d'atteindre ce chiffre dans la pratique. Quelle garantie ou quelle assurance peut-on avoir que, dans ces conditions de limitation, 68 000 femelles ne seront pas encore tuées? Il suffit pour cela d'employer un nombre suffisant de navires et d'hommes; et cela est très aisément possible, et aurait lieu, si le *prix* des peaux compensait les frais à subir. Nous savons qu'il en serait ainsi, car on doit tenir comme certain que le personnel occupé à la chasse pélagique du phoque augmenterait dans de grandes proportions si le prix des peaux était actuellement aussi élevé qu'en 1891, alors que 68 000 phoques furent capturés en mer. Ce personnel a augmenté d'une façon constante depuis des années, et il n'y a aucune raison de supposer que cette augmentation ait cessé. Les hommes se livreront à cette industrie longtemps encore après que toute certitude de bénéfice aura disparu. Les peaux offrent encore de grands appâts, et c'est ce qui tente l'esprit d'entreprise et de spéculation. Bien plus, le projet n'ajoute guère de difficultés nouvelles. Il réduit de fort peu le *temps* pendant lequel on peut se livrer maintenant à la chasse pélagique du phoque avec avantage. Une très légère augmentation du nombre des navires et des équipages suffirait pour élever la capture au chiffre que pourrait obtenir le personnel actuel si ses opérations n'étaient soumises à aucune restriction.

Mais le projet lui-même fournit finalement et décisivement une cause certaine d'augmenter ce personnel dans des proportions telles que la destruction du phoque dépasserait de beaucoup même la limite de 68 000 femelles par an. Il réduit à 50 000 peaux l'approvisionnement fourni au marché par les îles, laissant ainsi aux chasseurs pélagiques le soin de parfaire cet énorme déficit. Ces derniers ne sauraient demander un plus grand avantage. Si ces Commissaires s'étaient uniquement proposés d'établir un projet en vue de stimuler la chasse pélagique du phoque et de combler les désirs des gens qui s'y livrent, ils n'auraient rien pu trouver de mieux pour y arriver que de réduire de 30000 peaux les approvisionnements fournis au marché par les îles Pribilof à une époque où le prix est de 125 shillings par peau[1], et de donner aux chasseurs pélagiques la chance de combler le déficit, du 1er mai au 1er [15] septembre, ainsi que le privilège de pénétrer dans la mer de Behring le 1er juillet, et d'approcher à 20 milles des îles Pribilof. Il n'y a pas de doute qu'avec de telles tentations, le chiffre de leurs prises ne dépasse de beaucoup les limites actuelles, même au cas où on exclurait totalement leurs navires de la mer de Behring. Nous croyons, d'ailleurs, que leurs prises ont presque atteint ces limites cette année dans le Pacifique septentrional.

Mais nous ne devons pas faire aux Commissaires l'injure de borner nos critiques à une partie de leur projet. Ce dernier comprend une autre catégorie de restrictions indiquées comme fournissant « une juste échelle d'équivalence entre l'abatage du phoque sur terre et sa destruction en mer », et « un obstacle absolu à toute diminution anormale des phoques ». Ce projet dispose, en effet, que les États-Unis peuvent obtenir l'addition de 10 milles marins au rayon de la zone de protection autour des îles, toutes les fois qu'ils réduiront de 10000 le maximum de 50000 peaux qu'ils sont autorisés à prendre dans les îles, de façon que grâce à une réduction volontaire de 10000 sur la quotité d'animaux à abattre dans les îles, une zone protectrice d'un rayon de 60 milles pourrait être obtenue. Naturellement une nouvelle réduction de la quotité à fournir au marché par les îles abaissant cette quotité à 10000 peaux annuellement, c'est-à-dire laissant implicitement la *totalité* du marché à la merci des chasseurs pélagiques, permettrait à ces derniers de surgir en nombre suffisant pour capturer non plus 60000 femelles par saison, mais 100000 et même davantage entre le 1er mai et le 15 septembre. Mais nous ne voyons pas l'utilité ou la convenance d'imposer, au moyen d'un minimum de 10000, une limite à laquelle ces réductions volontaires de l'abatage dans les îles de reproduction doivent être ramenées. Pourquoi les États-Unis ne seraient-ils pas autorisés, s'ils le désiraient, à acquérir une zone protégée d'un rayon de 60 milles, en échange de l'engagement pris par eux de ne plus tuer aucun

---

1. Mémoire des États-Unis, Appendice, Vol. II, p. 561.

phoque? Le seul mérite du projet consiste dans quelque maigre prétention au comique : pourquoi en écarter cette dernière proposition?

2. On peut dire qu'en réalité, sinon ouvertement, nous imputons à ces Commissaires une *intention* de protéger et de favoriser les intérêts des chasseurs canadiens, et que cela n'est pas juste; que s'ils agissent en faveur de la chasse pélagique, ils protègent en cela les intérêts des citoyens des États-Unis, autant que ceux des Canadiens, en ce sens que les premiers peuvent, tout comme les derniers, se livrer à la chasse pélagique du phoque. Nous n'oublions pas l'insinuation des Commissaires à cet égard[1], et nous nous rappelons, en même temps, qu'il était parfaitement à leur connaissance que les citoyens des États-Unis n'ont pas la faculté de se livrer à cette industrie. Notre nation se croit liée par l'esprit et les principes de la loi naturelle, se regarde comme obligée d'employer les ressources naturelles qui lui sont échues en partage, en élevant cette race utile d'animaux de façon à ce qu'ils puissent fournir leur croît intégral à ceux pour qui la nature l'a réservé, quelque part qu'ils se trouvent, et sans danger pour l'espèce. Les États-Unis considèrent, ainsi que le fait d'ailleurs la loi naturelle elle-même, que la destruction de cette espèce au moyen d'une boucherie barbare et irraisonnée est un *crime*, et la punit des peines les plus sévères. On a supposé que ces ordonnances, édictées à une époque à laquelle il y avait lieu de craindre l'abatage illégitime [de ces animaux] seulement dans la mer de Behring, suffiraient pour prévenir tout pareil abatage. Les États-Unis doivent-ils être privés des avantages que rapporte le phoque s'ils n'abandonnent pas et ne répudient pas les obligations évidentes de la morale et de la loi naturelle?

3. Mais que coûterait ce projet? Quelques difficultés supplémentaires, pas très graves en vérité, surgiraient dans l'obtention du chiffre actuel des prises pélagiques de 68 000 peaux. Il nécessiterait le placement de capitaux tant soit peu élevés comme navires et comme armements, et des frais de salaires plus consi-

1. Rapport des Commissaires britanniques, p. 20.

dérables. Mais il a été déjà démontré que ces dépenses seraient complètement remboursées aux chasseurs de phoques, avec des bénéfices considérables, au moyen de la soustraction du marché des 50 000 peaux actuellement fournies par les îles Pribilof, ainsi que par l'augmentation de prix qui en serait la conséquence. Cette augmentation doit nécessairement être payée par le consommateur. Nous ne saurions exactement calculer le montant de cette augmentation; mais, si nous pouvons nous fier à la table des prix[1], elle ne saurait être inférieure à dix dollars par peau, et pourrait s'élever à bien davantage. Ce coût supplémentaire, augmentant à chaque phase des procédés de fabrication et d'échange, pourrait facilement ajouter trente dollars au prix de la peau avant que cette dernière arrive aux mains du consommateur, de façon que pour 100 000 peaux l'on aurait à payer en frais supplémentaires la somme d'environ trois millions de dollars. Et quels seraient les frais de l'entretien de la police maritime chargée de l'exécution de ce projet? Combien faudrait-il de vapeurs armés pour s'opposer d'une façon efficace à l'entrée de braconniers dans une zone prohibée occupant une circonférence de plus de 140 milles dans une région de brouillards épais et presque perpétuels? Un million de dollars serait une évaluation assez modérée de la dépense annuelle entraînée par l'entretien de ces navires, et il faut que quelqu'un paie cette dépense, les Commissaires ne nous disent pas qui.

Et *pour qui, pour quoi* cette taxe énorme doit-elle être imposée? Pour les seuls chasseurs canadiens, et pour leur permettre de réaliser des bénéfices, pendant quelques courtes années, au moyen de la destruction totale d'une espèce utile d'animaux! S'il était nécessaire de contracter une charge aussi lourde afin de *préserver* le phoque, on pourrait examiner la convenance qu'il y aurait d'y recourir; mais il n'y a absolument aucune exagération à dire que ce serait payer un prix, non pas pour leur conservation, mais pour leur plus rapide extermination. Pas un dollar de ces frais énormes n'est requis dans un but quelconque d'utilité. Le croît entier de tout le troupeau peut être utilisé au plus bas prix, sans faire courir aucun risque à l'espèce et sans im-

1. Mémoire des États-Unis, Appendice, Vol. II, p. 561

poser aucune charge supplémentaire au monde, en limitant simplement la capture du phoque aux méthodes permises par la loi naturelle. Les frais précités ne seraient pas même nécessaires pour mettre à exécution le mauvais dessein de l'extermination totale du phoque. C'est en effet un moyen qui avancerait ce résultat; mais, en admettant que rien ne soit fait, et qu'aucune entrave ne soit apportée à l'exercice de la chasse pélagique du phoque, le but serait atteint presque aussitôt.

4. Si l'application de ce projet était admissible à d'autres égards, sa sévérité, se rapprochant de l'injustice, mériterait d'être commentée. Comment, sous ce ciel brumeux, le chasseur de phoques saura-t-il s'il est en deçà ou au delà de la ligne prohibée? Il est presque impossible, dans ces parages, de procéder à des observations du soleil. On aura beau prétendre qu'il devra toujours veiller à se tenir à une bonne distance au delà de la ligne. Mais les lois doivent tenir compte de la faiblesse humaine en face de la tentation. Ce projet serait un leurre auquel beaucoup de chasseurs n'auraient pas la force de résister, et ils se trouveraient pris, même sans avoir eu l'intention de commettre une infraction.

5. Dans leur rapport, les Commissaires de la Grande-Bretagne ont soigneusement évité le réel problème que leur devoir était de résoudre. D'après leur avis même, ce problème consistait à découvrir un projet quelconque de chasse pélagique qui, tout en préservant cette industrie, n'exerçât pas sur le troupeau de phoques un effet fatal de destruction. Il est vrai que c'est impossible, mais ce n'était pas leur opinion, si nous en croyons leurs déclarations pleines d'assurance. Ils auraient donc dû fixer, dès le début, *un nombre quelconque déterminé de femelles*, à prendre annuellement, sans courir le danger d'entraîner la destruction graduelle, mais sûre, de l'espèce, et trouver ensuite une méthode pour restreindre les prises au nombre fixé. C'est là la méthode en vigueur aux îles Pribilof. On évalue le nombre superflu de mâles qui peuvent sûrement être pris, et on limite strictement à ce chiffre le nombre annuel des abatages. Si les Commissaires avaient essayé d'en faire autant, l'impossibilité absolue de cette tâche eût été démontrée d'une façon péremptoire. Ils se fussent immédiatement trouvés en

face d'une double réfutation de leur théorie. En premier lieu, s'ils avaient fixé à 50 000, à 40 000, à 20 000, ou même seulement à 10 000, le nombre de femelles qui pourrait être sacrifié annuellement sans entraîner une destruction totale, les sûrs enseignements des lois naturelles qui régissent l'augmentation de ces animaux auraient sur-le-champ fait écarter cette proposition.

Ces lois nous apprennent qu'on ne doit prendre *aucune* femelle. Ce n'est pas de cette dernière que l'homme doit tirer *aucune partie* de ses approvisionnements. Les conditions sont autrement exigentes que lorsqu'il s'agit du bétail domestique. Dans le cas du dernier, les facilités d'élevage sont illimitées. On peut s'y livrer dans le monde entier, et obtenir rapidement une abondance extraordinaire de sujets. Au lieu d'augmenter le chiffre des animaux domestiques, on est souvent et certainement obligé de l'abaisser, et par conséquent de prendre un certain nombre de femelles; mais il en va bien autrement du phoque. Il n'y a que fort peu d'endroits où cet animal puisse s'élever, et le progrès de la destruction les a beaucoup réduits. Ceux qui existent encore sont tout à fait insuffisants pour subvenir à la demande, même sous l'empire d'un élevage soigneux et prudent, et tout emprunt à l'élément femelle reproducteur est tout à fait inadmissible. Cela met sans réplique fin à la question; car le fait de dire que la chasse pélagique du phoque doit être limitée à une prise de 10 000 individus (et, ainsi que nous l'avons vu, dans la chasse pélagique, le nombre des femelles tuées égale le nombre total des animaux des deux sexes dont on s'empare) c'est la prohiber. Le jeu n'en vaudrait plus la chandelle. On ne s'y livrerait plus dans de telles conditions. D'un autre côté, si les Commissaires avaient fixé un nombre déterminé quelconque, il serait absolument impossible d'établir un projet quelconque au moyen duquel les captures pourraient se borner à ce chiffre. Leur piteux expédient consistant à limiter la chasse quant au temps et au lieu, est bien plutôt calculé en vue d'augmenter que de restreindre la boucherie, et ne mérite aucune espèce d'attention. Nous n'insistons pas sur l'inefficacité spéciale de leurs propositions spéciales. Il est des impossibilités qu'aucune ingéniosité, jointe à un désir ardent d'atteindre le but qu'on se propose, ne saurait surmonter.

6. L'erreur fondamentale des Commissaires de la Grande-Bretagne, comme de toutes les personnes qui ou se trompent elles-mêmes, ou essaient de tromper les autres, avec l'illusion qu'il est possible de permettre à aucun degré la chasse acharnée d'une espèce d'animaux qui, comme les phoques, sont recherchés avec tant d'empressement, sont si lents à s'accroître et si impuissants contre l'attaque, et en même temps de préserver cette espèce, consiste dans la prétention que les enseignements de la nature peuvent être remplacés par les piteux expédients de l'homme. Le premier et seul devoir de ceux qui, comme les Commissaires, étaient chargés de rechercher et de déclarer quelles mesures étaient *nécessaires* pour la préservation du phoque était d'étudier avec calme les lois de la nature, et de s'y conformer sans hésiter. Ils auraient alors pu se rendre compte qu'*aucune capture* ne doit être autorisée, à moins d'être *réglementée* conformément aux lois naturelles, et que toute capture *non réglementée* est nécessairement destructive et constitue un crime; que les prises ne peuvent être réglementées que sur terre, et que tout effort tendant à réglementer la capture en mer ne peut qu'avorter; qu'en conséquence, le règlement que l'on devrait appliquer à la chasse pélagique du phoque est de la prohiber d'une façon absolue, ce qui équivaudrait à reconnaître aux propriétaires des lieux de reproduction un droit de propriété sur ces animaux. L'essai d'application de règlements similaires aux lois sur la chasse est un effort mal dirigé, fondé sur le mépris de leur nature et de leurs mœurs. Ils ne sont pas comme les canards sauvages, ou comme le hareng ou le maquereau, des animaux sur lesquels l'homme n'exerce aucun contrôle, qui se reproduisent en nombres prodigieux, possèdent des moyens variés d'éluder sa poursuite, et ne sauraient être l'objet d'un élevage artificiel, mais ils constituent une espèce présentant tous les caractères indispensables à la propriété, et doivent être traités comme tels.

7. On ne saurait imputer cette erreur à l'ignorance des Commissaires. Elle ne provient pas de ce qu'ils ont oublié d'observer la nature et les habitudes de l'animal. Dans leur rapport, ils semblent, il est vrai, avoir évité soigneusement de se livrer à toute enquête spéciale concernant la nature et les mœurs des phoques,

à l'effet de constater et de consigner dans un rapport destiné à éclairer ce Tribunal, si ce sont réellement des animaux capables d'être possédés, ou s'ils rentrent dans la catégorie de ceux dont on ne saurait affirmer la propriété, et qui, par conséquent, ne peuvent être protégés contre des hécatombes excessives qu'à l'aide du moyen grossier et inefficace de lois sur la chasse; mais, cependant, ils admettent qu'il est facile de régler d'une façon parfaitement efficace la prise du phoque aux lieux d'élevage. Ils disent :

§ 116. Les faits établis prouvent aussi clairement qu'une protection efficace est fournie bien plus facilement aux îles d'élevage qu'en mer. On pourrait aisément contrôler *d'une façon absolue* le nombre de phoques tués sur terre, et comme la superficie des îles d'élevage est fort restreinte, il ne devrait pas être difficile de les mettre complètement à l'abri des razzias des braconniers et de tous autres actes illégaux[1].

Quel est donc le motif avoué, à part le prétendu droit d'individus de se livrer à la chasse pélagique, pour lequel ces Commissaires ne se sont pas sentis autorisés à se rendre aux faits décisifs qu'ils ont ainsi signalés, et à déclarer qu'une protection absolue serait apportée aux phoques par la simple prohibition de la chasse pélagique? C'est, pour le résumer brièvement, que les habitants des lieux de reproduction et d'élevage ont abusé dans le passé et abuseront probablement encore dans l'avenir du pouvoir qui leur a été ainsi conféré, en se livrant à un massacre excessif de jeunes mâles. C'est que les États-Unis ont placé cette propriété dans les mains de concessionnaires, et que, bien que les concessions soient de longue durée, les concessionnaires sont ou trop barbares ou trop enfants pour comprendre leurs propres intérêts, et qu'ils sont incapables de modérer leur désir de jouissance immédiat, afin de s'assurer un bien-être permanent, et que le Gouvernement des États-Unis, qui doit exercer à leur égard un contrôle de surveillance, est, pour cette raison, ou pour toute autre inexpliquée, également incapable de protéger ses propres intérêts et de remplir ses devoirs vis-à-vis de l'humanité en préservant ces dons de la nature qui ont été confiés à sa garde. Bref, leur argument est que ces moyens désignés par la nature et adoptés et suivis depuis l'aurore de la civilisation, dans le but de préserver

1. Rapport des Commissaires britanniques, p. 19.

les dons de la nature et de les adapter dans la plus haute mesure aux usages de l'homme, ont, dans ce cas, échoué misérablement; que le puissant mobile de l'intérêt personnel n'a eu dans ce cas aucune espèce de prise sur les Américains, et qu'en conséquence l'occasion s'est présentée grâce à la sagesse et à l'ingénuité de ces Commissaires, d'inventer quelque mesure mieux adaptée à l'objet en vue! Nous n'exagérons ici ni le sens ni la portée des arguments contenus dans le rapport. Inutile de s'en préoccuper : sa faiblesse intrinsèque, pour ne pas dire son absurdité, lui enlève toute valeur.

8. Il nous répugne de faire allusion aux *motifs;* mais, lorsque de simples opinions, comme dans le cas qui nous occupe, sont déclarées [par le traité] être de force probative, il est permis d'examiner la question de la bonne foi de l'adversaire. Pourquoi ces Commissaires ont-ils cru devoir ne tenir aucun compte des préceptes évidents de la raison et des lois naturelles auxquels ils étaient tenus de se conformer, et recommander à leur place quelques misérables expédients, alors que ces préceptes leur apparaissaient si clairement? Il ne nous est pas permis de supposer qu'ils ont agi ainsi en violation consciente de leur devoir, à moins qu'il ne soit impossible de trouver une autre explication. La seule excuse que l'on puisse invoquer en leur faveur provient, ce nous semble, du fait, qui ressort clairement de chaque page de leur rapport, que l'intérêt prédominant dont ils se sont crus appelés à tenir compte a été, non la conservation du phoque, mais la protection des chasseurs canadiens. Ainsi se trouvent expliquées toutes leurs recommandations extraordinaires et toutes leurs inconséquences diverses. C'est pour cela que cette restriction apportée à la chasse pélagique n'est concédée par eux qu'à contre-cœur, et accordée seulement en échange d'un avantage qui fait plus que compenser la dite restriction, au moyen d'une nouvelle mesure restrictive limitant encore le nombre de peaux que les îles de reproduction sont autorisées à fournir au marché. Comme, d'un côté, l'industrie des chasseurs pélagiques se trouve limitée comme temps et comme lieu, et ainsi *découragée*, elle est *stimulée*, d'un autre côté, par l'appât certain d'un meilleur marché et d'un plus riche butin. Cette politique a été d'une façon si persistante et si exclusive le principal but poursuivi par les Commissaires, que, dans leur esprit, a surgi

soudain un idéal qu'ils avouent sans ambage, et qu'ils font constamment tous leurs efforts pour atteindre. Cet idéal consiste à prohiber d'une façon absolue *toute* capture du phoque sur terre, à rendre la chasse pélagique seul moyen légal de capture.

C'est d'ailleurs ainsi qu'ils s'expriment eux-mêmes :

On a dit, et nous croyons que c'est probable, que si tout abatage du phoque était interdit aux îles de reproduction, et que ces dernières fussent strictement observées et à l'abri de toute incursion et de tout braconnage, la chasse pélagique *pourrait être indéfiniment continuée sans aucune diminution notable*, en conséquence de la tendance que possède cette industrie à se régler elle-même [1].

Puis, après avoir avancé, comme la seule objection qui les ait frappés contre l'adoption de cette politique, que ce serait peut-être trop exiger des États-Unis qu'ils consentissent à veiller ainsi sur les îles et à y entretenir à leurs propres frais une population indigène de 300 âmes, ils continuent :

On peut néanmoins observer qu'un arrangement de cette nature offrirait peut-être *la solution la meilleure et la plus simple du conflit actuel d'intérêts*, car les citoyens des États-Unis auraient encore les mêmes droits que les autres de capturer les phoques en mer, et, en conséquence de la proximité de leur territoire des repaires de phoques, ils en deviendraient probablement ainsi les principaux bénéficiaires [2].

Et, finalement, ils arrivent à la conclusion que *toute* capture du phoque aux lieux de reproduction est une erreur qu'on ne saurait excuser qu'à cause du long usage. Encore n'est-ce là, selon eux, qu'une excuse douteuse. Ils disent :

Tandis que le fait d'un long usage peut, dans une certaine mesure, être considéré comme justifiant la coutume de l'abatage du phoque à fourrure aux îles de reproduction, une quantité de faits actuellement connus concernant l'histoire naturelle de l'animal lui-même, avec inférences valides à l'appui tirées des résultats produits par le dérangement des autres animaux dans leurs lieux de reproduction, ainsi que les observations qui découlent des conditions nouvelles créées par l'extension qu'a prise la chasse pélagique du phoque, appellent l'attention sur ce point que les îles de reproduction devraient, si c'était possible, être laissées en repos [3].

1. Rapport des Commissaires britanniques, p. 20, § 121.
2. *Ibid.*, *ibid.*, § 123.
3. *Ibid.*, p. 27, § 166.

Ces allusions aux opinions exprimées dans le rapport des Commissaires de la Grande-Bretagne, jointes au projet préconisé par eux, ne permettent pas de douter que la défense des chasseurs de phoques canadiens a été, du début à la fin de l'enquête, le mobile prédominant qui les a guidés, et nous autorisent à dire pour leur excuse qu'ils considéraient que c'était là le devoir dont ils étaient chargés. Si c'est là le fait, il est facile de reconnaître sous quelle apparence et sous quelle couleur devaient se présenter tous leurs raisonnements et toutes leurs recommandations. Nous nous voyons obligés de dire que nous n'apercevons pas d'autre raison qui puisse justifier la bonne foi de leur procédé.

9. Mais sur quelles raisons ont-ils pu se fonder pour adopter cet idéal de la chasse pélagique exclusive comme projet convenable de règlements pour assurer la conservation des phoques? Nous relevons les trois suivantes dans leur rapport :

(*a*) La chasse pélagique du phoque est un *droit* national ou commun que nul ne saurait ravir;

(*b*) La chasse pélagique a une « tendance à se régler elle-même[1] »;

(*c*) La chasse du phoque dans les lieux de reproduction est destructive à cause du massacre excessif (prétendent-ils) auquel on y soumet et soumettra toujours les jeunes mâles, quoique ceci ne soit pas nécessaire.

La première de ces raisons est étrangère à la question qui nous amène ici, et n'aurait pas dû être discutée par ces Commissaires. C'est un problème à soumettre à l'appréciation d'autres personnes, et nous l'étudions dans une autre partie de ce plaidoyer. On peut, néanmoins, remarquer ici que, si c'est là un droit naturel des citoyens de la Grande-Bretagne, on doit le regarder comme étant, à l'égal de tous les autres, subordonné au droit qu'ont les gouvernements de faire des lois ou règlements en vue de préserver de l'extermination les espèces d'animaux utiles, et la Grande-Bretagne peut certainement, si cela lui convient, en interdire l'exercice à ses citoyens, ainsi que le font les États-Unis. Et si, comme le proposent les Commissaires eux-mêmes, on doit en faire le sujet

1. Rapport des Commissaires britanniques, p. 20, § 121.

de restrictions gouvernementales, il est évident qu'un règlement gouvernemental peut aussi le prohiber.

Nous avons déjà examiné la troisième raison. Elle ne repose sur aucun fait, est contraire à la raison, en contradiction absolue avec une expérience de près d'un siècle aux îles Pribilof, et, ainsi que l'admettent les Commissaires eux-mêmes, avec celle qui a été recueillie aux îles du Commandant pendant le même laps de temps[1] : nous l'écartons donc sans autre discussion.

La seconde de ces raisons, la prétendue « tendance à se régler soi-même », peut donner lieu à un rapide examen. Quelle est cette prétendue « tendance à se régler soi-même » ? Il nous faut la décrire dans le langage des Commissaires eux-mêmes. Ils disent :

Les conditions de la chasse pélagique du phoque sont catégoriquement différentes, car il est évident qu'en raison même de la méthode de chasse, les bénéfices doivent diminuer, — alorsque tout le reste ne différerait pas, — dans une proportion bien supérieure à celle de toute diminution du nombre des phoques, et qu'il y a donc là un principe automatique de réglementation inhérent à la chose et suffisant pour prévenir la destruction possible de l'industrie, si on ne se livre à la chasse qu'en mer[2].

Mais qu'arriverait-il si, ainsi que d'ailleurs cela serait, « tout le reste » différait ? Qu'arriverait-il si les prétendues difficultés provenant de la capture du phoque venant à augmenter s'opposaient à ce que le même personnel fît la même prise dans le même laps de temps, et si, l'approvisionnement du marché se trouvant ainsi réduit, le prix des peaux s'élevait, comme cela ne pourrait manquer ? Tout cela n'aurait-il pour effet que de stimuler la chasse, de développer l'énergie et l'habileté des chasseurs, d'attirer des équipages plus nombreux, et d'assurer ainsi une prise égale et probablement plus importante ? Pour la pêche de la baleine, le prix de ses produits s'élevant continuellement en stimula tellement la recherche qu'elle attira un nombre toujours croissant de pêcheurs, jusqu'à ce que quelques-unes des espèces fussent presque exterminées. La loutre marine (*sea-otter*) a eu le même destin. Mais nous n'avons pas besoin de remonter plus haut que les tables de statistique de la chasse pélagique du phoque fournies par les Commissaires. Quel qu'ait été dans la capture du phoque le

1. Rapport des Commissaires britanniques, p. 15, § 92.
2. *Ibid.*, p. 19, § 118.

surcroît de difficulté provenant du développement pris par la chasse, le prix des peaux a constitué un stimulant suffisant pour attirer sur les lieux de chasse un nombre de navires croissant, et élever le total des prises pélagiques de 12000 qu'il était en 1882 à 68000 en 1891.

10. Pour terminer, nous avons l'honneur de déclarer que le projet proposé par les Commissaires de la Grande-Bretagne constitue un plan destiné non pas à *préserver* le phoque, ce qui, aux termes du traité, devrait être le seul objet de leurs recherches et de leurs labeurs, mais à *encourager la chasse pélagique*, et, par contre, à entraîner l'extermination du phoque. C'est là, même dans leur opinion, son véritable caractère. Ils soutiennent que le massacre de 100000 jeunes phoques mâles aux îles Pribilof constituait, même avant l'organisation de la chasse pélagique, une contribution excessive tendant à amener rapidement la destruction du troupeau; et, cependant, leur projet implique directement et nécessairement le massacre de bien plus de 100 000 phoques, dont plus de la moitié serait des *femelles*. Nous croyons que le Tribunal ne saurait manquer de s'apercevoir qu'un examen minutieux de la possibilité pratique d'un système quelconque de réglementation de la chasse pélagique du phoque, permettant de se livrer à cette industrie, tout en mettant le troupeau à l'abri de l'extermination (amenant inévitablement la conviction de l'impossibilité pratique de ce système), conduit, par un chemin tant soit peu différent, à une conclusion identique à celle tirée de l'enquête directe sur la question de propriété. Comme conclusion, cet examen établit pleinement que le seul « règlement commun » qui puisse préserver les troupeaux de phoques de l'extermination doit avoir pour objet l'interdiction pure et simple de la chasse pélagique, et que cette interdiction est donc nécessaire. Comme effet, cela équivaut à reconnaître aux propriétaires des îles de reproduction un droit de propriété.

Si un effort loyal était tenté pour permettre la chasse pélagique à des conditions qui réduisissent ses effets destructifs à un point qui pourrait être négligé comme non essentiel ou insignifiant, on obtiendrait une restriction réelle et non prétendue. Cet effort devrait avoir pour objet d'*écarter* les attraits de cette chasse, et non pas d'en *ajouter* d'autres. La meilleure méthode serait de décourager cette chasse, d'y apporter des difficultés, d'en restreindre le temps ou le lieu, ou l'un et l'autre, de façon à laisser très peu de chance de bénéfices. Dans ce but, une prohibition en mars et en avril serait absolument illusoire. Cette chasse ne saurait sans danger être permise pendant un seul mois d'avril à octobre. Le privilège de cette autorisation doit être limité à l'époque des tempêtes, laquelle n'engage pas à une entreprise de cette nature. Cela serait de la vraie prohibition. Si notre intention est de préserver les phoques, nous devons nous résigner à obéir aux lois naturelles, de l'observation desquelles dépend leur conservation. Ces lois nous enseignent, avec une précision et une certitude au sujet desquelles nous ne saurions nous méprendre, deux choses :

1° Lorsqu'il s'agit d'animaux sur lesquels l'homme n'exerce aucun contrôle, comme la plupart des animaux sauvages, des restrictions de la même nature que celles que prévoient les lois sur la chasse, lesquelles ont simplement pour but de diminuer la destruction, sans changer son caractère, constituent les seules mesures préventives que la société puisse appliquer, lorsqu'une chasse trop acharnée menace d'exterminer l'espèce. Mais la société ne peut interdire la destruction de l'animal d'une façon absolue, car ce serait prohiber l'usage des fruits naturels. Ce remède peut être insuffisant, vu la difficulté de son application; mais il tend à préserver, et réussit quelquefois à préserver, ce que l'on a l'intention de sauver.

2° Mais lorsque certains hommes exercent sur l'animal un contrôle suffisant pour pouvoir, grâce à leur art et à leur industrie, et en s'abstenant d'y toucher pendant un certain temps, recueillir son plein croît, s'en servir pour les besoins de l'humanité, et, en même temps, en conserver l'espèce, la société peut, comme elle le fait d'ailleurs, préserver l'espèce et, en même temps, s'assurer tous les avantages du croît, en permettant à ces hommes de tuer avec discrétion et en interdisant à tous autres de le faire.

Les États-Unis s'appuient sur l'affirmation de leur droit de propriété; et, si ce droit est reconnu, ils croient avoir le pouvoir de le faire respecter sur toutes les mers. Il n'est pas habituel de voir une nation solliciter librement l'aide d'une autre nation pour la défense de ses droits. On laisse généralement à chaque nation le soin de faire respecter ses propres lois à l'aide de sa propre puissance. Or, les États-Unis ne demandent pas le moindre secours pour exécuter ce qui constitue exclusivement leur propre besogne.

Mais il peut se présenter, et c'est ici le cas, que ce qui, en raison de la situation naturelle, est particulièrement la besogne propre d'une nation, puisse néanmoins être également, à un degré quelconque, la besogne d'autres nations. L'extermination d'une espèce utile d'animaux constitue la destruction d'une propriété appartenant au genre humain : c'est un crime contre le droit des gens. Toutes les nations civilisées sont aussi strictement tenues de prévenir et de punir ce crime, qu'elles le sont de prévenir et de punir celui de piraterie. Le chasseur pélagique du phoque est *hostis humani generis* de même que le pirate, bien que l'énormité et l'horreur de son forfait soient moindres. C'est donc une partie du devoir des nations d'interdire à leurs citoyens de se livrer à la chasse pélagique; et, comme les parties à ce litige l'ont volontairement soumis à ce Tribunal, afin qu'il déclare à l'exécution de quels règlements, en dehors de leur juridiction respective, il est de leur devoir de concourir pour assurer la conservation des phoques, il est absolument convenable que le Tribunal, tout en reconnaissant le droit de propriété proclamé par les États-Unis, veuille bien formuler, pour être adopté en commun et appliqué par les deux nations, un règlement simple interdisant toute chasse du phoque en mer, excepté aux Indiens de la côte nord-ouest d'Amérique, lesquels pourront continuer à s'y livrer comme par le passé, en vue d'en tirer leur nourriture et leurs vêtements.

JAMES C. CARTER.

CINQUIÈME PARTIE

RÉCLAMATIONS D'INDEMNITÉS

i. — DOMMAGES-INTÉRÊTS RÉCLAMÉS PAR LES ÉTATS-UNIS

L'article VIII du traité stipule que chaque partie peut soumettre aux Arbitres toute question de fait se rattachant à toute réclamation qu'elle peut avoir à adresser contre la partie adverse et demander qu'il y soit statué, « *la question de la responsabilité de l'un et de l'autre Gouvernement à l'égard des faits reconnus devant former l'objet de négociations ultérieures* ».

Dans l'esprit des soussignés, ce paragraphe limite la portée de l'enquête du Tribunal aux seuls faits qui ont trait au montant des réclamations produites, puisque la question de *responsabilité* est laissée pendante pour être réglée à l'aide de négociations spéciales.

L'article V du *modus vivendi* du 9 mai 1892[1] prévoit que :

Dans le cas où la décision des Arbitres affirmerait le droit des chasseurs britanniques de prendre des phoques en deçà de la partie de la mer de Behring revendiquée par les États-Unis, conformément à l'acquisition qu'ils ont faite de la Russie, les États-Unis s'engagent à verser à la Grande-Bretagne (au profit de ses sujets) une indemnité en échange de l'abstention par cette puissance de l'exercice du droit ci-dessus pendant tout le cours de l'arbitrage; la dite indemnité devant être calculée sur le nombre déterminé de prises qui, dans l'opinion des Arbitres, n'aurait pas diminué d'une façon anormale les troupeaux de phoques; d'un autre côté, dans le cas où la décision des Arbitres infirmerait le droit des chasseurs britanniques de prendre des phoques dans les dites eaux, la Grande-Bretagne s'engage à verser aux États-Unis (pour eux-mêmes, leurs citoyens et concessionnaires), en considération de l'enga-

---

1. Appendice au Mémoire des États-Unis, Vol. 1, p. 7.

gement qu'ils prennent de restreindre à sept mille cinq cents phoques par saison les prises dans les îles, une indemnité calculée sur la différence existant entre ce nombre de phoques et celui plus élevé qui, dans l'opinion des Arbitres aurait pu être pris sans diminuer d'une façon anormale les troupeaux de phoques.

Ceci laisse entièrement au jugement du Tribunal le soin de fixer, en s'appuyant sur les preuves fournies, le nombre de phoques qui aurait pu être pris dans la mer de Behring par les chasseurs britanniques de phoques, et dans les îles Pribilof par les concessionnaires des États-Unis, sans courir le danger de réduire le troupeau dans des proportions anormales.

Dans le Mémoire imprimé présenté au nom des États-Unis figure une demande d'indemnité adressée, en vertu des dispositions de l'article cité en dernier lieu, à titre de compensation en faveur des États-Unis pour les loyers additionnels qu'ils auraient perçus si un chiffre supérieur de peaux avait été pris et pour la prime de 9 dollars 62 1/2 cents par peau que doivent payer les concessionnaires des îles, en dehors et en sus de la prime sur les 7 500 peaux qu'ils sont autorisés à prendre en vertu du *modus vivendi*[1]. Les États-Unis présentent aussi une réclamation en faveur de leurs concessionnaires, en vue d'indemniser ces derniers pour la perte des bénéfices qu'ils auraient pu réaliser sur le chiffre de phoques supérieur à 7 500 que, sans le *modus vivendi*, ils auraient pu prendre[2].

Le Mémoire expose aussi, pour le compte des États-Unis et de leurs concessionnaires, une demande d'indemnité pour les pertes à eux occasionnées par suite du nombre restreint de phoques capturés sous l'empire du *modus vivendi* de 1891.

La franchise nous fait un devoir, ce nous semble, de déclarer que les preuves qui figurent dans le Contre-Mémoire des États-Unis relativement à la condition du troupeau de phoques des îles Pribilof démontrent que les États-Unis n'auraient pu autoriser leurs concessionnaires à dépasser de beaucoup, ou même pas du tout, le nombre de peaux permis par le *modus vivendi* de 1892, sans qu'il s'ensuivît une diminution anormale du troupeau de phoques; et nous appelons simplement l'attention du Tribunal sur les preuves

1. Mémoire des États-Unis (en anglais), pp. 293-297.
2. *Ibid.*, pp. 297-299.

fournies à l'égard de ce point spécial de la cause, et nous soumettons à sa décision les questions qui s'y rapportent.

Quant aux réclamations présentées en faveur des États-Unis ou de leurs concessionnaires en raison du *modus vivendi* de 1891, les soussignés se sentent également dans l'obligation de déclarer que, comme cette convention ne stipule le paiement d'aucune compensation en faveur de l'une ou de l'autre des parties, et comme, en vertu des lois des États-Unis et des termes de la concession des îles consentie par les États-Unis à la Compagnie commerciale de l'Amérique du Nord, ceux-ci avaient tout pouvoir de réduire, par le ministère de leur secrétaire de la Trésorerie, et à l'entière discrétion de ce dernier, la prise de chaque année à tel chiffre qu'il jugerait utile, nous devons admettre qu'aucun droit à une compensation quelconque ne saurait être acquis en vertu de cette convention, soit aux États-Unis, soit à leurs concessionnaires, par la raison que la convention a été consentie librement et faite par les deux Gouvernements en toute connaissance de cause, et qu'aucun droit à une indemnité quelconque ne saurait être acquis à l'un ou à l'autre Gouvernement ou à ses nationaux, à moins qu'il n'en ait été disposé ainsi d'une façon explicite par le *modus vivendi*.

II. — DOMMAGES-INTÉRÊTS RÉCLAMÉS PAR LA GRANDE-BRETAGNE

Les réclamations présentées de la part de la Grande-Bretagne portent sur des dommages subis par certains de ses sujets en raison des saisies opérées par les États-Unis à l'égard de certains navires prétendus appartenir à ces dits sujets, et en raison tant de la défense faite à certains navires anglais se livrant à la chasse du phoque de pénétrer dans la mer de Behring, que de l'ordre intimé à certains autres navires anglais, occupés à la capture du phoque dans la mer de Behring, d'avoir à se retirer de la dite mer. En conséquence de cet état de choses, on soutient que les propriétaires de ces navires ont subi des pertes et des dommages, ainsi que l'indiquent leurs réclamations respectives, lesquelles se trouvent énumérées dans l'*état détaillé* qui accompagne le Mémoire de la Grande-Bretagne.

Le droit et l'autorité des États-Unis de protéger le troupeau de phoques domicilié aux îles Pribilof, et, dans l'exercice de ce droit, de rentrer en possession des peaux de phoques indûment capturées, de saisir, et, si nécessaire, de confisquer les navires et autres objets de propriété employés à cette chasse, à la fois prohibée et destructive, ce droit et cette autorité, disons-nous, découlent nécessairement de la revendication, hautement proclamée par les États-Unis, de leur droit à la propriété exclusive des dits phoques à fourrure et à l'industrie établie dans le voisinage des repaires de ces animaux.

Quoi qu'il en soit, nous croyons devoir déclarer, en guise de préface à ce que nous avons à exposer sur cet aspect de la cause, que, si ce Tribunal venait à estimer que ces saisies et ces entraves apportées au libre exercice de la chasse du phoque par ces navires anglais ont été faites ou apportées à tort et ne sauraient être justifiées par les lois et principes applicables à la matière, alors il serait indigne de notre nation de contester ces réclamations, en tant qu'elles sont justes et restent dans la limite équitable des dommages réellement subis par des sujets britanniques.

Et, même dans le cas où ce Tribunal déciderait que les saisies de navires et les entraves apportées par les États-Unis à l'exercice de la chasse du phoque à fourrure dans la mer de Behring par des sujets britanniques n'étaient justifiées ni par les circonstances, ni par le droit qui régit la matière, il ne s'ensuivrait pas que cette décision pût servir de base à des réclamations se fondant sur des motifs entièrement illégaux et insoutenables, non plus qu'à des exigences ayant un caractère d'exaction.

Les dommages effectifs subis par des sujets britanniques en faveur desquels le Gouvernement de la Grande-Bretagne présente ces réclamations doivent, c'est incontestable, être finalement déterminés conformément aux termes du traité, par des négociations à entamer ultérieurement ; mais, comme on sollicite un verdict à l'égard des points de fait se rapportant à ces réclamations, notre but, dans cette partie du plaidoyer, est d'appeler l'attention sur quelques-uns des éléments qui concourent à donner un corps à ces réclamations, et de montrer d'une façon concluante, à notre avis, que, conformément au traité, de tels éléments ne sauraient figurer dans des demandes d'indemnité formulées contre les États-Unis.

Et nous soutenons :

1° Que seulement les réclamations équitablement dues à des *sujets de la Grande-Bretagne* devraient être présentées de la part de cette nation, et un verdict à l'égard des points de fait s'y rattachant être sollicité ; et, comme application de ce principe, nous soutenons qu'il est démontré dans le Contre-Mémoire des États-Unis et l'Appendice y annexé, que la goélette *W. P. Sayward* et les goélettes mixtes *Thornton, Anna Beck, Grace* et *Dolphin* avec tous leurs approvisionnements et leur armement étaient en fait la propriété d'un certain Joseph Boscowitz, citoyen des États-Unis à l'époque où ces navires furent respectivement saisis par les officiers des États-Unis[1] ; que, pendant un certain temps antérieur à l'automne de 1885, la dite goélette et les dites goélettes mixtes s'étaient livrées à la chasse du phoque pour le compte commun dudit Boscowitz et d'un sieur James Douglas Warren : le dit Warren n'avait pas de capital, et, quoique nominalement intéressé dans les dits navires et dans leur prise, en qualité de co-propriétaire pour la moitié, en réalité l'argent représentant sa part d'intérêts dans les navires lui avait été prêté par Boscowitz, et était garanti par des hypothèques prises sur les navires en faveur de Boscowitz ; qu'au printemps de 1885, Warren, devenu insolvable, avait fait un abandon d'actif à ses créanciers, et que, dans le but de transférer son titre de propriété sur ces navires, on en fit une vente sous couvert des hypothèques prises par Boscowitz, et un certain Thomas H. Cooper se fit adjuger les navires aux enchères pour la somme de un dollar, ledit Cooper étant le beau-frère de Warren, sujet britannique, et résidant à San-Franscisco dans l'État de Californie ; que, après être ainsi devenu acquéreur de ces navires, Cooper les hypothéqua à Boscowitz pour leur valeur totale, et, à l'époque des saisies, les dites hypothèques étaient en la possesion dudit Boscowitz. Toute cette transaction n'avait pour but que d'assurer aux navires l'enregistrement britannique, et de permettre ainsi à Boscowitz et à Warren de continuer leurs opérations sous le couvert du pavillon britannique[2].

Le témoignage établissant que Boscowitz était citoyen des

---

1. Contre-Mémoire des États-Unis (en anglais), p. 30. Appendice, pp. 255, 351.
2. Contre-Mémoire des États-Unis, appendice, pp. 321-325.

États-Unis consiste dans les dépositions de T. T. Williams [1] et dans un rapport, en date du 10 novembre 1892 [2], adressé par M. Levi W. Myers, Consul des États-Unis à Victoria, dans la Colombie britannique. Quant à la preuve des rapports qui ont existé entre Boscowitz et Cooper, elle se trouve dans la déposition de Thomas H. Cooper, le prétendu propriétaire des dits navires [3]. Enfin les rapports qui ont existé entre Boscowitz et Warren sont établis par le témoignage même de Boscowitz et par celui de Warren, par les plaidoiries et par les jugements rendus par les tribunaux de la Colombie britannique, dans le procès de Warren contre Boscowitz, et par le procès contradictoire de Boscowitz contre Warren [4].

Les preuves fournies démontrent aussi que les goélettes *Carolina* et *Pathfinder*, ainsi que leurs approvisionnements et leur armement, étaient, en réalité, à l'époque de leur saisie, la propriété d'un nommé A. J. Bechtel, citoyen des États-Unis (voir la déposition de T. T. Williams [5], et un rapport de M. Lévi W. Myers, Consul des États-Unis à Victoria, dans la Colombie britannique [6]), bien que les susdits navires fussent enregistrés aux noms de sujets anglais [7].

Et encore, que les goélettes *Alfred Adams*, *Black Diamond* et *Lily* étaient en réalité, à l'époque de leurs saisies respectives, la propriété d'un nommé A. Frank, citoyen des États-Unis (voir la déposition de T. T. Williams [8]) bien qu'enregistrées au nom de sujets britanniques [9].

En parcourant la liste des navires qu'on déclare avoir été saisis ou réprimandés d'une façon quelconque, on verra qu'elle comprend vingt navires, mais que deux des navires y désignés, le *Triumph* et le *Pathfinder*, ont été saisis ou réprimandés deux fois [10], de sorte qu'en réalité cet état ne relève que dix-huit navires

1. Contre-Mémoire des États-Unis, Appendice, p. 331.
2. *Ibid.*, p. 255.
3. *Ibid.*, p. 320-325.
4. *Ibid.*, p. 301-320.
5. Contre-Mémoire des États-Unis, Appendice, p. 331.
6. *Ibid.*, p. 261.
7. Mémoire britannique, état des réclamations, pp. 1, 10; Contre-Mémoire des États-Unis, Appendice, p. 256.
8. Contre-Mémoire des États-Unis, Appendice, p. 332.
9. Mémoire britannique, état des réclamations, pp. 32, 18, 50.
10. Mémoire britannique, état des réclamations, p. 1.

distincts, ayant été l'objet de réclamations; et encore sur ces dix-huit navires dix étaient la propriété de citoyens des États-Unis.

Au nom des États-Unis on prétend que si les preuves fournies démontrent que ces dix navires, bien que porteurs d'un enregistrement nominal aux noms de sujets britanniques, étaient réellement la propriété de citoyens des États-Unis, ce fait suffira pour justifier, de la part du Tribunal, un verdict établissant qu'aucun citoyen de la Grande-Bretagne n'a subi de dommage du fait de la saisie des bâtiments *Sayward, Anna Beck, Thornton, Grace, Dolphin, Carolina, Pathfinder, Alfred Adams, Black Diamond* et *Lily*.

Nous avons donc l'honneur de solliciter et nous attendons avec confiance le verdict du Tribunal déclarant qu'à l'égard des navires précités des réclamations ne sauraient être formulées par des sujets britanniques, et que, pour cette raison, le Tribunal ne saurait être appelé à statuer sur aucun fait les concernant.

Pour justifier le prononcé d'un jugement relatif à une réclamation, il est indispensable de démontrer très clairement, avec force preuves à l'appui, que le droit à cette réclamation appartient à l'un des Gouvernements en cause dans cet arbitrage, ou à un citoyen ou sujet de ce Gouvernement[1].

Nous soutenons même qu'il nous est permis d'aller plus loin et d'affirmer que, s'il existe le moindre doute sur la nationalité d'un réclamant quelconque, prétendant être citoyen de la nation qui présente sa réclamation, ce doute seul devra suffire pour empêcher tout jugement relatif aux faits impliqués dans cette réclamation.

Les pouvoirs et la juridiction de ce Tribunal lui ont été délégués par le traité, lequel n'est, en lui-même, qu'un contrat, une convention dont les termes ne peuvent être ni étendus ni amplifiés par voie d'interprétation.

En nous plaçant sur ce terrain, nous n'avons aucunement l'intention de mettre en doute la bonne foi du Gouvernement britannique ou de son Agent, pour avoir présenté ces réclamations, puisque nous admettons parfaitement qu'à première vue ces réclamations telles qu'on les présente semblent être en faveur de sujets britanniques. Mais nous soutenons qu'il est juste que ce Tribunal se livre à un examen approfondi des documents fournis,

1. Article VIII du *Traité d'Arbitrage*.

et s'assure, d'après les preuves apportées, si oui ou non les personnes qui doivent bénéficier de l'allocation ou du paiement des indemnités réclamées sont, de fait, des sujets britanniques, et qu'il n'y a pas lieu de constater l'authenticité de faits se rapportant à une réclamation quelconque, alors qu'il y a de bonnes raisons de douter que la dite réclamation émane d'un sujet britannique.

2° Toutes ces réclamations à l'exception de deux (concernant le *Triumph*, n° 11 [1], et le *Pathfinder*, n° 20 [2], de l'état) *contiennent un chef visant la « perte de la prise probable »; « perte de la prise évaluée »; « solde de la prise probable », « prise probable », etc* [3].

Toutes ces réclamations ressortent du tableau suivant :

N°ˢ 1. *Carolina*. Prise évaluée.	16 667	dollars.
2. *Thornton*. — —	16 667	—
3. *Onward*. — —	16 667	—
4. *Favorite*. Perte de prise évaluée.	7 000	—
5. *Sayward*. Prise probable de 1887.	19 250	—
6. *Grace*. Prise probable.	23 100	—
7. *Anna Beck*. Prise probable.	17 323	—
8. *Dolphin*. Prise probable.	24 750	—
9. *Alfred Adams*. Prise probable.	19 250	—
10. *Ada*. Prise probable.	15 818	—
12. *Juniata*. Prise évaluée.	9 424	—
13. *Pathfinder*. Prise évaluée.	15 363	—
14. *Triumph*. Prise évaluée.	19 424	—
15. *Black Diamond*. Prise évaluée.	16 192	—
16. *Lily*. Solde de prise.	14 136	—
17. *Ariel*. Solde de prise évaluée.	9 248	—
18. *Kate*. Solde de prise.	10 960	—
19. *Minnie*. Solde de prise.	16 112	—
TOTAL.	357 353	dollars.

Tous ces chefs sont sujets à l'objection qu'ils constituent des bénéfices en perspective, incertains et éventuels de leur nature, et ne sauraient servir de base à une demande en compensation attribuable aux propriétaires de ces navires.

Dans son traité intitulé *Measure of Damages*, Sedgwick dit :

Les tribunaux anglais et américains, dans les premières causes qu'ils ont eu à juger, se sont généralement refusés d'un commun accord à reconnaître

1. Mémoire britannique, état des réclamations, p. 36.
2. *Ibid.*, p. 57.
3. *Ibid.*, pp. 1-56.

les bénéfices comme faisant partie du dommage à indemniser, aussi bien dans les cas de contrat que dans celui d'un préjudice causé (*tort*).

Dans un cas de capture illégale, où un des chefs de la demande en dommages-intérêts s'appliquait au profit du voyage interrompu par suite de la capture, le Tribunal s'est exprimé ainsi :

Indépendamment de toute autorité, le Tribunal estime en principe qu'une allocation de dommages-intérêts basée sur l'évaluation de profits présumés est inadmissible. La décision contraire serait au plus haut degré nuisible aux intérêts de la communauté. Le sujet serait enveloppé d'une incertitude complète. Les calculs d'évaluation porteraient sur des éventualités et nécessiteraient une connaissance des marchés étrangers tellement exacte quant à l'époque favorable à la vente et aux prix obtenus, qu'on se trouverait parfois en présence d'obstacles insurmontables. Il faudrait tenir grand compte tant de la durée du voyage et de l'époque de l'arrivée, que de la vigilance et de l'activité du patron, et aussi de l'étendue de la demande. En somme, ce serait là un calcul basé sur des conjectures et non sur des faits[1].

Dans le cas de l'*Amiable Nancy*, le juge Story, parlant au nom de la Cour suprême des États-Unis, a dit :

Un autre chef se traduit par 3 500 dollars pour perte supposée des profits du voyage auquel l'*Amiable Nancy* était destinée au début. Dans l'opinion de la Cour, cette prétention a été justement repoussée. Les bénéfices probables ou possibles devant résulter d'un voyage encore à faire ne peuvent fournir un sûr élément d'appréciation de dommages subis dans des cas de délits maritimes.

Il y a tant d'incertitude dans la règle elle-même, tant d'éventualités qui peuvent en modifier ou en suspendre l'application, et aussi tant de difficultés à en maintenir l'exactitude légale, que la Cour ne juge pas bon d'en tenir compte. Dans plusieurs cas venus devant cette Cour, la réclamation visant des profits a été tout spécialement repoussée ; et dans les cas *Del Col* contre *Arnold* (3 Dallas, 333) et *Anna Maria* (2 Wheaton, 327), il a été décidé, après mûr examen, que le prix coûtant, ou valeur de la propriété perdue à l'époque de la perte, et, dans le cas d'avarie, la dépréciation résultant de cette avarie, avec addition d'intérêts sur l'évaluation ainsi obtenue, donnaient la vraie mesure des dommages-intérêts à assigner.

Cette règle peut ne pas assurer une indemnité complète dans tous les cas possibles, mais elle se recommande par une certaine fixité et par sa facile application en général, et dans presque tous les cas elle donnera une juste et légitime satisfaction[2].

Et dans le manuel *Wood's Mayne on Damages*[3], l'auteur,

---

1. Schooner *Lively*, 1 Gallisow, 314.

2. 3 *Wheaton's U. S. Repts* 546 ; voir aussi *Smith c. Condry*, 1 *How. U. S. Repts.* 28-31.

3. Première édit. américaine, d'après la troisième édit. anglaise, p. 56.

parlant des dommages-intérêts dans les cas de préjudice causé (*tort*), dit :

> En général, cependant, tout dommage causé à la propriété, alors qu'il n'y a pas eu intention malicieuse, et principalement lorsque ce dommage a été commis sous l'impulsion d'un droit erroné, ne donne droit qu'à des dommages-intérêts proportionnés à la perte pécuniaire effectivement subie.

Tout en accordant qu'on s'est relâché dans une certaine mesure des règles rigides qui, au début, étaient observées en Angleterre et aux États-Unis, en ce qui concerne l'admission des profits comme élément d'évaluation de dommages-intérêts ou d'indemnité, il est incontestablement encore de règle dans les deux pays que les profits ne peuvent être alloués comme dommages-intérêts que là où ils ont été prévus par les parties dans les cas réglés par contrat, et là où ils sont le résultat nécessaire et direct du dommage infligé dans les cas où un préjudice (*tort*) a été causé, et, dans ces derniers cas, seulement lorsqu'ils peuvent être dûment établis par des preuves d'une certitude pour ainsi dire tangible[1].

Les navires en question accomplissaient tous un périlleux voyage sur les eaux tourmentées de l'Océan Pacifique septentrional et de la mer de Behring, en butte à tous les dangers de la mer, et l'esprit peut difficilement se représenter un événement plus plein d'incertitude et d'éventualité que le nombre de phoques qu'ils auraient pu capturer s'ils avaient poursuivi leur voyage sans être molestés. Les naufrages et tous les autres éléments d'incertitude, y compris l'aléa proverbial qui est le *lot* des expéditions de pêche et de chasse, ne semblent pas étrangers à toutes les aventures de ce genre : aussi le raisonnement serré du juge Story dans les cas cités plus haut semble s'appliquer sans aucune réserve aux chefs qualifiés de « prise probable », etc., qui figurent sur l'état des réclamations en question.

Le Tribunal voudra bien ne pas perdre de vue que le Gouvernement des États-Unis n'est pas dans le cas d'un auteur ordinaire de dommages (*tort feasor*), exposé à payer des dommages-intérêts exemplaires et de nature à satisfaire la vindicte publique : « Le roi (le souverain) ne peut causer un tort ». Les actes pour lesquels on demande une indemnité au profit de sujets anglais ont été

1. Hadley c. Baxendale, 9 Exch. 341, Eng. Law c. Equity. 398; Mastetron c. le Maire de Brooklyn, 7 Hill, 62.

accomplis par les États-Unis dans l'exercice de leur souveraineté et en exécution de leurs lois, et aucune intention de nuire, aucun motif injuste, ne sauraient leur être imputés à raison de ces actes.

Parmi les réclamations présentées par les États-Unis, en faveur de ses citoyens, au Tribunal d'arbitrage qui se réunit à Genève, en 1872, pour la question des « Réclamations de l'*Alabama* », conformément au traité intervenu entre la Grande-Bretagne et les États-Unis, se trouvaient un grand nombre de réclamations analogues à celles qui nous préoccupent actuellement, et relatives aux profits éventuels pour les navires détruits par les croiseurs rebelles lors de la récente guerre civile aux États-Unis, et ce Tribunal, à l'égard des dites réclamations, a pris à l'unanimité la décision suivante :

Considérant que les profits éventuels ne sauraient être l'objet d'aucune compensation, puisqu'il s'agit de choses futures et incertaines, le Tribunal est d'avis, à l'unanimité, qu'il n'y a lieu d'adjuger de ce chef aux États-Unis aucune somme à titre d'indemnité [1].

Nous avons donc l'honneur de faire observer respectueusement que le principe qui a servi de règle à la décision adoptée dans le cas des réclamations de l'*Alabama* est consacrée dans la jurisprudence des deux nations actuellement en instance devant ce haut Tribunal ; et, s'appuyant sur les autorités précitées, les soussignés soutiennent en tout respect que les chefs figurant dans ces réclamations à titre de « prise probable » « prise évaluée », etc., qui constituent plus des deux tiers de l'ensemble total des dommages réclamés, doivent être envisagés comme tout à fait spéculatifs et tellement incertains, que la Grande-Bretagne ne saurait prétendre à la constatation définitive d'aucun fait s'y rapportant, si ce n'est à l'égard du fait même de leur incertitude, laquelle ressort du premier examen de ces réclamations.

Dans les réclamations se rapportant aux saisies des navires *Carolina*, *Thornton*, *Onward*, *Sayward*, *Grace*, *Anna Beck*, *Dolphin* et *Ada*, figurent aussi des chefs ayant trait aux profits éventuels desdits navires [2], à savoir :

1. *Geneva Arbitration*, édition du Congrès, vol. IV, p. 53; voir aussi *Wheaton's International Law* (*Boyd's third English edition*), sec. 539, *t*, p. 592.
2. Mémoire britannique, état des réclamations, pp. 5, 9, 11, 19, 23, 27, 31, 36.

N° 1. *Carolina*, saisie en 1886.

  Réclamations basées sur les profits de 1887. . . 5 000 dollars.
  Réclamations basées sur les profits de 1888. . . 5 000 —

N° 2. *Thornton*, saisi en 1886.

  Réclamations pour perte estimée infligée au propriétaire par le séquestre de 1887. . . . . 5 000 —
  Réclamations pour perte estimée infligée au propriétaire par le séquestre de 1888. . . . . 5 000 —

N° 3. *Onward*, saisi en 1886.

  Réclamations pour profits raisonnables de la saison de 1887. . . . . 5 000 —
  Réclamations pour profits raisonnables de la saison de 1888. 5 000 —

N° 5. *Sayward*, saisi en 1887.

  Réclamations pour profits résultant du cabotage
  de l'automne de 1887. . . . . 1 200 —
  Gains pour la saison de 1888. . . . . 6 000 —

N° 6. *Grace*, saisie en 1887.

  Réclamations pour profits probables de l'automne
  de 1887. . . . . 2 000 —
  Mêmes réclamations pour la saison de 1888. . . 7 000 —

N° 7. *Anna Beck*, saisie en 1887.

  Réclamations pour profits probables du cabotage
  de l'automne de 1887. . . . . 2 000 —
  Réclamations pour gains nets probables de la saison de 1888. 6 000 —

N 8. *Dolphin*, saisi en 1887.

  Réclamations pour profits probables de l'automne
  de 1887. . . . . 2 000 —
  Réclamations pour profits nets probables de la
  saison de 1888. . . . . 7 000 —

N° 10. *Ada*, saisie en 1887.

  Profits probables de l'automne 1887. . . . . 2 000 —
  Profits probables de la saison de 1888 . . . . . . 6 000 —

       ENSEMBLE. . . . . 71 200 dollars.

On remarquera que ces chefs viennent s'ajouter à ceux de
« prise probable » ou « prise évaluée » pour les saisons au cours
desquelles les navires ont été saisis.

  Rien ne peut faire ressortir d'une façon plus éclatante le caractère absolument spéculatif de cette catégorie de réclamations que l'examen de ces chefs comparés aux faits probants.

La *Carolina*, le *Thornton*, l'*Onward*, la *Grace*, l'*Anna Beck*, le *Dolphin* et l'*Ada*, furent saisis et confisqués par suite de décisions rendues contre eux par la Cour régionale (*District Court*) des États-Unis du district d'Alaska. Quant à la *Carolina*, à l'*Onward* et au *Thornton*, on les laissa tomber en ruines dans le port d'Unalaska[1]; tandis que le *Dolphin*, la *Grace*, l'*Anna Beck* et l'*Ada* furent vendus par décision de cette cour; alors que le *Sayward* fut relâché sous caution fournie par ses propriétaires une année ou plus après l'enregistrement de l'arrêté de confiscation.

Ces saisies, du moment où elles eurent lieu, équivalaient en effet, pour des navires, à une appropriation (*conversion*), et, à l'exception du *Sayward*, suspendaient pour eux toute facilité de rapporter à leurs propriétaires un gain quelconque. L'indemnité due à leurs propriétaires ne pouvait donc être évaluée qu'en raison de la valeur de la propriété saisie au moment même de cette saisie, en tenant compte peut-être des intérêts à partir de la date de la saisie. Les propriétaires étaient dépossédés par le seul fait de la saisie, et leur droit de propriété s'est trouvé englobé dans leur demande d'indemnité, si tant est que cette demande soit justifiée; et tout accroissement de leurs prétentions, fondé sur les gains éventuels des dits navires, leur est interdit[2].

Dans l'ouvrage de Sutherland (vol. I, p. 173), ouvrage qui fait actuellement autorité devant les Tribunaux des États-Unis, voici de quelle façon est posée la règle :

La valeur de la propriété atteinte constitue la mesure ou l'élément d'appréciation des dommages-intérêts dans une grande variété de cas d'actions contractuelles ou de préjudice (*tort*); et là où il n'y a pas de circonstances aggravantes demandant des dommages-intérêts exemplaires, dans des causes où de pareils dommages-intérêts sont recouvrables, on détermine la valeur, et elle sert de base au calcul de l'indemnité à accorder à celui qui a été dépouillé de sa propriété, aussi bien dans les actions intentées par suite de préjudice, que dans celles qui proviennent d'un contrat. Dans les deux cas, la valeur

1. Déclarations de James Douglas Warner, Mémoire britannique, état des réclamations, pp. 3, 6, 12.
2. Sedgwick on *Measure of Damages*, 6e édit., 583; Conrad c. Pacific Ins. C°., 6 Peters U. S. 262-282, L'*Anne Caroline*, 2 Wall., U.S., 538. Smith. et autres c. Coudry, 1 How., U. S., 28-31. Wood's *Mayne on Damages*, 3e édit. anglaise et 1re édit. américaine, p. 186.

de la propriété sert de base fixe et légale à l'octroi des dommages-intérêts, dont le calcul n'est pas laissé à la discrétion des jurés...

Et, bien p. s, la valeur est déterminée par des moyens semblables au moment où, par la faute du défendeur, la perte encourue a lieu. (Grand Tower C° contre Phillips 23 Wall., 471. Orven c. Routh, 14 C. B. 327.)

Pour résumer : aucun des chefs de ces différentes réclamations pour « prise évaluée » ou « prise probable » au cours de la saison ou du voyage pendant lequel a lieu la saisie, ne peuvent être prises en considération, parce qu'elles rentrent dans la catégorie des profits éventuels et tombent sous le coup de la règle adoptée par le Tribunal des réclamations de l'*Alabama*, et par les autres autorités citées; et tous les chefs relatifs aux gains probables qu'auraient réalisés ces navires après l'époque où ils ont été saisis viennent se heurter au même obstacle d'incertitude et d'éventualité, et aussi à cette objection que la conversion de la propriété fut consacrée par le fait même de la saisie, ce qui ne laissait aux propriétaires rien à prétendre que la valeur de la propriété saisie calculée au moment de la saisie.

Mais si le Tribunal, pour des raisons quelconques, se reconnaissait dans l'obligation de se prononcer sur ces chefs ou de constater un fait quelconque s'y rapportant, excepté le fait de non-validité, nous avons l'honneur de faire remarquer respectueusement que, dans notre opinion, les prises « évaluées » et « probables » sont tout à la fois exagérées et extravagantes.

Dans les déclarations de James Douglas Warren à l'appui des réclamations présentées au nom du prétendu propriétaire du *Sayward*, de l'*Anna Beck*, de la *Grace* et du *Dolphin*, le dit Warren affirme qu'on a établi l'estimation sur la base d'une prise de 350 peaux par bateau et par canot pour toute la saison[1].

Dans le rapport des Commissaires britanniques, faisant partie du Mémoire britannique[2], on démontre que la moyenne de la prise par canot ou bateau pendant cette même année n'a pas dépassé 164 animaux pour les chasseurs de phoques anglais, soit moins de moitié que la moyenne prétendue par le capitaine Warren; et dans le même paragraphe les Commissaires britanniques déclarent que :

La réussite des opérations de chaque navire se livrant à la chasse du phoque dépend dans une telle mesure de la bonne fortune ou du jugement

1. Mémoire britannique, état des réclamations, pp. 18, 22, 25, 29.
2. § 107, p. 74.

qui leur permet de rencontrer et de traquer des troupes considérables de phoques, comme aussi de l'état météorologique régnant pendant le cours des opérations, que les chiffres représentant la prise par rapport aux bateaux et à l'ensemble des hommes employés constituent un critérium d'appréciation bien plus digne de foi que toutes les déclarations générales [1].

Nous pouvons donc, en toute assurance, déclarer que, si l'on doit s'en rapporter à de simples conjectures établies sur une règle de moyennes pour essayer de calculer approximativement les prises probables de ces navires, les données fournies par les Commissaires britanniques méritent bien plus de crédit que celles produites par ces réclamants.

Le caractère fallacieux de ces estimations se démontre encore par un autre procédé. Nous ouvrons au hasard l'état des réclamations britanniques, nous prenons la réclamation soulevée par la saisie du *Minnie*, n° 19 [2]. Il ressort de la déclaration jointe à la réclamation que ce navire a quitté Victoria dans la première quinzaine de mai pour chasser le phoque dans l'Océan Pacifique septentrional et dans la mer de Behring. Il a fait son entrée dans la mer de Behring le 27 juin, date à laquelle il avait déjà capturé 150 phoques; il a continué la chasse du phoque dans la mer de Behring jusqu'au 15 juillet, et dans ce laps de temps il avait déjà capturé 270 peaux, soit 15 peaux par jour. Il a été saisi le 15 juillet; en lui tenant compte de 16 jours pour le mois de juillet et de 16 pour le mois d'août, soit un total de 32 jours pour le reste de la saison de chasse, on voit que, pendant cette période, il aurait capturé, au taux de 15 par jour, 488 phoques, lesquels, ajoutés aux 420 pris antérieurement, formeraient une prise totale de 900 phoques pour toute la saison. Or, le chef «*prise évaluée*» qui concerne ce navire comporte 2 500 phoques pour la saison.

Prenons encore la réclamation de l'*Ada*, n° 10 [3]. Elle est entrée dans la mer de Behring vers le 16 juillet 1887, comme en fait foi la déclaration jointe à la réclamation; elle a prolongé sa chasse dans la dite mer jusqu'au 25 août, dépassant ainsi l'époque à laquelle les peaux de phoques à fourrure passent pour avoir une valeur marchande [4]; cette date, du reste, ne précède que de

1. § 407, p. 73.
2. Mémoire britannique, état des réclamations, p. 56.
3. *Ibid.*, p. 34.
4. Contre-Mémoire des États-Unis, appendice, pp. 357, 376, 384.

quinze jours, selon les Commissaires britanniques[1] eux-mêmes,
celle de la clôture de la saison de la chasse du phoque. Malgré
cela, sa prise totale n'excédait pas à cette époque 1876 peaux, alors
que la « prise évaluée » ou « prise probable » est portée sur l'état
à 2876.

La valeur et le tonnage de ces navires sont également très exagérés, comme le démontrent les tables annexées au Contre-Mémoire des États-Unis[2]; la valeur de plusieurs des navires saisis a
été déterminée par des experts près la Cour du district d'Alaska, et
certifiée bien inférieure à celle que leur attribue l'état en question[3].
La preuve que ces expertises étaient loyalement faites et établis-
saient la valeur réelle et juste de la propriété en cause ressort de
ce fait que, bien que les propriétaires des navires eussent le privilège de les libérer sous caution, aucun d'eux, si l'on en excepte le
Sayward, ne fut l'objet d'une telle libération; bien plus, des démarches furent faites afin de réduire leur estimation, dans le but de
permettre aux propriétaires de fournir des cautions[4].

Nous pourrions poursuivre l'analyse des différents chefs de réclamations désignés dans l'état, et démontrer victorieusement qu'ils
sont tous fortement exagérés ; mais nous ne croyons pas nécessaire de le faire, car nous avons la certitude que les membres de
ce Tribunal tiendront compte de ce fait que, lorsque des particuliers
font des réclamations à un gouvernement, que ce soit leur propre
gouvernement ou un gouvernement étranger, ils poussent invariablement leurs prétentions jusqu'au maximum que tolère l'élasti-
cité de leur conscience.

H. W. BLODGETT.

1. Rapport des Commissaires britanniques, § 212.
2. Contre-Mémoire des États-Unis, appendice, pp. 339 et suiv.
3. *Ibid.*, pp. 329-338
4. *Senate Doc.*, n° .06, 50th *Cong.*, 2d *Sess.*, pp. 28, 71.

SIXIÈME PARTIE

RÉSUMÉ DES PREUVES

Dans le but de faciliter aux hautes parties contractantes la connaissance complète de tous les faits relatifs aux différends existant entre elles, et d'appliquer une méthode équitable à la recherche des preuves destinées à établir les points pouvant prêter à la controverse, il fut stipulé, par l'article 9 du traité, que deux Commissaires seraient nommés par chaque Gouvernement pour faire de concert une enquête, et présenter des rapports qui, le cas échéant, pussent, avec les conclusions y contenues, être soumis aux Arbitres.

Les Commissaires furent dûment nommés, conformément à cet article du traité; et, sur les points où ils ont pu se trouver d'accord, ils ont rédigé un rapport collectif, lequel se trouve à la page 307 du Mémoire des États-Unis. Il ressort de ce rapport collectif que les Commissaires ont été entièrement d'accord à reconnaître que des raisons industrielles, et d'autres évidentes, *obligeaient toutes les nations, et plus particulièrement celles qui sont directement intéressées au commerce des phoques à fourrure, à prendre les dispositions nécessaires pour la protection et la conservation de ces animaux.* Ils se sont également accordés à reconnaître que, depuis l'acquisition de l'Alaska, une diminution notable a eu lieu dans le nombre des phoques qui habitent ou fréquentent les îles Pribilof; que les effets de cette diminution viennent s'ajouter les uns aux autres, et que la cause en est due à une destruction excessive par l'homme. En raison d'importantes divergences d'opinion sur certaines propositions fondamentales, les Commissaires n'ont pu continuer leur rapport en commun; ils ont donc convenu de présenter leurs conclusions respectives dans des rapports séparés, qui, selon les termes du traité, pourraient être soumis à leurs Gouvernements respectifs.

Les États-Unis ont présenté, avec le rapport de leurs Commissaires, une quantité considérable de témoignages obtenus, comme on peut le voir, de personnes de toutes classes qui, en raison de leur éducation, leur résidence, leurs habitudes, etc., pouvaient être en mesure de fournir des indications d'une valeur pratique et d'un caractère sûr aux Gouvernements contractants. L'on s'est proposé, en réunissant ces témoignages, de se conformer, autant que les circonstances le permettaient, aux principes et aux règles suivis dans ces deux pays dans les procès entre particuliers; et, bien qu'il n'ait pas été possible de faire comparaître chaque témoin devant un magistrat et de le soumettre à un contre-interrogatoire, l'on a pris soin d'indiquer, dans chaque cas, le nom, la résidence et la profession du témoin et de lui faire affirmer sous serment la vérité de sa déposition. Cette méthode, suivie par les Commissaires des États-Unis dans l'accomplissement de leur mandat, peut être avantageusement comparée à celle que les Commissaires de la Grande-Bretagne ont cru devoir adopter. Dans quelques rares occasions, il leur a paru convenable de donner le nom des personnes auxquelles ils s'étaient adressés, ou de mettre les États-Unis à même de remonter à la source de leurs informations vraies ou supposées. Mais ils se sont contentés, la plupart du temps, de présenter de nombreuses affirmations de leur propre chef, manifestement fondées en grande partie sur de simples conjectures, et où l'on relève, à un degré singulier, les marques évidentes de leurs préventions contre une des parties et de leur faveur pour l'autre. Le parti-pris trop évident dont ils ont fait preuve doit, aux yeux de toute personne impartiale, ôter à leurs conclusions toute force probante.

La justesse de cette critique générale dirigée par les conseils des États-Unis contre le travail des Commissaires anglais apparaîtra après l'examen attentif et détaillé de leurs travaux. L'adoption de cette manière de procéder est d'autant plus regrettable, que le Gouvernement de Sa Majesté avait évidemment l'intention de faire faire tout autrement l'enquête par ses agents. Ce Gouvernement, en effet, n'a pas hésité à manifester son désir sincère de voir les *faits réels* rapportés et l'investigation conduite dans un esprit de parfaite impartialité. Il est certain qu'on leur recommandait en termes précis d'apporter un « grand soin à l'examen des témoignages produits devant eux ». (Voir instructions aux Commissaires britanniques, page 1 de leur rapport.)

En présentant à cet éminent Tribunal les faits qui peuvent éclairer son jugement, les conseils des États-Unis désirent montrer quels faits sont nettement établis et hors de toute controverse, et comment, dans les cas où il peut exister des divergences d'opinion, leurs prétentions sont étayées par un concours de preuves inattaquables. Pour faciliter le travail du Tribunal, ils se proposent de traiter séparément chaque question d'une importance spéciale et d'apporter, dans chaque cas, les preuves qui peuvent aider à la trancher.

I. — CARACTÈRES GÉNÉRAUX ET PARTICULIERS DU PHOQUE A FOURRURE

Il est regrettable que, sur un sujet aussi connu et qui a si souvent été traité que le phoque, sa nature et ses habitudes, il existe une divergence d'opinion si grande entre les Commissaires américains et les Commissaires anglais. Il semblerait, en effet, que l'animal observé par les Commissaires de la Grande-Bretagne fût entièrement différent de celui qu'ont étudié et considéré les Commissaires nommés par les États-Unis. Ceci est d'autant plus remarquable, que, depuis plus d'un siècle, une foule d'observateurs, hommes de science, agents et surveillants officiels, ont fait une étude spéciale de la nature, des habitudes et de la vie du phoque à fourrure, des méthodes les meilleures pour en empêcher la destruction, des moyens les plus sages d'en obtenir le croît annuel pour les besoins du commerce, de la cause de la diminution de ces précieuses créatures, du nombre qui en est tué chaque année, etc. La connaissance de ces divers points ne devrait certes pas être inconnue et devrait être hors de doute ; et, de fait, elle semble l'être. Entre tous ces observateurs, en effet, il existe un accord aussi complet qu'il est possible de le trouver chez des gens de la même classe sur la nature et les habitudes des animaux domestiques les plus ordinaires.

Mais il paraît manifeste que les Commissaires anglais ont cru devoir, dans leur rapport particulier, plaider avec zèle la défense

de la chasse pélagique, et qu'ils ont été ainsi inspirés, dans leurs
recherches et dans l'établissement de leurs déductions, par un désir
si ardent de protéger les intérêts supposés de leurs compatriotes,
qu'ils en sont arrivés à des conclusions extraordinaires. Ce résultat
fâcheux paraissait vraiment inévitable, étant données les prémisses dont ils sont partis. Pour défendre la chasse pélagique dont
le trait le plus saillant consiste dans le massacre des femelles
pleines ou nourricières, il était presque impossible de ne pas avancer des erreurs fondamentales sur la nature et les habitudes de ces
animaux, et d'adopter des opinions et des théories qui ne soutiennent même pas un examen superficiel. L'animal découvert par les
Commissaires anglais pourrait être défini : un mammifère essentiellement marin dans sa condition naturelle (*essentially pelagic*),
qui pourrait, s'il le voulait, le devenir absolument et entièrement
et qui tend de plus en plus à prendre ce caractère. Le coït se fait
très fréquemment, et plus naturellement, en mer. C'est un animal
polygame qui, sur terre, montre une grande jalousie dans la garde
de son harem; mais on ne voit pas s'il conserve cette disposition
dans l'eau, ou s'il la perd. La naissance de deux jumeaux ne
serait pas rare, et les mères, avec un oubli généreux des lois ordinaires de la maternité, nourriraient leur propre progéniture
quand cela se peut commodément ou prendraient indistinctement
celle d'autrui, à la seule condition qu'elle ne sente pas trop le
lait frais. Grâce à cette manifestation générale de l'instinct mater-
nel, la plus grande partie des petits reçoivent leur nourriture
jusqu'à ce qu'ils soient capables de se la procurer eux-mêmes. En
conséquence, la mort d'une mère individuelle devient une affaire
de peu d'importance; et, par une particularité tout à fait remarquable à cette bête, on prétend qu'elle s'abstient, pendant quelques
semaines que dure l'allaitement, de chercher des aliments pour
elle-même et pour son nourrisson, que l'on supposerait généralement devoir épuiser à son profit le plus clair de ses forces. Voilà le
phoque et ses habitudes, et tout spécialement le phoque femelle,
vu et décrit par les Commissaires anglais.

L'exposé d'une opinion si directement contraire à celles qui
sont généralement reçues semblerait exiger les preuves les plus
catégoriques; des autorités valables devraient être nommées et indiquées; les suppositions hasardées devraient être éliminées, les

racontars ignorants, adoptés hâtivement et sans examen devraient être traités comme ils le méritent; et on devrait apercevoir du moins une trace d'effort pour concilier ces observations individuelles avec les faits généralement acceptés.

Les conseils des États-Unis n'ont aucune hésitation à dire que si les règles admises dans les deux pays pour la preuve judiciaire étaient appliquées à la question en litige, ils pourraient affirmer avec confiance qu'il n'existe aucun désaccord contradictoire sur les faits essentiels. Une controverse, dans le sens juridique, implique affirmation d'une part, et réplique contradictoire de l'autre. Mais cette réplique ne peut pas être basée sur des allégations dénuées de tout fondement et contraires aux faits de l'expérience générale. Il suffirait d'indiquer que le rapport des Commissaires de la Grande-Bretagne ne présente que les affirmations et les suppositions de personnages très respectables sans doute, mais qui ne possédaient qualité que pour poser des conclusions appuyées sur des faits démontrés par leur enquête, et dont les sources devraient être soumises aux deux Gouvernements. La justice due aux parties en litige, aussi bien que le respect dû au Tribunal, semblerait indiquer la nécessité de s'abstenir de suppositions hasardées, généralement sans preuves aucunes, mais quelquefois basées sur d'autres suppositions faites par des observateurs ignorants ou superficiels dont souvent même le nom n'est pas donné,

Il est peut-être utile, pour l'examen, par les Arbitres, des faits en question, d'indiquer la nature des preuves sur les différents points et l'endroit où ces preuves peuvent se retrouver. Rien de plus ne nous semble nécessaire ; et il ne sera tenu que peu ou pas de compte des points qui ne sont aucunement contestés.

II. — DIFFÉRENCE ENTRE LES PHOQUES A FOURRURE D'ALASKA ET LES PHOQUES RUSSES

Les différences entre les phoques russes et ceux d'Alaska sont telles, qu'elles sont aisément reconnues par ceux qui ont l'habitude des deux troupeaux et de leurs traits caractéristiques. Ce point, une fois admis, démontrerait qu'aucun mélange ne se produit entre les deux troupeaux. Mais nous n'avons pas à nous en tenir à de simples conjectures à ce sujet : nous pouvons déclarer avec confiance que cette proposition est affirmativement démontrée par des témoignages non seulement respectables et dignes de foi, mais qu'aucune preuve ne vient contredire.

Voici la déclaration contenue dans le Mémoire des États-Unis (p. 79) :

Les deux grands troupeaux de phoques à fourrure qui fréquentent la mer de Behring et l'Océan Pacifique septentrional et s'établissent respectivement aux îles Pribilof et aux îles du Commandant (Komandorski) sont absolument distincts l'un et l'autre. La différence qui existe entre ces deux troupeaux est si marquée qu'un expert, rien qu'en touchant et en triant des peaux de phoques, peut invariablement distinguer une peau d'Alaska d'une peau des îles du Commandant. M. Walter E. Martin, chef de la maison C. W. Martin et Cie, de Londres, qui, pendant nombre d'années, s'est livré à l'apprêtage et à la teinture des peaux de phoques, décrit la différence ainsi qu'il suit: « Les peaux provenant de l'île de Cuivre — du groupe des îles du Commandant — attestent que l'animal est plus étroit au cou et à la queue que le phoque d'Alaska, que sa fourrure est moins longue, particulièrement sous les nageoires, et que son poil a une nuance plus jaune que celui des phoques d'Alaska. »

Cette assertion se trouve confirmée par Sneigeroff, chef indigène des îles du Commandant, ayant jadis résidé aux îles Pribilof.

C. W. Price, qui a été pendant vingt ans apprêteur et vérificateur des peaux de phoques brutes, estime que la fourrure des peaux provenant des îles du Commandant est un peu plus sombre que celle des peaux d'Alaska. Ces dernières sont plus poreuses et moins difficiles à épiler. En outre, la différence existant entre ces deux sortes de peaux a été établie par les personnes qui s'occupent de l'industrie des peaux de phoques, au moyen de l'écart qui existe entre leur valeur marchande, les peaux d'Alaska se vendant toujours de 20 à 30 pour cent plus cher que les *Coppers* ou peaux provenant des îles du Commandant. Le gouvernement russe a lui-même reconnu cette différence de valeur.

A. — Les troupeaux sont distincts.

M. Georges Bantle (Vol. II, page 508), un des témoins sur ce point, est, de son métier, emballeur et assortisseur de peaux brutes de phoques à fourrure. A l'époque de sa déposition, il était depuis vingt ans dans ce commerce, et des milliers de peaux ont passé par ses mains. Il s'exprime ainsi :

Je puis dire à l'examen d'une peau si elle a été prise dans la saison ou hors de la saison, et du côté russe ou du côté américain. Une peau russe est généralement plus grossière et le poil du dessous est généralement plus foncé et moins fin que dans les peaux de la côte américaine. La peau russe ne donne pas

une fourrure aussi fine que la peau des phoques de la côte américaine, et ne
ne vaut pas autant sur le marché. Je puis facilement distinguer l'une de
l'autre.

M. H. S. Bevington (Vol. II, p. 551), sujet de Sa Majesté Britannique, âgé de 40 ans, chef de la maison Bevington et Morris,
28, Common-Street à Londres, après avoir prêté serment, a fait une
déposition à ce sujet. Son témoignage est intéressant et se trouve
à la page 550, Vol. II de l'Appendice au Mémoire des États-Unis.
A l'égard des différences observées, il dit :

Que la différence entre les trois genres de peaux que l'on vient de mentionner
est si caractérisée qu'il est facile à toute personne possédant l'habitude du métier de distinguer les peaux d'une prise de celles de l'autre, surtout en masse. Et
il est de fait que lorsqu'elles arrivent au marché, les peaux de chaque classe
viennent séparément et ne se trouvent pas mêlées à celles des autres classes.
Les peaux de l'île de Cuivre se distinguent des peaux des prises de l'Alaska
et du Nord-Ouest (ces dernières semblent avoir entre elles une proche parenté
et être d'un caractère général identique) par le fait qu'à l'état brut ou naturel,
les peaux Copper sont d'une couleur plus claire que les deux autres ; et,
lorsqu'elles sont teintes, il y a une différence marquée dans l'apparence de la
fourrure Copper et de celle des deux autres classes de peaux. Il est difficile
d'indiquer cette différence à une personne n'ayant pas l'habitude du maniement des peaux. Mais elle est cependant certaine et évidente pour un expert,
et on peut la décrire d'une manière générale en disant que les peaux Copper
ont une fourrure plus fournie, plus courte et plus brillante, particulièrement
sur les flancs, que les peaux de l'Alaska et du Nord-Ouest.

Joseph Stanley Brown (Vol II, p. 12), géologue distingué, demeurant à Mentor, dans l'Ohio, fut envoyé par le secrétaire de la
Trésorerie pour visiter les îles Pribilof afin d'étudier les caractères
biologiques des phoques qui s'y trouvent. Il a consacré 130 jours à
l'examen et à l'étude de ce sujet. Quoiqu'il ne prétende pas être
devenu expert, dans ce laps de temps, à l'égard des divers traits
caractéristiques de ces animaux, il a ainsi donné le résultat de ses
efforts pour arriver à la vérité sur ce point :

J'ai appris que des phoques à fourrure, de l'espèce *Callorhinus ursinus*, se
reproduisent et atterrissent aux îles du Commandant et sur le récif de Robben.
Mais, d'après les déclarations unanimes que l'on m'a faites, ils constituent un
troupeau séparé, et leur peau peut être facilement distinguée de celle des individus du troupeau Pribilof ; les deux troupeaux ne se confondent pas.

Isaac Liebes, marchand de fourrures depuis vingt ans, demeurant à San Francisco, prétend avoir manié plus de peaux de phoques à fourrure, à l'état brut ou naturel, que n'importe qui aux États-Unis ou au Canada, et plus qu'aucune maison de commerce ou société anonyme, excepté les cessionnaires des terrains de chasse aux phoques (*sealeries*) des îles Pribilof et du Commandant. Sa déposition tout entière, basée, comme elle l'est, sur une longue pratique et une grande expérience, peut être lue avec avantage. Au sujet des différences dans la peau des animaux appartenant aux deux troupeaux, il dit (Vol. II, p. 445) :

Les phoques dont je parle me sont connus, ainsi qu'au commerce, sous le nom de phoques de la côte Nord-Ouest, et sont quelquefois nommés « Victorias ». Ce troupeau appartient uniquement aux îles Pribilof et peut facilement, par son pelage, être distingué des autres phoques à fourrure du Nord et plus facilement encore de ceux du Sud. *Tout expert dans l'assortiment des peaux peut indiquer une peau de l'un ou de l'autre troupeau. Chacune des deux sortes a ses traits particuliers et sa valeur propre.*

Identique est la déposition de M. Sidney Liebes, marchand de fourrures de San Francisco. Il était depuis six ans dans ce commerce à l'époque de sa déposition. Il a fait en principe les mêmes déclarations que les autres témoins, ainsi qu'on peut le voir par ce qui suit (Vol. II, p. 516) :

Je suis âgé de 22 ans et demeure à San Francisco. Je suis fourreur de mon métier. Ayant été depuis six ans dans ce commerce, je me suis appliqué à l'examen des peaux de phoques brutes que l'on apportait en vente dans cette ville. Je connais bien les différentes espèces de peaux de phoques qui existent sur le marché. Au seul examen d'une peau, je puis dire si elle a été prise du côté russe ou du côté américain. J'ai trouvé que les peaux russes sont plus petites et plus aplaties et aussi d'une couleur un peu différente dans le poil du dessous, que les peaux capturées du côté américain. Selon moi, celles-ci sont d'une qualité supérieure. Les peaux de l'Alaska sont plus grandes et le poil est beaucoup plus fin. La couleur du poil en dessous est différente aussi. Je n'ai aucune difficulté à distinguer une peau de l'autre. Mon opinion est qu'elles proviennent de troupeaux séparés et distincts. Dans mon examen des peaux mises en vente par les goélettes employées à la chasse du phoque, j'ai trouvé que 90 pour cent des peaux étaient celles de femelles. Les côtés des peaux de femelles sont enflés et elles sont plus larges au ventre que celles des mâles. Les tétines s'aperçoivent très facilement sur les femelles et l'on reconnaît très bien quand les petits ont tété. La tête de la femelle est, en outre, plus étroite.

M. Thomas F. Morgan était, en 1891, l'agent de la Compagnie russe des fourrures de phoques de Saint-Pétersbourg. Auparavant, il s'était livré à la chasse aux phoques. Pendant plusieurs années, il est resté aux îles Pribilof, comme agent de la Compagnie commerciale de l'Alaska. Son expérience longue et variée le désignait tout spécialement pour déposer d'une manière intelligente sur ce sujet. Il dit (Vol. II, page 61) :

Le phoque à fourrure d'Alaska ne se reproduit, j'en suis convaincu, que sur les îles Pribilof. J'ai été sur les côtes de l'Alaska et aussi le long des îles Aléoutiennes. Dans aucun endroit je n'ai vu de phoques atterrir, excepté aux Pribilof. Je n'ai jamais pu non plus recueillir aucune déclaration authentique qui puisse me porter à croire que cela arrive.

Le phoque à fourrure d'Alaska est migrateur, quittant les îles Pribilof au commencement de l'hiver pour s'en aller au Sud dans l'Océan Pacifique, et revenant aux dites îles en mai, juin et juillet. J'ai vu certains phoques mâles revenir s'installer tous les ans à la même place dans les *rookeries*. Des indigènes qui ont vécu sur les îles m'ont dit que c'est un fait bien connu, et qu'ils l'ont si souvent observé qu'ils le tiennent comme absolument certain.

Il est intéressant de remarquer que, dans sa déclaration supplémentaire, faite aussi sous la foi du serment, il dit que les Commissaires anglais se sont trouvés en présence de certains témoignages établissant qu'il n'y avait aucune identité entre les deux troupeaux (Vol. II, page 201) :

J'étais sur l'île de Behring en même temps que sir Georges Baden Powell et le Dr Georges M. Dawson (les représentants de l'Angleterre dans la Commission mixte de la mer de Behring) se trouvaient sur ces îles, où ils faisaient des recherches au sujet des terrains de chasse aux phoques (*sealeries*) russes des îles Komandorski. J'ai été présent à l'interrogatoire que ces Commissaires ont fait subir à Sniegeroff, le chef des indigènes de l'île de Behring, lequel, avant le transfert des îles Pribilof aux-États Unis par la Russie, avait demeuré à Saint-Paul, une des dites îles Pribilof, et qui depuis demeurait sur l'île de Behring, où, vers la fin, il occupait la position de chef indigène, et, comme tel, avait été chargé de la surveillance de la prise et de l'abatage des phoques à fourrure sur la dite île de Behring. Durant cet interrogatoire, les Commissaires ont demandé à Sniegeroff, au moyen d'un interprète, s'il n'y avait aucune différence entre les phoques des îles Pribilof et ceux que l'on trouve aux îles Komandorski : Sniegeroff a immédiatement répondu qu'il y avait une différence; et, en réponse à des questions supplémentaires, il a déclaré que cette différence consistait en ce que les phoques des îles Komandorski étaient des animaux plus sveltes que les phoques des îles Pribilof, et que, de plus, le poil aussi bien que la fourrure du phoque des îles Komandorski étaient plus longs que le poil et la fourrure du phoque des îles Pribilof. Les Commissaires demandèrent, en outre, à Sniegeroff si, à son avis, le troupeau de Pribilof et celui du Commandant s'entremêlaient jamais. Il a répondu que non.

M. John N. Lofstad (Vol. II, p. 516), marchand de fourrures

de San Francisco, déclare qu'il peut facilement distinguer les peaux
de phoques de l'île Copper non apprêtées de celles d'Alaska et de
la côte du Nord-Ouest; que les premières proviennent d'un troupeau entièrement distinct et séparé, tandis que celles de la côte
Nord-Ouest et des îles Pribilof sont de la même variété. Il dit :

Depuis 28 ans je suis dans ce commerce, et, pendant ce temps, j'ai acheté
bon nombre de peaux à fourrure apprêtées et non apprêtées. Je connais le
métier à fond. Je distingue facilement les peaux de phoques de l'île de Cuivre
à l'état brut des peaux de l'Alaska et de la côte du Nord-Ouest. Elles proviennent d'un troupeau entièrement distinct et séparé, tandis que celles de la côte
Nord-Ouest et des îles Pribilof sont de la même famille.

Semblable est aussi la déclaration de M. Gustave Niebaum
(Vol. II, page 78). L'expérience de M. Niebaum lui donne le droit de
parler avec autorité. Il a eu les occasions les plus favorables pour
se renseigner sur tous les points relatifs à l'exploitation du phoque
et, en outre, il n'y possédait plus, lorsqu'il déposa, aucun intérêt,
pas plus que dans le commerce des peaux. C'est un natif de la
Finlande, devenu citoyen américain par le transfert de l'Alaska
aux États-Unis. Il a été vice-consul de la Russie à San Francisco
de 1880 à 1891. Il dit :

J'étais autrefois intéressé, comme je l'ai déclaré, dans les îles à phoques du
Commandant, aussi bien que dans celles de l'Alaska. Les deux troupeaux sont
distincts et séparés, la fourrure étant d'une qualité et d'une apparence différentes. Les deux genres de peaux ont toujours été estimés sur le marché de
Londres à une valeur différente : celles de l'Alaska atteignent un prix invariablement plus élevé que les Sibériennes de même poids et de même dimension. Je crois que chaque troupeau a, le long des côtes respectives qu'il
habite, des endroits et des bancs spéciaux d'où il tire sa nourriture.

Il n'est guère nécessaire, et il serait certainement monotone, de
multiplier les citations. Néanmoins d'autres témoins déposent de
la même façon. Les Commissaires américains ont fourni les noms
et les adresses aussi bien que les déclarations de ces personnes.
Les Arbitres pourront donc décider si les preuves ne sont pas, ainsi
que nous le disons, absolument concluantes. Une telle unanimité
dans les opinions et les déclarations, affirmées sous la foi du serment, et sans autre contradiction que des conjectures plus ou
moins ingénieuses, convaincrait certainement le juge le plus difficile. On peut ajouter d'autres dépositions tout aussi importantes
que celles qui précèdent.

M. Walter E. Martin (Vol. II, page 569) était, à l'époque de sa déposition, sujet de Sa Majesté Britannique, et habitait la ville de Saint-Albans. Il avait eu de gros intérêts engagés dans le commerce de l'apprêtage et de la teinture des peaux de phoques. Il déclare que, si mille peaux de l'île de Cuivre étaient mêlées à quatre-vingt-dix-neuf mille peaux d'Alaska, il serait facile à toute personne du métier d'en tirer 950 des peaux de l'île de Cuivre et de les séparer des 99 050 peaux de l'Alaska, et *vice versa*.

M. N. B. Miller (Vol. II, page 199), à l'époque de sa déposition, était à bord du steamer *Albatros* en qualité de membre de la Commission des Pêcheries des États-Unis. Il a fait cinq voyages dans les eaux de l'Alaska. Il dit :

Les phoques des îles du Commandant sont plus gris et ont un corps plus svelte. Les mâles n'ont pas une crinière, un collet de fourrure aussi fourni ; le poil sur les épaules est plus court et moins épais. Les jeunes phoques sont reconnaissables à leur cou plus long et moins fort. J'ai remarqué, de suite, ces différences.

M. John J. Phelan (Vol. II, page 518), citoyen américain et demeurant à Albany, état de New-York. Il était âgé de 35 ans lorsqu'il fit sa déposition, et, depuis l'âge de 11 ans, avait été employé dans l'industrie de la fourrure des phoques. Il avait acquis, pendant ces vingt-trois ans, une grande expérience pratique. Il avait remarqué la différence qui existe entre les peaux, aussi bien quand elles n'ont pas encore subi l'apprêtage qu'au cours des diverses phases du travail. Il explique avec de grands détails en quoi consiste cette différence.

M. Henry Poland (Vol. II, page 570) est sujet de Sa Majesté et fait partie de la maison P. R. Poland et fils, 110, Victoria street, Londres. La maison dont il est membre s'occupe du commerce des peaux et fourrures depuis plus de cent ans, ayant été fondée par son arrière-grand-père en 1785. Son opinion a évidemment droit au plus grand respect. Il confirme les déclarations des autres témoins, et dit que les trois classes de peaux sont faciles à distinguer les unes des autres pour toute personne connaissant la partie. Il a personnellement manié les échantillons de peaux dont la maison fait commerce et n'aurait aucune difficulté à les reconnaître. En fait, les peaux de chacune des trois classes ont des valeurs différentes et sont cotées à des cours différents sur le marché.

M. Charles W. Price (Vol. II, page 521) est inspecteur des peaux brutes de phoques à fourrure à San Francisco, et très expert en la matière. Il était depuis vingt ans dans le métier quand il a été interrogé par les Commissaires des États-Unis. Il avait une expérience pratique très étendue. Il explique la différence entre les peaux russes et américaines, et dit, comme M. Poland et les autres témoins, que les phoques russes forment un troupeau distinct de ceux d'Amérique et ont moins de valeur.

M. George Rice (Vol. II, page 572) est encore un témoin digne de tout respect. Il est âgé de 50 ans et sujet de Sa Majesté Britannique. S'occupant activement depuis vingt-sept ans du maniement des peaux de phoques à fourrure, il a acquis une connaissance générale et détaillée des diverses espèces de ces peaux et des différences qui les distinguent, aussi bien que de l'histoire, du caractère et des procédés du commerce des fourrures de phoques en la ville de Londres. Il dit que les différences entre les diverses classes sont *très marquées* et permettent à toute personne qui connaît la partie de distinguer les peaux d'une classe de celles des autres. Il déclare, également, comme les autres témoins, qu'une preuve de ces différences se trouve dans le fait que ces peaux sont cotées à des prix différents sur le marché. Sa déposition mérite une attention spéciale. Elle est très intelligemment faite et instructive.

M. Léon Sloss (Vol. II, page 90) est natif de la Californie, demeurant à San Francisco. Durant plusieurs années il était un des administrateurs de la Compagnie Commerciale de l'Alaska et associé de la maison Louis Sloss et Cie; depuis quinze ans il s'occupe du commerce des laines, peaux et fourrures. A l'époque de sa déposition, il n'avait aucun intérêt dans le commerce ou la chasse du phoque. Il a été inspecteur des exploitations de phoques d'Alaska par intérim de 1882 à 1885 inclusivement, et a passé la saison de l'abatage du phoque, pendant ces trois années, sur les îles Pribilof, surveillant personnellement cette exploitation. Il y a, ainsi qu'il le déclare, acquis l'expérience de toutes les parties du métier. Tous les avis des agents de Londres et les informations sur la condition du marché des peaux de phoques provenant de sources diverses, passaient par ses mains, et les instructions aux agents de la Compagnie, à l'égard de toutes les classes de peaux requises, émanaient de temps en temps de lui. Sa déclaration est catégorique : la différence entre les peaux du Nord et du Sud qui parvenaient à San Francisco pouvait être immédiatement reconnue. Et, quoiqu'il ne soit pas aussi facile de distinguer les peaux asiatiques de celles de l'Alaska, les gens expérimentés dans leur maniement le faisaient avec une *exactitude infaillible*.

M. William C. B. Stamp (Vol. II, page 574) était âgé de 51 ans lors de sa déposition; il est sujet de Sa Majesté Britannique. Il était commerçant en fourrures, 38, Knightrider street, à Londres, E. C. Il faisait ce métier depuis plus de trente ans et avait personnellement manié des milliers de peaux de phoques à fourrure, sans compter l'examen qu'il avait fait des échantillons de peaux à presque toutes les ventes faites à Londres pendant tout le temps qu'il a été dans les affaires. Il a ainsi acquis une connaissance approfondie et détaillée de ce commerce et des caractères et différences qui distinguent les diverses espèces de peaux sur le marché. Il déclare qu'à son avis les peaux des différentes prises peuvent être aisément différenciées les unes des autres, et que les peaux des deux sexes peuvent être reconnues aussi facilement que cela a lieu pour celles de tout autre animal. Il ajoute que la différence entre les peaux des trois prises est si marquée qu'elle a toujours éclaté dans les différences de prix qu'elles atteignent. Il en donne les exemples suivants: pour les peaux d'Alaska, 125 shillings la peau; 68 shillings pour les peaux Copper, et 53 shillings pour celles du Nord-Ouest.

Emil Teichmann (Vol. II, p. 576), natif du royaume de Wurtemberg, est sujet naturalisé de Sa Majesté Britannique depuis l'époque de sa majorité; il avait 46 ans à l'époque de sa déposition. Depuis 1868, il est dans le commerce des fourrures en Angleterre, demeurant et exerçant son commerce à Londres. De 1873 à 1880, il a été associé de la maison Martin et Teichmann, qui était alors et qui reste, sous les successeurs, C.-W. Martin et fils, la plus importante maison pour l'apprêt et la teinture de peaux de phoques à fourrure du monde entier. Il a personnellement manié des centaines de mille de peaux de phoques à fourrure, et prétend à juste titre être expert en ce qui concerne les diverses espèces de peaux. Son témoignage est des plus détaillés et explique les particularités qui distinguent les peaux. Il dit que toutes ces différences sont si marquées, qu'un expert peut aisément distinguer les peaux Copper de celles d'Alaska ou *vice versa*, quoiqu'il ajoute que, dans les animaux très jeunes les différences sont beaucoup moins prononcées que chez les adultes.

George H. Treadwell (Vol. II, page 523) était âgé de 55 ans au moment de sa déposition, citoyen des États-Unis, et demeurant dans le comté d'Albany, état de New-York. Son père, George C. Treadwell fonda, en 1832, un commerce de fourrures en gros, et le témoin est devenu en 1858 l'associé de son père et, à sa mort arrivée la même année, son successeur. Ce commerce est maintenant administré sous le nom de Compagnie George C. Treadwell, société fondée conformément aux lois de l'état de New-Jersey, et dont le déclarant est le président. Il confirme absolument ce que M. Phelan dit de son expérience dans le maniement et l'apprêtage des peaux, et ce qu'il sait du caractère et de l'habileté de ce personnage lui fait croire à l'exactitude de tout ce qu'il déclare dans sa déposition.

Henry Treadwell (Vol. II, page 524) à l'époque de sa déposition était âgé de 70 ans et demeurait dans la ville de Brooklyn, état de New-York. Il était membre de la maison Treadwell et Cⁱᵉ, qui faisait le commerce des fourrures depuis 1832. Ils achetaient, apprêtaient et teignaient chaque année de cinq à huit mille peaux. M. Treadwell affirme positivement dans sa déclaration que les peaux des trois prises se distinguent aisément. Il dit qu'il pourrait lui-même, à la sortie des peaux des barils, discerner immédiatement dans un baril de peaux d'Alaska des peaux Copper ou du Nord-Ouest.

William H. Williams (Vol. II, page 93) est citoyen des États-Unis, résident de Wellington, dans l'Ohio, et il était, lors de sa déposition, agent de la Trésorerie des États-Unis chargé des îles de phoques de la mer de Behring. Dans cette position, suivant les instructions officielles du Ministre, il a fait un examen attentif des habitudes et conditions des phoques et *rookeries*, afin de rapporter au Ministère le résultat de ses observations. Il déclare, — d'accord avec les nombreux témoins dont les déclarations sont relatées ci-dessus, — que les peaux des trois prises sont facilement différenciées les unes des autres. Il dit aussi que ces différences sont clairement démontrées par les prix obtenus pour les peaux de chacune des trois prises. Par exemple, les peaux de la prise d'Alaska atteignaient de 20 à 30 pour cent au-dessus de celles de la prise Copper. Cette différence est également reconnue par le Gouvernement russe, qui a affermé le privilège de la prise sur les îles du

Commandant à des conditions 25 pour 100 meilleur marché que celles des États-Unis pour la prise sur les îles Pribilof.

M. Maurice Windmiller (Vol. II, page 550) est marchand de fourrures à San Francisco, et il a été toute sa vie dans ce commerce, que son père tenait avant lui. Il est âgé de 46 ans et prétend s'y connaître dans les peaux et fourrures apprêtées et non apprêtées, à l'état brut ou préparées pour le marché, et il dit être fabricant et commerçant de ces différents genres de fourrure. Lui aussi est d'avis que le phoque russe appartient à un troupeau entièrement distinct de ceux du côté américain, et il déclare que les peaux de ces diverses espèces ont un caractère particulier qui permet facilement de les reconnaître.

B. — Le troupeau d'Alaska ne se mêle pas au troupeau russe.

Le Mémoire contient les déclarations suivantes :

Le troupeau des îles du Commandant est évidemment distinct et séparé du troupeau des îles Pribilof. [Son domicile est le groupe des îles du Commandant du côté ouest de la mer de Behring, et sa ligne de migration est à l'ouest et au sud le long de la côte d'Asie.]

Supposer que les deux troupeaux se confondent et que le même animal peut faire partie à un moment d'un des troupeaux et plus tard de l'autre est contraire à ce que l'on connaît des habitudes des animaux migrateurs en général (page 99).

Ces déclarations sont fondées sur le rapport des Commissaires américains (page 323 du Mémoire), lequel formule, dans le langage suivant, la conclusion à laquelle ils sont arrivés :

Les phoques à fourrure des îles Pribilof ne se mêlent pas à ceux des îles du Commandant et des Kouriles à aucune époque de l'année. En été, les deux troupeaux demeurent entièrement distincts, et séparés par plusieurs centaines de milles. Et dans leurs migrations d'hiver, ceux des îles Pribilof suivent la côte américaine en se dirigeant vers le Sud-Est, tandis que ceux des îles du Commandant et des Kouriles suivent les côtes de la Sibérie et du Japon se dirigeant vers le Sud-Ouest, les deux troupeaux se trouvant ainsi séparés par une distance de plusieurs milliers de milles. Cette régularité de la part des différents troupeaux est conforme à la loi bien connue qui oblige les animaux voyageurs à suivre dans leurs migrations des routes définies et à retourner d'année en année aux mêmes endroits pour se reproduire. Sans l'existence de cette loi, il n'y aurait aucune stabilité dans l'espèce; car le croisement et l'existence dans des conditions physiques diverses détruiraient tous les traits spécifiques de chaque troupeau.

Les témoignages à l'appui de cette proposition paraissent concluants, et les conclusions en doivent certainement demeurer acquises jusqu'à ce que les honorables conseils du Gouvernement de Sa Majesté réussissent à présenter des déclarations de témoins capables et disposés à exprimer une opinion différente.

On ne peut pas s'attendre à ce que les témoins puissent déposer d'une manière aussi positive et absolue sur ce point, qui doit, dans une certaine mesure, reposer sur des conclusions tirées des faits, et qu'ils peuvent établir sur les différences positives et visibles entre les deux familles de phoques. Mais on trouvera que les témoignages sont, en la circonstance, tout ce qu'on pourrait attendre, et qu'ils ne permettent pas aux personnes impartiales de douter que les deux troupeaux sont distincts en fait, qu'ils suivent dans leurs migrations des routes bien définies, qu'ils retournent chaque année aux mêmes endroits pour se reproduire, et qu'ils ne se confondent jamais.

M. John G. Blair (Appendice au Mémoire des États-Unis, Vol. II, page 193), lors de sa déposition, était citoyen américain, et âgé de 57 ans; il avait, pendant les quatorze années antérieures, et tout récemment encore, été capitaine de la goélette le *Leon*, au service de la Compagnie russe des fourrures de phoques. Il s'est constamment livré au métier de la chasse des phoques à fourrure, et il connaît bien les habitudes de ces animaux tant à terre qu'en mer. De 1878 à 1885, il a été chargé de surveiller l'abatage des phoques sur l'île Robben pour le compte des concessionnaires, et s'empara de 1000 à 4000 phoques par an. A l'exception de deux ans, pendant lesquels il a fait la chasse du phoque aux iles du Commandant, il a visité l'île Robben chaque année, de 1878 à 1885. Son témoignage à ce sujet est ainsi conçu :

On m'a dit, et je crois, que les phoques de l'île Robben peuvent être distingués par les experts de ceux des iles du Commandant. Je suis convaincu qu'ils ne se mêlent pas et forment un troupeau distinct. Il reste sur les iles et aux alentours en grand nombre jusqu'à une époque avancée de l'automne. J'ai l'habitude de partir en octobre ou vers le commencement de novembre, et les phoques sont toujours nombreux à cette époque. Mon opinion est qu'ils n'émigrent pas à une grande distance de l'île pendant l'hiver. Quelques centaines de jeunes phoques sont pris dans des filets, chaque hiver, par les Japonais, vers le nord de l'île Yesso. J'ai fait trente-deux voyages entre l'archipel Aléoutien et les îles du Commandant, mais je n'ai jamais vu de phoques dans le voisinage du 170° de longitude ouest et le 165° de longitude est. Je suis convaincu que les phoques d'Alaska ne se mêlent pas avec ceux de la Sibérie.

J'ai vu des phoques en hiver et j'ai eu connaissance de leur prise sur le côté asiatique, aux environs du 36° parallèle de l'hémisphère nord.

William H. Brennan (Vol II, page 358). M. Brennan, lors de sa déposition demeurait à Seattle, dans l'état de Washington. Il est Anglais de naissance et a passé la majeure partie de sa vie à étudier les animaux marins; il s'est notamment occupé du phoque et des manières de le prendre. En 1874 il a passé à Londres son examen comme capitaine en second, a été en Australie, en Chine et au Japon. Il est resté plusieurs années dans ce dernier pays. Depuis ce temps, il a navigué comme pilote et comme quartier-maître à bord des navires qui partent de Victoria, dans la Colombie anglaise. Voici ce qu'il déclare :

D'après mon opinion, les phoques à fourrure nés aux Iles Copper, de Behring ou Robben, retournent naturellement dans la *rookery* où ils sont nés. La même chose est vraie de ceux qui naissent sur les îles Saint-Paul ou Saint-Georges. Aucun navire, à ma connaissance, n'a jamais rencontré un troupeau de phoques au milieu de l'Océan Pacifique septentrional. J'ai traversé cet Océan à trois différentes reprises et chaque fois j'ai veillé attentivement pour en découvrir. La plupart des phoques que l'on trouve dans l'Océan Pacifique septentrional sont nés aux îles de Behring. La grande majorité quitte les îles en octobre ou novembre.

C. H. Anderson (Vol. II, page 205). M. Anderson est patron de navires, demeurant à San Francisco, et a navigué dans les eaux de l'Alaska depuis 1880. Il dit :

Je crois que les phoques des îles du Commandant forment un troupeau absolument différent de celui des îles Pribilof, et que les deux troupeaux ne se mêlent jamais. Je crois que le troupeau des Iles du Commandant va au Sud et à l'Ouest vers la côte du Japon. Je n'ai jamais eu connaissance que des phoques à fourrure aient atterri pour se reposer ou se reproduire sur aucun point de l'archipel Aléoutien ou nulle part ailleurs, si ce n'est dans les *rookeries* bien connues des diverses îles de la mer de Behring.

Charles Bryant (Vol. II, page 4). M. Bryant, à l'époque de sa déposition, était âgé de 72 ans et avait demeuré dans le comté de Plymouth, état du Massachusetts, de 1810 à 1858. Il s'était adonné à la pêche de la baleine dans l'Océan Pacifique septentrional ou dans la mer de Behring. Dans les derniers temps, il commandait un baleinier. En 1868, il fut nommé agent spécial de la Trésorerie, avec mission de se rendre aux îles Pribilof et d'y faire une enquête et un rapport sur les habitudes du phoque à fourrure, la condition des îles et le système d'exploitation le plus avantageux pour leur administration. Il est resté sur l'île Saint-Paul de mars 1869 jusqu'en septembre de la même année. Il y est revenu en juillet 1870 pour y rester jusqu'à l'automne de 1871. En avril 1872, il est encore retourné à l'île Saint-Paul comme agent spécial de la Trésorerie chargé des îles de phoques. Il y a passé les saisons de chasse depuis 1872 jusqu'en 1877 inclusivement, et trois hivers, notamment ceux de 1872, 1874 et 1876. Depuis lors, il vit dans la retraite à Mattapoisett, comté de Plymouth (Massachusetts). Son témoignage à ce sujet est ainsi conçu :

Le phoque à fourrure d'Alaska ne se reproduit nulle part que sur les îles. J'ai pris un soin particulier à rechercher ce que devient le troupeau pendant son absence des îles. Mes recherches s'étendirent chez les Indiens de l'Alaska, métis, Aléoutiens et trafiquants de fourrures le long de la côte Nord-Ouest et aux îles Aléoutiennes. Un trappeur, qui avait exercé le métier durant bien des années le long de la côte, me dit que, dans toute sa carrière, il n'avait jamais connu qu'un seul cas où les phoques eussent atterri sur la côte du Pacifique, alors que quatre ou cinq phoques ont pris terre sur l'île de la Reine-Charlotte. C'est l'unique cas dont j'ai jamais entendu parler où des phoques aient jamais atterri à aucun autre endroit du côté américain de l'Océan Pacifique en dehors des îles Pribilof. Ces phoques sont migrateurs, quittent les îles au commencement de l'hiver, et y retournent au printemps. Le troupeau Pribilof ne se mêle pas au troupeau qui s'établit sur l'île du Commandant. Ceci m'est connu par le fait que le troupeau va à l'est après son entrée dans l'Océan Pacifique, et par les questions que j'ai posées aux indigènes et métis ayant demeuré au Kamschatka comme employés de la Compagnie russe de fourrures. J'ai appris que le troupeau de l'île du Commandant, en quittant l'île, va au sud-ouest dans la mer d'Okhotsk et les eaux qui sont au sud de celle-ci, et y passe l'hiver. Ce fait est en outre confirmé par les baleiniers, qui les y trouvent au commencement du printemps.

Les phoques d'Alaska établissent leur domicile aux îles Pribilof par la raison qu'ils ont besoin, pour le temps qu'ils passent à terre, d'un climat particulièrement frais, humide et nuageux, avec peu de soleil ou de grosses pluies. Ce climat spécial se rencontre seulement aux îles Pribilof ou du Commandant. Pendant ma longue carrière dans le Pacifique septentrional et la mer de Behring, je n'ai jamais trouvé aucune autre localité possédant ces conditions si favorables à l'existence du phoque. Il convient d'y ajouter leur situation isolée, et vous pourrez facilement vous rendre compte des raisons pour lesquelles le phoque a choisi cette demeure.

M. Alfred Fraser (Vol. II, pages 554 et 558) est un autre témoin dont la déposition est d'une valeur exceptionnelle. Il est d'avis que les troupeaux dont on tire les peaux ne s'entremêlent pas, car les peaux désignées sous le nom de prise Copper ne se trouvent pas dans un envoi de peaux de la prise de l'Alaska, et *vice-versa*. Nous citons sa déposition avec quelque étendue; elle est ainsi conçue :

Il est sujet de Sa Majesté Britannique, est âgé de 52 ans et demeure en la ville de Brooklyn, état de New York. Il est membre de la maison C. M. Lampson et Cie de Londres et l'a été depuis à peu près treize ans. Auparavant il en était l'employé. Il a pris une part active à l'administration de cette maison à Londres. Le commerce de C. M. Lampson et Cie est celui de négociants s'occupant principalement de la vente de peaux sur commissions. Pendant vingt-quatre ans environ, la maison C. M. Lampson et Cie a vendu la grande majorité des peaux de phoques qui ont été en vente sur tous les marchés du monde. Alors qu'il s'occupait de l'administration des affaires de cette maison à Londres, il avait une connaissance personnelle des diverses espèces de peaux de phoques vendues par la maison, connaissance provenant de l'examen et du maniement qu'il avait faits de ces peaux dans les magasins. Plusieurs centaines de mille de peaux vendues par C. M. Lampson et Cie ont réellement passé par ses mains, et, depuis qu'il a fixé sa résidence dans ce pays-ci (États-Unis), comme associé de sa maison, il a acquis une connaissance générale et détaillée du caractère et de l'étendue des affaires de la maison, quoique, depuis cette époque, il n'ait pas personnellement manié les peaux vendues par elle...

Le déposant dit, en outre, que sa longue observation, ainsi que le maniement des peaux des diverses prises, lui font croire que les peaux des prises Alaska et Copper sont faciles à distinguer les unes des autres, et que les troupeaux dont elles proviennent ne s'entremêlent pas en fait, car les peaux comprises sous la dénomination de prise Copper ne se rencontrent pas parmi les envois reçus de l'Alaska, et *vice versa*. Il ajoute que la distinction entre les peaux des diverses prises est si marquée, que, selon son jugement, il n'aurait, par exemple, aucune difficulté, si 1000 peaux de la prise Copper étaient mêlées à 100000 peaux de la prise de l'Alaska, à distinguer ces 1000 peaux de Copper et à les séparer des 99000 peaux de l'Alaska; et que toute autre personne, avec autant ou même moins de pratique dans le maniement des peaux, pourrait également en faire la distinction. De même, le déclarant croit, d'après son expérience personnelle, qu'il n'éprouverait aucune difficulté à séparer les peaux de la prise du Nord-Ouest des peaux d'Alaska, par la raison que ce sont presque exclusivement des peaux de femelles, et aussi que la fourrure des peaux de femelles pleines est beaucoup moins fournie que celle de la peau des mâles. La peau de la femelle pendant la gestation étant distendue, sa fourrure se trouve moins fournie.

Charles J. Hague (Vol. II, page 207). Le capitaine Hague est citoyen des États-Unis et patron de navire de son métier. Il a constamment navigué, depuis 1878, dans les eaux de l'Alaska. Il a navigué principalement autour des différentes parties des îles Aléoutiennes, jusqu'à l'ouest d'Attu, où il a fait à peu près vingt voyages en partant d'Unalaska, particulièrement au printemps et en automne. Voici son témoignage sur le point qui nous occupe :

Le contingent principal du troupeau de phoques à fourrure, qui part des îles Pribilof, ou s'y rend, va par les passes des îles Fox : Unimak à l'est et la passe ouest d'Unmak à l'ouest étant les limites des endroits par lesquels ils entrent dans la mer de Behring en nombre considérable. Je ne sais par quelles routes spéciales les diverses catégories passent, ni l'époque de leur voyage. Je vois rarement des phoques à fourrure dans le Pacifique, entre San Francisco et le voisinage immédiat des passes. Je crois que les troupeaux de phoques à fourrure des îles du Commandant et Pribilof sont des variétés distinctes de l'espèce, dont les membres ne se mêlent pas ensemble. Vers la fin de septembre 1867, sur le brick *Kentucky*, faisant la traversée entre Petropolowski et Kadiak, j'ai observé le troupeau de phoques des îles du Commandant, venant des *rookeries*. Ils s'avançaient en masse compacte comme un banc de harengs, et allaient à l'ouest vers les îles Kourile. Les phoques que j'ai observés en route vers les îles Pribilof ne voyageaient pas en bancs considérables. Ils ne s'avançaient que quelques-uns à la fois, en une sorte de longue file, et on les voyait souvent dormir et jouer sur l'eau. Il n'y a pas de *rookeries* de phoques à fourrure, que je sache, sur les îles Aléoutiennes. En réalité, je n'ai jamais entendu parler de l'existence d'aucune *rookery* dans la région, en dehors de celles des îles de phoques bien connues de la mer de Behring.

M. Harmsen (Vol. II, p. 442). Le capitaine Harmsen est capitaine de navire depuis 1880, et, depuis 1877, se livre à la chasse des phoques dans le Pacifique et la mer de Behring. Voici un extrait de sa déposition :

D. Selon votre opinion, les phoques de la côte russe se mêlent-ils à ceux de la côte du Pacifique, ou sont-ils au contraire un troupeau séparé ? — R. Non, Monsieur, ils ne viennent pas de ce côté-ci. Ils ne sont pas de race différente, mais ils se tiennent de leur côté particulier. Du moins, je ne le crois pas. Ils suivent leur propre courant là-bas. Il y a là tant d'endroits où on trouve des phoques et tant d'autres où il n'y en a pas. Ils se tiennent séparés.

Samuel Kahoorof (Vol. II, p. 214). Kahoorof, est natif de l'île d'Attu, âgé de 52 ans, chasseur de loutres de mer et de renards bleus. Il a vécu au même endroit toute sa vie. Nous donnons un extrait de la partie de sa déposition qui se rapporte à la question qui nous occupe pour le moment.

Je n'ai vu que trois phoques à fourrure dans ces parages depuis vingt ans. Je les ai vus en mai 1890, voyageant le long de la côte septentrionale de l'île d'Attu, à cinq milles à peu près de la côte et allant dans une direction nord-ouest. C'étaient de jeunes mâles, je crois. Les phoques à fourrures ne visitent plus ces îles d'une manière régulière, mais, il y a vingt-cinq ou trente ans, je voyais souvent de petites troupes de grands phoques vers le mois de juin, mangeant et dormant autour d'amas de caillotis sur les côtes orientales des îles d'Attu et d'Agattu. Ils venaient du Sud et voyageaient dans une direction nord-ouest. Je n'ai jamais vu aucun phoque à fourrure à l'est des îles Semichi, et ne crois pas que le troupeau des îles du Commandant aille plus loin à l'Est. Ils ont graduellement diminué en nombre, et pendant les vingt dernières années, je n'ai vu que les trois sus-mentionnés. Je n'ai jamais vu une mère nourricière, ou un veau noir ou gris dans ces parages et ne crois pas qu'ils y viennent jamais.

John Malowansky (vol. II, p. 198). John Malowansky, résidant à San Francisco, est sujet américain, mais russe de naissance. A l'époque de sa déposition, il était marchand de profession et agent de la Compagnie russe de fourrures de phoques. Il a demeuré sur les îles du Commandant en 1869, 1870 et 1871, et était alors employé à la chasse aux phoques. Il y était encore en 1887 comme agent de la Compagnie. Auparavant il demeurait au Kamtschatka, et il visita fréquemment les îles du Commandant entre 1871 et 1887. Il est expert sur tous les sujets ayant trait au commerce des phoques à fourrure, et spécialement du côté russe de la mer de Behring. Voici un extrait de son témoignage :

Les phoques des îles du Commandant sont une variété différente de ceux des îles Pribilof. La fourrure n'est pas aussi fournie ni aussi belle, elle est d'une qualité tant soit peu inférieure. Ils forment un troupeau distinct de celui de Saint-Paul et Saint-Georges, et, selon mon opinion, les deux ne se mêlent pas.

J'étais présent comme interprète quand les Commissaires anglais ont recueilli des témoignages à l'île de Behring. En ma présence, ils ont notamment interrogé Jelim Sniegeroff, chef de l'île Behring, qu'ils avaient choisi pour réunir les témoignages au sujet des habitudes des phoques et de la manière de les abattre. Ce Sniegeroff a déclaré avoir vécu pendant plusieurs années sur les îles Pribilof et connaître les traits caractéristiques des deux troupeaux des îles du Commandant et Pribilof et leurs habitudes; il a ajouté qu'il était venu des dernières à l'île de Behring. Il a indiqué que les deux troupeaux ont plusieurs caractères particuliers différents, et déclaré que selon lui ils ne s'entremêlent pas.

Filaret Prokopief (Vol. II, p. 216). Prokopief est originaire de l'île d'Attu, agé de 23 ans, agent et magasinier de la Compagnie commerciale de l'Alaska. De sa profession, il est chasseur de loutres de mer et de renards, mais jamais il n'a pris de phoques à fourrure. Il a fait ce métier jusqu'à l'époque où il fut nommé agent. Il a surtout chassé sur les îles d'Attu, d'Agattu et de Sémichi. Voici son témoignage :

Je n'ai jamais vu qu'un phoque à fourrure dans l'eau. C'était un jeune mâle qui a été tué dans cette baie en septembre 1881. Je ne connais aucune *rookery* de phoques à fourrure ou autre endroit où les phoques à fourrure atterrissent pour se reproduire ou se reposer dans les îles Aléoutiennes, ni les endroits où les vieux mâles passent leurs hivers. Je ne sais pas à quelle époque ni par quelles routes les troupeaux de phoques voyagent à l'aller et au retour de la mer de Behring. J'ai entendu dire à de vieux chasseurs que le troupeau des îles du Commandant passait près des côtes occidentales de ces îles en route pour le Nord.

Eliah Prokopief (Vol. II, p. 215) est originaire de l'île Amchitka, de la chaîne Aléoutienne ; âgé de 52 ans, il a, toute sa vie, été chasseur, mais n'a jamais chassé ni tué le phoque à fourrure. Son terrain de chasse était aux environs des îles d'Attu, d'Agattu et de Semichi. Sa déposition est comme suit :

Les phoques à fourrure ne fréquentent pas régulièrement ces parages, et, pendant une période de vingt ans, je n'en ai vu que quelques-uns isolés. Il y a trente ans, quand les Russes possédaient ces îles, j'ai vu quelques phoques à fourrure de taille moyenne, un ou deux à la fois pendant l'été, généralement en juin, voyageant au nord-ouest et allant, je crois, aux îles du Commandant. Le plus à l'est que je les ai jamais vus, c'était à environ trente milles à l'est des îles Semichi. Je ne crois pas que ceux des îles du Commandant aillent jamais plus à l'est que cela. Ceux que l'on voyait le plus, antérieurement, mangeaient et dormaient généralement autour des amas de caillotis entre Attu, Agattu et les îles Semichi, où le maquereau abonde. Ils ont constamment diminué de nombre et maintenant on ne les voit plus qu'en de très rares occasions. Je n'en ai vu qu'une demi-douzaine dans les derniers vingt ans. C'étaient de grands phoques, des *bulls*, je crois, à en juger par leur taille, voyageant au nord-ouest, à peu près à trente milles des îles Semichi. C'était en mai 1888.

Je n'ai jamais vu de veaux, noirs ou gris, ni aucune femelle nourricière dans ces régions, et je ne crois pas qu'il en vienne jamais. Je ne connais aucune *rookery* de phoques dans les îles Aléoutiennes, ni aucun endroit où les phoques à fourrure atterrissent régulièrement pour se reproduire ou se reposer, excepté les îles de phoques, russes et américaines, de la mer de Behring. Je ne sais pas où les vieux mâles passent l'hiver, ni quelles routes les troupeaux de phoques à fourrure prennent pour aller aux îles du Commandant et Pribilof ou en revenir, ni à quelles époques ils y vont ou en viennent. Je suis persuadé que les troupeaux ne se rapprochent pas assez dans ces régions pour se confondre. Je n'ai jamais su que l'on ait vu des phoques à fourrure entre Amchitka et un point à trente milles à l'est des îles Semichi. Je ne crois pas qu'il y ait autant de phoques à fourrure aujourd'hui qu'il y a trente ans, mais j'ignore la cause de leur diminution. Les navires qui font la chasse du phoque ne visitent pas régulièrement ces îles. En août dernier (1891), trois sont venus ici pour faire de l'eau, mais ils n'y sont restés que quelques heures chacun. Ils avaient été aux îles du Commandant, et s'en allaient vers le Sud.

Gustave Niebaum (Vol. II, p. 202). On a déjà invoqué le témoignage de M. Niebaum et sa compétence. Au sujet du mélange prétendu ou possible des différents troupeaux, il dit (page 204) :

> Je suis convaincu que les troupeaux de phoques qui se trouvent respectivement sur le groupe Pribilof, les îles du Commandant et le récif de Robben, ont chacun un lieu distinct d'alimentation et des routes spéciales de migration. Sans doute ils appartiennent à la même espèce, mais il y a une différence marquée dans la fourrure des peaux des localités respectives, différence qui peut être aisément reconnue par les gens expérimentés.

C. A. Williams (Vol. II, p. 535). M. Williams est citoyen américain et réside à New London, état du Connecticut ; à l'époque de sa déposition, il était âgé de 63 ans. Il s'était depuis plus de quarante ans occupé du commerce de la baleine et du phoque, auquel il a employé plus de 25 navires. Il dit qu'il n'y a aucun mélange des troupeaux.

Le témoignage d'Alexandre Mc Lean (Vol. II, p. 436) est identique. M. Mc Lean est patron de navire et était, à l'époque de sa déclaration, employé depuis dix ans à la chasse des phoques dans le Pacifique et la mer de Behring.

Semblable est la déposition de Daniel Mc Lean (Vol. II, p. 443). Lui aussi est patron de navire, et son opinion est que les troupeaux russes et ceux de l'Alaska sont des troupeaux entièrement différents. Voici ce qu'il dit :

> D. Selon vous, les phoques du côté russe se mêlent-ils à ceux du côté du Pacifique ? — R. Non, Monsieur, je ne le crois pas. Ce sont des phoques différents, à mon avis.

Il est juste d'ajouter que les Commissaires britanniques admettent virtuellement que ces troupeaux sont séparés et distincts, quoi qu'on puisse déduire de quelques-unes de leurs déclarations des conclusions contraires quand surgit la question pratique de la différence notable dans la valeur des peaux.

On insinue, par exemple, comme une éventualité possible qu'une persécution sans trêve d'un groupe pourrait avoir pour résultat une augmentation graduelle et correspondante de l'autre.

Par là sans doute on voudrait nous faire croire que les phoques émigreront et adopteront un domicile russe si l'abatage sur les îles Pribilof n'est pas abandonné (§ 453).

Mais, dans le même paragraphe, on admet que « les phoques à fourrure des deux côtés du Pacifique septentrional appartiennent d'une façon générale à deux routes de migration distinctes en principe ». On ajoute qu'on ne croit pas qu'aucun mouvement volontaire ou systématique des phoques à fourrure se produise d'un groupe des îles de reproduction à l'autre (§ 453). Dans la section 198 du rapport des Commissaires britanniques, on lit également :

Quoiqu'il y ait toute raison de croire que les phoques s'entremêlent plus ou moins dans la mer de Behring pendant l'été [assertion entièrement gratuite], les routes qu'ils suivent dans leurs migrations des deux côtés du Pacifique septentrional sont essentiellement distinctes. (Voir aussi § 170, 198, 216, 220.)

Sans avancer aucune preuve, les États-Unis pourraient donc dire, sur le simple rapport des Commissaires britanniques, que tout mélange des deux troupeaux est anormal et exceptionnel, quoique ces Messieurs semblent penser que, dans un avenir lointain, cette séparation puisse disparaître.

C. — Les phoques d'Alaska n'ont qu'un habitat : les îles Pribilof; ils ne le quittent jamais qu'avec l'intention d'y retourner, et ne sont jamais aperçus à terre ailleurs que sur ces îles.

Les témoignages à l'appui de ce fait ne sont contredits que par cette allégation curieuse et absolument sans preuve des Commissaires britanniques : que ces animaux possèdent et occupent actuellement deux habitats ou demeures; c'est-à-dire qu'ils ont un habitat d'hiver, — qui n'est indiqué que d'une manière vague et générale (section 27, rapport des Commissaires britanniques), — et un habitat d'été, qui est les îles Pribilof. Personne ne prétend qu'ils abordent jamais ailleurs. La valeur de cette supposition originale « d'une double résidence » serait beaucoup plus considérable si l'on nous avait donné une indication quelconque qui nous eût permis d'en vérifier l'exactitude, et eût aidé les Commissaires à persuader au monde scientifique qu'une grave erreur a, jusqu'à présent, été commise et universellement acceptée comme la vérité. Mais, quelque désireux que nous soyons de traiter cette allégation de la manière la plus sérieuse et la plus respectueuse possible, nous pensons qu'en face des preuves absolues et incontestées, confirmées d'ailleurs par l'expérience scientifique générale, nous ne sommes guère obligés de nous étendre longuement pour démontrer que le fait doit être accepté tel que nous l'avons présenté.

La justice envers les Commissaires britanniques veut que l'on appelle l'attention sur leur propre langage, en notant cependant le singulier système par lequel ils font commencer la migration des phoques à un point indéterminé du Pacifique, pour arriver à leur demeure bien établie, qui est le lieu de leur naissance dans le Nord.

L'absurdité imputable aux Commissaires britanniques, de commencer ainsi à un point indéterminé pour arriver à un point connu, est démontrée par le capitaine Scammon, qui a été officier de la marine douanière des États-Unis (*United States Revenue marine Corps*) depuis 1863. M. Scammon est aussi l'auteur d'un ouvrage intitulé : « Les Mammifères marins de la côte nord-ouest de l'Amérique du Nord », publié par H. Carmany et Cⁱᵉ, San Francisco, en 1874 :

L'assurance que les phoques pris dans le Pacifique septentrional sont, en fait, une partie du troupeau Pribilof, et que tous sont nés et ont été nourris pendant les premiers mois de leur existence sur les îles de ce groupe, conduit naturellement l'observateur à les considérer comme entièrement apprivoisés et comme partie intégrante de leur domicile insulaire. L'ordre le plus méthodique pour en parler est donc de les prendre à leur naissance sur l'île et au point de départ de leurs migrations, et non au cours d'une quelconque de leurs pérégrinations annuelles au loin de leur demeure.

Citons maintenant le rapport des Commissaires britanniques :

Le phoque à fourrure de l'Océan Pacifique septentrional est un animal essentiellement pélagique et qui, durant la plus grande partie de l'année, n'a aucun besoin de se rendre à terre, et ne le fait que très rarement. Pendant quelques mois néanmoins, il se rend *instinctivement* à certaines plages où il se reproduit et où les petits naissent et sont nourris. Ils sont grégaires par nature et vivent en société, et quoiqu'on les rencontre rarement en bandes ou groupes compacts et bien définis, ils se rassemblent en grand nombre aux endroits où ils se reproduisent (§ 26, page 6, rapport des Commissaires).

Puis ils racontent les migrations, et continuent :

On peut donc dire que le phoque à fourrure du Pacifique septentrional a deux habitats ou demeures entre lesquelles il voyage; toutes deux, dans les circonstances actuelles, nécessaires à son existence; une qu'il fréquente en été, l'autre pendant l'hiver.

A moins que l'on ne considère la vaste étendue d'eau comprise entre les îles Aléoutiennes et la Californie comme l'*habitat d'hiver*, il serait difficile de déterminer sur quelle donnée ces Messieurs se croient autorisés à affirmer ainsi l'existence de cette double demeure (ou habitat). Le but de cette assertion purement hypothétique est trop évident pour qu'un commentaire soit nécessaire, du moins sur le point dont s'agit.

La vérité sur cette question d'habitat ou demeure est bien présentée dans le rapport des Commissaires américains. Ils s'expriment ainsi :

Les îles Pribilof sont la demeure du phoque à fourrure d'Alaska (*Callorhinus ursinus*). Ces îles sont spécialement adaptées à la vie des phoques en raison de leur isolement et de leur climat; elles ont, sans doute, pour ces raisons, été choisies comme habitat par les phoques. Les conditions climatériques sont particulièrement favorables. Le phoque, quand il est à terre, a besoin d'un climat frais, humide et nuageux, le soleil et la chaleur produisant sur lui des effets très nuisibles. Ces conditions nécessaires se rencontrent aux îles Pribilof et nulle part ailleurs dans la mer de Behring ou le Pacifique septentrional, excepté aux îles du Commandant (*Komandorski*) (page 89 du Mémoire des États-Unis en anglais).

Ce qui pourrait advenir si on empêchait les phoques d'atterrir aux îles Pribiloff et d'y mettre bas leurs petits est du domaine de l'hypothèse. Il paraît certain, d'après les témoignages, que si les femelles se trouvaient prêtes à mettre bas en arrivant aux îles et si elles en étaient repoussées par la main de l'homme ou par accident, leurs petits seraient perdus. A combien de dangers ne seraient-elles pas exposées, si elles étaient contraintes de chercher une nouvelle demeure, même en supposant que, dans cette extrémité, elles eussent l'idée d'en chercher une? Ces difficultés cependant n'embarrassent pas les Commissaires anglais, qui affirment avec aisance que, si on les repoussait des îles où elles ont l'habitude de se rendre pour mettre bas, elles trouveraient facilement d'autres endroits où donner naissance à leurs petits. (Voir § 28, rapport des Commissaires de la mer de Behring.)

Ceci est basé uniquement sur « l'expérience enregistrée ailleurs ». Nous ne trouvons rapportée nulle part une seule observation qui justifie une aussi étrange affirmation. Au contraire, il paraît que, lorsque des femelles pleines ont été empêchées d'atterrir par les glaces, elles ont mis bas en mer, et que les petits ont péri. L'expérience acquise au sujet des phoques des mers du Sud donne encore un démenti à cette théorie. L'exclusion de leurs retraites accoutumées a eu pour résultat leur destruction. Pourquoi donc, lorsqu'ils ont été chassés du domicile de leur choix, n'ont-ils pas recherché une nouvelle demeure dans les conditions climatériques, de sol et de nourriture qui leur convenaient pour remplacer l'ancienne dont l'homme les avait repoussés? Nous ne connaissons aucune théorie naturelle sur laquelle on puisse se baser pour affirmer que, dans des circonstances semblables, les phoques Pribilof agiraient autrement.

III. — DÉPLACEMENTS DES PHOQUES
APRÈS LA NAISSANCE DES PETITS

Étant admis que les phoques à fourrure, connus sous le nom de phoques d'Alaska, se propagent, « au moins dans la grande majorité des cas » (rapport des Commissaires britanniques, sect. 27), sur les îles Pribilof pendant l'été, il devient important de connaître leurs déplacements après la naissance des petits.

Il n'existe aucune différence essentielle dans les déclarations des Commissaires des deux Gouvernements respectifs à ce sujet.

Les mâles reproducteurs (*breeding bulls*) commencent à arriver aux îles Pribilof à différentes dates en mai, et restent constamment à terre pendant environ trois mois; après quoi, leurs fonctions sur les lieux de reproduction sont terminées, et ils ne retournent à terre qu'occasionnellement. Les femelles reproductrices n'arrivent, pour la plupart, qu'environ un mois plus tard, et donnent naissance à leurs petits immédiatement en arrivant à terre, où elles restent, jalousement surveillées par les mâles, pendant plusieurs semaines; puis elles profitent de toutes les occasions pour jouer dans l'eau près des plages, et, environ un mois plus tard, elles aussi commencent à quitter les îles à la recherche de leur nourriture et elles émigrent pour gagner leur habitat d'hiver. Les jeunes mâles et les jeunes femelles viennent à terre plus tard que les adultes et à des dates moins régulières. Ils atterrissent à part. En dernier lieu, les jeunes de l'année, nés en juin ou juillet, se mettent à former des groupes, à l'écart de leurs mères, vers le milieu ou la fin d'août, et, ensuite, fréquentent les plages en grand nombre, nageant et se baignant au milieu des brisants. Ils restent aux îles jusqu'en octobre ou même novembre, étant des derniers à partir. (*Rapport des Commissaires britanniques*, sect. 30.)

Les Commissaires américains font les déclarations suivantes, qui sont confirmées par de nombreux témoignages: Les « bulls » (phoques mâles reproducteurs) sont les mâles qui ont de cinq ou six ans à vingt ans, et ils pèsent de *quatre cents* à *sept cents* livres. Ils arrivent aux lieux de reproduction dans la dernière partie d'avril ou les premiers jours de mai ; pourtant, l'époque dépend, dans une certaine mesure, de celle où les glaces cessent de bloquer les îles (page 108, Mémoire des États-Unis). Vers la dernière partie de mai ou le commencement de juin, les vaches commencent à paraître dans les eaux qui baignent les îles et abordent immédiatement sur les plages de reproduction (*breeding grounds*). La grande majorité d'entre elles, néanmoins, n'abordent que dans la dernière partie de juin, et elles continuent à arriver jusque vers le milieu de juillet.

Quelques *bulls*, vers cette époque (le commencement d'août), commencent à quitter les îles, et leur exode continue jusqu'aux premiers jours d'octobre (page 112 du Mémoire des États-Unis, citant les témoins sur ce point).

Les phoques mâles non reproducteurs (*bachelor seals*), qui ont de un à cinq ou six ans, commencent à arriver dans le voisinage des îles peu après que les *bulls* ont pris possession de leurs places sur les *rookeries*, mais la majeure partie n'apparaît que vers la fin de mai. Ils essaient de prendre terre aux lieux de reproduction (*breeding grounds*), mais sont chassés par les *bulls* et obligés d'aller atterrir aux *hauling grounds*.

En ce qui a trait au départ des phoques de leur habitat des îles Pribilof, il ne paraît pas qu'il y ait aucune contestation sur l'exactitude de l'assertion contenue dans le rapport des Commissaires des États-Unis.

Le temps pendant lequel le petit dépend de sa mère, comme il a été dit, oblige celle-ci à rester sur l'île jusqu'au milieu de novembre, époque à laquelle le froid et le mauvais temps la forcent à partir, son petit étant alors en état de subvenir lui-même à ses besoins. (Pages 119, 120.)

Les phoques non reproducteurs quittent généralement l'île en même temps que les mères et les petits, quoiqu'on en rencontre toujours quelques-uns après cette époque. (Page 122 du Mémoire des États-Unis.)

Le troupeau d'Alaska ne se reproduit qu'à un seul endroit, les îles Pribilof. Quoiqu'il n'existe dans le rapport des Commissaires britanniques aucune contradiction formelle à cet égard, il est peut-être intéressant de citer quelques-unes des preuves qui viennent appuyer cette assertion.

(*a*) Ces îles sont, grâce à leur climat et aux autres conditions qu'elles présentent, à tous points appropriées à cette destination, et quand les Commissaires britanniques prétendent, comme nous l'avons vu, que les phoques n'éprouveraient aucune difficulté à se procurer un autre lieu convenable pour s'y reproduire et y passer l'été, ce n'est là manifestement qu'une simple hypothèse, qui ne mérite pas qu'on s'y arrête.

(*b*) Il n'existe aucune preuve que l'animal se soit jamais établi ailleurs, mais toutes les preuves apportées devant ce haut Tribunal entraînent la conclusion ci-dessus indiquée.

Voici les termes du Mémoire des États-Unis (page 89):

> Les conditions climatériques sont spécialement favorables. Le phoque, pendant qu'il est à terre, a besoin d'un climat frais, humide et nuageux, le soleil et la chaleur produisant des effets désastreux sur cet animal. Ces conditions nécessaires se rencontrent aux îles Pribilof, et nulle part ailleurs dans la mer de Behring ou le Pacifique septentrional, excepté aux îles du Commandant (*Komandorski*).

Ceci est surabondamment confirmé par les témoignages. Voir sur ce point celui de Charles Bryant (Vol. II de l'Appendice, p. 4), qui a été longtemps occupé à la pêche de la baleine et a été aussi agent spécial de la Trésorerie aux îles Pribilof, et celui de Samuel Falconer (Vol. II de l'Appendice, p. 164). M. Falconer, par suite de sa longue expérience acquise comme agent de la Trésorerie aux îles et autrement, est un témoin absolument compétent en la matière. Il donne la raison du choix de cette localité par les phoques pour s'y reproduire, dans les termes suivants :

> La raison pour laquelle les phoques ont choisi ces îles pour leur habitat est que le groupe des îles Pribilof se trouve environné de brumes occasionnées par les eaux de l'Océan Arctique venant du Nord et les eaux plus chaudes du Pacifique courant vers le Nord, lesquelles se rencontrent à peu près en ce point de la mer de Behring. Il est nécessaire aux phoques d'avoir une atmosphère brumeuse de ce genre quand ils sont à terre, car le soleil leur est nuisible à un très haut degré. De plus, les îles sont si isolées que le phoque, animal très craintif, y peut demeurer sans être effarouché, car on prend toutes les précautions pour ne pas déranger ces animaux pendant qu'ils sont sur les *rookeries*. La moyenne de la température des îles est de 26 degrés Fahrenheit à peu près, en hiver, et de 43 degrés en été. Je ne connais aucune autre localité présentant ces conditions particulières d'humidité et de température. Les endroits occupés par les phoques pour la reproduction sont situés le long de la côte et s'étendent, des limites atteintes par le flot, jusqu'aux falaises, qui abondent à l'île Saint-Georges. Les jeunes mâles, ou mâles non reproducteurs, n'étant pas admis sur ces lieux de reproduction, restent en arrière et tout autour, sur des espaces que l'on nomme *hauling grounds*.

Le capitaine Morgan dit (p. 61 de l'Appendice, Vol. II) :

Je crois que la raison pour laquelle les phoques ont choisi les îles Pribilof pour leur habitat vient de l'isolement de ces îles et de leurs conditions climatériques particulièrement favorables à ces animaux. Durant la période où les phoques sont à terre, le temps est froid et humide; les îles étant presque continuellement enveloppées par des brumes, et la température moyenne estivale étant à peu près de 41 degrés Fahrenheit.

Voir également le témoignage de Daniel Webster, agent local de la Compagnie commerciale de l'Amérique du Nord, en résidence à l'île Saint-Georges, qui s'exprime dans les termes suivants (Vol. II de l'Appendice, p. 180) :

Ces îles sont isolées et semblent posséder les conditions climatériques nécessaires pour être le lieu de reproduction favori des phoques à fourrure d'Alaska; et c'est là qu'ils se rassemblent chaque année, pendant les mois d'été, pour mettre bas et élever leurs petits.

M. Redpath, résident de l'île Saint-Paul, Alaska, habitait les îles à phoques Saint-Paul et Saint-Georges depuis 1875, c'est-à-dire depuis dix-sept ans, à l'époque de sa déposition. Il dépose comme suit à ce sujet (Vol. II de l'Appendice, p. 148) :

Le phoque à fourrure d'Alaska est originaire des îles Pribilof, et, à moins d'en être empêché, retourne à ces îles chaque année avec une régularité qui suit celle des saisons. Toutes les conditions climatériques particulières du groupe des îles Pribilof, telles que, par exemple, température basse et égale, brumes et ciel perpétuellement couvert, semblent indiquer qu'elles étaient spécialement destinées à devenir l'habitat du phoque d'Alaska; et, avec un instinct approchant de la raison, ils ont choisi ces îles désertes et stériles comme le point du globe le plus approprié pour s'y rassembler et y vivre ensemble pendant les six mois de leur séjour sur terre, et, chaque année, ils parcourent des milliers de milles à travers l'Océan et passent à côté de centaines d'îles sans s'y arrêter ni s'y reposer, jusqu'à ce qu'ils aient atteint le lieu où ils sont nés. Et c'est un fait bien établi que le phoque d'Alaska ne vient atterrir sur aucun autre point du globe.

IV. — TOUS LES ACTES CONCERNANT LA REPRODUCTION ET L'ÉLEVAGE DES PETITS S'ACCOMPLISSENT ET DOIVENT S'ACCOMPLIR A TERRE.

L'acte de la copulation a lieu à terre (Mémoire des États-Unis, page 110). L'exactitude de cette assertion est établie sans conteste par les preuves concluantes fournies par les Commissaires des États-Unis. Mais même n'auraient-ils produit aucune preuve, il est évident que les données qu'ont fournies les Commissaires anglais eux-mêmes sont absolument insuffisantes pour faire mettre en doute la vérité de cette proposition.

(*a*). Les Commissaires anglais, dans leur rapport, commencent par déclarer d'une façon générale (ce qui est faux) que le phoque à fourrure est, par nature, un animal « essentiellement pélagique », mais qui « pour une partie de l'année, néanmoins, se rend *naturel-lement* à certains lieux de reproduction situés sur la plage, où il donne, sur terre, naissance à ses petits et les nourrit » (§ 261).

Ils n'expliquent en rien pourquoi et comment il se fait qu'un animal « essentiellement pélagique » se rende *naturellement* à terre pour y accomplir les plus importantes fonctions de sa vie, et cependant cette anomalie singulière semblerait exiger une explication. Il suffit pour le moment de donner en un mot l'explication de cette habitude de l'animal de se rendre à terre. Elle se trouve dans le fait universellement admis que, quand les petits naissent accidentellement en mer, *ils périssent*. En effet, cet animal « essentiellement pélagique » ne sait pas nager naturellement. Il faut qu'il l'apprenne, et cette partie de son éducation ne va pas toujours sans difficultés. La race s'éteindrait du coup, faute de postérité, si elle était confinée dans son propre élément.

Passons, pour le moment, sur cette anomalie, et allons nous instruire encore au rapport des Commissaires anglais. Nous apprenons que les mâles reproducteurs commencent à arriver aux îles Pribilof à diverses dates en mai, et restent constamment à terre, *pendant à peu près trois mois, au bout desquels ils se sont complè-tement acquittés de leurs fonctions sur les rookeries de reproduction.* Les femelles reproductrices arrivent pour la plupart environ un mois après, donnant naissance à leurs petits *immédiatement après avoir abordé et restant à terre pendant plusieurs semaines, sur-veillées avec un soin jaloux par les mâles.* (§ 30 du rapport des Commissaires britanniques.)

Il est constant que la fécondation de la femelle a lieu pendant ces mois ou ces semaines. Les soins « jaloux » des mâles, leur séjour à terre jusqu'à ce qu'*ils se soient acquittés de toutes leurs fonctions,* leur patiente attente des femelles, tous ces faits indiquent, ce qu'admettent du reste les Commissaires britanniques, qu'il y a une saison régulière de rut qui s'étend de mai jusqu'en juillet ou août, (Voir rapport des Commissaires britanniques § 306), et que l'acte de la copulation a lieu à terre.

S'il est besoin d'autre démonstration, elle peut être facilement fournie.

Le fait étant prouvé et reconnu par les Commissaires britanniques eux-mêmes, qu'il est *naturel* au phoque d'aller à terre pour mettre bas et nourrir son petit, et comme on ne conteste pas qu'il n'existe qu'un seul lieu de reproduction pour ce troupeau de phoques, savoir les îles Pribilof, il est indiscutable que la période du rut, pendant laquelle la fécondation a lieu, doit correspondre à la période de retour aux îles, pour que la mère puisse régler son arrivée à terre avec le temps de sa délivrance. La nature est un guide sage et prudent aussi bien pour ces animaux que pour les autres, et ils suivent ses inspirations. Rien n'est laissé au hasard dans cette affaire capitale de la perpétuation de l'espèce. L'accouplement et la fécondation en mer à des époques irrégulières amèneraient des diversités dans la date de la naissance des petits et, par suite, leur destruction. Si les femelles étaient fécondées en quelque autre saison, leurs petits naîtraient en mer, et périraient malgré leur nature « essentiellement pélagique ».

Ceci est encore démontré par des chiffres indiscutables. Les femelles reproductrices, disent les Commissaires anglais, arrivent aux îles à peu près un mois plus tard que les mâles, c'est-à-dire en juin, et « immédiatement » mettent bas leurs petits. Étant données la date de leur délivrance (juin ou juillet) et la durée de le période de gestation (à peu près cinquante semaines, — Mémoire des États-Unis, p. 113), il n'est pas difficile de fixer l'époque de la fécondation ; *mais il est impossible de la fixer à aucune date qui ne corresponde pas avec le séjour des mères aux îles.* Cette démonstration a plus de poids que les hypothèses les plus ingénieuses et les plus subtiles. Même s'il est possible de citer des cas accidentels de coït en mer, après que les femelles « sont débarrassées de leurs jaloux compagnons » à terre, cette circonstance ne présenterait d'intérêt qu'au point de vue scientifique. Elle n'exercerait sur la question aucune influence pratique et ne changerait rien à ce fait que le coït d'où résulte la fécondation de la femelle a lieu à terre, comme résultat de lois naturelles dont la violation, si elle est fréquemment répétée, doit éventuellement mettre en péril l'existence de l'espèce, si elle ne la détruit pas d'une manière absolue et immédiate.

Les Commissaires britanniques, sans être découragés par ces objections écrasantes, et induits en erreur, sans doute, par des informations inexactes, dont ils n'indiquent pas la source, affirment qu'il existe une certaine classe de mâles « non-adultes » connus sous le nom de *half bulls* ou *reserves*, lesquels braconnent sur les domaines de leurs aînés, et couvrent beaucoup de femelles qui échappent à l'attention des mâles plus âgés qui se trouvent sur les *rookeries*, et qu'en pareils cas l'acte de la copulation *s'accomplit généralement en mer* (§ 287).

Il est regrettable qu'une affirmation contraire aux connaissances scientifiques, et complètement réfutée par de nombreuses preuves, se trouve avancée d'une manière légère et qu'on se soit simplement borné à l'énoncer. La déclaration est certainement erronée ; mais, même si elle ne l'était pas, tout au plus prouverait-elle, et encore très vaguement, qu'en des cas exceptionnels l'acte de la génération peut s'accomplir de cette façon irrégulière.

Mais le point important, à savoir que les femelles reproductrices (*breeding females*) ne sont couvertes par les mâles reproducteurs (*breeding males*) qu'à terre, est démontré par le rapport des Commissaires britanniques lui-même :

La dernière classe — et, à l'époque dont s'agit, la plus importante — est celle des femelles reproductrices. Celles-ci commencent à quitter les *rookeries* et à prendre la mer *quelque temps après la naissance des petits et l'accouplement avec le mâle qui suit cette dernière*. Elles peuvent le faire quand l'intérêt que leurs seigneurs (*beachmasters*) leur témoignent commence à diminuer, et plus particulièrement quand plusieurs de ceux-ci ont eux-mêmes commencé à quitter leurs places (§ 306).

Au § 309, ils citent Bryant, ainsi qu'il suit :

Bryant, après avoir décrit le relâchement dans la vigilance des mâles après l'accouplement, dit des femelles : « A partir de ce moment, elle passe son temps à dormir près de son petit, ou bien à jouer sur l'eau près de la plage, revenant de temps en temps pour nourrir son veau. »

Cette déclaration est d'autant plus importante que l'on se fonde, dans un autre endroit, sur le témoignage de la même personne pour montrer que l'habitude d'accomplir l'acte de la génération à terre s'est un peu modifiée depuis 1874. Il semble certainement étrange, si l'accouplement sur terre était la règle et les exceptions rares avant 1874, que l'on puisse avancer que « ce mode d'accouplement *ne paraît pas être le plus naturel* » (§ 296). Il existe évidemment une erreur, soit dans le document original, soit dans la copie. M. Bryant ajoute que « ce n'est que rarement — peut-être dans trois cas sur dix — que la tentative de coït opérée dans ces circonstances est suivie d'effet. » Cette assertion est en contradiction directe avec le fait admis et établi que les femelles reproductrices sont fécondées à terre. Il est difficile de supposer que la nature n'ait pas appris à ces animaux, dès l'origine, la manière la plus « naturelle » de satisfaire leurs instincts et de perpétuer leur espèce. Les Commissaires britanniques n'auraient peut-être pas été obligés de recourir à la citation de telles assertions sans la nécessité de justifier leur théorie, à savoir la regrettable *diminution des mâles par l'abatage aux îles.*

Toutes ces déclarations, prises dans leur ensemble, démontrent que les mœurs de l'animal sont bien celles que nous avons indiquées, sauf quelques prétendues exceptions qui, même en les supposant entièrement prouvées, n'infirmeraient en rien les points essentiels des propositions que nous avons établies. Nous pourrions peut-être ne pas insister davantage sur la question dont il s'agit, et faire remarquer au Tribunal que les inconséquences et les contradictions du rapport de nos adversaires enlèvent toute valeur réelle aux renseignements qu'il fournit, du moins en ce qui concerne cette partie du débat. Pourtant, au risque d'être importuns, nous poursuivrons la discussion.

L'exposé des habitudes des phoques, quant à l'acte de reproduction, est ainsi présenté par le Mémoire des États-Unis :

> L'acte de la copulation a lieu sur terre, et, par suite de la conformation des organes génitaux, il s'accomplit de la même façon que chez les autres mammifères. Il revêt un caractère brutal et prend de cinq à huit minutes.

Cette déclaration n'est pas une simple affirmation sans preuves. Elle est fondée en partie sur les témoignages dont voici des extraits :

M. Joseph Stanley-Brown (p. 14 de l'Appendice, Vol. II), géologue de profession et comme tel employé au *United States Geological Survey*, dit :

L'accouplement en mer est impossible à mon avis. En raison de la conformation des organes génitaux, il s'accomplit à terre, de la même façon que chez tout mammifère ; il est d'un caractère brutal et dure de cinq à huit minutes. La taille relative du mâle et de la femelle est si disproportionnée, que l'accouplement dans l'eau submergerait infailliblement la femelle, et l'obligerait à demeurer sous l'eau plus longtemps qu'il n'est possible à un amphibie de son espèce. Je suis resté sur les falaises pendant des heures pour voir jouer les phoques dans l'eau limpide à mes pieds. Il est vrai que beaucoup de leurs ébats pourraient, aux yeux d'un observateur inattentif, passer, par erreur, pour des actes de copulation, et ceci peut avoir donné cours à la théorie du coït pélagique. De tous les cas observés par moi, je n'en ai jamais vu aucun qui pût être ainsi désigné avec certitude.

M. John M. Morton, inspecteur de la navigation à San Francisco, est allé en Alaska en 1870, et arriva à l'île Saint-Paul en octobre. Il y est resté jusqu'à la fin de la saison de l'année suivante. En 1872, il a visité les postes de la Compagnie et a passé l'été de 1873 sur l'île Saint-Georges. En 1875 et 1876, il est encore retourné à l'île Saint-Paul, où il a passé les deux étés. Pendant tout ce temps, il s'est beaucoup intéressé aux mœurs et aux déplacements des phoques, et n'a guère laissé passer un jour sans visiter une ou plusieurs *rookeries*. Durant les saisons de 1877 et 1878, faisant alors fonctions d'agent spécial de la Trésorerie, il a apporté son attention la plus entière à l'étude de ce sujet.

Voici les termes dont il se sert dans sa déposition (p. 67, Vol. II de l'Appendice) :

Je tiens aussi à déclarer qu'à mon avis, en ce qui concerne les phoques, *l'accouplement ne peut se faire avec succès dans l'eau.* Tous ceux qui l'ont vu s'accomplir sur les *rookeries* doivent être également de cette opinion. Une base solide capable de supporter le poids de ces animaux, base que la terre fournit et qui manque en mer, est indispensable pour résister à la pression et à l'action violente des parties postérieures du mâle pendant le coït. L'observation la plus minutieuse que j'aie pu faire des habitudes et des mouvements des phoques dans l'eau ne m'a fourni aucune donnée qui fût contraire à cette opinion.

S. R. Nettleton, demeurant à Seattle, état de Washington, fut, en automne 1889, nommé agent spécial de la Trésorerie et à cette époque, les devoirs de sa charge l'appelèrent à l'île Saint-Paul. Il est revenu aux États-Unis en 1890 et est retourné à l'île Saint-Paul en 1891, où il est resté pendant juin et juillet. Ensuite il a été envoyé à l'île Saint-Georges, où il a résidé jusqu'en juin 1892. Dans l'accomplissement de ses fonctions comme agent de la Trésorerie, il a fait toutes les observations qu'il était possible de faire sur les *rookeries* de reproduction et les eaux situées dans leur voisinage immédiat. Ses déclarations sont basées sur des observations personnelles aussi bien que sur les renseignements fournis par les indigènes des îles et les blancs qui y demeurent.

Voici comment il s'exprime (p. 75, Vol. II de l'Appendice) :

> Quant à la question de savoir si l'accouplement en mer est possible, je ne l'ai jamais vu essayer, et, d'après mes observations, je suis arrivé à la conclusion qu'il est matériellement impossible.

Le Dr H. H. Mc Intyre, surintendant des concessionnaires des îles Pribilof, a visité les îles deux fois pendant l'été de 1870, et y est resté constamment depuis avril 1871 jusqu'en septembre 1872, et ensuite est retourné aux îles chaque été, de 1873 à 1889 inclusivement, excepté pendant les années 1883, 1884 et 1885. Il s'est trouvé placé dans des conditions excellentes pour faire les observations les plus étendues, car il est resté sur les îles pendant quatre mois, de mai jusqu'en août de chaque saison, surveillant la prise annuelle des phoques, se rendant compte de leurs conditions d'existence, étudiant leurs habitudes, et, en résumé, s'adonnant à tous les travaux que lui semblaient réclamer les intérêts des concessionnaires.

> On a prétendu que la copulation a lieu également dans l'eau entre ces jeunes femelles et les mâles dits « non-reproducteurs »; mais, malgré l'examen le plus attentif que j'aie pu faire de ces animaux, quand, sans distinction de sexe, ils nagent et jouent ensemble et se trouvent ainsi dans les conditions d'observation les plus favorables qu'ils puissent présenter, il m'a été impossible de vérifier l'exactitude de cette assertion. Après le coït à terre, la jeune femelle se rend aux lieux d'alimentation (*feeding grounds*), ou reste sur la plage ou dans ses environs, se tenant, au gré de sa fantaisie, à terre ou dans l'eau. Le jeune mâle va sur les « *hauling grounds* », situées en arrière ou à côté des *rookeries*, et il y demeure la plus grande partie du temps, s'il n'est pas dérangé, jusque vers l'époque où il quitte les îles pour effectuer sa migration annuelle.

M. Arthur Newman, à l'époque de sa déposition, avait vécu pendant vingt ans aux îles Aléoutiennes. Pendant huit ans il avait été l'agent de la Compagnie commerciale de l'Alaska à Chernofsky, et avait exercé pendant quatorze ans les mêmes fonctions à Umnak.

Il a eu toute facilité, comme on peut le voir par sa déposition (à la p. 210, Vol. II de l'Appendice), pour observer les habitudes des phoques.

Voici ce qu'il dit :

J'ai vu des phoques dormir sur des bancs de caillotis (*kelp*) et s'y nourrir ; mais je ne les ai jamais vus s'accoupler ailleurs que sur les *rookeries*. Je ne crois pas que des petits nés sur des bancs de caillotis puissent y être convenablement nourris et élevés. Je crois qu'il est nécessaire, pour qu'ils viennent bien, qu'ils naissent à terre, car, à leur naissance, ils ne savent pas nager.

Norman Hodgson (p. 367, Vol. II de l'Appendice) demeurant à Port Townsend, dans l'état de Washington, est chasseur de phoques à fourrure de son état et fournit plusieurs détails intéressants sur les habitudes du phoque. Sur le point en question, il s'exprime ainsi :

Je ne crois pas qu'il soit possible aux phoques à fourrure de s'accoupler ou de se reproduire en mer, et je n'ai jamais vu ni entendu dire qu'ils le fissent sur des bancs de caillotis. Je n'ai jamais vu de jeune de la saison sur un banc de caillotis, et, en fait, je n'ai jamais eu connaissance de cas où des veaux soient nés ailleurs que dans les *rookeries*. J'ai cependant ouvert une vache pleine et en ai sorti le petit en vie et criant. Je ne crois pas qu'il soit possible d'élever le jeune phoque s'il n'est pas né et allaité dans les *rookeries*. J'ai vu des phoques se reposer sur des bancs flottants de caillotis, mais je ne crois pas qu'ils abordent autre part qu'aux *rookeries* pour se reproduire.

Charles Bryant, qui a passé un temps considérable aux îles et qui y a été agent de la Trésorerie pendant neuf ans, dit (p. 6, Vol. II de l'Appendice) :

En surveillant des phoques qui nageaient autour des îles, j'ai vu des cas où ils paraissaient s'accoupler dans l'eau ; mais je suis certain que, même en admettant qu'ils aient positivement copulé, la propagation de l'espèce ne s'accomplit pas généralement ainsi d'une manière régulière, le mode naturel et ordinaire d'accouplement se pratiquant à terre.

Le capitaine James W. Budington, après avoir parlé de sa longue expérience de la chasse du phoque au cap Horn et dans l'Océan Atlantique méridional, dit (p. 595, Vol. II de l'Appendice) :

Je suis également convaincu que, la période de gestation étant d'environ onze mois, l'accouplement a lieu à terre avant la migration.

Samuel Falconer, dont nous avons déjà mentionné l'expérience et la compétence, dit (p. 165, Vol. II de l'Appendice) :

En règle générale, la fécondation de la femelle est opérée par le *bull* dans le harem auquel elle appartient, et non pas, comme on l'a quelquefois prétendu, par de jeunes mâles. Ces jeunes mâles poursuivent, il est vrai, les femelles quand ces dernières sont autorisées à quitter le harem et à gagner la mer, mais elles les refusent. D'après mes observations personnelles, je suis persuadé que l'acte de la copulation ne pourrait être consommé dans l'eau, et que, dans tous les cas, ce serait un fait absolument *contre nature.*

John Armstrong, qui, pendant longtemps, a été employé au service de la Compagnie de l'Alaska, sur les lieux où l'on exploite le phoque, dépose avec beaucoup de réserve et est le seul témoin qui ne parle pas avec une entière assurance.

Voici, son témoignage (p. 2, Vol. II de l'Appendice) :

On me demande si les phoques s'accouplent dans l'eau.

C'est une question souvent discutée aux îles, et ni les savants, ni les personnes étrangères à la science ne sont d'accord à ce sujet. J'ai remarqué des phoques qui paraissaient vouloir se livrer au coït, mais je doute que l'acte ait été positivement consommé. S'il en était ainsi, nous verrions, je crois, des petits nés tardivement et en dehors de la saison ; mais tel n'est pas le cas.

V. — PENDANT PLUSIEURS MOIS APRÈS LA NAISSANCE, LE PETIT DÉPEND ENTIÈREMENT DE SA MÈRE POUR SON ALIMENTATION; LES FEMELLES N'ALLAITENT QUE LEUR PROPRE PETIT, ET L'ALLAITEMENT N'A LIEU QU'A TERRE.

Comme tous les mammifères, les petits n'ont, pendant un certain temps, pas d'autre moyen d'alimentation que le lait de leur mère. Personne ne conteste, et les Commissaires britanniques eux-mêmes reconnaissent, que l'allaitement n'a lieu qu'à terre. Néanmoins une question se présente qu'il est peut-être utile de discuter : Les petits sont-ils exclusivement nourris par leurs mères, ou celles-ci se laissent-elles téter indifféremment par n'importe quel petit qui se trouve sur leur chemin? Il est affirmé, dans le Mémoire des États-Unis, que ces animaux ne forment aucune exception à la règle générale à savoir qu'une mère ne reconnaît et n'allaite que sa propre progéniture.

Voici les termes du Mémoire (p. 100) :

Aussitôt que la mère a mis bas son petit, elle commence à l'allaiter. L'allaitement à lieu sur terre et jamais dans l'eau; en outre, la femelle du phoque n'allaite que son propre petit. C'est un fait qui a été vérifié par tous ceux qui ont étudié les mœurs des phoques ou qui en ont eu l'expérience pendant leur séjour aux îles.

Le témoignage de M. Brennan (Vol. II. p. 359), originaire de la Grande-Bretagne, qui, à l'époque de sa déposition, résidait à Seattle, dans l'état de Washington, est intéressant et fournit des détails minutieux qui ne pouvaient être donnés que par une personne ayant fait une étude pratique du sujet. Il dit :

En mai, les *bulls* commencent à atterrir sur les *rookeries*; quant aux femelles, elles ne viennent que trois ou quatre semaines après. Les *bulls* choisissent l'endroit qu'ils ont l'intention d'occuper pendant l'été, se battent furieusement pour leur possession, et la victoire reste au plus fort. Chacun a sa propre famille, et si un étranger approche, c'est la guerre. Dans les *rookeries* on voit toutes les différentes catégories de phoques séparées les unes des autres : les *bulls* et les *vaches* d'un côté, et les veaux d'un autre. Ces derniers naissent dans les *rookeries* et demeurent avec leur mère, ne vivant que de son lait, jusqu'à ce qu'ils soient capables à leur tour d'aller en mer et de se suffire à eux-mêmes. Comme il n'y a rien à manger sur la plage pour les phoques adultes, ils font quelquefois plusieurs milles en mer à la recherche de nourriture. Quand les petits naissent, ils ne savent pas nager, et les mères les apportent au bord de l'eau, où on les voit par milliers clapotant au milieu des vagues. Le mugissement des mères qui appellent leurs petits et le bêlement des veaux qui répondent font un vacarme continuel. La femelle ne porte pas avant l'âge de trois ans. Les petits ne vont à l'eau qu'environ quarante-cinq jours après leur naissance, mais ils tètent les mères aussi longtemps que dure leur séjour à terre.

Si ce témoignage est véridique (et il n'y a aucune raison de douter de son exactitude), il établit que le petit dépend de sa mère non seulement pour son alimentation, mais encore pour les soins et l'instruction dans l'art de nager.

Joseph Stanley-Brown, dont les écrits sur les conditions biologiques et les habitudes du phoque à fourrure sont d'une indiscutable valeur et sont souvent cités par le Mémoire des États-Unis, est très catégorique et très concluant à l'égard du point qui nous occupe. Il a déjà été question de sa compétence relativement à divers autres sujets. Il dit (p. 15 et 16, Vol. II de l'Appendice) :

Pendant les tout premiers jours, peut-être pendant une semaine ou même dix jours, la femelle peut nourrir son petit, mais elle est bientôt obligée d'aller en mer pour sa pâture afin de pouvoir fournir aux exigences de son nourrisson vorace, et son absence est tolérée par le mâle, mais non, semblerait-il, sans protestation. L'économie physique du phoque semble s'accommoder de bombances et de jeûnes alternatifs, et il est probable que, dans les premiers jours qui suivent la naissance de son petit, la femelle pourrait amplement subvenir aux besoins de celui-ci sans chercher elle-même sa nourriture en mer.

La femelle ne donne naissance qu'à un seul petit. Le travail de la parturition est de peu de durée et ne parait pas être trop douloureux. Pendant les premières semaines de son existence, le petit ne semble pas reconnaître sa mère; mais celle-ci le distingue et le retrouve parmi des centaines d'autres veaux.

Les petits à leur naissance ont toute l'apparence de jeunes chiens de Terreneuve qui auraient des nageoires. En passant de leur chaude demeure à l'air froid, ils poussent une sorte de bêlement plaintif qui ressemble à celui d'un agneau. La mère caresse avec toutes les démonstrations de la plus grande affection son petit, qui commence à téter bientôt après sa naissance...

Les petits phoques ont besoin de l'alimentation et des soins maternels pendant au moins quatre mois, et l'on a trouvé, à la fin de novembre, des veaux qui avaient été tués dans l'île, et dont l'estomac était encore rempli de lait...

Les petits ont peur de l'eau. Il leur faut faire des efforts répétés pour apprendre à nager, et même quand ils ont appris à se maintenir sur les eaux paisibles, ils se sauvent avec un effroi et un empressement comiques à l'approche d'une vague. J'ai pris des veaux de deux ou trois semaines et je les ai portés dans des eaux tranquilles; mais gauchement, et visiblement terrifiés, ils se mirent à battre l'eau en se dirigeant vers la terre, bien qu'ils eussent pu m'échapper en allant dans la direction opposée. Après trois essais, n'ayant avancé en tout que d'à peu près soixante pieds, ils étaient si fatigués, qu'ils se seraient noyés si je ne les avais sauvés. Si les petits, réunis en petits groupes près de la plage, étaient atteints même par une faible lame, ils seraient noyés : de pareils accidents leur arrivent aux îles avant qu'ils aient complètement appris à nager.

Charles Bryant a déjà été cité à l'égard d'autres points contenus dans le Mémoire des États-Unis. Il fait, sur le sujet qui nous occupe, la déposition qui suit (p. 5, vol. II de l'Appendice) :

Le petit se nourrit du lait de sa mère à partir de sa naissance jusqu'au moment où il quitte les îles. La mère s'éloigne des îles à différentes reprises dès que son petit est âgé de trois ou quatre jours. J'ai vu des petits, que j'avais précédemment marqués avec un ruban, abandonnés pendant trois ou quatre jours consécutifs; les mères étaient allées en mer pour se nourrir ou se baigner. Une femelle reconnait immédiatement son petit dans un groupe de veaux installés sur la *rookery;* elle le distingue par son cri et par son odeur; mais je ne crois pas qu'un petit reconnaisse sa mère, car il va flairant n'importe quelle vache qui se trouve près de lui. Une femelle n'allaite que son propre petit et chasse tous les autres qui s'approchent d'elle.

Je suis convaincu que lorsqu'une vache est tuée, son petit doit infailliblement mourir de faim. Comme preuve de ce que j'avance, je déclare que j'ai recueilli des petits trouvés sur les plages sablonneuses, égarés et sans mère. Je les ai placés sur les *rookeries* parmi des femelles qui allaitaient, et, dans chaque cas, ces petits sont finalement morts de faim.

Des déclarations comme celles qui précèdent doivent être concluantes, à moins qu'on ne prétende que les dépositions citées ne soient que de faux témoignages.

Les conseils des États-Unis ont la satisfaction de pouvoir dire qu'aucun témoin, à leur connaissance, et ainsi qu'on peut s'en rendre compte en consultant le rapport des Commissaires britanniques, n'a offert de faire, sous la foi du serment ou non, des déclarations contraires aux dépositions si catégoriques que nous venons de rapporter.

John Fratis, natif des îles Ladrone, est allé, en 1869, à l'île Saint-Paul, où il a épousé une femme indigène. Il est ainsi devenu membre de la tribu; après quoi, il a embrassé la profession de chasseur de phoques et a, depuis lors, résidé dans l'île. Son expérience n'est, par conséquent, pas sans importance. Il dit (p. 108, vol. II de l'Appendice) :

Les petits naissent bientôt après l'arrivée des vaches; ils sont incapables de se subvenir et ne peuvent nager. Ils se noieraient si on les mettait dans l'eau. Ils n'ont pas d'autre nourriture que celle qu'ils reçoivent de leurs mères; celles-ci n'allaitent que leur propre petit. Les veaux seraient disposés à téter n'importe quelle vache, si celle-ci le leur permettait. Lorsque le petit est âgé de quelques jours, la femelle se rend en mer pour se nourrir, et au début elle ne s'absente que quelques heures. Mais, au fur et à mesure que le veau devient plus fort, les absences de la mère deviennent de plus en plus longues et durent, quelquefois, toute une semaine.

Beaucoup d'autres témoins ont été interrogés, et tous ont été d'accord que la seule nourriture du petit veau, tant qu'il demeure aux îles, c'est-à-dire pendant les trois ou quatre mois qui suivent sa naissance, est le lait de sa mère, et qu'il périrait si on l'en privait. On peut lire à ce sujet les témoignages suivants :

William Healey Dall (p. 23, Vol. II de l'Appendice); Samuel Falconer (*ibid.*, p. 165); William S. Hereford (*ibid.*, p. 35); Nicoli Krukoff (*ibid.*, p. 135); H. W. Mc Intyre (*ibid.*, p. 136).

Ce dernier dépose :

Quelques jours après l'arrivée à terre (peut-être quelques heures ou même quelques instants seulement, comme je l'ai vu), la femelle donne naissance à son petit, car elle n'en porte qu'un seul chaque année. La naissance de jumeaux, que l'on prétend arriver occasionnellement, n'est prouvée par aucun exemple authentique. Ces petits (*pups*, comme on les appelle) sont, pour ainsi dire, incapables de se protéger ou de se suffire; ils sont entièrement gauches dans leurs mouvements, et, contrairement à ce qu'on sait du phoque commun, ne savent pas nager. Ils sont nourris par la mère à qui, après l'accouplement, le mâle permet d'aller à volonté chercher sa nourriture. Quand ils ont environ six semaines, les petits se rassemblent en groupes et peu après apprennent à nager; mais ils dépendent pendant longtemps encore de leur mère pour leur alimentation, et, par conséquent, la mort de celle-ci entraîne la mort du petit par inanition.

On peut consulter aussi à cet égard la déclaration de J. H. Moulton (p. 72, Vol. II de l'Appendice).

M. Noyes dit (*ibid.*, p. 82) :

Le petit dépend entièrement de la mère pour son alimentation; quand il est âgé de quelques jours, elle se rend à la mer pour chercher sa nourriture, revenant d'abord à des intervalles de quelques heures, puis prolongeant graduellement la durée de ses excursions au fur et à mesure que le petit devient plus âgé et plus fort, jusqu'à ce qu'enfin elle reste absente parfois pendant plus d'une semaine. J'ai lieu de croire que, au cours de ces excursions, elle va à des distances variant de 10 à 200 milles des îles pour chercher sa nourriture, et c'est alors qu'elle devient la proie du chasseur pélagique.

Revenue à la *rookery*, la vache va droit à l'endroit où elle a laissé son veau, qu'elle paraît reconnaître immédiatement au moyen du flair, et il est également certain que le petit ne peut pas reconnaître sa mère. J'ai souvent vu des petits veaux essayer de téter la première vache venue, mais aucune femelle n'allaite d'autre petit que le sien propre.

J. C. Redpath (p. 148 et 149, Vol. II, de l'Appendice) :

Aucune femelle n'allaite d'autre petit que le sien, et j'ai souvent regardé les veaux essayer de téter les vaches, mais ils étaient toujours repoussés; ce fait me convainc que la mère reconnaît son propre petit, mais que le petit ne reconnaît pas sa mère. A sa naissance et pendant plusieurs semaines, le petit est absolument incapable de se suffire à lui-même et dépend entièrement de sa mère pour sa subsistance. Si, pendant cette période, il arrive quelque chose à celle-ci qui mette obstacle à son retour, le petit meurt sur la *rookery*. L'exactitude de ce fait a été mise hors de doute depuis que les navires se livrent activement à la chasse aux phoques, dans la mer de Behring, pendant les mois de juillet, août et septembre : ces navires tuent les mères aux endroits où elles se nourrissent, les petits meurent sur les îles.

Lorsqu'ils ont environ cinq semaines, les veaux commencent à courir çà et là et se rassemblent en bandes (*pods*), et, à six ou huit semaines, ils vont dans les eaux basses apprendre peu à peu à nager. Ils ne sont pas amphibies à leur naissance, et sont incapables de nager pendant plusieurs semaines, et, s'ils étaient mis à l'eau, ils périraient infailliblement, comme on peut s'en rendre compte par le nombre de petits qui se noient lorsqu'ils se trouvent surpris par les vagues les jours de mauvais temps. Après avoir appris à nager, les veaux continuent à être allaités par les vaches, et j'ai remarqué qu'en novembre, à l'abatage annuel des petits destinés à servir de nourriture aux indigènes, leur estomac est toujours rempli de lait sans mélange d'autres aliments, quoique les vaches aient quitté les îles quelques jours auparavant. Je n'ai pas entendu dire que les petits prissent aucune nourriture en dehors de celle qui leur est fournie par les mères, et je n'ai jamais trouvé autre chose que du lait dans leur estomac.

Daniel Webster affirme positivement que *la mort de chaque mère entraîne la mort de son petit, lequel dépend entièrement d'elle pour son alimentation.* Le témoignage de M. Webster est important, non-seulement à cause de sa valeur intrinsèque, mais aussi parce que les Commissaires britanniques eux-mêmes répondent de son impartialité. (§ 677.)

Il est à remarquer que tous les témoins cités ci-dessus sont des individus possédant une aptitude spéciale, une longue expérience et une connaissance du sujet certainement suffisante pour aider de leurs lumières un Tribunal dont les fonctions sont en partie de constater les faits relatifs à l'existence du phoque. De pareils témoignages ne peuvent manquer d'exercer une influence décisive sur l'opinion de ce Tribunal, à moins qu'ils ne soient rejetés comme volontairement et intentionnellement faux. Il n'existe pas et il ne saurait exister aucun motif fondé pour attaquer d'une manière aussi générale le caractère d'hommes qui sont, selon toute apparence, intelligents et honorables. Le fonctionnement de la justice deviendrait impossible, et les décisions concernant les questions de fait devraient être laissées au caprice des juges, si de pareils témoignages pouvaient être arbitrairement rejetés. Assurément, les hypothèses et les conclusions de l'adversaire, qui ne sont pas établies sur la plus légère apparence de preuve au sens légal du mot, ne peuvent servir de base à une semblable accusation. Si haut placés que soient les Commissaires britanniques, quelles que soient leur intelligence et leur intégrité, leur simple assertion ne saurait remplacer ces garanties de toute enquête judiciaire que l'expérience des nations civilisées a jugées indispensables. Ce serait, en vérité, une tâche difficile pour les Arbitres de se créer une opinion sur les questions de fait impliquées dans ce débat, si l'exemple des Commissaires britanniques avait été suivi par les Commissaires des États-Unis, et si les deux parties s'en étaient tenues à des assertions hypothétiques et des déductions de parti-pris et sans consistance, basées sur des prémisses incertaines. Cette disposition manifeste à s'arroger le rôle d'un avocat, plutôt que celui d'un auxiliaire du Tribunal dans la recherche de la vérité, ne peut que diminuer dans une proportion considérable la valeur du travail des Commissaires de la Grande-Bretagne.

VI. — LES VACHES, PENDANT LA PÉRIODE DE L'ALLAITEMENT, VONT EN MER POUR CHERCHER LEUR NOURRITURE, ET QUELQUEFOIS A DES DISTANCES DE CENT ET DEUX CENTS MILLES, ET, PENDANT CES EXCURSIONS, ELLES SONT EXPOSÉES A ÊTRE PRISES PAR LES CHASSEURS PÉLAGIQUES.

Le Mémoire des États-Unis contient l'assertion suivante (p. 102) :

Après avoir nourri son petit pendant quelques jours, la vache est nécessairement obligée d'aller chercher sa nourriture, pour suffire aux besoins de ce dernier. Peu après l'accouplement, elle laisse son veau sur la *rookery* et va en mer. A mesure que le petit devient plus âgé et plus fort, ces voyages se prolongent, et elle finit par s'absenter des îles quelquefois une semaine entière.

L'exactitude absolue de cette assertion est démontrée par les témoignages.

Une vache ne nourrit que son propre petit. L'importance que présente l'établissement de ce point exige que nous examinions avec une attention spéciale les témoignages qui s'y rapportent. Les Commissaires britanniques ont adopté une opinion différente et qui n'est pas conforme au sentiment général, en ce qui concerne le fait habituel et les probabilités à cet égard. Il est facile de démontrer que l'assertion avancée à la page 115 du Mémoire des États-Unis est confirmée par des preuves surabondantes.

Kerrik Artomanoff (Appendice au Mémoire des États-Unis, Vol. II, p. 100) dit :

Les mères reconnaissent leurs petits en les flairant, et aucune ne permet à un veau autre que le sien de la téter.

Thomas F. Morgan (p. 62, Vol. II de l'Appendice) dit :

Après sa naissance, le petit commence de suite à téter sa mère, qui ne le quitte que pour aller à l'eau chercher sa nourriture, laquelle consiste principalement, d'après mes observations, en poissons, calmars et crustacés. Dans ses courses à la recherche de sa nourriture, la femelle va, selon mon opinion, à quarante milles des îles et même plus loin. Le petit ne paraît pas reconnaître sa mère, et cherche à téter n'importe quelle femelle qui l'approche; mais une mère reconnaît de suite son petit et ne permet à aucun autre de la téter. Ceci, je le sais pour avoir vu souvent les vaches repousser des petits qui s'approchaient d'elles, tandis qu'elles étaient à la recherche du leur, qu'elles reconnaissent, je crois, à son cri et à son odeur.

La déposition de M. Morgan est très explicite et est basée sur une longue expérience et sur des observations continues.

Samuel Falconer, qui a été pendant quelque temps receveur-adjoint des douanes, et dont le témoignage a été cité sur d'autres points, donne le résultat de ses observations personnelles. Il dit (p. 164, Vol. II, de l'Appendice) :

> Les petits naissent aux lieux de reproduction (*breeding grounds*), et dès l'arrivée de la femelle à terre, généralement dans les deux jours de cette arrivée. A sa naissance, le petit ne peut pas nager, et n'apprend à le faire que quand il a six à huit semaines. Il est donc absolument impossible qu'un petit né en mer puisse vivre. J'ai remarqué que lorsqu'un petit de cet âge-là est mis dans l'eau, il semble n'avoir aucune idée de l'usage de ses nageoires et est très effrayé. Pendant les six ou huit premières semaines de son existence, le jeune phoque est certainement un animal terrestre, et il n'est en aucune façon amphibie. Durant cette période, il se meut de la même manière qu'un jeune chat, se servant de ses nageoires postérieures comme de pattes. Une vache reconnaît son petit de suite à son cri, se dirige à travers mille autres veaux qui bêlent, droit vers le sien, et elle chasse tout autre qui tente de l'approcher. Néanmoins un petit ne distingue pas sa mère des autres femelles qui l'entourent.

William Healey Dall, savant qui a complété ses études sous la direction du professeur Louis Agassiz, à Cambridge, en 1863, et qui, depuis, s'est adonné à des travaux scientifiques, donne le résultat des recherches faites par lui pendant plusieurs années, durant lesquelles il a visité l'île Saint-Georges et les îles Aléoutiennes. Il s'est trouvé placé dans d'excellentes conditions pour se familiariser avec l'existence aquatique du phoque, et ses observations sont relatées en détail dans sa déposition (Vol. II, p. 23 et 24). Il y est dit :

> D'après ma connaissance de l'histoire naturelle et mes observations sur la vie du phoque, mon opinion est qu'il serait impossible aux petits phoques nés en mer de vivre. Quand il est dans la nature d'un animal de donner naissance à ses petits sur terre, il est contraire aux principes de la biologie et au bon sens de supposer qu'il le pourrait faire avec succès dans l'eau. Il ne me paraît pas probable qu'une mère allaiterait un autre petit que le sien, car

j'ai souvent vu des femelles choisir un petit dans un groupe nombreux de jeunes phoques et ne prêter aucune attention aux autres. Les petits ont besoin de recevoir leur nourriture de leur mère pendant au moins trois à quatre mois après leur naissance, et ils périraient s'ils en étaient privés.

J'ai eu de nombreuses occasions d'arriver à me former une opinion à l'égard du résultat qu'a, pour le troupeau, la mort des femelles. La femelle ne porte qu'un seul petit par an et, par conséquent, les pertes occasionnées par la mort des femelles sont lentes à réparer. Il est évident que la perte infligée au troupeau par la mort d'une femelle, qui est la source de reproduction, est beaucoup plus considérable que celle que peut causer la mort d'un mâle, le phoque étant un animal polygame. Le danger d'extinction pour le troupeau est donc en proportion directe de la destruction des femelles. La chasse en pleine mer est particulièrement désastreuse, car, dans l'eau, il est impossible de faire la distinction du sexe; on n'est pas sûr, même dans les circonstances les plus favorables, de s'assurer la possession de la proie tuée, et, comme la période de gestation est d'au moins onze mois, celle de l'allaitement de trois ou quatre, la mort de la femelle, à n'importe quelle époque, signifie donc la destruction d'au moins deux phoques, — la mère et le fœtus, — et de trois lorsqu'elle nourrit, — la mère, son nourrisson et le fœtus. — Tout abatage de femelles est un danger menaçant pour le troupeau, et aussitôt que le nombre des tuées dépassera, ce qui arrivera nécessairement si on continue à en permettre la chasse, le chiffre du croît annuel, la destruction du troupeau, en se plaçant à un point de vue purement industriel, deviendra aussi rapide que certaine, bien que quelques individus isolés puissent y survivre.

Karp Buterin est un indigène de l'île Saint-Paul, sur laquelle il résidait encore au moment de sa déposition : à cette époque il était âgé de trente-neuf ans. Il a été employé, depuis qu'il a eu l'âge de travailler, à conduire, abattre et écorcher les phoques. Il dit (p. 103, Vol. II de l'Appendice) :

Les goélettes tuent les femelles; les petits meurent et les phoques disparaissent. Plusieurs me disaient l'année dernière que les phoques étaient malades. Moi, je sais qu'ils ne le sont pas, je n'en ai jamais vu un malade, quoique je mange de la viande de phoque tous les jours... Aucun phoque parvenu à sa croissance ne meurt, à moins d'être tué par nous à coups de bâtons; ce sont les veaux qui meurent de faim, lorsque les vaches sont tuées en mer. Quand nous avions l'habitude de tuer les petits, en novembre, pour les manger, nous trouvions toujours leur estomac rempli de lait; tandis que l'estomac de ceux qui meurent sur les *rookeries* est vide. Les vaches vont en mer pour se nourrir, après la naissance de leur petit, et, à ce moment, les hommes qui sont à bord des goélettes ne cessent de les tuer à coups de fusil.

M. Comer affirme qu'en ce qui concerne les phoques des régions antarctiques la règle est la même et que, chez ces animaux également, la mère ne nourrit que son propre petit. Il dit (p. 598, Vol. II de l'Appendice) :

Je n'ai jamais vu une femelle (*clap-match*) nourrir plus d'un petit, et je suis convaincu qu'elle n'en nourrirait pas un autre que le sien; car je l'ai vue repousser tous les petits pour en choisir un en particulier parmi tous ceux qui se trouvaient sur les *rookeries*.

Anton Melovedoff, natif de l'Alaska, dépose ainsi qu'il suit (p. 144, Vol. II de l'Appendice) :

Quand le petit est né, il est complètement incapable de se suffire et se noierait si on le mettait dans l'eau. Ceux qui naissent tout au bord de l'eau sont souvent noyés par les vagues, quand la mer est agitée les jours de mauvais temps. Quand le petit est âgé de quelques jours, la mère va en mer pour se nourrir, et à mesure que le petit devient plus âgé, ses absences sont de plus en plus longues, jusqu'à atteindre la durée d'une semaine. Quand les vaches reviennent, elles vont droit à leur petit et aucune n'en nourrit d'autre que le sien. Les veaux téteraient n'importe quelle femelle qui le leur permettrait, car ils ne paraissent pas distinguer une vache de l'autre.

H. H. Mc Intyre, dans son importante déposition sur laquelle nous avons déjà attiré l'attention, s'exprime ainsi (p. 41, Vol. II de l'Appendice) :

A ce moment, ce sont purement des animaux terrestres, avec moins d'instincts aquatiques et moins d'habileté à se soutenir dans l'eau, que des canetons nouveau-nés. Quand les petits sont âgés de quelques jours, les mères les quittent généralement peu après l'accouplement avec le vieux mâle sur les *rookeries*, pour s'en aller à la recherche de leur nourriture dans certains endroits déterminés (*feeding grounds*), revenant à des intervalles d'un à trois ou quatre jours pour allaiter le petit. Les petits ne paraissent pas reconnaître leur mère; par contre, la mère reconnaît son petit avec une certitude infaillible et ne permet à aucun autre de la téter.

Louis Kimmel, à une certaine époque agent-adjoint de la Trésorerie à l'île Saint-Georges, où il avait demeuré pendant plus d'un an, dépose comme suit (p. 174, Vol. II de l'Appendice) :

Une femelle n'allaite jamais d'autre petit que le sien. Lorsqu'un autre l'approche, elle le chasse, et, parmi des milliers de petits groupés ensemble, elle retrouve sûrement le sien. Je suis persuadé que, si la mère est tuée, le petit meurt de faim.

Le Dr Hereford fait un témoignage analogue. William S. Hereford est un médecin renommé et expérimenté, gradué du collège Santa-Clara et de l'Université de Pensylvanie (p. 33, Vol. II de l'Appendice) :

C'est un fait bien connu, dit-il, que les phoques femelles quittent les îles pour se rendre à de grandes distances chercher leur nourriture, et il est prouvé, d'une manière certaine, que beaucoup d'entre elles ne reviennent pas, ainsi que le démontre le nombre de petits qui meurent de faim sur les *rookeries*. La mère ne nourrit aucun autre petit que le sien qu'elle sait reconnaître parmi des milliers, même après une absence de plusieurs jours. La différence entre un petit bien nourri et un petit qui meurt de faim est très facile à saisir : l'un est gras et vif, il grandit rapidement; l'autre graduellement s'étiole, son petit corps amaigri s'allonge et se décharne, la tête en formant la partie la plus considérable et la plus apparente. La pauvre petite créature finit par tomber d'épuisement, et sa mort, par suite d'inanition, n'est plus qu'une affaire de temps.

Le Dr Hereford relate d'une manière très intéressante les efforts faits pour élever *Little Jimmie*, un malheureux petit phoque dont la mère avait été tuée accidentellement. Ce récit se trouve aux pages 33 et 34 de l'Appendice du Mémoire des États-Unis.

Plusieurs autres témoins s'accordent à déclarer que la mère discerne aisément son petit, et qu'elle ne permet à aucun autre de la téter. S'il existe dans le rapport des Commissaires de la Grande-Bretagne la moindre preuve à l'aide de laquelle on puisse combattre tous ces témoignages si concordants et si concluants, nos recherches n'ont pu nous la faire découvrir. L'effort évident de la mère pour retrouver son petit en flairant les uns et les autres s'explique pour eux par cette raison plausible : qu'elle s'agite ainsi jusqu'à ce qu'elle en trouve un « qui ne sente pas le lait frais! » (§ 323.)

VII. — LA MORT DE LA MÈRE ENTRAINE CELLE DU PETIT

L'importance de la question que nous venons de discuter et le fait, absolument démontré, que la mère ne nourrit que son propre petit, se fait surtout sentir dans son corollaire, à savoir que la mort de la mère entraîne la mort du petit.

En admettant comme bien établi que le petit dépend absolument de la mère pour sa subsistance, et ne peut être nourri d'aucune autre manière, cette conclusion s'impose sans besoin de preuves extrinsèques. Les témoignages d'ailleurs, sur ce point spécial, sont nombreux, et, nous le croyons du moins, absolument concluants. C'est ce qui met en lumière une des causes générales de la diminution de l'espèce.

Tant de témoins ont déposé à ce sujet, et toute preuve semble tellement superflue si l'on admet que le petit dépend entièrement de sa mère, que nous nous bornerons à de courts extraits de leurs déclarations.

Georges Ball (p. 181, Vol. II de l'Appendice), patron de navire et chasseur de phoques, n'hésite pas à déclarer que les veaux meurent avec les vaches que tuent lui et ses compagnons.

William Brennan résume la situation par l'argument concluant que voici : « On doit admettre que si les mères sont tuées quand elles sont loin des îles où les petits sont laissés seuls, ceux-ci mourront certainement, et il est de fait que beaucoup de mères sont tuées dans la mer de Behring (p. 363).

Henry Brown, matelot, employé à la chasse aux phoques en mer, et résidant à Victoria, Colombie britannique, raconte comment on chasse les femelles pleines aussi bien que celles qui ne le sont pas. « Celles que nous avons prises, dit-il, dans la mer de Behring étaient des femelles nourricières. La mort de chaque femelle tuée cause celle, ou d'un petit qui allait naître, ou d'un nouveau-né qui meurt de faim aux îles. » Il ajoute (p. 318, Vol. II de l'Appendice) :

Si la chasse pélagique continue, dans peu d'années le troupeau de phoques sera détruit, commercialement parlant.

Luther F. Franklin, chasseur de phoques, à qui l'on demandait :

Les petits périssent-ils avec les vaches que vous tuez ? a répondu : Naturellement, il le faut bien. (App. Mémoire des États-Unis, Vol. II, p. 126.)

Charles Lutjens montre, avec une vigueur probablement inconsciente, la brutalité du métier qu'il exerce (p. 159, Vol. II de l'Appendice) :

D. — Les petits meurent-ils avec les femelles que vous tuez ? — R. Certainement ; bien plus, généralement quand elles viennent dans la mer de Behring, elles laissent à terre un petit, qui meurt aussi, car il est incapable de subvenir encore à ses besoins. La femelle tuée dans la mer de Behring peut être pleine et avoir en outre un petit à terre ; ce qui fait qu'on tue trois phoques pour un.

Alexandre Mc Lean dit qu'en tuant la mère on tue le petit avec elle. (P. 137 de l'Appendice.)

Luther Franklin (p. 425), Daniel Clausen (p. 412), Louis Kimel (p. 174) et beaucoup d'autres ont fait la même déposition.

La multiplication des extraits ne saurait ajouter à la force de témoignages qui sont, de prime abord, si vraisemblables et si concluants.

En vérité, nous avons tant de témoignages établissant que les victimes du massacre en mer sont en grande partie, sinon en totalité, des femelles, que la contradiction est impossible. Nous voyons donc les Commissaires britanniques faire la concession suivante :

Il est incontestable qu'une proportion considérable des phoques pris sont des femelles ; car tous les phoques en état d'être capturés sont tués, sans distinction de sexe (§ 78).

Il est vrai qu'ils se hâtent d'ajouter que cette disproportion est due, *en partie*, à l'abatage continu des jeunes mâles sur terre. Peut-être est-ce vrai. Sans aucun doute, si les braconniers rencontraient autant de mâles en état d'être tués que de femelles pleines, ils tueraient les uns et les autres et la disproportion serait moins accentuée. Mais les Commissaires ne prétendent pas que *le nombre absolu* des femelles tuées serait, en quoi que ce soit, moins considérable. Les chasseurs pélagiques n'épargneraient pas plus les uns que les autres. Ils ne disent pas comment ce fait porterait remède à la situation, bien qu'il puisse montrer comment le champ des opérations pourrait se trouver élargi. La curiosité est stimulée, mais non satisfaite, par leur concession que cette disproportion est expliquée, *en partie*, comme ils l'indiquent. Ils auraient dû révéler au Tribunal ce qui restait à dire pour faire la lumière sur ce sujet.

Les femelles, pendant qu'elles allaitent, vont en mer chercher leur nourriture à des distances considérables, quelquefois à 100 et 200 milles, et c'est pendant ces voyages qu'elles sont exposées à être prises par les chasseurs pélagiques. (Voir Mémoire des États-Unis, p. 103.) Cette assertion, avancée dans le Mémoire des États-Unis, est corroborée par les témoignages et les faits établis.

D'autre part, la déclaration vague des Commissaires britanniques ne réussit pas à cacher leur désir manifeste de faire croire que les femelles, comme les mâles, peuvent vivre et allaiter leurs petits pendant longtemps sans prendre de nourriture. Dans le paragraphe 307 de leur rapport, nous trouvons :

On croit généralement que la femelle, quand elle commence à quitter la *rookery*, reprend de suite l'habitude de se mettre activement à la recherche de sa nourriture. Bien que cela paraisse vraisemblable, à cause notamment de l'épuisement excessif qui résulte de l'allaitement des petits, il faut cependant se rappeler que, presque sans exception, l'estomac des phoques, même des célibataires (*bachelors*), que l'on tue sur l'île, se trouve vide de nourriture, et que tous ceux qui se rendent aux îles semblent, pour la plupart, partager cette commune abstinence.

La concession d'un épuisement excessif (*extra drain*) de la femelle qui nourrit est suivie de cette déclaration généreuse :

On peut considérer comme certain qu'après une période indéterminée, les femelles recommencent à rechercher telle nourriture qu'elles peuvent trouver.

Et on ajoute :

Il existe une croyance très répandue parmi les indigènes, tant des îles Pribilof que des îles du Commandant, que les femelles ne quittent pas la terre pour se nourrir pendant qu'elles nourrissent leurs petits.

Or les États-Unis contestent de la manière la plus formelle que pareille croyance existe ; elle est du reste niée par les quelques témoins que citent les Commissaires britanniques eux-mêmes. Elle est en outre démentie d'une façon absolue par les témoignages apportés par les États-Unis.

L'effort pénible fait pour justifier la chasse pélagique du phoque, en dénaturant les faits les plus généralement acceptés, n'est nulle part ailleurs plus manifeste que dans le paragraphe 308.

Il nous semble *très probable*, néanmoins, que vers la fin de la saison de l'allaitement, les femelles peuvent, en fait, passer une partie considérable de leur temps en mer à la recherche de leur nourriture. Mais nous ne croyons pas que ces absences aient quelque importance avant le milieu de septembre, époque à *laquelle la chasse pélagique du phoque est, en principe, terminée dans la mer de Behring.*

Tout commentaire est inutile.

Bryant — disent les Commissaires britanniques, — après avoir décrit le relâchement de surveillance de la part du mâle lorsque la fécondation est accomplie, — dit de la femelle : « A partir de ce moment, elle passe son temps « à dormir près de son petit, ou bien à prendre ses ébats sur l'eau près de la « plage, revenant de temps en temps allaiter son petit. »

Qu'elle aille prendre ses ébats sur l'eau et néglige l'occasion de réparer ses forces épuisées, comme elles le doivent être, par l'allaitement, ce fait semble absolument inconcevable. Il est bon, cependant, de noter ici l'aveu que, pendant cette période, l'allaitement a lieu sur terre, et que la femelle y retourne dans ce but.

Elliott est cité dans le même paragraphe, comme déclarant que « la mère allaite son petit tous les deux ou trois jours. » Mais il ajoute : « En cela je peux très bien me tromper. » Ailleurs Elliott dit de la mère revenant du large « qu'elle y a été pour se laver et peut-être pour se nourrir pendant un ou deux jours qu'elle y passe ». Dans un autre extrait, cité par les Commissaires britanniques, il ajoute :

Peu après la naissance de leur petit, elles le laissent à terre, prennent la mer pour y chercher leur nourriture et reviennent soit le lendemain, soit peut-être plus tard, quelquefois même plusieurs jours après, pour l'allaiter et le nourrir, *étant allées, dans l'intervalle,* jusqu'à des bancs lointains d'où elles tirent leur nourriture. (§ 309.)

Il est à remarquer que ceci est tout à fait d'accord avec les témoignages présentés par les États-Unis. Le rapport continue à citer les autorités, qui montrent jusqu'à quelle distance les femelles vont quelquefois pour se nourrir. Taylor affirme qu'elles vont tous les jours à des distances de 10 à 15 milles et même plus loin.

T. F. Ryan dit que les principaux endroits où se trouve la nourriture (*feeding grounds*) du phoque, durant son séjour aux îles, et auxquels les vaches se rendent continuellement, sont situés entre 40 et 70 milles au sud de l'île Saint-Georges.

C. R. Tingle, cité également dans le rapport, dit que les phoques vont probablement à 20 milles, en certains cas, à la recherche de leur nourriture.

Ici, par exception, rendons hommage aux Commissaires britanniques, non seulement pour les efforts qu'ils ont déployés, mais encore pour nous avoir donné le nom des personnes qui leur ont fourni ces informations. Il serait peut-être à désirer que les déclarations de ces personnes eussent été rapportées dans les termes mêmes dont elles se sont servies. Nous les citons néanmoins telles qu'elles nous sont données.

Tingle, dans le § 312, étend la distance de 20 milles, qu'il a d'abord indiquée, *jusqu'à* 30 *ou même* 40 *milles de terre.* Redpath ne connaît pas les endroits d'alimentation, mais il croit que les femelles font de 10 à 15 milles pour chercher leur nourriture. Daniel Webster (qu'ils acceptent gracieusement comme témoin véridique) s'accorde avec Ryan et exprime l'opinion que les phoques, pour se nourrir, vont à 60 milles au sud de l'île Saint-Georges. Il croit qu'il y a, *dans les environs, un endroit d'alimentation favori*, et donne les raisons de son opinion. M. Webster est un témoin intelligent et digne de foi, cité souvent par les Commissaires américains. Bien qu'il ne fixe pas la distance à plus de 60 milles en mer, il lui donne certainement, avec d'autres témoins dignes de foi, une importance assez grande pour permettre aux braconniers de détruire cette catégorie de phoques. Il importe peu, en somme, que la distance soit de 60 ou de 100 milles. Quand les individus qui n'ont d'autre but que le massacre des phoques, sans distinction de sexe ni de condition, découvrent les endroits où se rendent les femelles, tout ce qu'ils demandent, c'est que la distance soit suffisante pour leur assurer pleine liberté dans leur œuvre de destruction.

M. Fowler a déclaré aux Commissaires (§ 312) qu'il existe un lieu favori d'alimentation, à peu près à 30 milles au nord-est de l'île Saint-Paul. Son assertion n'est pas basée sur des observations personnelles, mais sur des rapports assurant que l'on y avait vu des phoques en grand nombre. La conclusion à laquelle aboutissent forcément les déclarations et l'argumentation des Commissaires britanniques eux-mêmes est que les phoques pris sur les lieux d'alimentation sont des femelles. Ils disent, en effet, que tous les phoques qui fréquentent les îles paraissent également soumis à une commune abstinence, et affirment que l'estomac, même des phoques mâles non-reproducteurs, qui y sont tués, est vide de tout aliment. Comme toutes les autorités qu'ils citent ne parlent que de femelles, il est évidemment futile de prétendre que les phoques qui se rendent aux lieux d'alimentation sont des mâles jeunes ou vieux.

On fait dire aux indigènes de Saint-Paul que les femelles ne s'éloignent des *rookeries* que pour aller à 3 ou 4 milles en mer, et retournent toujours, le jour même, vers leurs petits laissés à terre (§ 312). Une assertion aussi vague, à l'égard des noms et qualités des déclarants, ne mérite guère qu'on s'y arrête. Cependant elle a peut-être son importance parce qu'elle prouve que les indigènes ont observé le retour des femelles dans le but d'allaiter leurs petits.

M. Grebnistki est en désaccord avec la plupart des indigènes qui croient « que les femelles ne mangent pas durant cette période »; mais il déclare que ses observations personnelles et sa longue pratique lui ont montré qu'elles vont en mer pendant la période de l'allaitement, mais pas plus loin qu'à un demi-mille ou un mille de la côte. Si la mère peut se procurer sa nourriture si près de la terre, il est possible que, lorsque M. Bryant l'a vue prendre ses ébats sur l'eau, et revenir de temps en temps pour allaiter son petit, elle se livrait également à l'occupation plus utile de se procurer les éléments nécessaires à la production du lait.

Snegiloff croit que les femelles quittent leurs petits pendant plusieurs jours et vont jusqu'à 40 milles de terre pour se nourrir, tandis que Kluge, agent du Gouvernement russe, administrateur de l'île du Cuivre, croit que les femelles vont à 2, 3 ou 4 milles, mais retournent à la *rookery* tous les soirs.

A ces témoignages incohérents, rapportés d'une manière si peu satisfaisante, on nous fait la grâce d'ajouter « qu'il est certain, d'après les déclarations reçues, que des femelles pleines de lait, sont de temps à autre tuées en mer par les chasseurs pélagiques. » (Sect. 314.)

Nous pouvons donc conclure de tous ces témoignages rapportés par les Commissaires britanniques, que les phoques qui quittent les *rookeries* sont presque exclusivement, sinon en totalité, des femelles allaitant leur petit, qui s'en vont à la recherche de leur nourriture; qu'en certains cas elles vont à de grandes distances, et qu'on les rencontre sur les lieux d'où elles tirent cette nourriture, et qui peuvent être éloignés de terre de 40 à 60 milles. Il reste maintenant à examiner les témoignages présentés par les États-Unis pour renseigner et éclairer le Tribunal sur ce point, qui constitue un des éléments les plus importants de la question.

En supposant que toutes les personnes qui ont fourni des informations aux Commissaires des deux nations aient déposé honnêtement et de bonne foi, il est élémentaire que, quand d'un côté des preuves positives sont présentées, et de l'autre des preuves négatives, la preuve positive doit être acceptée. Autrement, ce serait traiter de parjure celui qui affirme avoir vu, ou dit, ou entendu une chose, et cela simplement sur l'affirmation d'un témoin qui déclare n'avoir ni vu ni observé le même fait. Si donc nous présentons les témoignages, faits sous serment, de personnes dignes de foi démontrant l'extension du rayon dans lequel la femelle a été vue cherchant sa nourriture, la préférence doit leur être accordée sur des témoins qui n'ont pas eu, peut-être, les mêmes facilités ou la même puissance d'observation. Quand des témoins *déposent positivement qu'ils ont vu ou tué des phoques à plus de* 100 *milles de terre*, peut-on dire avec exactitude que leur témoignage est contredit par celui d'un autre individu qui n'a vu des phoques qu'à 60 milles de la côte?

Peter Anderson (Appendice du Mémoire des États-Unis, Vol. II, p. 312), chasseur de phoques, est d'accord avec M. Webster, cité par les Commissaires britanniques. Il dit :

La grande majorité des phoques pris sur la côte et dans la mer de Behring sont des femelles pleines lorsqu'on les prend dans le Pacifique, qui allaitent lorsqu'on les prend dans la mer de Behring. Quelques jeunes mâles de deux ou trois ans sont capturés aussi dans l'Océan Pacifique septentrional. Je n'ai jamais, dans toute ma vie, pris de vieux mâles dans cet Océan; j'y ai pris quelques jeunes d'un an, mais très peu. Je n'ai jamais fait aucune distinction, j'ai tué tous les phoques qui venaient près des bateaux. La meilleure manière de tuer les phoques, pour s'en assurer la capture, est de les tirer derrière la tête lorsqu'ils dorment le nez sous l'eau. Je n'ai pas connu d'exemple de petits nés en mer, ni ailleurs en Alaska, sauf sur les îles Pribilof, ni de phoques qui aient atterri ailleurs qu'en cet endroit. J'ai pris des femelles pleines de lait à 60 milles des îles Pribilof.

John Armstrong (p. 1, Vol. II de l'Appendice) a été pendant plusieurs années agent de la Compagnie commerciale de l'Alaska et a demeuré dix ans à l'île de Saint-Paul. Il a vu très peu de phoques aller en mer pour s'y nourrir, en juin, juillet et août, si ce n'est des femelles et quelques-uns des jeunes phoques. Il ajoute :

On m'a demandé si les phoques s'accouplaient dans l'eau. C'est une question qui est souvent discutée aux îles, et sur laquelle ni les savants ni les personnes étrangères à la science ne peuvent s'accorder. J'ai vu des phoques dans une position telle qu'ils semblaient se livrer à l'acte de la copulation, mais je doute que cet acte soit réellement accompli dans l'eau. Si cela était, je crois que nous devrions voir quelquefois des veaux nés tardivement et en dehors de la saison ordinaire; mais tel n'est pas le cas.

Kerrick Artomanoff (p. 99, Vol. II de l'Appendice) est employé sur les plages fréquentées par les phoques depuis cinquante ans. Sa déposition mérite d'être lue. Il rend compte de la diminution survenue dans le nombre de phoques depuis 1871, qu'il explique par la destruction des femelles. Il dit qu'en 1887 et 1891 les *rookeries* étaient remplies de petits veaux morts. Dans ses soixante-sept ans de résidence sur l'île, il n'avait jamais rien vu de semblable. Il n'y a jamais eu aucune maladie parmi les veaux ou les phoques adultes, et il n'a jamais vu d'autres petits morts à terre que ceux que tuent les vieux mâles quand ils se battent, ou qui sont noyés par les vagues (p. 100). Il ajoute que quatre ou cinq jours après la naissance du petit, la mère le quitte pour aller en mer chercher sa nourriture. Lorsque le petit a deux ou trois semaines, la mère reste souvent absente cinq ou six jours de suite.

William C. Bennett (p. 356, Vol. II de l'Appendice) a été chasseur de phoques toute sa vie; il avait 32 ans lorsqu'il fit sa déposition. Il a chassé le phoque au harpon, et quelquefois au fusil de chasse. La plupart des phoques qu'il a pris étaient des femelles. Il croit que celles-ci dorment davantage et sont plus faciles à approcher. Le sexe du phoque à l'eau ne pouvant pas être distingué, il tuait tout ce qui s'approchait du bateau. Quand le phoque est frappé à mort, il s'enfonce rapidement, et il est difficile de le capturer dans ces circonstances. Lui aussi est d'accord avec les autres témoins en ce qu'il reconnaît que le nombre des phoques diminue très rapidement. Il attribue ce fait au massacre qui en est fait en mer sans distinction de sexe.

Joseph Stanley-Brown, géologue, dont le témoignage a déjà été invoqué, dit :

Pendant les premiers jours, quelquefois une semaine, peut-être même dix jours, la femelle peut allaiter son petit. Mais elle ne tarde pas à être obligée d'aller en mer chercher sa nourriture, afin que son jeune et vorace nourrisson puisse être convenablement sustenté. Et encore ceci ne semble-t-il pas toléré par le mâle sans protestation. Toute l'économie physique du phoque semble être disposée pour des bombances et des jeûnes alternatifs, et il est probable que pendant les premiers jours de sa vie le jeune phoque peut avoir de sa mère assez de lait pour ses besoins sans qu'elle-même soit obligée d'aller chercher sa nourriture en mer.

John C. Cantwell (p. 408, Vol. II de l'Appendice) est lieutenant en second de la marine douanière des États-Unis, et il a été en service dans la mer de Behring en 1884, 1885, 1886 et 1891. Il a porté spécialement son attention sur les phoques, et, chaque fois qu'il en a eu l'occasion, a visité les *rookeries* pour photographier et dessiner l'animal, etc... Il a abordé un grand nombre de navires armés pour la chasse du phoque et s'y livrant, et s'est entretenu avec leurs capitaines et leurs équipages au sujet de la chasse pélagique. Voici son témoignage :

D'après les informations recueillies de cette façon et d'autres encore, et aussi d'après la comparaison des déclarations faites par les chasseurs de phoques, je dirai qu'au moins 60 pour cent des phoques tués ou blessés s'échappent et ne sont jamais pris; que 75 pour cent de ceux qui sont tués dans l'Océan Pacifique septentrional sont des femelles pleines, et que 80 pour cent de ceux qui sont tués dans la mer de Behring, du 1er juillet au 15 septembre, sont des femelles, la plupart desquelles ont donné naissance à des petits, et sont généralement prises pendant qu'elles sont en quête de leur nourriture à des distances diverses de terre.

Le capitaine Cartheut (p. 404, Vol. II de l'Appendice), patron de navire, qui s'est livré à la chasse du phoque à fourrure pendant dix ans de 1877 à 1887, et, pendant la dernière partie de cette période, dans la mer de Behring, parle d'après son expérience personnelle et augmente dans des proportions importantes nos connaissances à ce sujet. Une des raisons qu'il donne pour expliquer le grand massacre des femelles est que l'approche de la parturition les rend moins sauvages et qu'elles sont plus faciles à approcher. Il dit :

A peu près 80 pour cent des phoques pris dans la mer de Behring sont *pleines de lait* et cherchent leur nourriture autour des bancs de sable poissonneux situés au nord des îles Aléoutiennes, et j'ai pris la majeure partie de mes phoques de 50 à 250 milles des îles. Je ne crois pas avoir été jamais à la chasse des phoques à une distance moindre de 25 milles des îles Pribilof. Les vaches sont bien moins sauvages après avoir donné naissance à leur petit et les chasseurs peuvent facilement les approcher. Quand elles quittent les îles pour aller manger, elles se rendent très rapidement aux bancs de poissons, et, après avoir pris leur nourriture, elles s'endorment sur l'eau. C'est une heureuse circonstance pour le chasseur. Je crois que nous avons réussi à nous emparer là d'un plus grand nombre des animaux tués que nous ne l'avons fait dans l'Océan Pacifique septentrional. J'ai chassé avec la carabine et le fusil de chasse, plus souvent avec ce dernier. Les phoques n'étaient pas à beaucoup près aussi nombreux en 1887 qu'en 1877, et je suis d'avis que la diminution est due à la chasse et au massacre des femelles en mer. Je ne crois pas qu'il soit possible aux phoques de survivre longtemps si cette destruction continue. La mort de la femelle, c'est la mort du petit né ou à naître, et il n'est pas logique de s'attendre à ce que l'on puisse continuer à épuiser les troupeaux dans une si énorme proportion sans qu'il y ait diminution dans le chiffre normal des animaux, ce qui entraînera en peu d'années leur extinction totale.

Christ Clausen (p. 319, Vol. II de l'Appendice), patron de

navire, a été employé à la chasse aux phoques comme second de la goëlette anglaise *C. H. Tupper*, en 1889. Il demeure à Victoria, Colombie anglaise, et a aussi navigué sur la goëlette *Minnie*. Son témoignage mérite d'être reproduit presque *in extenso*. A moins de l'accuser de parjure, ce témoignage, fondé sur l'expérience et les observations recueillies personnellement par lui dans la profession de chasseur de phoques, doit être considéré comme concluant sur bien des points en question :

> Les chasseurs indiens, quand ils se servent des harpons, prennent presque tous les phoques qu'ils frappent. Mon expérience et mes observations m'ont démontré qu'un chasseur indien ou blanc, à moins d'être expert, tue et détruit beaucoup plus de phoques qu'il n'en capture s'il se sert d'armes à feu. Nous tâchons de les surprendre dormant sur l'eau, et toute tentative ayant pour but de capturer un phoque qui nage en sautant comme un dauphin est en général infructueuse. Les phoques pris le long de la côte sont généralement des femelles pleines. Il est rare de prendre un vieux mâle, et les mâles dont nous nous emparons sont ordinairement des jeunes. J'ai souvent vu ouvrir le corps de femelles que nous avions prises et en sortir des petits, qui vivaient pendant quelques jours. C'est un fait très commun. Je puis certifier que 85 pour cent des phoques que j'ai pris dans la mer de Behring étaient des femelles qui avaient donné naissance à leurs petits, et dont les mamelles étaient gonflées de lait. J'ai pris des phoques de ce genre à une distance de 100 à 150 milles des îles Pribilof. Mon opinion est que l'on devrait se servir du harpon pour chasser les phoques, et, si l'on veut préserver ces animaux de l'extermination, l'usage du fusil de chasse doit être abandonné.

Peter Collins, employé à la chasse aux phoques comme matelot, fait une déposition sur la manière de tuer les phoques (p. 413). Il dit que les trois quarts au moins de ceux qui sont tués dans le Pacifique septentrional sont des femelles ayant des petits. Il jure avoir vu tuer, à 100 milles et plus des îles à phoques, des femelles dont les mamelles étaient gonflées de lait. Il sait qu'elles vont à de grandes distances chercher leur nourriture. Son témoignage est évidemment celui d'un homme qui n'a aucun scrupule à l'égard de l'abatage des mères ayant les mamelles pleines de lait. Néanmoins il appréhendait la ruine de sa profession. Il dit :

> Il n'y avait pas, il s'en faut, autant de phoques en 1889 qu'en 1888. Je crois que la diminution provient de la grande destruction des femelles tuées en mer par les chasseurs, et si l'on ne fait rien pour les protéger dans le Pacifique Septentrional et dans la mer de Behring, ces animaux seront tous exterminés sous peu d'années.

Le capitaine Coulson (p. 414, 416, Vol. II de l'Appendice), de la marine douanière des États-Unis, fait une déposition très intéressante. Il a une expérience pratique et étendue du phoque. Il dit :

En compagnie de l'agent spécial Murray, du capitaine Hooper et de l'ingénieur Brerton du *Corwin*, j'ai visité, en août 1891, le récif et les *rookeries* de Gobatch, sur l'île Saint-Paul, et j'ai vu une des scènes les plus pitoyables dont j'aie jamais été témoin. Des milliers de petits morts ou mourants gisaient çà et là sur les *rookeries*, pendant que les plages étaient couvertes de petites créatures amaigries et affamées qui regardaient la mer et faisaient entendre des cris plaintifs, appelant leurs mères qui ne devaient jamais revenir. Le corps d'un grand nombre de ces petits fut ouvert, et, leur estomac ayant été examiné, l'on se convainquit que la faim était la cause de la mort, car il n'y avait aucune trace de maladie organique.

Le plus grand nombre des phoques capturés par les chasseurs en 1891 furent pris à l'ouest et au nord-ouest de l'île Saint-Paul, et le plus grand nombre de veaux morts furent aussi trouvés cette même année dans les *rookeries* situées sur la côte ouest de l'île. Ce fait seul me confirme dans la croyance que la mort des mères était la seule cause de la mortalité parmi les petits.

Après avoir donné naissance à son petit sur les îles, la mère va à l'eau pour chercher sa nourriture et se baigner. *Je les ai remarquées, non seulement autour des îles, mais à une distance de 50 à 100 milles en mer.*

Il semble que les lieux d'alimentation, où le plus grand nombre de phoques est pris par les braconniers, varient avec les années; en d'autres termes, que les phoques changent fréquemment les endroits où ils vont chercher leur nourriture. Par exemple, en 1887, le plus grand nombre de phoques fut pris par des braconniers entre Unimak, les passes de l'Akatan et les îles de phoques, et au sud-ouest de l'île Saint-Georges. En 1889, la prise eut lieu en grande partie au sud et à l'est, dans bien des cas à une distance de 50 à 150 milles des îles Pribilof. Dans la saison de 1890, ce fut au sud et à l'ouest, et au nord-ouest et au nord-est des îles, ce qui indique que les phoques s'étaient disséminés. En 1891, le plus grand nombre fut pris au nord et à l'ouest de Saint-Paul, à des distances variant de 25 à 150 milles au large.

La déposition d'un pareil témoin déclarant *sous serment* avoir vu lui-même des femelles prenant leur nourriture à 80 et 100 milles des îles Pribilof devrait certainement contre-balancer les dépositions purement négatives d'indigènes ou autres personnes sur lesquelles les Commissaires britanniques s'appuient.

Charles Challall (Vol. II, p. 410 de l'Appendice), qui a chassé le phoque dans la mer de Behring et le long de la côte durant trois saisons, dit :

La plupart des phoques que nous avons tués en remontant la côte étaient des femelles pleines. Les neuf dixièmes, à ce que je crois, étaient des femelles, et les sept huitièmes au moins des phoques pris dans la mer de Behring étaient des mères allaitant leur petit. Les navires dans lesquels j'ai été embarqué avaient de quatre à six embarcations; chacune d'elles était montée par trois hommes : un chasseur et deux rameurs. Un chasseur ordinaire ne s'emparerait que d'un animal sur trois qu'il tire ; la proportion serait moindre pour un chasseur médiocre. Il y a vingt et une chevrotines dans chaque cartouche. Je crois qu'un grand nombre de phoques sont atteints sans être pris. Le fusil de chasse blesse plus de phoques que la carabine. Je crois que le but des chasseurs est plutôt de tuer le phoque que de le blesser. Quand les phoques sont en bande et que nous les surprenons endormis, nous en capturons beaucoup. Nous n'en avons pas pris autant de ceux que nous avons tirés dans la mer de Behring que sur la côte. Si nous en prenions un sur trois que nous blessions dans la mer de Behring, nous considérions ce résultat comme satisfaisant. Je ne connais aucun endroit sur cette côte où les phoques atterrissent en dehors des îles Pribilof.

M. W. H. Dall, sur la note manuscrite duquel — note fournie par lui, dit-on, au professeur Allen — les Commissaires britanniques se fondent pour prouver l'accouplement dans l'eau, déclare avoir vu des phoques dans les eaux du détroit de Behring à 100 milles ou plus des îles. Son témoignage semble également concluant, si on le considère comme un témoin digne de foi. Il s'exprime comme suit :

Les îles Pribilof sont l'habitat choisi par le phoque à fourrure (Callorhinus ursinus). C'est sur ces îles qu'ils naissent; c'est là qu'ils apprennent à nager, et qu'ils passent plus de la moitié de leur vie là et dans les eaux environnantes. C'est sur ces îles qu'ils donnent naissance à leurs petits, se reproduisent et nourrissent leurs jeunes. C'est de là qu'ils se rendent, à de fréquents intervalles, aux endroits où ils trouvent leur nourriture, et qui peuvent être situés a des milles des îles J'ai vu des phoques dans les eaux de la mer de Behring à 100 milles ou plus des îles, à différentes dates comprises entre le 1er juillet et octobre. Ces phoques étaient sans doute à la recherche de leur nourriture, qui consiste, d'après mes observations, en poissons, calmars, crustacés et même mollusques. A l'approche de l'hiver, les phoques quittent leur habitat, poussés sans doute par la rigueur du climat et la disparition de ce qui compose leur nourriture. (Mémoire des États-Unis, Appendice, Vol. II, p. 23.)

James Henry Douglas (p. 419, Vol. II de l'Appendice), de son métier patron et pilote de navires, a une longue pratique de la navigation dans le Pacifique septentrional et la mer de Behring ; il est allé aux îles des phoques il y a plus de vingt ans, y est retourné plusieurs fois plus tard, pendant qu'il était au service du Gouvernement. Il dit que ses observations et ses renseignements personnels sont d'accord avec ceux de beaucoup d'autres témoins. Il s'exprime ainsi :

Il résulte de mes observations et de mes renseignements personnels qu'une très grande proportion des phoques tués le long de la côte et en mer, depuis l'Orégon jusqu'aux îles Aléoutiennes, sont des femelles pleines; pas moins de 95 pour cent, je crois. La quantité de femelles tuées dans la mer de Behring est aussi considérable; mais ses effets, pernicieux pour l'espèce, sont encore plus grands, car, lorsqu'une mère est tuée, son nourrisson, qu'elle a laissé à la *rookery*, meurt aussi. En outre, la fécondation ayant eu également lieu avant que la femelle ne quitte la *rookery* à la recherche de nourriture, le fœtus qu'elle porte est également détruit. J'ai également remarqué que les *femelles, après avoir donné naissance aux petits, s'en vont rechercher les bancs de morues, en quête de nourriture, à divers endroits éloignés de 40 à 125 milles des îles.* Elles sont souvent absentes un jour et plus; puis elles reviennent vers leurs petits.

J'ai observé que les femelles en mer sont moins timides et méfiantes que les phoques célibataires et plongent moins rapidement à la vue du chasseur. Lorsqu'elles ont mangé copieusement ou qu'elles se reposent après les mauvais temps, elles paraissent s'endormir sur l'eau. C'est alors qu'elles deviennent la proie facile du chasseur.

Georges Dishow, de Victoria, dans la Colombie britannique, est de son état chasseur de phoques, métier qu'il pratique depuis six ans (p. 323, Vol. II de l'Appendice). Il dit :

Je me sers exclusivement du fusil de chasse pour tuer le phoque. Les vieux chasseurs perdent peu de phoques, mais les novices en perdent beaucoup. Je me sers du fusil Parker. Une grande quantité des phoques que je prends sont des femelles pleines. On prend très peu de phoques d'un an; je ne me suis jamais occupé de leur sexe. On ne prend que très peu de vieux bulls : je n'en ai compté que cinq seulement sur un total de 900 phoques capturés par ma goélette. Je ne fais aucune distinction, mais tue tout ce qui approche des chaloupes, pourvu que ce soit un phoque. Les chasseurs tirent sur les parties du corps les plus exposées. Je n'ai jamais eu connaissance de la naissance de petits dans l'eau, ni nulle part à terre sur la côte de l'Alaska, en dehors des îles Pribilof. Je n'ai pas non plus entendu dire que des phoques aient atterri ailleurs que sur ces îles. La plupart des phoques pris dans la mer de Behring sont des femelles. J'en ai pris à 70 milles de ces îles, qui avaient les mamelles pleines de lait. Je pense que la chasse du phoque devrait être interdite du 1er janvier au 15 août, dans l'Océan Pacifique septentrional et dans la mer de Behring, afin de permettre à cet animal de se reproduire.

Georges Fairchild (*ibid.*, p. 423) a été en expédition dans le Pacifique septentrional à la chasse du phoque, comme matelot à bord de la *Sadie Clyde*, qui quitta le port de Victoria le 10 avril 1888. Ce navire fit voile vers le Nord et se dirigea vers la mer de Behring, tout en chassant le phoque le long de sa route, et s'empara de 110 phoques avant même d'être entré dans cette mer.

La plupart, dit-il dans sa déposition, étaient des femelles, et presque toutes étaient pleines; nous avons retiré des petits vivants du ventre de certaines d'entre elles. Nous sommes entrés dans la mer de Behring le 23 mai, et y avons pris 704 phoques, dont la plus grande partie étaient des femelles nourricières, ce que j'ai pu constater en voyant couler le lait de leurs mamelles, sur le pont, pendant qu'on les écorchait. Nous avions cinq chaloupes à bord, portant chacune un chasseur, un rameur et un homme de barre. Nous nous sommes servis de fusils de chasse et de carabines. Nous n'avons réussi à nous emparer que d'un phoque sur cinq ou six que nous tuions ou blessions. Nous en avons blessé beaucoup plus que nous n'en avons pris. Ceux que nous avons capturés l'ont été à une distance de 10 à 50 milles des îles de phoques.

Tels sont les graves dangers qu'offre la chasse du phoque pour ceux qui s'y livrent et qui nécessitent de leur part le courage héroïque dont les Commissaires britanniques parlent avec une admiration si convaincue!

Samuel Falconer (p. 165, Vol. II de l'Appendice), receveur adjoint des douanes en 1868 et 1869, puis commissaire à bord du paquebot *Constantine*, a été également chargé de l'administration de l'île Saint-Paul pendant plusieurs années. L'exercice de ses fonctions comprenait l'étude minutieuse et approfondie des conditions biologiques du phoque. Son opinion est que, *si un petit perd sa mère à la suite d'un accident quelconque, il meurt infailliblement de faim.* Quand les petits ont de 6 à 8 semaines, leurs mères les forcent à aller dans l'eau et leur apprennent à nager. Après des essais répétés, le petit apprend cet exercice et passe alors une grande partie de son temps dans l'eau ; la plus grande partie des premiers mois de sa vie se passe encore sur terre à dormir ou à téter.

Après avoir mis bas, la femelle reste dans le *rookery* jusqu'à ce qu'elle ait été fécondée à nouveau, ce qui, je crois, arrive dans les deux semaines qui suivent la naissance. Une fois fécondée, le *bull* lui laisse la liberté d'aller et venir sur mer, à sa guise, pour y chercher sa nourriture, et s'y refaire les forces nécessaires pour allaiter son petit. Au cours de ces excursions, elle s'éloigne, je crois, à 40 milles, *ou plus*, des îles, et, *comme elle nage avec une grande rapidité, elle met peu de temps à parcourir cette distance. Il se peut qu'elle aille beaucoup plus loin, car j'ai constaté l'absence d'une femelle, qui laissa ainsi son petit deux jours sans nourriture.* Cela prouve combien est grande la vitalité du jeune phoque et qu'il peut vivre longtemps sans prendre aucune espèce de nourriture. Vers l'époque de la fécondation des femelles, le mâle de 3 ans arrive aux îles : c'est à cet âge que sa fourrure est la plus belle, et que, pour cette raison, il est le plus avantageux à tuer.

John Fratis (p. 108, Vol. II de l'Appendice) est d'avis que les femelles sont tuées par les chasseurs lorsqu'elles vont en mer y chercher leur pâture et que les petits sont en conséquence voués à la mort dans les îles. Il dit :

Les petits naissent peu après l'arrivée des femelles et ne peuvent se subvenir à eux-mêmes; ils ne peuvent pas nager et se noieraient infailliblement si on les mettait à l'eau. Les petits n'ont pas d'autre nourriture que celle que leur fournissent leurs mères, et la mère n'allaite que le sien. Cependant les petits téteraient n'importe quelle femelle si celle-ci les laissait faire.

Lorsque le petit est âgé de plusieurs jours, la femelle le quitte et va en mer, en quête de nourriture; au début, elle ne s'absente que quelques heures, mais à mesure que le petit devient plus fort, elle prolonge ses absences, quelquefois pendant toute une semaine.

William Fraser rapporte les faits qu'il a observés au cours de ses expéditions comme chasseur de phoques. Les chasseurs se servent de fusils de chasse, dit-il (Vol. II de l'Appendice, p. 427). Ils capturent environ un phoque sur six qu'ils tirent ou qu'ils tuent; souvent ils ne réussissent à s'emparer d'aucun. Les femelles sont en grande majorité; celles que l'on tue et dont on s'empare, viennent de mettre bas ou sont sur le point de le faire. Ces chasseurs n'ont jamais tué de phoques dans les îles, par la raison qu'ils ne s'en sont jamais assez rapprochés. Le témoin déclare positivement que « nous », c'est-à-dire ses compagnons et lui à bord du *Charles Wilson*, « avons tué des femelles nourricières à plus de 100 milles des îles de phoques. La plupart des phoques coulaient ou plongeaient hors de vue lorsqu'ils étaient tués ou blessés, et nous n'avons pu nous emparer que d'un nombre très restreint d'entre eux ». Une fois il a pris 600 phoques, il ne sait pas si c'était du côté américain ou non; presque tous étaient des femelles. Il a remarqué en les écorchant qu'elles venaient de mettre bas, car le lait coulait de leurs mamelles sur le pont. Il est d'accord avec les autres témoins sur la diminution des phoques.

Norman Hodgson (p. 366, Vol. II de l'Appendice) *a remarqué des femelles nourricières à une distance variant entre 60 et 80 milles des îles Pribilof*, où elles erraient en quête de nourriture :

Je ne crois pas qu'il soit possible au phoque à fourrure de s'accoupler dans l'eau, en mer; et je n'ai jamais vu ni entendu dire que cela ait lieu sur des bancs flottants de caillotis. Je n'ai jamais vu en mer ou sur des bancs flottants de caillotis des petits de la saison; et, en fait, je n'en ai jamais vu naître ailleurs que dans les *rookeries*. *J'ai pourtant ouvert une femelle pleine et ai retiré de son corps son petit vivant et bêlant.* Je ne crois pas qu'il soit possible d'élever un phoque à fourrure à moins qu'il ne soit pas né et qu'il n'ait été allaité dans une *rookery*. J'ai vu des phoques à fourrure se reposant sur des bancs de caillotis flottant en mer, mais je ne crois pas qu'ils atterrissent nulle autre part que sur les *rookeries* pour s'y livrer à la reproduction.

Chad George (p. 365, Vol. II de l'Appendice), âgé de 27 ans, est chasseur de phoques depuis son enfance; il a été employé à la capture du phoque, et harponnait tous ceux qui se trouvaient à sa portée, sans égard pour leur sexe. *Il a tué, à 200 milles des îles Pribilof, des vaches qui étaient pleines de lait.*

H. A. Gliddon (p. 210 Vol. II de l'Appendice) dit que, durant toute la saison de la chasse du phoque, les femelles vont et viennent en mer pour s'y nourrir, et que, selon lui, pendant qu'elles se rendent ainsi soit aux endroits où elles trouvent leur nourriture, soit dans les passes des îles Aléoutiennes, ou en reviennent, elles sont surprises et tuées par les chasseurs de phoques en pleine mer.

Le capitaine E. M. Greenleaf, résidant à Victoria, dans la Colombie britannique, marin breveté comme patron de navire, *a pris une fois soixante-trois phoques qui étaient tous des femelles pleines* (§ 324). Il a appris de chasseurs de phoques de la mer de Behring qu'ils avaient tué des phoques femelles à une distance variant entre 20 *et* 200 *milles* des plages de reproduction et que ces vaches avaient, sans aucun doute, donné récemment naissance à des petits. Quant à la proportion de phoques tués ou blessés après avoir été tirés, son opinion est que, prenant la moyenne des bons et mauvais chasseurs, les meilleurs s'emparent à peu près de 50 *pour cent* de ceux qu'ils tuent, les autres de pas plus de un sur quinze.

On pourrait jusqu'à satiété accumuler les preuves à ce sujet; mais dans le cas où les éminents Arbitres désireraient se livrer à un examen plus approfondi des témoignages cités, nous indiquons brièvement ici les endroits de l'Appendice où se trouvent les dépositions que nous n'avons pas spécialement citées.

Nous soutenons que ces dépositions sont absolument concluantes sur les points qu'elles sont destinées à éclairer, à moins que, pour quelque raison occulte, on croie devoir les écarter comme étant le résultat d'une imposture commise dans un but criminel.

Arthur Griffin (Vol. II de l'Appendice, p. 325) *a pris des femelles à une distance variant entre* 20 *et* 200 *milles* des *rookeries.*

James Griffin (*Ibid.*, p. 433) *a tué des femelles nourricières à* 90 *milles des îles.*

Martin Hannon (*Ibid.*, p. 445) *en a tué pleines de lait à* 100 *milles des îles de phoques.*

James Harrisson (*Ibid.*, p. 326) *a pris* 200 *phoques dans la mer de Behring, vers le 1er juin; la plupart étaient des mères.*

James Hayward (*Ibid.*, p. 327) en a pris à 150 *milles du rivage, et, en les écorchant, il remarqua que leurs mamelles étaient gonflées de lait.* Il dit qu'elles nagent très vite et vont au loin chercher leur nourriture.

J. Johnson (*Ibid.*, p. 331) a tué des femelles nourricières à 75 milles de l'île. Il se servait d'un fusil de chasse et tuait tout sans distinction.

Louis Kimmel (*Ibid.*, p. 173) en a vu *à* 20 *milles au moins* des îles.

Andrew Laing (*Ibid.*, p. 334) a pris des phoques à une distance variant entre 75 et 100 milles de l'île, et quand *on les écorchait, le lait coulait à flots des mamelles des femelles*, lesquelles avaient évidemment mis bas dans l'île tout récemment.

William H. Long (*Ibid.*, p. 437) *a tué des femelles nourricières à une distance variant entre 10 et 200 milles du rivage.*

Thomas Lowe (*Ibid.*, p. 371) a chassé, en 1889, dans la mer de Behring *à une distance variant entre 80 et 100 milles* des îles Pribilof. *Les deux tiers de sa prise étaient des femelles pleines de lait.*

Thomas Lyons (*Ibid.*, p. 460) a été dans la mer de Behring vers le 26 ou 28 juin et y a pris 389 *phoques, dont la presque totalité* étaient des *femelles pleines de lait.* Il le sait parce qu'il a vu couler le lait sur le pont quand il les écorchait.

William M. Mc Laughlin (*Ibid.*, p. 461) en a tué *à une distance variant entre 50 et 60 milles du rivage. La plupart étaient pleines de lait.*

Alexandre Mc Lean (*Ibid.*, p. 436) a tué des femelles *à une distance de 150 milles de la terre.* Elles venaient de *mettre bas.*

Daniel Mc Lean (*Ibid.*, p. 444) a tué des femelles qui venaient de mettre bas à une distance de 20 à 65 milles au large de Saint-Georges et de Saint-Paul.

Robert H. Mc Manus (*Ibid.*, p. 335), habitant de Victoria et correspondant de journaux, est allé, pour raison de santé, faire une expédition de chasse aux phoques. Sa déposition est particulièrement détaillée et intéressante. Les hommes du navire (la goélette *Otto*) tuaient le phoque à une distance de 200 milles des *rookeries.* Les trois quarts de la prise étaient des femelles allaitant leurs petits.

Il juge, d'après le nombre de coups tirés, qu'il en fallait tirer à peu près cent avant d'atteindre un phoque. Un jour, la prise totale a été de dix-sept phoques, dont la plus grande partie étaient des femelles pleines de lait. L'écorchement de ces animaux est une scène tellement affreuse, qu'il n'a pu en supporter la vue, et a dû se retirer avant qu'elle ne fût terminée.

Thomas Hadden (*Ibid.*, p. 463) a voyagé dans la mer de Behring pendant 12 ans. Il y allait en juin. La plupart des phoques tués étaient des femelles, et il a vu le lait couler de leurs mamelles sur le pont, quand on les écorchait.

G. E. Miner (*Ibid.*, p. 466) a tué des femelles *pleines de lait* à 250 *milles* des îles Pribilof.

Thomas F. Morgan (*Ibid.*, p. 60) dit que la femelle s'aventure à 40 *milles et même davantage* de l'île.

Niles Nelson (*Ibid.*, p. 469) jure qu'il a tué des *femelles nourricières* à 100 *milles et plus* de l'île.

Le Dr Noyes (*Ibid.*, p. 82), médecin résidant et, pendant quelque temps, maître d'école aux îles, dit que la femelle en quête de nourriture va à une *distance de l'île variant entre 40 et 200 milles*. Sa déposition est très détaillée et intéressante ; elle possède une grande valeur en ce qu'elle fournit des renseignements sur la plupart des questions soulevées ici.

John Olsen (*Ibib.*, p. 471) jure qu'il a tué, lui-même, 28 phoques à une distance *variant entre 50 à 150 milles* des îles de phoques : c'étaient des femelles pleines de lait.

D'autres témoins parlent de distances de 60, 100 milles et plus.

Voir T. F. Ryan (*Ibid.*, p. 175) ; C. M. Scammon (*Ibid.*, 473) ; Adolphus Sayres (*Ibid.*, p. 473) ; L. G. Shepard (*Ibid.*, p. 187) ; William H. Smith (*Ibid.*, p. 478) ; Z. L. Tanner (*Ibid.*, p. 374).

Ces indications se rapportent toutes au Vol. II de l'Appendice du Mémoire des États-Unis.

La déposition du capitaine Tanner, lieutenant de vaisseau de la marine des États-Unis, mérite une attention spéciale. En voici un court extrait :

Les phoques tués dans la mer de Behring, après la naissance des petits, sont en grande partie des mères, *et la proportion de celles-ci est d'autant plus grande que la distance à laquelle on les rencontre des îles augmente*. La raison de ce paradoxe apparent est fort simple. Les jeunes mâles, n'ayant point les responsabilités d'une famille, peuvent se livrer à la recherche de leur nourriture à proximité de leurs demeures et trouver là suffisamment de poissons et de crustacés, s'ils sont libres d'y consacrer le temps nécessaire. La mère, au contraire, ne quitte son petit que quand la nécessité l'oblige à aller chercher la nourriture qu'il lui faut pour se soutenir. Elle n'a pas de temps à perdre dans des endroits déjà occupés par des individus plus jeunes et plus actifs : elle se dirige au loin vers des lieux plus riches en poissons et en mollusques, mange à sa faim, se repose et fait sa sieste à la surface de l'eau. Dans ces circonstances, son sommeil est profond et elle devient la proie facile du chasseur vigilant.

Une double destruction résulte de la mort de la mère; car son petit meurt certainement de faim. Une mère ne nourrit que son propre petit. J'ai vu de tristes preuves de ce ravage la saison dernière, sur l'île Saint-Paul, où des veaux en grand nombre se trouvaient dispersés sur les plages (*rookeries*), où ils étaient morts de faim.

Adolphe W. Thompson (*Ibid.*, p. 486) a tué des femelles nourricières, *quoiqu'il ne se soit jamais approché à moins de 25 à 30 milles de l'île.*

Michael White (*Ibid.*, p. 489) n'a tué des mères nourricières à *aucune distance inférieure à de 100 à 200 milles de l'île.*

William H. Williams (*Ibid.*, p. 92), agent de la Trésorerie des États-Unis, chargé de l'administration des îles de phoques de la mer de Behring, déclare que les faits précédents sont bien connus et confirmés par les déclarations de personnes honorables, qui ont voyagé à bord des navires affectés à la chasse des phoques et qui *en ont vu tuer à 200 milles et plus des îles et qui affirment avoir remarqué que les ponts des navires devenaient glissants par suite du lait qui coulait des cadavres des femelles tuées.*

Il parle aussi des milliers de petits morts de faim sur les plages (*rookeries*) comme preuves concluantes de la destruction des ravages causés par les chasseurs pélagiques.

Si ces preuves accumulées et irrécusables n'établissent pas le fait que nous avons entrepris de démontrer, il nous faut désespérer de convaincre ce Tribunal suprême, ou tout autre. Nous soutenons donc que nous avons établi et complètement prouvé, et que, dans le débat qui va suivre, il faut accepter comme faits irrécusables que : 1° les mères pendant qu'elles allaitent vont en mer chercher leur nourriture; 2° qu'elles se rendent à de grandes distances, quelquefois jusqu'à 200 milles, et que, dans le cours de ces excursions, elles sont massacrées sans pitié par les chasseurs pélagiques, dans bien des cas sans profit, car un grand nombre des animaux tirés coulent et sont irrévocablement perdus. Les détails écœurants fournis en abondance par les témoins caractérisent ce métier d'une façon suffisante et justifient sa condamnation la plus sévère. Le massacre, qui est ainsi dépeint, constitue un crime; car il viole les instincts les plus ordinaires de la nature, et il serait puni par toute nation civilisée, dont la juridiction pourrait atteindre les coupables. Et cependant les Commissaires de la Grande-Bretagne entreprennent de justifier de pareilles pratiques; ils trouvent que les chasseurs qui s'y livrent « déploient un certain courage » chevaleresque, et ils font l'éloge de cette chasse, parce qu'elle donne aux phoques toute chance de se sauver (§ 625). C'est, disent-ils, une chasse, ce n'est pas une boucherie (*ibid.*). Il n'est pas facile de discuter de semblables propositions avec toute la patience et tout le respect qui sont dus à l'importance des questions en litige.

VIII. — LE PHOQUE A FOURRURE EST UN ANIMAL POLYGAME, ET LE MALE EST AU MOINS QUATRE FOIS PLUS GROS QUE LA FEMELLE; EN RÈGLE GÉNÉRALE, CHAQUE MALE SUFFIT A QUINZE OU VINGT FEMELLES, MAIS, DANS CERTAINS CAS, JUSQU'A CINQUANTE ET PLUS. (Mémoire des États-Unis, p. 327.)

On a pu remarquer, dans les dernières années, une grande diminution dans le nombre des femelles qui forment le harem du mâle. Autrefois on comptait une moyenne de 30 vaches pour un *bull*. Aujourd'hui, la moyenne est réduite à une quinzaine de femelles. (Mémoire des États-Unis, p. 314.) Les Commissaires britanniques sont d'accord, en principe, à l'égard de ces chiffres. Ils citent un témoignage de Bryant pour montrer que la proportion est d'un mâle pour 9 à 12 femelles, un autre d'Elliott, qui fixe la moyenne entre 8 et 20 et un de M. Grebnitzki, qui prétend qu'elle ne dépasse pas 20 (p. 54). Cet accord des Commissaires britanniques suffit au but que nous nous proposons pour le moment, d'autant plus qu'ils ajoutent : *Il n'est pas rare*, depuis ces dernières années, *de rencontrer des harems de 40 à 50, et même de 60 à 80 femelles pour un seul mâle* (§ 53). Nous n'avons pas à nous préoccuper, pour le moment, des déductions qu'ils tirent de ces faits. Il paraît évident, aux

termes mêmes de leur rapport, que ces Commissaires avaient une
thèse à soutenir et qu'ils ont fourni aux faits une explication qui
pût confirmer leur théorie. Leurs déclarations contiennent entre
autres à cet égard un exemple amusant. Rappelons-nous leurs critiques sévères contenues dans les premiers paragraphes (54, 55
et 56) au sujet de la destruction des mâles qui, selon eux, oblige
les *bulls* qui restent à suffire aux exigences de 40 à 50 et *même de
60 à 80 femelles*, et lisons le paragraphe 483, où ces Commissaires
décrivent la condition du phoque dès 1812 :

Dans la *Penny Cyclopædia*, ouvrage bien connu et dont la publication ne
remonte *qu'à 1812* [juste un demi-siècle], le phoque est ainsi décrit :

« ...Quand ces phoques migrateurs apparaissent au large du Kamtschatka et
des Kouriles (dès les premiers jours du printemps) ils sont en excellent état
et les femelles sont pleines. Ils demeurent sur la grève et aux environs pendant
deux mois, durant lesquels les femelles mettent bas. Ils sont polygames et
vivent en famille, et *chaque mâle est entouré d'une foule de femelles* (*de 50 à 80*)
qu'il surveille avec la plus grande jalousie (§ 483). »

Il nous semble, d'après cet extrait, que les habitudes polygames
du phoque n'ont pas changé depuis 1812 et que le fait qu'un mâle
sert un grand nombre de femelles *n'est pas* nouveau, et *n'est pas* le
résultat de l'abatage soi-disant excessif sur terre.

Nous ne nous sommes pas bornés, cependant, aux allégations
et citations contradictoires du rapport des Commissaires britanniques. Les dépositions de nombreux témoins confirment les propositions avancées dans le Mémoire des États-Unis et, en même
temps, réduisent à néant cette assertion que les mâles sont, aujour-
d'hui, obligés à un surcroît de besogne épuisant, par suite de la
réduction du nombre des jeunes mâles.

Le fait paraît bien établi que le phoque mâle adulte (*bull*) est
doué d'une virilité extraordinaire. Il peut vivre plusieurs mois
sans manger, et pendant ce temps féconder un nombre presque
illimité de femelles. L'importance de son harem ne paraît dépendre,
en général, que de son habileté à s'emparer d'un nombre plus ou
moins grand de femelles. Il s'entoure d'autant de vaches qu'il peut.
Les déclarations faites par le professeur Joseph Stanley Brown
à cet égard reposent sur son expérience personnelle; il dépeint le
mâle reproducteur comme doué d'une vitalité qui n'est « surpassée
par aucun autre individu du règne animal ». Il déclare que les harems très nombreux ne sont pas fréquents, et que la moyenne des

femelles dans la saison précédente était de 20 à 25 par harem. (Appendice au Mémoire des États-Unis, Vol. II, p. 13.) Charles Bryant fixe la moyenne entre 15 et 20 vaches par *bull*. (*Ibid.*, p. 6). Samuel Falconer dépose avoir vu 20 femelles ou plus, pour un seul mâle, mais il ajoute que le nombre exact des femelles d'un harem est nécessairement plus ou moins matière à conjecture, puisque beaucoup d'entre elles sont absentes, en mer, quand la saison est quelque peu avancée. (*Ibid.*, p. 166.) T. F. Morgan déclare que le mâle revient à l'île dans les environs du 1ᵉʳ mai et atterrit aux plages de reproduction, pourvu qu'il réussisse à s'y maintenir, ce qui entraîne de nombreuses et sanglantes batailles. *Là, il s'entoure d'autant de femelles qu'il peut.* (*Ibid.*, p. 3.) M. Théodore T. Williams cite le témoignage du capitaine Olsen qui fixe à 20 ou 23 le nombre des femelles couvertes par le même *bull*. (*Ibid.*, p, 505.)

Le poids respectif de ces animaux est indiqué dans le Mémoire des États-Unis comme variant pour les mâles entre 400 et 700 livres, alors que les femelles n'en pèsent que 100 (pp. 207, 219).

Il nous faut ne pas perdre de vue cette disproportion considérable quand nous considérons la probabilité de l'accouplement en mer.

L'Encyclopédie britannique fixe en principe le poids de ces animaux au chiffre fourni dans les dépositions des témoins et dans le Mémoire. Il y est dit que le mâle pèse de 500 à 700 livres, la femelle de 80 à 100 livres. Il ne paraît y avoir aucune contradiction à l'égard de ces données. (L'Encyclopédie dit aussi que bientôt après leur arrivée à terre les femelles donnent naissance à un petit qui pèse à peu près 6 livres.)

La véritable divergence de vues entre les Commissaires britanniques et le Mémoire des États-Unis semble porter sur le nombre de vaches dont se compose un harem. Les Commissaires britanniques affirment que ce nombre est trop grand pour un seul mâle. Les États-Unis produisent les dépositions de témoins véridiques et expérimentés qui établissent, au contraire, que le nombre des femelles diminue. Il est à propos de comparer les deux catégories de déclarations et la nature des preuves apportées à l'appui de chacune. Il est clair que les Commissaires britanniques ne pouvaient admettre la diminution dans le nombre des femelles, sans admettre que cette diminution provenait du massacre en pleine mer. Ils sont donc for-

cément amenés à dire qu'il y a, aux îles, surabondance de femelles
et déficit de mâles. Ils ont, néanmoins, la bienveillance d'admettre
que : « le fait d'épargner les femelles, *dans une certaine mesure*,
empêcherait, pour le moment, l'anéantissement des phoques dans
les îles » (§ 58). Il est probable qu'aucune personne sérieuse ne les
contredira à cet égard. Le bon sens et les lois du monde civilisé
— pour ne pas dire l'humanité dans l'acception la plus étendue de
ce mot, — sont d'accord pour reconnaître qu'épargner la femelle
est, non seulement la meilleure, mais la seule méthode efficace
d'empêcher l'épuisement et l'extermination définitive de l'espèce.

Et quand nous admettrions un instant, uniquement pour discuter
et au mépris des faits, que la diminution est due au moins grand
nombre de mâles, nous pourrions ici rappeler au Tribunal (si besoin était de ce faire) que les pirates et les braconniers, qui poursuivent et massacrent des femelles pleines ou nourricières, tuent, en
même temps que la mère, dans un cas, ou font périr d'inanition,
dans l'autre, *un nombre considérable de mâles*. D'après leur propre
raisonnement, les Commissaires anglais doivent donc admettre que
la *chasse pélagique du phoque* est, au moins dans une certaine
mesure, *la cause de la diminution des mâles aussi bien que des
femelles*. Ils peuvent parler de cette « industrie », comme ils la
nomment, la vanter, parce qu'elle exige tout le courage et l'adresse
qu'on peut y apporter, allégation dont nous ne nous expliquons
guère la portée (§ 609). Ils peuvent comparer son caractère « spor-
tif » avec le massacre qui se pratique aux îles (§ 610); mais ils ne
peuvent manquer de s'apercevoir qu'un genre de destruction qui
atteint surtout des femelles pleines doit nécessairement toucher
aux sources mêmes de la vie d'une race, et définitivement les ta-
rir, car c'est vraiment, pour se servir de leur expression, un procédé *par trop destructeur* (§ 633).

Le chasseur pélagique ne tue pas seulement, ou n'essaie pas
seulement de tuer, tous les mâles qu'il rencontre, mais il empêche
encore la naissance d'autres mâles. Souvent, d'un seul coup, il tue
trois individus : la mère, un petit déjà né et un à naître; mais encore, il agit « en homme de sport » et laisse à l'animal endormi
« une honnête chance de s'échapper » (§ 610). Dans bien des cas,
il manque l'animal ou le blesse simplement et perd ainsi le bénéfice qu'il recherche. De sorte que, dans cette courageuse façon de

pratiquer la chasse, il y a un gaspillage d'animaux plus ou moins inutile et dans bien des cas, plus ou moins effrayant, selon que « l'homme de sport » est plus ou moins habile. En lisant le chapitre du rapport des Commissaires britanniques intitulé : « Proportion des phoques perdus (en mer) » (§ 603, p. 104), on peut se rendre compte du caractère destructeur de ce mode de chasse. Ce doit être une consolation pour ceux qui sont disposés à faire l'éloge de ce genre de « sport » de penser que « bien que tous les chasseurs pélagiques de phoques s'accordent à dire que le phoque à fourrure devient de plus en plus timide et prudent, il est certain *que l'adresse des chasseurs a augmenté dans les mêmes proportions que la prudence de l'animal.* » (Rapport des Commissaires britanniques, § 401.)

Le rapport collectif des Commissaires anglo-américains certifie que le nombre des phoques a diminué dans ces dernières années dans une proportion croissante, et que cette diminution est la conséquence de la chasse que leur fait l'homme. Mais il est absolument évident que la chasse pélagique, et non le mode ou la façon dont se pratique l'abatage aux îles, non plus que le nombre des animaux abattus, est le seul facteur humain qui ait amené cette diminution.

Cela découle nécessairement des faits admis. Les phoques étant *polygames*, et chaque mâle suffisant à trente ou cinquante femelles, il s'ensuit qu'il doit y avoir, en tous temps, un nombre considérable de mâles superflus, et que leur mort n'entraîne qu'une diminution passagère du nombre du troupeau. D'un autre côté, la mort d'une seule femelle reproductrice diminue d'autant le nombre normal des phoques.

Un abatage excessif de mâles pourrait, il est vrai, tendre à une diminution sensible du troupeau, si elle ne laissait plus un nombre suffisant de *bulls* pour féconder toutes les femelles. Mais un prélèvement de 100 000 mâles sur les troupeaux existants ne serait pas excessif, pourvu qu'il n'y en eût pas d'autres. C'est là un fait évident sous bien des rapports.

(*a*) Les personnes qui, à l'instar des Commissaires britanniques, proposent de permettre la chasse pélagique du phoque, de façon à entraîner l'abatage annuel d'au moins 50 000 *femelles* en plus de l'abatage de 50 000 mâles dans les îles, ne peuvent certainement pas, à moins de se contredire elles-mêmes, prétendre qu'une prise limitée à 100 000 mâles en tout serait excessive. Elles ne le pourraient même pas si elles limitaient (par des moyens que personne n'a encore pu proposer) la chasse en mer à une prise de 10 000 femelles. Encore n'est-il pas besoin de prouver que la destruction même de ce nombre de femelles exercerait promptement un effet désastreux sur les troupeaux.

(*b*) Et si nous examinons les preuves, elles établissent d'une façon concluante qu'avant que la pratique de la chasse pélagique du phoque eût pris une importance tant soit peu considérable, la prise annuelle de 100 000 jeunes mâles n'entraînait aucune diminution du nombre des animaux.

(*c*) Il est, naturellement, fort possible que l'abatage irraisonné, résultant de la chasse pélagique du phoque, ne réduise bientôt le taux des naissances, de façon qu'il devienne difficile de faire un prélèvement annuel de 100 000 jeunes mâles. Dans ces circonstances, ce prélèvement ne diminuerait pas nécessairement de suite le taux des naissances; car le nombre des femelles étant moindre, il n'y aurait pas besoin d'autant de mâles. Le chiffre total du troupeau pourrait se trouver réduit par suite de l'abatage d'un certain nombre de femelles et de la diminution correspondante du taux des naissances, et l'on pourrait néanmoins continuer, pendant un certain laps de temps, à prélever annuellement un chiffre de 100 000 mâles, sans danger pour l'espèce. Dans l'ignorance où nous sommes de la proportion exacte des mâles aux femelles, il nous serait difficile de préciser l'époque où un prélèvement aussi considérable de mâles sur un chiffre de naissances sans cesse décroissant entraînerait l'insuffisance des mâles.

A ce sujet, le rapport des Commissaires britanniques s'exprime ainsi :

La chasse et l'abatage systématiques et continus du phoque à fourrure dans le Pacifique septentrional, tant à terre qu'en mer, ont naturellement et inévitablement donné lieu à des changements dans les habitudes et le genre de vie de cet animal; ces changements sont importants, non seulement en eux-mêmes, mais encore parce qu'ils indiquent les effets de cette chasse et de cet abatage et montrent en quoi ils sont funestes à l'espèce. Ces changements ont, sans doute, commencé il y a plus d'un siècle, et on en peut suivre quelques-uns dans le résumé historique que nous donnons ailleurs (§§ 782 et suivants). Il est malheureusement vrai que les perturbations apportées aux conditions biologiques normales du phoque ont encore augmenté d'intensité, dans ces dernières années, et que, même aujourd'hui, les données indispensables à l'étude de leur caractère et de leurs effets ne nous font pas défaut.

Dans leur zèle à défendre la chasse en pleine mer et à dénoncer les méthodes usitées dans les îles, les Commissaires de Sa Majesté ont évidemment éprouvé beaucoup de difficultés à formuler leur théorie. S'ils admettaient, sans aucune restriction, qu'il y a diminution dans le nombre des phoques, cet aveu amenait clairement la déduction que l'abatage illimité des femelles est seul responsable de cette diminution : ce qui entraînait la condamnation de la chasse pélagique du phoque. Si, d'autre part, ils affirmaient que le nombre des phoques a réellement augmenté, cela impliquait, aussi infailliblement, l'approbation des méthodes usitées sur terre. Entre ces deux écueils, il leur fallait trouver une échappatoire, et ils l'ont trouvée. L'ingéniosité dont ils ont fait preuve à cette occasion mérite pleinement d'être reconnue et notée. Le Rapport collectif contient la déclaration suivante :

Nous trouvons que, depuis l'achat de l'Alaska, une diminution sensible s'est produite dans le nombre des phoques résidant ou fréquentant habituellement les îles Pribilof; que les effets de cette diminution se sont ajoutés les uns aux autres et qu'elle résulte de l'abatage excessif de l'animal par l'homme.

Si nous nous rappelons que les phoques à fourrure qui font l'objet de ce litige n'ont pas d'autre domicile et ne s'installent nulle autre part qu'aux îles Pribilof, et que les Commissaires britanniques eux-mêmes admettent que, *pour la plupart, ces animaux se reproduisent dans ces îles;* et si nous nous rappelons aussi que ces Messieurs n'ont encore découvert, pour les phoques, aucun autre *habitat d'été,* il nous semble que leur déclaration précédente équivaut absolument, dans son sens absolu, à prétendre *que les phoques à fourrure qui fréquentent la côte américaine et la mer de Behring ont subi une diminution notable.*

Peut-être est-ce bien cela qu'ont voulu dire les Commissaires britanniques ainsi que les Commissaires des États-Unis; mais, s'il en est ainsi, les premiers ont vite oublié leur intention première et sont tombés dans des distinctions subtiles et spécieuses que nous allons examiner.

On ne nie pas que le phoque, quoique « essentiellement pélagique » (§ 26), n'ait pas encore appris à se reproduire en mer, bien qu'une transformation ou évolution dans ce sens ne semble pas très éloignée aux yeux des Commissaires britanniques. Pour être justes à leur égard, il nous faut citer un passage de leur rapport qui établit d'une façon charmante avec quelle complaisance et quelle assurance ils violent sans hésiter, à l'avantage de leur théorie, les lois de la nature et les mystères de l'évolution à venir. Si cet extrait ne donnait pas une haute idée de l'imagination féconde de ces honorables fonctionnaires, il ne faudrait rien moins qu'une lecture attentive de leur rapport pour leur faire rendre l'hommage qui leur est dû.

Voici l'extrait en question :

Les changements survenus dans les habitudes et dans les conditions biologiques du phoque se divisent naturellement en deux classes, que l'on peut considérer séparément. La première, la plus directe et la plus évidente de ces subdivisions, est celle qui ressort de la timidité et de la prudence croissantes de cet animal, lequel, quoiqu'il ait été toujours pélagique de sa nature, *a été forcé par les circonstances* à éviter la terre de plus en plus, de sorte que, si ce n'était la *nécessité qui lui est imposée de rechercher la plage*, à la saison de la naissance de ses petits, il serait *probablement devenu entièrement pélagique.*

Un animal « toujours pélagique », *obligé par les circonstances à éviter la terre plus qu'auparavant* s'il n'était *forcé* de rechercher la plage dans un but aussi insignifiant que celui de donner naissance à ses petits, mérite certainement d'être classé parmi les curiosités les plus rares de la nature! La différence entre des animaux qui sont (à présent) *toujours* pélagiques et ceux qui le deviendraient *entièrement* dans un avenir hypothétique peut ne pas se saisir facilement, surtout sans les explications qu'on évite de nous donner.

Comment peuvent-ils être *toujours* pélagiques, s'ils sont obligés de venir à terre sous peine de s'éteindre? Et comment peut-on raisonnablement parler de la probabilité qu'ils puissent plus tard différer de ce qu'ils sont aujourd'hui, alors que tout cela ne repose que sur des hypothèses aussi grotesques que hardies? De tels outrages au sens commun ne sont évidemment que des divagations sans portée. Mais il fallait à tout prix soutenir cette thèse : que le phoque n'est pas même un animal amphibie; qu'il ne fréquente la terre que par suite d'une nécessité purement accidentelle, et que, par conséquent, les États-Unis n'ont pas plus de droit de prétendre à une propriété quelconque à son égard qu'ils ne l'auraient dans le cas de tout autre animal « essentiellement pélagique », comme la baleine, la morue ou le turbot.

S'il était besoin d'appuyer davantage sur l'absurdité de ce démenti apporté aux faits reconnus et aux distinctions bien établies dans le règne animal, nous pourrions encore citer l'opinion des Commissaires britanniques au sujet du « pelage » des phoques et de la chute de leur poil. Car il paraît que la nature n'a pas doué ces animaux pélagiques d'un poil dont la mue puisse s'opérer en mer. Et, à moins qu'il ne trouvent *hors de l'eau* un endroit convenable, ils gardent leur ancien pelage en dépit des lois naturelles qui veulent une mue annuelle. Comme on pourrait croire que nous exagérons, il faut lire le passage de leur rapport où ils citent M. Grebnitzki :

Pendant la saison de la mue, leur *pelage devient trop mince pour leur fournir une protection suffisante dans l'eau.* (Voir §§ 202, 281, 631 et 632.)

Il n'est guère nécessaire de dire que cette théorie, si sérieusement et si gravement avancée, que le phoque est naturellement et essentiellement un animal pélagique, ne repose sur aucune preuve. Elle est contredite par le langage des Commissaires eux-mêmes et niée par les ouvrages les plus élémentaires. Nous n'avons qu'à nous rendre compte de la façon dont les naturalistes définissent les animaux marins et à comparer cette définition avec les caractères connus et les traits fondamentaux des mœurs du phoque. (Voir spécialement à cet égard la collection de la bibliothèque de l'Université de Johns Hopkins.) En outre, le témoignage unanime et incontesté des agents du Gouvernement et de la Compagnie démontre que le phoque à fourrure passe au moins huit mois de l'année sur les îles Pribilof.

Après avoir constaté, d'accord avec les Commissaires américains, que le nombre des phoques résidant ou fréquentant habituellement les îles Pribilof révèle une *diminution notable*, les Commissaires britanniques s'efforcent de nous démontrer que les phoques sont *plus nombreux que jamais*. Et ils s'imaginent sans doute avoir réussi à le démontrer à leur entière satisfaction dans les pages 72 et 73 de leur rapport! Ils citent le témoignage du capitaine Warren, qui déclare qu'il n'a remarqué aucune diminution dans le nombre des phoques pendant les vingt ans qu'il a exercé son métier, et que, si un changement s'est produit, c'est plutôt dans le sens d'une augmentation (§ 403). Le capitaine Leary dit aussi qu'ils étaient *plus nombreux* dans la mer de Behring qu'il *ne les avait jamais vus* (§ 403). Quant à M. Milne, receveur des douanes à Victoria, il dit que d'autres lui ont répété que les propriétaires et patrons de navires n'ont nullement remarqué que les phoques deviennent rares (§ 403). Quel tribut de louanges cela n'apporterait-il pas à la gestion des îles Pribilof si, malgré l'aveu du massacre de femelles pleines ou nourricières, ces déclarations étaient fondées! Le capitaine W. Cox a pris 1 000 phoques en quatre jours à *cent milles à l'ouest des îles Pribilof* (§ 403); il a constaté que ces animaux étaient beaucoup plus nombreux dans la mer de Behring qu'il ne les y avait jamais vus. Le capitaine Cox eût certainement doublé l'intérêt de son récit s'il avait bien voulu nous renseigner sur le nombre des femelles encore pleines ou dont l'état permettait de supposer qu'elles avaient déjà mis bas leurs petits.

Les Commissaires de Sa Majesté multiplient leurs citations pour prouver qu'il résulte de l'expérience généralement acquise, établie par les déclarations qui leur ont été faites, que le nombre des phoques rencontrés en mer était, à l'époque de leur enquête, égal ou supérieur à ce qu'il avait été dans les années précédentes. Il est difficile d'accepter cette affirmation avec tout le respect dû aux déclarations émanant de fonctionnaires d'un caractère et d'un rang aussi élevés que ceux de ces Commissaires. De deux choses l'une : ou les faits avancés dans le rapport collectif sont vrais et l'assertion relative à l'augmentation du nombre des phoques est fausse, ou c'est le contraire qui a lieu. A l'appui de ce fait que ces phoques n'ont pas d'autre habitat que les îles Pribilof, il est évident, sans qu'il soit besoin de le démontrer, que *tous les phoques tués par le capitaine Cox et autres dans la mer de Behring provenaient de ces îles;* et les déclarations de ces témoins indiquent uniquement que les femelles vont en mer à 100 milles et plus, comme cela nous a été affirmé sous la foi du serment par les personnes citées par les États-Unis; et que c'est pendant qu'elles se trouvent dans les endroits où elles cherchent leur nourriture, qu'elles deviennent la proie des braconniers canadiens. S'il n'en est pas ainsi, que les Commissaires britanniques, ou les personnes qui partagent leurs vues à cet égard, nous disent où ces phoques tués par le capitaine Cox et autres avaient leur « habitat d'été »!

Prétendre que les phoques décroissent au lieu de leur résidence, c'est-à-dire où ils demeurent pendant tout l'été, où ils se reproduisent, où ils se nourrissent, élèvent leurs petits et muent, et en même temps soutenir que leur nombre augmente en mer, est purement et simplement absurde. Tous ces témoins, nous le répétons, auraient grandement ajouté à la valeur et à l'importance de leurs déclarations s'ils n'avaient pas si soigneusement évité de nous révéler le sexe des animaux qu'ils ont abattus.

Il n'y a qu'une seule explication plausible à tout ce qui précède. Ces chasseurs pélagiques se livraient à la chasse des femelles pleines ou nourricières aux endroits où elles viennent chercher leur nourriture et où on les rencontre en grand nombre. La diminution aujourd'hui absolument établie et admise (Voir le Rapport collectif) n'était pas encore telle qu'elle frappât les yeux du chasseur assez fortuné pour rencontrer un grand nombre de femelles en quête des aliments nécessaires à la production de leur lait ou dormant, rassasiées, à la surface de l'eau.

Nous pouvons noter ici une nouvelle prétendue preuve à l'appui de la *thèse* soutenue par les Commissaires britanniques. Après s'être convaincus que la chasse en pleine mer avait pour résultat plutôt une augmentation du nombre des phoques, ces messieurs se sont rappelés tout à coup que l'abatage des jeunes mâles est un procédé funeste qui pourrait amener l'extermination de l'espèce, et découvrent « qu'à une réunion des indigènes », ces derniers ont exprimé l'opinion unanime que le nombre des phoques diminue, et qu'il continuera à diminuer d'année en année, ce qui, à notre avis, est trop clair pour qu'on le discute. Et aussitôt, de leur propre autorité, ces Commissaires nous en donnent la raison, qui n'est pas, comme on pourrait le croire, le massacre des femelles en pleine mer, mais bien « l'abatage, sur les lieux de reproduction, de *tous les mâles* avant qu'ils n'aient atteint leur complet développement » (§ 438.)

Ayant ainsi prouvé que les phoques avaient augmenté considérablement et qu'ils diminuaient d'une façon alarmante, on en conclut qu'ils ne diminuent que sur terre, alors qu'ils augmentent en mer :

L'effet général des changements ainsi survenus dans les habitudes des phoques est de ramener à un chiffre insignifiant le nombre total d'animaux que l'on peut voir à la fois dans les îles de reproduction, tandis que la moyenne rencontrée en mer n'est *peut-être* pas absolument augmentée eu égard à la diminution générale de l'espèce, bien qu'elle le soit au moins proportionnellement. (§ 445 du Rapport des Commissaires britanniques.)

Sortirions-nous de la question en demandant où se trouve « l'habitat d'été » de ces nombreux phoques tués par les capitaines Warren, Leavy et Cox? N'appartenaient-ils pas *tous* au troupeau des îles Pribilof? Et les Commissaires qui citent le capitaine Cox comme ayant, en « chasseur émérite », tué chaque jour, pendant quatre jours de suite, 250 phoques, savaient-ils que l'énorme majorité de ces phoques étaient des femelles nourricières dont les petits mouraient d'inanition dans les îles ?

IX. — DESTRUCTION QUI RÉSULTE DE LA CHASSE PÉLAGIQUE; SON ÉTENDUE; REMÈDE PROPOSÉ PAR LES COMMISSAIRES BRITANNIQUES; LE VRAI ET SEUL REMÈDE CONSISTE DANS L'INTERDICTION ABSOLUE DE TOUTE CHASSE DU PHOQUE EN PLEINE MER.

Nous nous sommes appliqués jusqu'ici à démontrer qu'en préparant leur rapport, les Commissaires de la Grande-Bretagne avaient essayé d'arriver à une conclusion favorable à la chasse du phoque en mer, « industrie », comme ils l'appellent, à laquelle apparemment ils ne voient rien de bien répréhensible, et qu'ils croient de l'intérêt et de la politique de leur pays de protéger. Au cours de leur enquête, néanmoins, on leur a nécessairement présenté des faits, en contradiction manifeste avec leur théorie, et ils n'ont pu s'empêcher de faire eux-mêmes indirectement la preuve des procédés barbares, cruels et destructeurs, employés par les braconniers canadiens pour s'assurer de leur proie.

(*a*) Avec une légère teinte d'ironie, les Commissaires britanniques font allusion à « l'accord remarquable » qui existe entre les personnes intéressées à décrier la chasse pélagique, sur ce fait que les chasseurs de haute mer tuent un grand nombre de femelles reproductrices. Nous ne voyons pas pourquoi cet « accord », qui existe assurément, serait trouvé « remarquable », puisque les témoignages rapportés par les Commissaires eux-mêmes démontrent clairement qu'aucune distinction n'est faite, et ne peut être faite par les chasseurs pélagiques, et qu'ils tuent aveuglément tout ce qui passe à portée de leurs fusils. Les Commissaires britanniques admettent qu'il est tué une proportion considérable de femelles pleines (§ 648); et leurs propres témoins racontent comment on les écorche sur le pont, qu'inondent à la fois le lait et le sang, et, ailleurs, comment on retire, du cadavre de leur mère, des petits tout formés. Il ne semble pas, dans ces circonstances, qu'il y ait lieu à raillerie ou à critique au sujet de l'accord général qui existe sur le fait indiqué.

(*b*) Il est *certain*, disent-ils, que des *femelles remplies de lait* sont *occasionnellement* tuées par les chasseurs pélagiques (§ 314). S'ils ne donnent pas la proportion de celles qui sont pleines ou nourricières, c'est, peut-être, que leurs témoins, tout en se glorifiant des prises magnifiques qu'ils avaient faites dans la mer de Behring, ne paraissent pas leur avoir révélé, avec précision, pour quelle part les femelles reproductrices entraient dans ces prises (p. 73).

(*c*) On prétend, néanmoins, que la chasse en pleine mer n'est pas la seule cause de la diminution des phoques aux Îles Pribilof, et cette assertion est appuyée par une citation, qui se trouve à la page 187 du rapport des Commissaires britanniques, relative au sort probable que l'avenir réserve au phoque à fourrure de l'Amérique. On a eu bien soin d'omettre, dans cette citation, tous les paragraphes où l'auteur parle des actes répréhensibles de la chasse pélagique du phoque et de les remplacer par des points; mais cette citation est destinée à démontrer que les battues organisées sur les îles sont un des maux auxquels il est possible d'apporter remède. La conclusion de M. Palmer, l'autorité en question, est : 1. *Qu'il ne devrait, à aucune époque, être permis à quiconque de tuer aucun phoque dans les eaux de la mer de Behring;* 2. que tous les phoques conduits aux abattoirs (*driven*) sur les îles devraient être tués : On ne devrait, dit-il, laisser retourner à la mer aucun phoque qui a été conduit aux abattoirs (p. 189). Le travail de M. Palmer est certainement très intéressant, et si les faits qu'il expose sont vrais et que l'on adopte ses conclusions, *la chasse du phoque en pleine mer doit être absolument interdite.* Il ajoute :

Le mode d'abatage pratiqué aux îles approche, autant qu'il est possible, de la perfection théorique. Les phoques sont tués promptement et sans souffrance. On ne tarde pas reconnaître, comme dans l'abatage des moutons, que, toutes choses pesées, la rapidité et la précision de la méthode font le succès de celle-ci (p. 187).

Ceci ne s'accorde certes pas avec les vues sportives des Commissaires britanniques, mais exprime bien ce que nous pourrions appeler le point de vue humain et du bon sens en cette matière, en montrant que, loin de donner à la bête « une chance de s'échapper », il convient d'abord de choisir la victime et ensuite de la tuer, autant que possible, d'une manière sûre, prompte et sans souffrances inutiles. Le but à atteindre doit être, non d'offrir un *sport* à des aventuriers excités par l'appât du gain, mais de s'emparer du plus grand nombre d'animaux possible, en se conformant aux lois de l'humanité et, en même temps, sans porter atteinte à la conservation de l'espèce.

(*d*) Nous osons espérer qu'on n'hésitera pas entre deux systèmes, dont l'un est « théoriquement parfait », dans lequel les animaux sont choisis avec soin et tués d'une manière « prompte et sûre », tandis que l'autre consiste en un massacre sans choix ni distinction, où l'on blesse indifféremment un grand nombre d'animaux sans pouvoir s'en emparer. Mais la supériorité évidente et indéniable des procédés employés aux îles consiste en ce que, par leur nature même, ils se prêtent à des progrès et des améliorations indéfinies. Il n'est pas besoin de démonstration pour prouver que la perfection « théorique » peut, avec des soins, devenir la perfection « pratique »; et que si la conduite des animaux présente vraiment les inconvénients que signale M. Palmer, il n'est pas impossible — il est même relativement facile — d'y remédier, soit de la manière indiquée par lui-même, soit de toute autre façon. Pour ce qui est de la chasse pélagique, tout le monde s'accorde à dire qu'il est impossible de faire un choix entre ceux des phoques qu'il conviendrait de tuer ou bien d'épargner, et que les conditions spéciales d'existence de l'animal sont telles que, dans la plus grande partie des cas, ce sont des femelles pleines ou nourricières qui tombent sous les coups du braconnier. Les Commissaires britanniques eux-mêmes déclarent, il est vrai (§ 648), qu'il est *généralement admis* qu'une *quantité considérable* de femelles pleines se trouvent parmi les phoques pris au début de chaque saison. Nous le répétons, l'hésitation est impossible lorsqu'il s'agit d'accorder la préférence à l'un ou l'autre de ces deux systèmes : le premier basé sur des principes humains et rationnels, et qu'il est de l'intérêt de ceux qui l'emploient de rendre aussi parfait que possible; le second, qui, par sa nature même, conduit à une destruction brutale et excessive, et ne procure de bénéfices qu'autant qu'il est appliqué d'une façon barbare et aveugle. Rappelons encore une fois, à l'appui de ces réflexions, le fait significatif que *toutes* les femelles adultes prises en pleine mer à n'importe quelle époque sont *ou pleines ou nourricières* — souvent les deux. Cela ressort des faits sur lesquels il n'existe aucune contradiction, savoir : 1° que la durée de la gestation est de onze mois; 2° qu'elles arrivent aux îles au moment de mettre bas; 3° qu'elles y restent jusqu'après avoir été de nouveau fécondées; 4° que pendant la durée de leur séjour, elles allaitent les petits, dont leur lait constitue la seule nourriture.

(*e*) Le remède proposé par les Commissaires britanniques pour mettre un terme au massacre des femelles ayant des petits, tel qu'il est présenté dans la section 155, subdivision C, ne paraît pas avoir été très sérieusement pesé par eux. Ils proposent de fermer la chasse du 15 *septembre de chaque année au 1er mai de l'année suivante*, et, pendant cette période, de défendre de tuer les phoques, avec la clause additionnelle qu'il ne sera permis à aucun navire de chasse de pénétrer dans la mer de Behring, *avant le 1er juillet de chaque année*. Dans la section 649, ils admettent comme un *fait* acquis que « les chasseurs pélagiques pénètrent *ordinairement* dans la mer de Behring *entre le 20 juin et le 1er juillet* de chaque année, et que, dans cette mer, la situation est identique à celle décrite dans la section 648, où nous avons vu qu'un *nombre considérable de femelles pleines* se trouvent parmi les phoques pris au début de chaque saison. Ils disent aussi que les femelles pleines commencent à « se rassembler » et à se diriger rapidement vers la mer de Behring, au plus tard *le premier juin*. En d'autres termes, *la saison pendant laquelle toutes les femelles sont mères, ou sur le point de l'être, est précisément celle pendant laquelle ces Commissaires recommandent, comme à propos, d'en permettre la chasse.* Assurément, les chasseurs pélagiques ne sauraient demander de protection plus avantageuse pour leur « industrie » et on ne pourrait imaginer une méthode plus sûre pour assurer la continuation des abus et hâter la destruction des phoques que celle qui consisterait à permettre la chasse en pleine mer, précisément à l'époque où elle est le plus néfaste.

Pour bien comprendre cette recommandation extraordinaire, il faut comparer les sections 648 et 649 du rapport des Commissaires britanniques. On peut supposer, sans invraisemblance, que les chasseurs pélagiques n'ont guère besoin qu'on leur apprenne l'époque de la meilleure saison de chasse dans la mer de Behring. L'expérience leur a démontré (et ils ont profité de ses leçons) que leurs chasses les plus fructueuses dans cette mer avaient lieu *pendant les mois de juillet et d'août*. C'est pourquoi ils ont pris l'habitude de pénétrer dans la mer de Behring entre le **20 juin** et le **1er juillet** (§ 649). Ils ne feraient sans doute aucune protestation s'il arrivait que l'ouverture de la saison fût reculée d'une dizaine de jours. Ils auraient toujours la perspective de rencontrer les mères nourricières qui continueraient à constituer le principal élément de leur « industrie ». Occupés de la recherche de leur nourriture et pleins de cette confiance instinctive dont fait presque toujours preuve l'animal qui a un petit, les phoques seraient moins circonspects qu'à d'autres époques, et les bons tireurs pourraient continuer à accomplir leur œuvre de destruction, avec, en outre, la satisfaction d'exercer un métier reconnu par la loi. Et, pour enlever à cette restriction insignifiante tout ce qu'elle pourrait avoir de désagréable pour le chasseur pélagique, on se contente de rappeler « qu'après le 20 mai, ou au plus tard le 1er juin, on ne prend que peu de femelles pleines » (§ 648). La perte qu'il pourrait subir dans ce court laps de temps qu'on lui retranche passerait donc inaperçue dans le résultat final de ses opérations. Il paraît que, même dans la saison favorable à la chasse, les goélettes ne peuvent lutter de vitesse avec les femelles. Donc on ne les tue pas toutes. A cette époque — c'est-à-dire après le 20 mai ou le 1er juin, — les femelles pleines commencent à « se rassembler » et la prise consiste principalement en jeunes mâles ou en femelles non fécondées (§ 648). Alors, à quoi bon cette restriction ? Qu'on nous dise à quelle époque sont prises les femelles reproductrices ? A-t-on vraiment l'intention d'affirmer que le seul mal consiste en ce que « plus tard dans l'été, *quelques femelles ayant encore du lait*, venant probablement des lieux de reproduction sur les îles, sont tuées de temps en temps, mais pas en grand nombre ? » Une déclaration aussi extraordinaire, contredite par les preuves les plus concluantes, n'a pas besoin d'être discutée. Les Commissaires britanniques auraient dû daigner nous fournir quelques renseignements au sujet des *milliers de femelles nourricières* qui sont tuées pendant la saison de juillet à septembre, et ils auraient dû nous dire d'où elles proviennent et quel est leur « habitat d'été ». Il est très possible, comme ils l'assurent, que *peu de femelles pleines* soient prises après le 1er juin. La raison péremptoire est qu'elles sont devenues mères et que dès le 1er juillet elles allaitent leur petit, toutes celles qui ont échappé, jusque-là, au fusil de chasse, à la carabine, au harpon ou à la gaffe ayant trouvé un refuge et une protection temporaires aux îles.

(*f*) Quoique nous ayons déjà spécialement insisté sur ce point dans d'autres parties de ce plaidoyer, il est d'une telle importance que nous y revenons, et que, de nouveau, nous appelons l'attention sur les aveux et les inconséquences du rapport des Commissaires britanniques. Dans le § 612, ils manifestent une grande indignation au sujet de l'appellation de « braconniers » employée pour désigner en général les chasseurs pélagiques de phoque, et les chasseurs canadiens en particulier. Cette expression, disent-ils, a été employée dans le but évident d'influencer l'opinion publique. Après avoir exprimé cet avis, ils prétendent que c'est à des « aventuriers » américains qu'il faut principalement attribuer l'extermination des phoques dans les mers du Sud. La chasse du phoque, disent-ils, a, toujours et partout, été faite de la façon « aveugle, barbare et imprévoyante » décrite en détail dans plusieurs ouvrages qu'ils citent dans leur rapport; et presque toujours la plus grande partie de la prise se composait de femelles (§ 612). Il n'est certes pas dans l'intention des conseils des États-Unis de défendre des « aventuriers » quelconques, coupables de ces procédés barbares, quelle que soit la nation à laquelle ils appartiennent. C'est là une question d'humanité plutôt que de nationalité, et les États-Unis n'hésiteraient pas à entreprendre et à assurer la répression de pareils procédés, — que nous ne saurions assez flétrir, — si des citoyens américains en étaient seuls coupables. C'est simplement pour empêcher ce « massacre aveugle, barbare et imprévoyant », par des personnes qui invoquent la protection d'un drapeau étranger, qu'on à eu recours au présent arbitrage.

Le gaspillage qui résulte de la chasse pélagique, en dehors de la destruction du fœtus ou du veau selon les circonstances, ressort, dans une certaine mesure, du rapport des Commissaires britanniques. Nous faisons ici particulièrement allusion aux § 613, 614, 615, 617, 618, 619, 620 et 621 de ce rapport.

La contradiction qui existe entre les déclarations que ces Commissaires fournissent eux-mêmes est des plus frappantes. Des fonctionnaires américains, des capitaines de la marine des États-Unis, des surveillants des *rookeries*, et d'autres témoins dignes de foi, déclarent que de 40 à 60 pour cent des phoques blessés sont perdus. Il semblerait résulter néanmoins des témoignages apportés pour justifier la chasse pélagique, que les vieux chasseurs sont beaucoup plus heureux que les novices. Ces derniers, dit le capitaine de l'*Eliza Edwards* peuvent perdre jusqu'à 20 pour cent des phoques sur lesquels ils tirent; mais les chasseurs expérimentés réussissent à s'emparer de 95 pour cent des animaux qu'ils blessent ou qu'ils tuent, c'est-à-dire qu'ils ne perdent que 5 pour cent des femelles sur lesquelles ils tirent (§ 625). On est donc porté à croire que l'équipage de la goélette *Otto*, sur laquelle le journaliste Robert H. Mc Manus a fait, on se le rappelle, un voyage pour sa santé, était en grande partie, composé de novices, car ce témoin raconte que les chasseurs à bord de ce navire ne tuèrent guère qu'un phoque sur cent qu'ils tirèrent. (P. 335, Vol. II de l'Appendice du Mémoire des États-Unis.)

Nous allons maintenant soumettre à ce Tribunal élevé des témoignages supplémentaires ayant trait au caractère, à l'étendue et aux effets de la chasse pélagique. Les extraits et les exemples que nous allons rapporter peuvent paraître fatigants et monotones, mais il est important de démontrer autrement qu'à l'aide de simples affirmations combien se trouve menacée l'existence du troupeau, et à quelle brève échéance peut survenir l'extermination de l'espèce, si l'on ne prend immédiatement les mesures nécessaires pour la protéger.

Les dépositions de témoins véridiques, qui ne se fondent ni sur des généralités ni sur des conjectures, ne laissent aucun doute sur les proportions vraiment effrayantes du massacre. Il est impossible de supposer que les témoins produits par les États-Unis se soient, de propos délibéré, parjurés sur des chiffres, des dates et des distances. Même si on nous fournissait les raisons qui permettent de jeter le plus léger soupçon sur leur caractère, la réserve manifestée par un grand nombre des témoins interrogés par les Commissaires britanniques sur le compte du sexe des animaux tués par eux n'en serait pas moins significative. Nous leur rendons au moins cette justice qu'alors qu'ils n'ont pas hésité à reconnaître qu'ils se sont livrés à un massacre effroyable et irraisonné de phoques dans la mer de Behring, ils ont eu au moins la pudeur de ne pas préciser le sexe des animaux dont ils se sont emparés.

Il est facile, en tous cas, de satisfaire la curiosité à l'égard de la question de savoir jusqu'à quel point on a poussé les procédés barbares de destruction qui sont actuellement en usage.

La goélette *Favorite*, capitaine Mc Lean, — d'après la déposition d'Osly, indigène qui a fait la campagne à bord de ce navire en qualité de chasseur de phoques, en a pris 1 700, qui, pour la plupart, étaient des femelles nourricières. Ces phoques ont été capturés à environ 100 milles des îles Pribilof.

En 1888, ce même chasseur était à bord du *Challenger*, commandé par le capitaine Williams. Les chasseurs de ce navire ont eu moins de chance que les premiers, et n'ont pris qu'environ 2 000 phoques, la plupart des femelles nourricières.

En 1889, le témoin précité a encore navigué à bord de la goélette *James G. Swan*, mais les phoques n'étaient pas aussi nombreux et diminuaient rapidement. (Appendice au Mémoire des États-Unis, Vol. II pp. 390, 391.)

Niels Bonde (*Ibid.*, p. 315), du port de Victoria, dans la Colombie britannique, était matelot à bord de la goélette *Kate*. Il est allé dans la mer de Behring, où il est arrivé en juillet et qu'il a quittée vers la fin d'août. Dans ce laps de temps, on s'empara d'environ 1 700 phoques entre les îles Pribilof et Unalaska. Ces phoques furent pris à une distance de 10 à 100 milles et plus au large de l'île Saint-Georges. Les phoques pris dans la mer de Behring étaient des femelles qui venaient de mettre bas. Il a souvent vu le lait couler de leurs mamelles. Il a aussi vu éventrer des femelles et en retirer vivants des petits phoques qui continuaient à vivre sur le pont quelquefois pendant toute une semaine.

Peter Brown (*Ibid.*, p. 377), un Indien qui, pendant sept ans a été co-propriétaire, et, pendant trois ans, seul propriétaire de la goélette *James G. Swan*, a chassé dans la mer de Behring en 1888. Les prises ont consisté presque entièrement en femelles qui avaient récemment mis bas leurs petits, et dont les mamelles étaient pleines de lait. Les gens de sa tribu chassaient au harpon, et, par conséquent, la proportion des phoques perdus, relativement au nombre de ceux qu'ils blessèrent, fut insignifiant.

Thomas Brown n° 2 (*Ibid.*, p. 406) a été en expédition à la chasse du phoque dans le Pacifique septentrional et dans la mer de Behring, à bord de l'*Alexander*. Avant d'entrer dans cette dernière, ce navire avait déjà pris 250 phoques, dont la plus grande partie étaient des femelles pleines; il en a même vu éventrer quelques-unes et en retirer les petits. L'*Alexander* est entré dans la mer de Behring vers le 1er mai et a pris de 600 à 700 phoques, à une distance de 30 à 150 milles au large des îles de phoques. Les quatre cinquièmes des prises se composaient de femelles nourricières. Il a vu le lait couler sur le pont quand il les écorchait. Les chasseurs du bord se sont servis principalement de fusils de chasse et prirent, en moyenne, de trois à cinq phoques sur chaque douzaine qu'ils tuaient ou blessaient. C'était évidemment ce que l'on appelle des « novices ».

Charles Challall, que nous avons déjà cité, servit comme matelot à bord du *Vanderbilt* en 1888, du *White* en 1889, et du *Hamilton* en 1890; il raconte ses campagnes, et on en trouvera le récit aux pages 410 et 411. Il dépose que ces divers navires ont pris un grand nombre de phoques sur les bancs de pêche situés juste au nord et tout près de l'archipel Aléoutien. Il dit que la plupart des phoques tués par les chasseurs, en remontant la côte, étaient des femelles pleines. Il croit que les neuf dixièmes des prises se composaient de femelles. Les sept huitièmes au moins des phoques pris dans la mer de Behring étaient des vaches nourricières.

Circus Jim (*Ibid.*, p. 380), Indien Makah, a pris un grand nombre de femelles qui avaient du lait. La plupart des phoques qu'il a pris en mer étaient des vaches nourricières. Selon lui, la diminution de ces animaux (qu'il déclare être un fait incontestable) est dû au fait que les chasseurs blancs les ont trop chassés au fusil.

« Si l'on ne met pas un terme à cette chasse au fusil, il ne restera bientôt plus de phoques. »

James Claplanhoo (*ibid.*, p. 381), Indien Makah, doit évidemment trouver que cette chasse est un métier avantageux, car il a été propriétaire de la goélette *Lottie* qui jauge 28 tonneaux. Autrefois, il ne se servait que du harpon pour la chasse aux phoques; mais il a maintenant quelquefois recours au fusil. Il dit qu'à peu près la moitié de tous les phoques qu'il a pris en pleine mer ou sur la côte étaient des femelles adultes pleines. En 1887, vers le 1er juin, il est allé dans la mer de Behring sur sa goélette *Lottie* et a chassé à peu près à 60 milles au large des îles, et il s'est emparé lui-même d'environ 700 phoques, qui tous étaient des vaches nourricières. Ces femelles avaient leurs mamelles pleines de lait, mais ne portaient pas de petits. Il est retourné dans la mer de Behring sur son navire *Lottie* en 1889, et de nouveau en 1891, et a chassé le phoque à une distance de 100 à 180 milles des îles Saint-Georges et Saint-Paul. Les prises de ces deux années ont été à peu près les mêmes que celles de 1887, c'est-à-dire que la majeure partie se composait de femelles nourricières qui avaient récemment mis bas et qui allaitaient.

Louis Culler (*Ibid.*, p. 321) est d'avis, d'après sa déposition, qu'en 1888 les chasseurs blancs devaient être presque tous des novices, car ils ne réussirent à s'emparer que de deux ou trois phoques sur cent qu'ils tiraient. Il a été, en 1891, à bord de l'*Otto*, où se trouvaient MM. King-Hall et Mc Manus, représentant, l'un le *New-York Herald*, et l'autre un journal de Victoria. L'*Otto* a pénétré dans la mer de Behring par la passe d'Unimak et y a pris environ 40 phoques, femelles pour la plupart, dont les mamelles étaient pleines de lait. Après avoir pris ces phoques, ils sont revenus à Victoria, dans la Colombie britannique, vers le 25 septembre.

John Dalton, matelot, a fait un voyage dans le Pacifique septentrional et dans la mer de Behring en 1888, à bord de la goélette *Alexander*, commandée par le capitaine Mc Lean. Ils quittèrent Victoria en janvier et se dirigèrent au Sud vers les caps Flattery et Blanco, chassant le phoque dans ces parages pendant deux mois environ; puis ils remontèrent vers le Nord, chassant tout le long du chemin jusqu'à la mer de Behring. Avant de pénétrer dans cette dernière, ils prirent de 100 à 300 phoques, dont la plupart étaient des femelles pleines. Ils sont entrés dans la mer de Behring vers le mois de juin et y ont pris environ 900 phoques, dont les deux tiers étaient des vaches nourricières. Il a vu le lait couler sur le pont quand on les écorchait.

Alfred Dardean (*ibid.*, p. 322), résidant à Victoria, dans la Colombie britannique, a été, pendant les deux années qui précédèrent sa déposition (recueillie en avril 1892), matelot à bord de la goélette *Mollie Adams*. Ce navire quitta Victoria le 27 mai 1890 et commença à chasser le phoque en remontant la côte vers la mer de Behring. Il entra dans cette mer par la passe Unimak vers le 7 juillet et chassa le phoque dans la partie orientale des eaux de la dite mer jusqu'à une époque avancée de l'automne. Il prit plus de 900 phoques avant d'entrer dans la mer de Behring, et la prise totale de la saison fut de 2159 peaux. Sur les phoques pris le long de la côte, 90 pour cent au moins étaient des femelles pleines. Les canots apportaient à bord du navire les phoques tués, et là on en retirait les petits, puis on les écorchait. Si le petit était en bon état, on l'écorchait aussi et l'on gardait la peau pour soi. Il possédait lui-même huit de ces peaux. Les quatre cinquièmes, pris en mai et juin, étaient vivants quand on les retirait du corps de leurs mères. Ils en ont gardé un vivant, sur le pont, pendant près de trois semaines en le nourrissant de lait condensé. À la fin, un des matelots l'a tué, parce que ses cris faisaient pitié. Dans la mer de Behring ils n'ont pris que trois femelles pleines. La plupart des phoques capturés dans cette mer étaient des femelles qui avaient mis bas leurs petits sur l'île, et le lait coulait de leurs mamelles sur le pont quand on les écorchait. Ils ont pris des femelles remplies de lait à plus de cent milles au large des îles Pribilof.

Le même témoin ajoute qu'ils ont perdu un grand nombre de phoques, mais il n'en peut donner la proportion par rapport au chiffre des animaux tués. Certains des chasseurs en perdaient jusqu'à quatre sur six. Ils tâchaient de les tirer lorsqu'ils étaient endormis; mais, en règle générale, ils tiraient sur tous ceux qu'ils rencontraient. Un grand nombre de ceux qu'ils tuaient sur le coup s'enfonçaient avant qu'on ait pu s'en emparer et étaient perdus. Quelquefois ils parvenaient, à l'aide de la gaffe, à s'emparer de ceux qui s'enfonçaient; mais ils n'en prenaient pas beaucoup de cette façon. Bon nombre de ceux qui étaient blessés ne leur échappaient que pour mourir plus tard.

Frank Davis (*ibid.* p. 383), Indien de la tribu des Makahs, a fait la chasse aux phoques dans la mer de Behring en 1889. D'accord en cela avec tous les autres témoins, il déclare que presque toutes les femelles adultes que l'on prend le long de la côte sont pleines, tandis que celles qu'il a prises dans la mer de Behring avaient presque toutes les mamelles remplies de lait.

Jeff Davis (*ibid.* p. 384), lui aussi Indien Makah, dit que la plus grande partie des phoques pris dans la mer de Behring, pendant la saison de 1889, étaient des vaches dont les mamelles contenaient du lait.

Le capitaine Douglass (*ibid.* p. 420) témoigne qu'une très grande proportion des phoques tués le long de la côte et en mer, de l'Orégon aux îles Aléoutiennes, sont des femelles pleines. Son opinion, déjà rapportée plus haut, est que cette proportion n'est pas inférieure à 95 pour cent. Il dit encore que la proportion des femelles tuées dans la mer de Behring est aussi considérable.

Peter Duffy (*ibid.* p. 41), matelot à bord du *Sea Otter*, capitaine Williams, raconte que ce navire, après avoir quitté San Francisco et chassé le phoque le long de la côte, pénétra dans la mer de Behring en juillet, où il continua la chasse jusqu'à ce que le garde-côtes *Corwin*, du service des douanes, le contraignit à s'éloigner. Il se rendit, de là, à l'île de Cuivre. La prise totale se monta à 900 phoques, la plupart tués à la carabine. Ils n'en prirent guère plus d'un sur huit qu'ils tirèrent, et presque tous ces animaux étaient des femelles nourricières ou pleines. Quand on les écorchait, on pouvait voir le lait jaillir de leurs mamelles. Ils eurent plus de chance l'année suivante et prirent plus de 1 300 peaux ; quelques-uns des animaux capturés étaient des femelles pleines et presque tout le reste se composait de vaches nourricières ; plusieurs de ces dernières avaient été tuées très loin des *rookeries*, vers la passe d'Unimak.

William Fraser (*ibid.*, p. 426), de San Francisco, a fait trois campagnes dans le Pacifique septentrional et la mer de Behring, au cours de ces six dernières années. Il était employé comme manœuvre et servait de rameur. Sur le premier bâtiment à bord duquel il se trouvait, on se servait de fusils de chasse, et on a tué à peu près 300 phoques dans le Pacifique septentrional. La plupart des femelles tuées étaient pleines ou nourricières. A son second voyage, il était à bord du *Vanderbilt*. Cette fois encore ils ne sont pas entrés dans la mer de Behring. Ils ont pris environ 350 phoques, presque tous des femelles. Enfin, il a fait un voyage dans la mer de Behring, sur le *C. G. White*, mais ne sait pas si c'était du côté américain ou non. Ils ont tué dans cette campagne environ 600 phoques, presque tous des femelles. Il a remarqué, lorsqu'on les écorchait, que c'étaient des femelles nourricières, car le lait coulait de leurs mamelles sur le pont.

John Fyfe (*ibid.*, p. 429), de San-Francisco, chasseur et rameur à bord de la goélette *Alexander*, capitaine Mc Lean, déclare qu'ils sont entrés dans la mer de Behring vers avril et ont pris 705 phoques dont la plus grande partie étaient des mères nourricières : le lait coulait de leurs mamelles sur le pont quand on les écorchait. Quelques-unes ont été tuées à une distance de 50 à 100 milles au large des îles de phoques. Quand les phoques sur lesquels ils tiraient étaient tués sur le coup, ils coulaient à pic et étaient perdus pour eux.

Thomas Gibson (*ibid.*, p. 431) a fait la chasse aux phoques depuis dix ans. Il raconte ses expéditions en détail et donne le nombre de phoques qu'il a tués à chaque saison. Il s'exprime ainsi :

Je ne faisais pas grande attention au sexe des phoques que nous tuions dans le Pacifique septentrional ; je sais pourtant qu'un grand nombre étaient des femelles pleines. Nous les tuions, la plupart, pendant qu'elles dormaient sur l'eau. Je sais qu'au moins 75 pour cent de ceux que nous prenions dans la mer de Behring étaient des vaches nourricières. Nous nous servions indifféremment de carabines ou de fusils de chasse, et tirions sur les phoques pendant qu'ils mangeaient ou qu'ils dormaient sur l'eau. Un chasseur expérimenté comme moi en prend deux sur trois qu'il tue, mais un chasseur ordinaire n'en prend pas plus d'un sur trois ou quatre.

Arthur Griffin (*ibid.*, p. 325), marin de Victoria (Colombie britannique), est parti de ce port le 11 février 1889 comme rameur à bord de la goélette de chasse *Ariel*, capitaine Buckman. Cette goélette portait six canots de chasse et une chaloupe et avait un équipage blanc, qui se servait, pour chasser le phoque, de fusils de chasse et de carabines. Ils ont commencé à chasser au large de la côte septentrionale de la Californie, et ont continué à suivre le troupeau de phoques vers le Nord, prenant dans le Pacifique septentrional à peu près 700 phoques, dont les deux tiers étaient des femelles pleines ; le reste se composait de jeunes phoques mâles et femelles. Ils sont entrés dans la mer de Behring le 13 juillet par la passe d'Unimak, et y ont pris de 900 à 1000 phoques, dont la plupart étaient des femelles nourricières. Ils sont revenus à Victoria le 31 août 1889.

Remarquons, en passant, qu'avec son expérience et les résultats qu'il a réussi à obtenir, Arthur Griffin n'élèverait probablement aucune objection contre la proposition des Commissaires britanniques en ce qui concerne la date indiquée pour l'ouverture et la fermeture de la chasse dans la mer de Behring. Sa campagne, dans laquelle il a pris de 900 à 1000 phoques, pour la plupart des femelles nourricières, n'a duré que six semaines, justement dans la période pendant laquelle ces Commissaires voudraient autoriser la chasse : il aurait donc tout lieu d'espérer un succès égal pour ses opérations futures qui auraient, en outre, l'avantage d'une sanction légale.

Cette campagne de 1889 ne présenta, du reste, rien d'exceptionnel pour lui. En 1890, il a navigué de nouveau à bord de l'*E. B. Marvin*, capitaine Mc Kiel. Ils prirent encore de 900 à 1000 phoques sur la côte ; la plupart étaient des femelles pleines. Ils pénétrèrent le 12 juillet dans la mer de Behring, par la passe d'Unimak, et y capturèrent environ 800 phoques, dont 90 pour cent étaient des femelles nourricières. Il assurait qu'un bon chasseur perd souvent un tiers des phoques qu'il tue. Un chasseur maladroit en perd les deux tiers. En moyenne, les chasseurs perdent deux phoques sur trois qu'ils tirent.

Le capitaine M. A. Healy (*ibid.*, p. 27), officier de la marine douanière des États-Unis, est en service depuis près de vingt-cinq ans dans les eaux du Pacifique septentrional, de la mer de Behring et de l'Océan Arctique. Il parle d'après son expérience, et il s'exprime comme suit :

Mes propres observations et les renseignements obtenus des chasseurs de phoques me convainquent qu'au moins 90 pour cent des phoques qu'on trouve au large dans la mer de Behring, pendant la saison du rut, sont des femelles à la recherche de leur nourriture, et leur abatage a pour résultat la perte de leurs petits, qui meurent de faim sur les îles. Je crois fermement que l'industrie des phoques à fourrures des îles Pribilof ne peut être sauvée de la ruine que par la défense absolue de tuer les phoques, non seulement dans les eaux de la mer de Behring, mais aussi dans l'Océan Pacifique, quand ces animaux se dirigent vers le nord au retour de leur migration annuelle.

Cette conclusion est fondée sur le fait bien connu que les femelles sont massacrées par milliers dans le Pacifique septentrional, alors qu'elles font route vers les îles où elles donnent naissance à leurs petits; et une extinction prochaine attend nécessairement toute espèce d'animal dont la femelle est continuellement chassée et tuée pendant la période de la gestation et de l'élevage des petits. Telle qu'elle est actuellement pratiquée, la chasse du phoque ne laisse aucun répit à la femelle, toujours en butte à une poursuite acharnée, car les goélettes ne finissent leur saison qu'avec le départ des phoques des mers septentrionales, et ne rentrent au port que pour réarmer aussitôt et repartir pour une nouvelle campagne en février ou mars, commençant la chasse sur les côtes de la Californie, de l'Orégon et de l'état de Washington, et suivant les phoques vers le Nord, à mesure que la saison s'avance, jusque dans la mer de Behring.

James Kean (*ibid.*, p. 448), demeurant à Victoria (Colombie britannique), matelot et chasseur de phoques, raconte quelques-unes de ses campagnes. En 1889 il partit pour chasser le phoque sur la goélette *Oscar and Hattie*. Ce navire quitta Victoria vers la fin de février, se dirigeant au Sud vers l'embouchure du fleuve Columbia, au large de laquelle commença la chasse, et suivit ensuite le troupeau le long de la côte, jusqu'à la mer de Behring, où il arriva en juin. Ils avaient pris, avant d'entrer dans cette mer, environ 500 phoques, parmi lesquels il y avait beaucoup de femelles. Les femelles adultes étaient pleines. Il en a vu retirer les petits, dont on a écorché bon nombre. Après leur entrée dans la mer de Behring, ils ont pris environ 1 000 phoques. Les captures étaient opérées quelquefois à 150 milles des îles, parfois plus près. Le témoin n'a fait aucune attention à la proportion de femelles; mais il sait qu'on en a écorché un grand nombre qui avaient du lait, car il coulait de leurs mamelles sur le pont pendant qu'on les écorchait. Ils ont tué des mères nourricières à plus de 100 milles des îles des phoques. On les prenait généralement quand elles dormaient sur l'eau. En 1890, il s'est embarqué de nouveau sur le *Walter Rich*, et a obtenu, à peu de chose près, les mêmes résultats. Il croit s'être emparé de la moitié des phoques qu'il a tués ou blessés; mais il ne pense pas que les chasseurs inexpérimentés en prennent plus d'un sur quatre ou cinq qu'ils tuent.

On trouve encore des détails intéressants au sujet de l'énorme proportion des femelles prises par rapport au nombre des mâles, et sur le fait que presque toutes les femelles prises dans la mer de

Behring sont des vaches nourricières, dans les dépositions de : William Hermann, *ibid.*, p. 445; Norman Hodgson, p. 366; O. Holm, p. 366; Alfred Irving, p. 346; Victor Jacobson, p. 328.

James Jamieson (*ibid.*, p. 329) a été capitaine de plusieurs goélettes et a passé six ans à la chasse aux phoques. Il déclare s'être toujours servi du fusil de chasse, et ajoute que plus de la moitié des animaux tués ou blessés sont perdus. La grande majorité des phoques pris sur la côte sont des femelles pleines. De temps en temps on prend un vieux mâle dans l'Océan Pacifique septentrional. On ne fait aucune distinction, mais on tire sur tout phoque qui s'approche du bateau. La plus grande partie des phoques tués dans la mer de Behring sont des femelles. Il a lui-même tué, à 75 milles des îles, des femelles qui étaient remplies de lait.

Sur cette grande proportion des femelles allaitant leur petit, on peut consulter encore James Kennedy (*ibid.*, p. 449).

James Kiernan, qui a fait la chasse aux phoques depuis 1843, dit :

Je sais par expérience que, sur les navires que j'ai commandés, la majeure partie des phoques tués par les chasseurs, tant dans l'Océan Pacifique septentrional que dans la mer de Behring, étaient des femelles. Je n'exagère pas en disant qu'il y en avait près de 80 pour cent. J'ai remarqué que celles que l'on tue dans le Pacifique septentrional étaient généralement des femelles pleines, et qu'on les capturait quand elles dormaient, tandis que les phoques pris dans la mer de Behring étaient presque tous des vaches nourricières, qui avaient laissé leurs petits pour chercher leur nourriture. Je sais aussi qu'une grande proportion des phoques que l'on chasse maintenant avec la carabine ou le fusil de chasse se perdent. J'estime cette perte aux deux tiers des animaux tués.

Voir également la déposition de M. Francis R. King-Hall, journaliste.

Edward Night Lawson (*ibid.*, p. 221), résidant à Saint Paul, dans l'île de Kadiak, en Alaska, a tué des femelles nourricières dans la passe d'Unimak, et même jusque dans l'Océan Pacifique, à 200 milles des côtes. On ne peut pas distinguer le sexe de l'animal lorsqu'il se trouve dans l'eau, et l'on tue tout ce qui passe à portée, excepté les vieux mâles, dont la peau n'a aucune valeur. Ce témoin recommande, comme moyen de prévenir l'extermination de l'espèce du phoque à fourrure, l'adoption d'une saison fermée dans l'Océan Pacifique septentrional et dans la mer de Behring du 1er avril au 1er novembre de chaque année.

Voir aussi les dépositions suivantes :

Abial P. Loud (*ibid.*, p. 37), résidant à Hampden, dans l'état du Maine, et qui a été agent spécial de la Trésorerie aux îles de phoques en 1885, 1886, 1888 et 1889.

William Mc Isaacs (*ibid.*, p. 450).

Le capitaine James E. Lennan (*ibid.*, p. 369), qui commande depuis huit ans.

William Mc Laughlin (*ibid.*, p. 451), rameur à bord du *Triumph*.

Robert H. Mc Manus (*ibid.*, p. 335), le journaliste dont nous avons déjà parlé. Il donne, pp. 337 et 338, des extraits du journal rédigé par lui au cours de l'expédition. Sa déposition tout entière est à lire.

Patrick Maroney (*ibid.*, p. 464), de San Francisco, matelot.

Henry Mason (*ibid.*, p. 465), résidant à Victoria, dans la Colombie britannique.

Moses (*ibid.*, p. 309), Indien Nitnat, fait le récit de ses campagnes à bord de la goélette *Ada* en 1887. Il a chassé le phoque autour d'Unalaska, mais n'a pas été aux îles Pribilof. Au cours du voyage, on a pris 1 900 phoques. La plupart étaient des femelles nourricières; cependant les premières qu'ils ont tuées, au commencement de la campagne, étaient des femelles pleines. L'année suivante ils n'ont pris que 800 phoques, et l'année d'après de 800 à 900. Les phoques pris étaient presque tous des femelles nourricières.

John O'Brien (*ibid.*, p. 470), de San Francisco, a fait partie d'une expédition de chasse aux phoques dans le Pacifique septentrional et dans la mer de Behring, à bord de la goélette *Alexander*, qui est partie de Victoria en janvier 1885. Il était rameur. Ils se sont dirigés au Nord vers la mer de Behring, où ils sont entrés à la fin de mai. Jusque-là, ils avaient pris de 250 à 300 phoques, dont 80 pour cent étaient des femelles. Dans la mer de Behring, ils ont pris environ 700 phoques, presque tous des femelles nourricières. Il insiste aussi sur le gaspillage considérable provenant de la perte des animaux, qu'on tue ou blesse sans parvenir à les prendre.

John Olsen (*ibid.*, p. 471), de Seattle, dans l'état de Washington, charpentier de navires, est entré dans la mer de Behring vers le 5 juin 1891 à bord du *Labrador*, capitaine Whiteleigh. Le 9 juin, ils reçurent l'ordre de quitter les eaux de cette mer. En remontant la côte vers la passe d'Unimak, ils prirent environ 400 phoques,

principalement des femelles pleines, et en mirent les peaux à bord
du *Danube*, paquebot anglais, dans la baie d'Allatack. Dans la mer
de Behring, ils ont pris environ 220 phoques, entre autres une
femelle pleine dont le petit était si près de naître que le témoin
l'a retiré tout vivant de son corps. Ils l'ont gardé pendant trois ou
quatre jours, puis il est mort, ne voulant rien manger. Tous les
autres phoques étaient des femelles qui avaient déjà mis bas et
dont les mamelles étaient gonflées de lait. Il constate également
la perte considérable résultant de l'impuissance où l'on se trouve
de s'assurer de tous les animaux tués.

Osly (*ibid.*, p. 391), Indien Makah, est allé dans la mer de
Behring en 1886, à bord de la *Favorite*, capitaine Mc Lean. Au cours
de la campagne, on captura environ 1 700 phoques, presque tous
des femelles nourricières. Quatre ans auparavant, il était déjà allé
dans la dite mer à bord de la goélette de chasse *Challenger*, capitaine Williams. Il y avait trois blancs dans chaque chaloupe et deux
Indiens par canot. Pendant cette expédition, on s'empara d'environ
3 000 phoques dont la plupart étaient des femelles qui allaitaient.

William Short (*ibid.*, p. 348), résidant à Victoria, dans la
Colombie britannique, est peintre de son métier. Le 14 janvier 1890,
il est parti de Victoria comme rameur à bord de la goélette anglaise
Maggie Mac, capitaine Dodd. Elle portait six canots montés chacun
par trois blancs, armés de fusils de chasse et de carabines se char-
geant par la culasse. Le 12 juillet, ils sont entrés dans la mer de Behring par la passe d'Unimak. Il avaient déjà pris auparavant 1120 phoques sur la côte. Le 13, ils mirent les embarcations à la mer et
prirent, dans ces eaux, 2 093 phoques; ils revinrent à Victoria le
19 septembre. En juillet 1891, ce témoin repartit de Victoria comme
chasseur à bord de la goélette anglaise *Otto* capitaine O'Reilly.
Après avoir remonté la côte, sans réussir à se procurer le personnel
de chasseurs indiens sur lequel ils comptaient, ils revinrent à
Victoria le 1er août. Pendant qu'ils longèrent la côte, leurs prises
se composèrent principalement de femelles pleines, et 90 pour cent
au moins de tous les phoques pris par eux dans la mer de Behring
étaient des femelles nourricières, c'est-à-dire que, sur 2 093 femelles,
300 à peine n'avaient pas de lait.

Quelque avantageux que ce métier paraisse avoir été pour
M. Short, il a la franchise d'avouer qu'à son avis :

C'est une honte de tuer la femelle avant qu'elle ait donné naissance à son petit. La chasse pélagique dans le Pacifique septentrional avant le milieu de de juin est très destructive et ne devrait pas être tolérée... La chasse dans la mer de Behring devrait être interdite jusqu'à l'époque où le petit est assez fort pour vivre sans sa mère.

James Sloan (*ibid.*, p. 477), de San Francisco, matelot, a fait trois voyages dans la mer de Behring, en 1871, 1884 et 1889. Un grand nombre des femelles qu'il a vu tuer avaient les mamelles pleines de lait qui coulait sur le pont quand on les écorchait. En 1889, son navire alla dans la mer d'Okohtsk et s'y livra à la chasse du phoque, pendant deux mois environ. On prit près de 500 phoques dont plus de la moitié étaient des femelles pleines pour la plupart. Il entra dans la mer de Behring vers le 17 mai; l'on prit 900 phoques dont la majeure partie étaient des femelles ayant récemment mis bas.

M. Sloan prédit l'extermination prochaine du phoque, à moins qu'on ne parvienne à arrêter ces procédés dévastateurs. Il dit que les chasseurs tuent tout sans distinction, et que leur seule préoccupation est de s'assurer d'une peau.

Voir aussi les dépositions de Fred Smith (*ibid.*, p. 349), chasseur de phoques, de Victoria;

Josuah Stickland (*ibid*, p. 349), également résidant à Victoria, qui déclare que sur 111 phoques tués par lui dans la dernière année, trois seulement étaient des mâles.

John A. Swain (*ibid.*, p. 350), de Victoria, matelot, raconte sa campagne en 1891. Il était à bord du vapeur *Thistle*, capitaine Nicherson. Ils ont pris environ 100 phoques, qui presque tous étaient des femelles ayant récemment mis bas. En 1892, ils en ont pris 270, la plupart des femelles pleines qu'ils tuèrent le long de la côte.

Théodore T. Williams (*ibid.*, p. 491), homme intelligent, journaliste de profession, employé comme rédacteur au journal le *San Francisco Examiner*, fait une déposition très intéressante. Dans l'exercice de sa profession, il a non seulement eu l'occasion de faire une enquête approfondie sur l'industrie de la fourrure du phoque des îles Aléoutiennes et du Pacifique septentrional, mais il a été dans le Nord et a fait une étude personnelle des plus complètes sur la chasse pélagique du phoque, ses proportions et le préjudice probable qu'elle cause au troupeau, etc. Nous recommandons d'une façon particulière la lecture de sa déposition. Comme résultat de son enquête dans la mer de Behring et dans le Pacifique septentrional, il affirme les faits suivants :

1° 95 pour cent des phoques tués dans la mer de Behring sont des femelles.

2° On ne prend qu'un phoque sur trois que l'on tue ou blesse, quand ils sont endormis sur l'eau.

3° On n'en prend qu'un sur six que l'on tue ou blesse quand ils sont en mouvement.

4° 95 pour cent au moins de toutes les femelles tuées sont, ou des femelles pleines, ou des vaches qui ont laissé leurs petits nouveau-nés sur les îles pendant qu'elles allaient à la recherche de nourriture.

Le résultat est le même dans tous les cas. Si la mère est tuée, le petit à terre survivra pendant quelques jours (quelques personnes prétendent deux ou trois semaines), mais il mourra inévitablement avant l'hiver. Toutes les goélettes préfèrent chasser autour des fonds poissonneux où les femelles trouvent leur nourriture, au lieu d'essayer de couper la route aux phoques mâles qui s'acheminent vers les *hauling grounds*.

Ces preuves écrasantes et que rien ne vient contredire justifient certainement l'expression *unanimité remarquable* employée à cet égard par les Commissaires britanniques. Il est difficile de s'imaginer comment on pourrait mettre en question de pareils faits sans attaquer la véracité de témoins pris dans toutes les classes de la société, chez lesquels on pouvait rencontrer une connaissance suffisante. Des officiers de la marine des États-Unis, des capitaines de navires anglais, aussi bien que des matelots américains, des journalistes, des indigènes, tous sont d'accord pour confirmer le fait de la destruction effroyable qui a lieu. On ne saurait lire ces témoignages (même en faisant à l'existence possible d'exagérations une part beaucoup plus large que les circonstances ne le demandent) sans en arriver à la conclusion qu'il faut absolument mettre un terme à la chasse pélagique du phoque ou abandonner tout espoir de sauver le troupeau. De demi-mesures, de compromis, de palliatifs, il ne saurait être question. Il faut couper le mal dans sa racine et en empêcher le retour. Des femelles qui sont pleines pendant onze mois et qui allaitent leur progéniture pendant trois ou quatre mois doivent être épargnées et laissées en paix. Et si, comme tout le monde le dit, il est impossible, dans la chasse pélagique, de distinguer entre les mâles et les femelles, il n'existe qu'un moyen unique et radical : c'est l'interdiction complète et absolue de cette chasse.

(*g*) Le fait essentiel qu'une diminution constante et alarmante a été remarquée est démontré d'une façon surabondante par les témoignages et les dépositions que nous avons cités. En réalité, il n'était guère besoin de preuves, puisque le fait était admis et déclaré par les Commissaires des deux côtés, et que c'est en somme pour remédier à ce mal que le présent arbitrage a été arrêté. Nous affirmons, au nom des États-Unis, que cette diminution, qui menace l'existence de l'espèce, est due *exclusivement* à la *chasse pélagique*, procédé qui ne permet pas au chasseur d'épargner les femelles pleines ou nourricières, et qui entraîne souvent la perte de la proie même dont on veut s'assurer. Il n'est pas besoin de faire remarquer que toutes les présomptions sont, de prime abord, que cette destruction que l'on cherche à arrêter est imputable à ce genre de chasse. Ceux qui en prennent la défense ne peuvent pas se plaindre si on leur impose l'obligation de justifier d'une manière complète des méthodes que condamne tout homme civilisé. Il est difficile de voir aucune raison valable pour écarter à l'égard du phoque à fourrure les lois qui ont, toujours et partout, été reconnues comme essentielles à la conservation d'une espèce. Qu'on désigne les phoques à tort ou à raison comme *essentiellement, naturellement* ou *complétement* pélagiques, cela tire peu à conséquence. Les différends sérieux entre nations éclairées ne dépendent pas en somme de points subtils de classification scientifique. L'animal dont l'existence est en jeu est utile à l'humanité ; il y va donc de l'intérêt, de la sagesse et de l'honneur des deux nations, d'en conserver l'espèce. Les temps sont passés où l'égoïsme national pouvait seul diriger ou décider une pareille question. Mais en serait-il autrement, la Grande-Bretagne souffrirait aussi gravement que les États-Unis de l'extermination totale du troupeau de phoques que les États-Unis seuls peuvent conserver, protéger et multiplier, parce qu'en fait les fonctions essentielles de la procréation et de la naissance s'accomplissent sur leur sol. Les États-Unis peuvent remplir ce devoir non seulement pour le bien de leurs citoyens, mais dans l'intérêt du monde entier, si leurs efforts ne sont pas contrariés et neutralisés par le massacre inconsidéré et irréfléchi dont ils se plaignent.

Personne ne conteste que le Gouvernement des États-Unis peut exercer le pouvoir qu'il possède, en droit comme en fait, dans les limites de sa propre juridiction ; mais on prétend que les méthodes adoptées sur les îles qui forment le seul habitat des phoques, quoique très bonnes en théorie, sont imparfaites dans la pratique. On nous objecte qu'alors que nous prenons tous les soins nécessaires pour la conservation de la femelle, nous abattons les jeunes mâles en si grand nombre qu'il n'en reste plus assez pour subvenir aux besoins de la reproduction. On prétend ainsi que les deux causes suivantes s'unissent pour mettre en danger l'existence du phoque : la destruction excessive en pleine mer et l'abatage mal compris sur les îles. Admettons un instant que cela soit exact : il est évident qu'il y a d'autant plus de raisons d'empêcher la chasse pélagique dans l'intérêt de l'animal qu'il s'agit de conserver. Et en supposant que les méthodes adoptées par les États-Unis soient défectueuses, on ne peut oublier que ce Gouvernement est le plus intéressé à la conservation d'une industrie qui lui appartient. Les fautes (si fautes il y a) ne seraient après tout que des fautes de détail ou d'exécution, qui n'affecteraient en rien la question de principes. Les procédés par eux-mêmes sont, sans doute, susceptibles d'amélioration et de perfectionnement, et il serait absurde d'imaginer qu'on puisse stupidement sacrifier un commerce important que l'on peut étendre et conserver à l'aide de méthodes judicieuses. L'intérêt personnel, en l'absence d'un mobile plus élevé, suffirait pour provoquer les améliorations nécessaires, s'il en était besoin ; l'expérience indiquerait les meilleurs moyens d'accomplir ce que les circonstances exigent ; la crainte de perdre l'industrie exercée aujourd'hui aux îles stimulerait les efforts de ceux qui sont le plus directement intéressés à sa conservation et à son développement.

Mais, en réalité, ces objections n'existent pas. Le nombre des mâles tués s'est trouvé excessif, on l'a réduit. Et ce besoin lui-même ne s'est fait sentir qu'après qu'on eut éprouvé dans les îles les effets de la destruction en pleine mer. Cette destruction n'a de limite que la conscience des destructeurs : or ils sont sans scrupules comme sans merci. Le « métier qu'ils exercent légitimement », dit-on, exige du courage et de l'adresse ; mais, ainsi pratiqué, il est certainement incompatible avec les sentiments les plus ordinaires d'humanité. Un gain immédiat est leur seul but ; l'horizon du braconnier se borne à la prise de la saison présente.

N'est-ce pas un outrage au bon sens de nier que la chasse de femelles pleines, aussi bien que le massacre de vaches nourricières en quête de nourriture, soit entièrement, absolument et brutalement incompatible avec tout système qui demande de la modération, du sacrifice et des sentiments humains? Laissant de côté tous les autres points comme étrangers à la question, ne suffirait-il pas aux Etats-Unis de dire :

Nous pouvons conserver pour l'humanité entière l'animal que vos braconniers détruisent. Ce but ne peut être atteint que par la prohibition de procédés que vous-mêmes ne toléreriez pas un seul instant dans des cas semblables s'ils venaient à se produire dans les lieux soumis à votre juridiction. Quelle valeur peuvent avoir vos critiques étroites à l'égard de notre système de protection, alors que nous sommes les plus intéressés à pousser ce système à la dernière perfection?

Quand on demande par quel autre moyen on pourrait arrêter ce massacre, les Commissaires britanniques proposent bravement comme remède la fermeture de la mer de Behring et l'interdiction d'y pénétrer justement à l'époque où la chasse du phoque n'est d'aucun profit pour le chasseur, et son ouverture et son libre accès précisément au moment où les horreurs et les bénéfices du métier atteignent leur apogée. Les Etats-Unis ont répliqué à cette proposition extraordinaire sur un ton remarquablement modéré :

La recommandation par les Commissaires britanniques de l'adoption des mesures que nous venons d'examiner démontre clairement l'esprit de parti-pris et de partialité qui se révèle d'ailleurs dans presque toutes les parties de leur rapport (p. 128 du Contre-Mémoire des États-Unis).

Mais, comme ce point est traité avec beaucoup de développement dans le Contre-Mémoire (p. 130) et dans la quatrième partie de ce plaidoyer (V. ci-dessus), nous n'avons pas à nous y étendre ici.

Pour conclure, nous voulons croire que le Tribunal admettra avec nous que les faits démontrent : que, pour être profitable, la chasse pélagique conduit forcément à massacrer les animaux sans règle ni mesure; qu'à très peu d'exceptions près les femelles tuées sont pleines ou allaitent et constituent une grande partie de l'abatage en mer; que la destruction de la femelle reproductrice implique nécessairement la destruction de son petit aux îles ainsi que du fœtus qu'elle porte, et anéantit ainsi trois individus à la fois; qu'il n'existe qu'un seul moyen pratique et intelligent de conserver l'espèce, c'est d'interdire la chasse pélagique et de laisser les États-Unis continuer ou améliorer (si besoin est) les méthodes sagement appliquées pour garantir le résultat auquel les deux parties sont également intéressées. En d'autres termes, l'expérience a démontré que, dans le cas du phoque, comme dans celui de toute autre espèce animale, la protection de la femelle reproductrice est l'unique moyen de perpétuer la race. Jusqu'à ce qu'on ait démontré que cet animal n'est pas soumis aux mêmes exigences biologiques que les autres espèces qui naissent et sont allaitées sur terre, on doit adopter les moyens habituels de conservation.

Et si l'on se refuse à accepter ces propositions, il faut abandonner tout espoir de sauver le phoque des îles Pribilof. Poussé vers l'âpre poursuite du gain présent, la rapacité du chasseur pélagique ne tient aucun compte de la perte que pourra lui causer dans l'avenir la disparition possible de l'espèce. Le sort du phoque des mers du Sud a fourni une leçon dont les États-Unis tâchent de profiter à l'avantage du monde entier. Ils réussiront si, par sa décision, ce haut Tribunal met, pour l'avenir, un terme à des procédés et à des pratiques qui répugnent aux sentiments croissants d'humanité que professe notre siècle.

L'exposé des faits ci-dessus a été rédigé en partie à l'aide de l'édition collationnée des témoignages cités dans le Mémoire des États-Unis, et soumis au Tribunal d'arbitrage comme appendice du plaidoyer imprimé des Conseils.

F. R. COUDERT.

SEPTIÈME PARTIE

RÉFUTATION DU CONTRE-MÉMOIRE BRITANNIQUE

Depuis que la rédaction du plaidoyer des États-Unis a été préparée sur la base des faits jusque-là recueillis, le Contre-Mémoire britannique a été déposé. Il contient un grand nombre de questions touchant la nature et les habitudes des phoques à fourrure, le caractère de la chasse pélagique et les différentes manières dont on la pratique, ainsi que la méthode d'exploitation employée à l'égard du phoque dans les lieux de reproduction et d'élevage, toutes questions qui, en tant qu'elles se rapportent à la cause,— si toutefois elles s'y rapportent, — se rattachent à la question du droit de propriété et des droits de défense revendiqués par les États-Unis, ainsi qu'aux règlements qui peuvent être nécessaires pour prévenir l'extermination de l'animal.

L'exposé de ces différents points est accompagné d'une protestation (page 3) portant qu'il est à présent inopportun de présenter aux Arbitres tout ce qui ne se rattache qu'à la question de règlements, et que cette question a été introduite dans le Contre-Mémoire sans préjudice de la prétention soutenue par la Grande-Bretagne, à savoir que les Arbitres ne sauraient examiner la question des règlements avant d'avoir tranché les cinq questions énumérées à l'article VI du traité.

Les conseils des États-Unis estiment que cette interprétation du traité ne repose sur aucun fondement. Elle suppose qu'il doit y avoir deux instances distinctes et séparées et deux remises — également distinctes et séparées — de preuves. Le traité ne contient absolument rien qui justifie cette opinion, et la stipulation distincte touchant les Mémoires et les Contre-Mémoires, le sujet qu'ils doi-

vent traiter, les époques où ils doivent être déposés, la préparation
des plaidoyers, la date de la première audience et l'époque où la
question sera définitivement réglée, tout cela porte à conclure qu'il
ne doit y avoir qu'une seule instance, une seule remise de témoignages, un seul plaidoyer et une seule décision.

Le traité prévoit bien que, dans une certaine éventualité, il peut
ne pas être nécessaire pour le Tribunal d'examiner la question de
règlements communs. Mais cela n'implique qu'une situation extrè-
mement fréquente dans les litiges judiciaires, à savoir que plusieurs
questions peuvent faire l'objet du procès en même temps et, cependant, que la nature de la décision peut être telle qu'elle dispense de
la nécessité de les trancher toutes.

En admettant que l'interprétation du traité soutenue par les
conseils des États-Unis soit la seule exacte, la procédure suivie au
nom du Gouvernement britannique est absolument irrégulière et
illégale, et les éléments qu'il cherche à soumettre ainsi au Tribunal
doivent être écartés de son examen. Autrement, le Gouvernement
des États-Unis serait placé dans une situation désavantageuse à
laquelle il ne doit certainement pas être exposé.

En premier lieu, tous les témoignages et preuves qui ne portent que sur la question de règlements viendraient devant le Tribunal sans que les États-Unis eussent la faculté d'y répondre. Le
traité ne vise pas cette possibilité, qui ne saurait être admise. Une
procédure ne mérite pas le nom de procédure judiciaire quand elle
permet à une partie d'avancer des preuves sans donner à l'autre
partie la faculté d'y répondre et de les contredire.

Il y a un autre désavantage presque aussi grave : le Gouvernement de la Grande-Bretagne, en attendant ainsi que les preuves
des États-Unis aient été fournies, s'assurait l'avantage considérable
et injuste de connaître les moyens de son adversaire avant de s'engager par la présentation des siens. Il lui était ainsi loisible de retenir
des témoignages que, dans le cas contraire, il aurait fournis et d'en
fournir qu'autrement il aurait retenus. De semblables avantages
détruisent, entre des parties engagées dans une contestation, cette
égalité qui est la première condition de toute procédure judiciaire.

Mais les points portant sur la question de la propriété étaient,
même dans l'opinion du Gouvernement de la Grande-Bretagne, à
leur véritable place dans le Mémoire original, et tous les témoi-

gnages ou toutes les preuves que ce Gouvernement désirait fournir à cet égard auraient dû être contenus dans le dit Mémoire. Il est clair que tout ce qui concerne la nature et les habitudes du phoque possède ce caractère, et c'est de ces faits que dépend la question de propriété. Toutes les allégations de ce genre, à l'exception de celles qui ont nettement pour objet, et étaient avancées dans le but, d'infirmer les preuves fournies par les États-Unis, auraient dû être contenues dans le Mémoire original, et on ne doit pas permettre qu'elles soient présentées sous le couvert du Contre-Mémoire. Assurément, le Gouvernement de Sa Majesté ne peut avoir le privilège d'apporter ainsi ses preuves de façon à priver les États-Unis de toute faculté d'y répondre ou de les infirmer.

Et les mêmes circonstances qui privent ces derniers de leur juste droit de répondre, en contredisant ces preuves, aux aux éléments contenus dans ce Contre-Mémoire, leur enlèv également la possibilité de traiter à fond ces éléments dau le plaidoyer. Entièrement occupés comme ils le sont, et doivent l'être nécessairement, par le travail final de traduction et d'impression du plaidoyer déjà préparé par eux d'après les Mémoires originaux, ils n'ont pas le temps, dans le court délai qui sépare la date de la remise du Contre-Mémoire de celle fixée pour la présentation des plaidoyers, d'examiner avec soin et de discuter ces nouveaux éléments.

Les preuves mêmes relatives à la réclamation de dommages-intérêts formulée par la Grande-Bretagne sont, pour la plupart, contenues dans le Contre-Mémoire, de sorte que le Gouvernement des États-Unis n'a pas la faculté de fournir de contre-preuves ni même d'analyser, dans un plaidoyer écrit, les preuves qui sont ainsi apportées.

Le Gouvernement des États-Unis proteste donc contre l'examen par les Arbitres de tous témoignages ou preuves qui, à son avis, auraient dû, conformément à la juste interprétation du traité, être contenus dans le Mémoire primitif du Gouvernement de Sa Majesté.

La seule atténuation de l'avantage inusité que le Gouvernement de Sa Majesté tirerait de la permission de soumettre aux Arbitres des allégations et preuves auxquelles les États-Unis n'ont pas eu la faculté de répondre résulte de cette circonstance que la plus grande partie des faits mentionnés ont si peu de gravité ou si peu de force probante que le privilège d'y répondre perd de l'importance qu'il aurait autrement. Nulle part dans ce dernier document, comme d'ailleurs dans le principal Mémoire de la Grande-Bretagne (en comprenant comme une partie de celui-ci le rapport séparé des Commissaires britanniques), on n'a formulé d'une manière positive quelque proposition qui puisse avoir une influence décisive dans le débat, ou essayé directement de la soutenir à l'aide de témoignages ou d'un plaidoyer.

Il existe, indépendamment des faits relatifs à la souveraineté et à la juridiction, plusieurs questions importantes dans ce différend, lesquelles sont posées en substance dans le Mémoire des États-Unis.

Premièrement. Les phoques à fourrure d'Alaska, étant données leurs conditions d'existence, retournent-ils habituellement aux îles Pribilof et se soumettent-ils à la surveillance des propriétaires de ces îles de façon à permettre à ces derniers d'en faire les objets d'une importante exploitation économique, à peu près de la même manière et avec les mêmes bénéfices que s'il s'agissait d'animaux domestiques?

Deuxièmement. Le Gouvernement des États-Unis, occupant et propriétaire de ces îles, a-t-il profité de cet avantage? A-t-il, à force d'ingéniosité, de soins et de sacrifices, fait de ces animaux l'objet de cette exploitation, et livré ainsi au commerce et au monde les bénéfices de leurs produits, en même temps qu'il conservait l'espèce?

Troisièmement. Ces faits ne donnent-ils pas, en l'espèce, au Gouvernement des États-Unis, en vertu des justes principes applicables en la matière, et conformément à l'usage général des nations dans les cas analogues, un tel droit de propriété sur le troupeau de phoques et l'exploitation à laquelle il sert de base que ce Gouvernement ait qualité pour le protéger contre la destruction, aux époques et de la façon contre lesquelles on a protesté?

Quatrièmement. Même s'il était possible d'imaginer que ce droit de propriété, incontesté tant que le troupeau de phoques reste dans les eaux territoriales des États-Unis, est suspendu relativement à chaque phoque isolé aussitôt et tant qu'il se trouve hors de ces eaux, ne fût-ce que momentanément et tout en ayant l'intention d'y retourner, des citoyens d'une autre nation sont-ils fondés, dans ce cas, à détruire ces animaux dans un but de lucre personnel, s'il est clairement prouvé que cette destruction est funeste ou même préjudiciable, dans une large mesure, aux graves intérêts matériels du Gouvernement des États-Unis, ainsi établis et maintenus sur son territoire pour son profit personnel, celui de son peuple et de l'humanité, surtout si le procédé de destruction est si barbare et si inhumain par lui-même qu'il est interdit partout où sont appliquées les lois d'un peuple civilisé? Une pareille conduite est-elle la conséquence de la juste liberté des mers?

Cinquièmement. Est-il possible d'exploiter utilement le phoque au moyen de la chasse pélagique, ou bien cette chasse n'est-elle pas essentiellement et nécessairement destructive à l'égard de cette exploitation, et, si elle est pratiquée sur une vaste échelle, n'entraînera-t-elle pas sûrement la perte, commercialement parlant, de cet animal pour le monde?

Qui prétendra que le Gouvernement de Sa Majesté, dans son Mémoire principal ou dans son Contre-Mémoire, prend une attitude franche à l'égard de l'une ou de l'autre de ces questions? Qui prétendra encore qu'il réfute nettement l'une des deux premières, ou qu'il affirme la dernière comme points de fait, ou qu'il répond d'une façon satisfaisante, quant au principe lui-même ou au droit qu'on a de l'appliquer, aux arguments compris dans les deux autres?

Quel est alors le caractère de ce Contre-Mémoire relativement au sujet en question? Il semble consister en un grand nombre d'observations, de propositions et de conjectures décousues, probables ou non, sur des points sans importance; ou bien, quand ceux-ci sont essentiels, la teneur est vague et indéfinie, et les preuves sont faibles, souvent inconséquentes et toujours insuffisantes. Des remarques faites d'un côté sont restreintes d'un autre, contredites ici et parfois affirmées de nouveau là. Ce serait une tâche interminable que de suivre et de critiquer minutieusement un pareil système de discussion, et, cette besogne faite, on s'apercevrait qu'elle est presque inutile. La meilleure manière de traiter une pareille discussion est de résumer brièvement les *points* sur lesquels elle semble porter et de présenter à leur égard, et à l'égard de toutes questions qui s'y rattachent, telles observations qui semblent les plus pertinentes.

Premièrement. On semble attacher une importance considérable à la question de savoir si les phoques sont d'une nature plus aquatique que terrestre, et on s'étonne qu'ils soient considérés dans le Mémoire des États-Unis comme des animaux terrestres dans une large mesure.

Mais qu'ils soient surtout aquatiques ou terrestres, cela importe peu. Il est certain qu'ils sont amphibies et qu'ils vivent quelquefois sur terre et quelquefois sur mer. Le seul point important est celui de savoir s'ils possèdent ces qualités qui, d'après les principes sur lesquels est basé le droit de propriété, en font une propriété ou rendent avantageux de protéger, par l'interdiction de leur abatage en pleine mer, une industrie établie par les États-Unis sur ces animaux.

Deuxièmement. On attache également beaucoup de poids à la question de savoir si le coït peut avoir lieu dans l'eau. Quelle conséquence cela peut-il avoir? Nous savons qu'il a lieu principalement, sinon exclusivement, sur terre, à un degré qui, dans ces circonstances, constitue le caractère distinctif le plus saillant et le plus frappant des habitudes et des actes du phoque à fourrure. Les naissances ont certainement lieu sur terre, et c'est là que les petits sont nourris et élevés.

Troisièmement. Dans le domaine des conjectures on dit bien des choses, et on cherche à les appuyer, pour prouver que les phoques peuvent avoir eu, dans des temps sur lesquels nous ne savons rien, d'autres lieux d'élevage que nous ne connaissons pas, et peuvent de nouveau être poussés vers d'autres endroits. On ne voit pas en quoi ces conjectures sont pertinentes. Ce sont de simples conjectures, et, quand même elles seraient résolues dans un sens ou dans l'autre, cela n'aurait aucune importance. L'animal dont nous nous occupons a toujours eu des habitudes uniformes depuis qu'on sait quelque chose de lui, et la seule conjecture raisonnable que nous pourrions faire, s'il y avait intérêt à la faire, est qu'il continuera d'avoir à l'avenir, dans les mêmes circonstances, les mêmes habitudes qu'il a eues dans le passé.

Quatrièmement. Dans le rapport des Commissaires britanniques, fourni avec le Mémoire original, on a admis en substance que le troupeau d'Alaska est entièrement séparé et distinct de celui qui habite sur le côté opposé de l'Océan Pacifique. De nombreuses assertions sont avancées dans le Contre-Mémoire pour soutenir l'idée contraire, c'est-à-dire que les membres de ces divers troupeaux se mélangent.

Il suffit de répondre à tout cela que ce qu'on prétend n'est qu'une simple hypothèse et doit être écarté comme complètement indigne d'être pris en considération. Certainement ce Tribunal trouvera d'autres raisons que des hypothèses pour baser sa décision. Et, d'ailleurs, l'absence de tout mélange d'une importance quelconque entre les troupeaux est pleinement prouvée par les témoignages.

Il est allégué dans le Contre-Mémoire que les traits distinctifs qui caractérisent le troupeau d'Alaska sont probablement ceux-là seulement qui sont dus à un long séjour dans un habitat particulier. Soit. Comment pourrait-on les nier? Quant à la question spéculative de savoir si ces divers troupeaux de phoques sont d'espèces différentes ou non, ou s'ils tirent leur origine du même troupeau, nous pouvons, s'il nous plaît, perdre notre temps à l'examen de ces hypothèses. Il n'importe pas de savoir comment le troupeau d'Alaska acquiert ses particularités physiques distinctives, mais si ces dernières ont été acquises réellement de façon à pouvoir être distinguées de celles des autres troupeaux, et, à cet égard, le témoignage des fourreurs, pour ne pas aller plus loin, est concluant.

Mais qu'en serait-il si l'on *prouvait* même que les troupeaux se mélangent? On ne voit pas que cela ait une conséquence importante. En serait-ce moins un crime contre le droit naturel de les détruire? N'en importerait-il pas moins que les phoques fussent regardés généralement comme une propriété ou qu'on adoptât tels règlements permettant de prévenir leur extermination?

Cinquièmement. On soutient encore, comme on l'a fait dans le rapport des Commissaires britanniques, qu'il n'est pas prouvé que les femelles, pendant la période d'allaitement, aillent en mer, à de grandes distances des lieux d'élevage, à la recherche de leur nourriture. Mais, en présence de la preuve que les femelles vont réellement et universellement dans l'eau, qu'elles sont détruites en grand nombre, et que, dans une foule de cas, elles ont été rencontrées et abattues par les chasseurs pélagiques à de grandes distances du rivage, ayant les mamelles pleines de lait, comment peut-on affirmer que le fait n'est pas établi et s'attendre à ce qu'on ajoute foi à cette affirmation? Dans quel but les femelles vont-elles au large? Quel est l'objet de leurs longues excursions dans la mer de Behring, où l'on sait qu'elles vont? N'est-il pas raisonnable de supposer que les mères qui allaitent ont besoin de nourriture? De quelle autre manière les petits sont-ils nourris?

Mais supposons encore qu'il soit vrai que ces excursions ne sont pas faites à la recherche de nourriture. Elles n'en sont pas moins *faites*, et le danger pour les femelles d'être massacrées par les chasseurs pélagiques serait aussi grand que si leur but était bien de chercher de la nourriture.

Sixièmement. On consacre beaucoup de place dans ce Contre-Mémoire à la question de la rencontre fréquente de nombreux veaux morts, et, là encore, on a largement recours à la conjecture. On suppose qu'ils sont morts de maladie ou étouffés par les *bulls* ou autres phoques adultes, ou par suite de la violence des vagues, ou, encore, parce que leurs mères ayant, par erreur, été conduites aux abattoirs, ont péri de fatigue, et n'ont pu retrouver leur chemin pour retourner vers leurs petits. Mais à quoi bon supposer qu'un grand nombre de choses peuvent être arrivées, quand on ne donne la preuve d'aucune? Il est sans doute vrai que, comme chez tous les autres animaux, des petits périssent par une foule de causes que nous ne connaissons pas. La question est de savoir si l'abatage des mères dans la chasse pélagique n'est pas une cause et la cause principale de cette mortalité. Quand nous savons que celles-ci se rendent habituellement dans la mer, où elles sont tuées en grand nombre; quand nous savons qu'elles ont été abattues souvent à de grandes distances du rivage avec leurs mamelles pleines de lait; quand nous savons que l'allaitement est le mode naturel et le seul mode de nutrition des petits, et quand nous savons que nombre de veaux morts sur les îles sont extrêmement amaigris et ont, selon toutes les apparences, péri par suite du manque de nourriture, la conclusion semble suffisamment claire que leurs mères ont été tuées sur mer et qu'ils ont péri à cause de cela, et aucun amas de conjectures ne saurait l'entamer.

Septièmement. On dit, en manière d'argument contre la revendication d'un droit de propriété, que les phoques, tout en retournant au même lieu général d'élevage, ne retournent pas toujours sur la même *île* ou au *même endroit* sur la même île. Cela peut ou non être vrai; mais quelle importance cela a-t-il quand il est démontré que toutes ces îles ont été, sont et vont sans doute continuer à être le fonds d'un même propriétaire, le Gouvernement des États-Unis? Et s'il en était autrement, s'il y avait un grand nombre de différents propriétaires de ces diverses îles et de leurs diverses parties, de quel poids cela pèserait-il sur les questions générales de propriété ou de règlements nécessaires pour la protection du troupeau?

Tous les points énumérés ci-dessus, soulevés par le Contre-Mémoire britannique, sont, estime-t-on, absolument sans importance. On peut les décider d'une manière ou d'une autre sans que la décision sur la véritable question débattue en soit influencée. En disant cela, nous ne voulons cependant nullement donner à entendre que ce Contre-Mémoire contienne, sous forme de témoignage, quoi que ce soit qui modifie ou affaiblisse les preuves que les États-Unis ont fournies dans leur Mémoire principal pour soutenir les points avancés par eux.

Il y a cependant quelques points traités par le Contre-Mémoire qui ont une plus grande importance; mais, à cet égard, quoiqu'ils soient essentiels par eux-mêmes, les nouvelles preuves fournies ou les nouvelles opinions émises ne semblent pas mériter qu'on s'y arrête. Nous allons leur consacrer quelques courtes observations.

Premièrement. On prend encore la défense de la chasse pélagique; mais sur quoi se base-t-on pour le faire? Nie-t-on que son caractère soit destructeur, en ce sens qu'il entraîne un abatage beaucoup plus considérable de femelles que de mâles? Nie-t-on encore que la plus grande partie de ces femelles soient pleines ou qu'elles allaitent et qu'elles soient quelquefois dans l'un et l'autre cas? Nie-t-on qu'un grand nombre d'animaux soient tués ou blessés sans qu'on les retrouve jamais? Nie-t-on que beaucoup de petits périssent par suite de la mort de leurs mères? On ne nie aucun de ces points. Qu'affirme-t-on ou que soutient-on alors dans le Contre-Mémoire? Simplement que les faits exposés à cet égard sont exagérés.

Les conseils des États-Unis pourraient mieux répondre aux opinions émises par le Gouvernement de la Grande-Bretagne sur ces points, si les conseils de ce dernier pays voulaient s'arrêter à quelque proposition ou affirmation précise; mais ils l'évitent avec soin. Ils disent, il est vrai, que les faits exposés à cet égard sont exagérés; mais *lesquels* le sont? et *en quoi* le sont-ils? Les nombreuses preuves fournies dans le Mémoire des États-Unis établissent que de 75 à 90 pour cent des phoques composant la prise totale pélagique sont des femelles. Si c'est là ce que la Grande-Bretagne appelle une déclaration exagérée, en quoi donc l'est-elle? Est-ce de 5, 10, 20, 40 ou 50 pour cent? Quel est, d'après les meilleurs renseignements obtenus par les conseils de la Grande-Bretagne, le chiffre le plus raisonnable indiquant la proportion des femelles dans la prise résultant de la chasse pélagique? Ils ne nous donnent pas d'indications à cet égard. Ils ne nous présentent aucune évaluation, et si nous recourons aux preuves contenues dans les dépositions fournies, nous ne sommes pas mieux éclairés. Ces estimations varient de 5 à 80 pour cent. La plupart d'entre elles, celles qui fixent le total au-dessous de la moitié, doivent être fausses, comme chacun peut le voir de suite. Dans quel but présente-t-on ces preuves? S'attend-on à ce qu'on les accepte comme exactes? On dira peut-être qu'on peut trouver la vérité en prenant la moyenne de ces déclarations incompatibles. C'est un procédé semblable qu'a suivi le Gouvernement de la Grande-Bretagne pour établir le nombre de phoques tués ou blessés sans qu'on les retrouve; mais une méthode pour obtenir la vérité, consistant à prendre la moyenne des affirmations contraires à la vérité, semble sujette à discussion.

Sur tous ces points, les conseils des États-Unis se contenteront de présenter les brèves considérations suivantes :

I. Le Mémoire des États-Unis prétend que la proportion des femelles dans la prise pélagique est d'au moins 75 pour cent. La modération de ce chiffre est appuyée de bien des manières.

1. Il n'est *contesté* nulle part dans le rapport des Commissaires de la Grande-Bretagne ni même dans le Contre-Mémoire britannique.

2. En interprétant loyalement la réponse d'une partie à l'affirmation d'une autre, on doit le considérer comme admis. Le rapport des Commissaires britanniques et le Contre-Mémoire britannique également admettent à contre-cœur qu'une « proportion considérable » de la prise pélagique consiste en femelles. Que signifie « proportion considérable »? 5 pour cent ou 10 pour cent,

ou 20, 50, 75 ou 80 pour cent? L'expression est suffisamment vague et suffisamment élastique pour comporter l'une ou l'autre de ces proportions; et, comme l'affirmation des États-Unis n'est pas mise en doute, l'aveu du fait en question doit être considéré comme l'admission en principe du fait tel qu'il est établi par les États-Unis.

3. Les preuves tirées par les États-Unis des dépositions de personnes se livrant à la chasse pélagique ou qui la connaissent parfaitement appuient surabondamment l'affirmation précitée.

4. Les preuves contenues dans le Contre-Mémoire britannique l'appuient également. Ce sont les déclarations de chasseurs pélagiques eux-mêmes, catégorie de témoins intéressés au plus haut degré dans la question dont s'agit et auxquels il ne faut pas trop se fier. Ces déclarations constituent des armes qui se retournent contre les parties qui s'en servent. Et, en écartant celles qui sont manifestement fausses, nous en trouvons assez pour appuyer pleinement l'affirmation des États-Unis. Parmi ces témoins, il s'en trouve un grand nombre qui évaluent la proportion des femelles dans les prises qu'ils font respectivement au-delà de 60 pour cent.

5. Mais la preuve fournie par les fourreurs est absolument décisive, et elle confirme absolument la proportion soutenue par les États-Unis.

6. Si nous examinons les probabilités du fait dont s'agit, nous voyons qu'on ne saurait émettre aucune affirmation qui contredise un seul instant celle des États-Unis. Si nous considérons que la femelle est d'ordinaire plus aisément approchable et, par suite, plus aisément capturée que le mâle, et que le nombre des femelles reproductrices est, comparé à celui des mâles reproducteurs, probablement de vingt contre un, comment est-il possible que l'abatage des premières ne comprenne pas, n'importe où, des trois quarts aux quatre cinquièmes de la prise totale? Si vraiment nous pouvions ajouter foi à l'affirmation, constamment mise en avant dans le rapport des Commissaires britanniques et dans le Contre-Mémoire britannique, qu'on a, pendant des années, procédé, aux îles Pribilof, à un abatage excessif de jeunes mâles et qu'ainsi le nombre des mâles reproducteurs a été de beaucoup réduit, de façon à rendre les harems trois et quatre fois aussi grands qu'ils l'étaient précédemment, l'excédant des femelles sur les mâles se serait

extrêmement accru et on s'étonnerait presque qu'un mâle reproducteur puisse jamais être tué.

II. On s'est particulièrement attaché à discuter le point affirmé par les États-Unis, à savoir qu'un grand nombre de phoques frappés par les chasseurs pélagiques sont perdus sans qu'on les retrouve. Bien entendu, les États-Unis n'ont pas eu l'occasion de discuter les preuves apportées à cet égard dans le Contre-Mémoire britannique. Elles ne reposent sur aucun témoignage, si ce n'est celui de chasseurs pélagiques, et ce dernier est une arme qui se retourne contre eux. Sur ce point, les conclusions raisonnables et probables que l'on peut tirer de faits reconnus ont un poids plus grand que les déclarations décousues et suspectes des témoins dont on vient de parler. Nous savons que, quand un phoque est tué, il coule immédiatement, parce que son poids spécifique est plus élevé que celui de l'eau, quoiqu'il puisse couler plus rapidement dans certains cas que dans d'autres. Nous savons également que, quand un phoque est blessé, mais non tué, il a de grandes chances d'échapper au chasseur. Nous savons que l'habileté du tir et l'habileté que l'on déploie pour s'emparer des animaux atteints doivent varier beaucoup selon les hommes. Dans ces conditions, il n'est pas supposable que l'on puisse s'emparer de la moitié des phoques mortellement blessés.

III. On s'occupe en outre de la prétendue mauvaise gestion du troupeau de phoques aux îles Pribilof. On n'apporte à cet égard que peu ou point de preuves nouvelles, mais on insiste et on renchérit encore sur les assertions contenues dans le rapport des Commissaires britanniques. Les points auxquels se rapportent les exemples de cette prétendue mauvaise gestion sont : (1) l'abatage excessif de jeunes mâles; (2) les dommages causés par ce qu'on appelle le surmenage des phoques (*overdriving*); (3) les razzias sur les îles.

1. A l'égard de l'abatage excessif des jeunes mâles, il n'existe aucune preuve digne de foi établissant qu'un prélèvement annuel de 100 000 était excessif, avant les ravages causés par la chasse pélagique. Il est hors de doute qu'un pareil prélèvement sur les îles, *joint à* un nombre considérable de captures sur mer, serait exces-

sif, et nous constatons par conséquent que, quand la chasse pélagique eut atteint des proportions considérables, il devint de plus en plus difficile de prélever annuellement ce chiffre de 100000 dans les îles; difficulté qui augmenta dans de telles proportions qu'en 1890 ce prélèvement fut suspendu sur l'ordre de l'agent du Gouvernement des États-Unis. Si antérieurement, ou à cette époque, l'importance de la chasse pélagique avait été connue, et si on avait pu s'assurer de ses effets sur le troupeau, des mesures auraient été prises plus tôt pour restreindre l'abatage pratiqué aux îles. Cette proposition se base sur les ravages mêmes causés par la chasse pélagique pour prendre la défense de cette dernière.

2. Quant à l'allégation de surmenage (*overdriving*), on n'apporte aucune preuve sérieuse à l'appui. Il est incontestablement vrai que, vu le caractère même de la marche, plus ou moins de phoques impropres à l'abatage en raison de leur sexe ou pour tout autre motif peuvent être compris dans les marches. On leur permet de s'échapper et de rejoindre le troupeau. L'opération de la conduite peut, si elle est mal dirigée, être fatigante et nuisible pour les animaux qui en sont l'objet, mais elle ne les met pas nécessairement en danger. Il n'existe aucune preuve sérieuse qu'elle soit opérée d'une façon aussi négligente. L'intérêt de ceux qui en sont chargés exige absolument le contraire, et les preuves qu'elle est bien dirigée sont nombreuses.

3. Il faut admettre qu'aux îles il est incontestablement arrivé dans le passé, et qu'il peut encore se présenter à l'avenir, que des braconniers tentent et réussissent quelquefois à capturer des phoques la nuit. Mais quelle importance cela peut-il avoir sur le débat? Cela prouve-t-il autre chose si ce n'est qu'on devrait exercer une surveillance plus active? Et nous savons bien qu'il est de l'intérêt des propriétaires de le faire. Nul autre mobile ne saurait engager les hommes à faire ce à quoi leur intérêt personnel ne peut les décider. Mais d'où proviennent ces razzias? Précisément des navires qui se livrent à la chasse pélagique. C'est là un de ses effets fâcheux.

4. Quant aux allégations de mauvaise gestion aux îles, visant les trois formes susmentionnées de préjudice qui peuvent en résulter pour les phoques, il convient de dire que celles-ci peuvent se produire par suite du manque de soin ou de négligence, mais que

tous leurs intérêts poussent les États-Unis et leurs concessionnaires à diminuer ces dangers autant que possible.

Quant à l'étendue de ces derniers, on doit s'en rapporter aux déclarations de témoins oculaires et non à des récits ou à des articles de journaux que leurs auteurs ont confectionnés nous ne savons sur quels témoignages, voire même en l'absence de tout renseignement positif.

5. Mais quel est le point censé établi ou soutenu en l'espèce à l'égard de la mauvaise gestion des îles? Dans quel but cette allégation a-t-elle été introduite? Quelle conclusion justificrait-elle si les assertions sur lesquelles elle repose étaient pleinement prouvées? Démontrent-elles que la chasse pélagique n'en est pas moins nuisible? Montrent-elles qu'avec ce mode de chasse, les prises se composent de mâles et non de femelles? Établissent-elles que dans ce genre de chasse un grand nombre de phoques dont on ne réussit jamais à s'emparer ne sont ni blessés ni abîmés? Prouvent-elles que dans l'exploitation d'un troupeau de ces animaux sur terre on doive abattre les femelles et non les mâles? Montrent-elles ou sont-elles destinées à montrer que les méthodes adoptées par les États-Unis ne sont pas basées sur des principes exacts? Montrent-elles ou sont-elles destinées à montrer que d'autres propriétaires que les États-Unis géreraient le troupeau d'une façon meilleure et plus économique et à l'aide de méthodes préférables? S'il en est ainsi, quels devraient être ces propriétaires? Quel mode de gestion devrait être adopté? Comment procéderait-on au tri des animaux destinés à l'abatage? Il eût été désirable qu'on répondît à ces questions, mais on ne semble pas même l'avoir essayé.

6. Le rapport des Commissaires britanniques a clairement insinué, quoiqu'il se mette ainsi en désaccord complet avec ce qu'il a admis, que la capture des phoques sur terre est une faute et que la manière idéale de traiter ces animaux est d'en limiter la chasse à la mer. Le Contre-Mémoire britannique ne fait pas cet aveu. Est-il dans l'intention du Gouvernement de la Grande-Bretagne de soutenir cette opinion? Si oui, il eût été à propos de le déclarer dans ce Contre-Mémoire. Et quand on en viendra à soutenir cette opinion, si toutefois ce cas se présente, il faut espérer que ceux qui la préconisent prendront en considération les points suivants et donneront des explications satisfaisantes à leur sujet.

(*a*) Quel homme de science, familier avec les différentes espèces d'animaux et les causes qui influent sur leur destruction ou leur conservation, professe une opinion semblable? Quel homme au courant de l'exploitation pratique d'une espèce d'animaux polygames par nature, et qui les élève en vue d'en tirer un profit, estime sage d'abattre indistinctement mâles et femelles pour le marché ou plutôt de faire consister les choix pour l'abatage dans une proportion de 75 pour 100 de femelles?

(*b*) Est-il présumable qu'on puisse proposer un meilleur moyen pour conserver l'espèce des phoques à fourrure que celui qui attribue la récompense à tirer de la conservation de l'espèce à ceux seuls qui ont le pouvoir et le désir d'appliquer les meilleures méthodes tendant à ce but? La méthode qui, pendant un siècle et plus, a conservé l'effectif normal du troupeau de phoques fréquentant les îles du Commandant est-elle défectueuse, et la même méthode qui a été suivie pendant presque le même laps de temps aux îles Pribilof avec les mêmes résultats, jusqu'au moment des ravages commis par la chasse pélagique, repose-t-elle aussi sur des données inexactes? Et où est donc la différence essentielle entre les méthodes appliquées sur les deux groupes d'îles?

Et, en fin de compte, en admettant même que le Gouvernement des États-Unis gérât mal sa propre propriété au préjudice de ses propres intérêts, cela détruirait-il son droit de propriété dans cette exploitation? Cela le priverait-il du droit de défense personnelle? Cela justifierait-il un massacre par des flibustiers qui, autrement, serait injustifiable? Cela ferait-il qu'il puisse être probable qu'une semblable gestion ne soit pas susceptible d'être améliorée par l'expérience?

Il convient de remarquer, en terminant, à propos de la question des règlements, si amplement traitée par le Contre-Mémoire britannique, que:

1. Tandis que la Grande-Bretagne déclare maintenant que le Gouvernement de Sa Majesté est disposé à consentir à l'adoption de justes règlements pour la conservation du phoque à fourrure, c'est le seul refus de ce Gouvernement d'accepter de semblables règlements, sur les représentations du Canada, qui a fait naître ce différend et a rendu le présent arbitrage nécessaire. L'attitude du

Canada en cette matière montre pleinement qu'il comprend fort bien que l'adoption de règlements pour la conservation du phoque, qui, d'une façon ou de l'autre seraient appropriés à ce but, mettrait fin en principe, sinon totalement, à la chasse pélagique. Le but des aventuriers que cette colonie croit de son devoir de protéger est simplement de réaliser le profit à tirer de la destruction des phoques à fourrure pendant les quelques années qui nous séparent de cette éventualité.

2. Dans le Contre-Mémoire britannique, on présente toutes les objections possibles pour empêcher la confection ou l'application de règlements quelconques. La véritable attitude prise est celle de l'opposition à tous règlements suffisamment efficaces pour mériter d'être adoptés. Ceux qui sont proposés par les Commissaires britanniques sont propices à la chasse pélagique, à l'augmentation de ses profits et à l'annihilation du droit incontestable des États-Unis, en restreignant la faculté qu'ils possèdent de prendre des phoques sur leur propre territoire. Comme réponse à l'accusation fondée que la chasse pélagique entraîne l'inévitable extermination qu'elle a causée partout ailleurs, tandis que les méthodes employées par le Gouvernement des États-Unis tendent à la conservation de ces animaux, tout en en faisant profiter le monde entier, les Commissaires britanniques proposent sérieusement d'adopter des règlements qui diminueraient l'emploi de l'excédent de l'espèce compatible avec la protection du phoque et qui n'est pas mis en question dans le traité, de manière à développer une pratique dangereuse, et d'ajouter ainsi aux pertes déjà supportées par les États-Unis dans les avantages qu'ils retirent de la possession de certains territoires, en augmentant les profits de ceux qui se livrent à une occupation dont l'effet certain, s'il était prolongé, serait de les détruire. Il est difficile de discuter sérieusement de semblables propositions.

E. J. PHELPS.
JAMES C. CARTER.
H. W. BLODGETT.
F. R. COUDERT.

IMPRIMÉ

PAR

CHAMEROT ET RENOUARD

19, rue des Saints-Pères, 19

PARIS

Contraste insuffisant

NF Z 43-120-14

www.ingramcontent.com/pod-product-compliance
Ingram Content Group UK Ltd.
Pitfield, Milton Keynes, MK11 3LW, UK
UKHW021005140726
13695UKWH00001B/94